Vorwort

Lange Bahnreisen sind ein dehnbarer Begriff. Doch die maximale Ausdehnung einer Bahnreise hat in der Welt nur ein Maß. Es gibt viele schöne, lange, eindrucksvolle Bahnstrecken in der ganzen Welt, berühmte Routen und legendäre Züge. Den Maßstab setzen aber heute unangefochten 9288 Kilometer Schienenstrang am Stück. Über zwei Kontinente, durch acht Zeitzonen und durch 85 Städte von Moskau nach Vladivostok führt die längste Eisenbahnstrecke der Welt – die Transsibirische Eisenbahn. »Die Transsib ist *die* Eisenbahn auf dieser Welt. Alle anderen sind ›peanuts‹«. (Eric Newby)

Lange Bahnreisen verführen zum Lesen. Manchmal auch zum Schreiben. Nicht nur reisende Leser oder lesende Reisende interessieren sich dafür, was andere über ihre Bahnfahrt für mitteilenswert hielten und niedergeschrieben haben. Aus Neugier wird gelesen, zur Einstimmung oder Vorbereitung, um für eigene Erfahrungen, Reisedaten, Stimmungen oder (Vor)urteile einen Vergleich oder eine Bestätigung zu finden. Der Schreiber verarbeitet seine Impressionen, der Leser sucht den Spiegel seiner Eindrücke oder die Schiene seiner Träume. Das Abenteuer ist wiederholbar. Die Neugier muß sich nur durchsetzen.

Der Begriff Transsibirische Eisenbahn beschränkt sich nicht nur auf die Strecke Moskau–Vladivostok. Es gibt und gab auch nie *den* ultimativen ›Transsibirien-Expreß‹. Die ursprünglich sogenannte ›Große Sibirische Bahn‹ wurde als Weiterführung des bereits im europäischen Teil Rußlands bestehenden Eisenbahnnetzes von Čeljabinsk im Ural nach Vladivostok am Pazifik geplant. Rußlands Festlandkolonie sollte stärker an das Reich gebunden werden, die Gebiete jenseits des Urals wirtschaftlich besser erschlossen und die Positionen in Asien und am Pazifik politisch und militärisch gesichert werden. 1891 kippte der spätere Zar Nikolai II. in Vladivostok symbolisch die erste Schubkarre am künftigen Bahndamm aus. In sechs Teilabschnitten wurde mit dem Bau begonnen. Im Jahr 1891 begann in Vladivostok der Bau der Ussurij-Bahn nach Chabarovsk, sechs Jahre später wurde sie dem Verkehr übergeben. Mit dem Bau der Bahn durch Westsibirien begann man 1892 in Čeljabinsk im südlichen Ural, sie führte bis zum großen sibirischen Fluß Ob. Dieser Streckenabschnitt war 1896 fertig. Aus der für den Brückenbau über den Ob gegründeten Siedlung wurde die größte Stadt Sibiriens – Novosibirsk (früher Novonikolaevsk). Am anderen Obufer begannen 1893 die Bauarbeiten für die Strecke bis Irkutsk und bis zum Baikalsee. Ebenfalls sechs Jahre betrug die Bauzeit. Schwieriger wurde es am Baikalsee. Am Ostufer hatten die Bauarbeiten 1895 begonnen. Die Strecke führte bis zum Ort Sretensk, wo man sich auf Flußdampfern einschiffte und den Amur bis

Chabarovsk hinunterfuhr. Dieser Streckenabschnitt wurde 1900 seiner Bestimmung übergeben. Der Baikalsee selbst wurde ab April 1900 mit zwei eisbrechenden Fährschiffen überquert. In den kältesten Wintermonaten mußten die Passagiere auf Pferdeschlitten über den zugefrorenen See gebracht werden. Da der Baikal somit zum Nadelör auf der gesamten Strecke wurde, begann 1902 der Bau der Baikal-Bahn, die direkt am Ufer die Südspitze des Sees umfur. Dieser landschaftlich wunderschöne Streckenabschnitt ist heute aber nur noch eine Nebenstrecke, da nach 1950 aufgrund eines Staudammprojektes eine neue Streckenführung zwischen Irkutsk und der Baikalsüdspitze errichtet und Teile der alten Strecke geflutet wurden. Die geplante Amurbahn, die entlang des Flußufers die Passagiere auch für den Rest der verbliebenen Strecke vom Dampfer auf die Bahn holen sollte, war aus geologischer Sicht der schwierigste Abschnitt des Bahnbaus. Eine ingenieurtechnisch einfachere Trasse quer durch die Mandschurei, die außerdem 700 Kilometer kürzer wäre, hatte für Rußland ihren Reiz. Rußland konnte China die entsprechenden Konzessionen mit einem 80jährigen Nutzungsrecht abringen und begann 1898 somit, anstelle der Amurbahn die Ostchinesische Bahn durch die Mandschurei zu bauen. Da man China außerdem noch die Pachthoheit über die Halbinsel Kwantung abhandelte, wurde Dalian (damals Dalnij) zum ersten Endbahnhof der Transsib. Die Strecke war im Herbst 1901 nahezu fertiggestellt, doch durch den chinesischen Boxeraufstand wurden viele Bahnanlagen zerstört, so daß der Regelzugverkehr auf der Großen Sibirischen Bahn erst am 14. Juli 1903 aufgenommen werden konnte. Doch auch die Amurbahn wurde gebaut. Rußland hatte nach seiner Niederlage im Russisch-Japanischen Krieg Angst vor einer japanischen Annexion der Mandschurei. Im Jahr 1908 wurden die Arbeiten wieder aufgenommen, und 1916 war mit der Einweihung der Amur-Brücke bei Chabarovsk die durchgehende Verbindung der Großen Sibirischen Bahn auf russischem Hoheitsgebiet vollendet. Später folgte die Inbetriebnahme der Transmongolischen Bahn, die die Reisezeit nach Peking deutlich verkürzte.

Heute kann man das Kernstück der ursprünglichen Transsib-Strecke zwischen Omsk und Ulan-Udé (früher Verchneudinsk) im Westen wie im Osten flexibel von verschiedenen Endpunkten aus erreichen. Verbindungen zwischen Moskau oder auch St. Petersburg im Westen und Vladivostok im Osten oder der sowohl über die Mandschurei als auch die Mongolei zu erreichenden chinesischen Hauptstadt Peking gelten als die klassischen Transsib-Routen. Heute weniger klassisch und weniger frequentiert sind die alten Routen in der Mandschurei, die ab Harbin nach Vladivostok oder nach Dalian führen, dem damals russischen, historisch ersten Endpunkt der Transsib.

Die ungeheuren Dimensionen und die komfortable Reise quer durch das unwirtliche Sibirien definieren den Mythos und regen die Phantasie an. Die Mischung aus Abenteuer und Erkundung östlicher Kulturen, die schier endlos erscheinende Reise auf einer legendären Route lassen eine solche Tour für viele zu einem Traum werden, den sich nicht wenige – gut durchorganisiert oder als individuelle Entdeckungstour – auch erfüllen. Urlaub auf der Transsibirischen Eisenbahn erfreut sich im Westen in den letzten Jahren stark wachsenden Interesses.

Organisiert oder – soweit möglich – auf eigene Faust begaben sich Literaten, Journalisten, Touristen und Geschäftsleute auf das große Abenteuer Transsib. Die große Anzahl der Texte, in denen die Reiseerlebnisse festgehalten wurden, hat uns überrascht. Mit der vorliegenden Auswahl der zumeist nicht vollständigen Streckenbeschreibungen haben wir versucht, Eindrücke aus allen Jahrzehnten des 20. Jahrhunderts und von möglichst allen Transsib-Reiseabschnitten im weiteren Sinne, also sowohl von Sibirien als auch von der Mongolei und der Mandschurei, zu erfassen.

Die literarischen beziehungsweise journalistischen Ambitionen und Würdigungen der Autoren reichen von der Familienchronik bis zum Literatur-Nobelpreis. Journalisten und Korrespondenten, Reiseschriftsteller und Forschungsreisende, Geschäftsleute und Schullehrerinnen widmeten sich jeder auf seine ganz persönliche Art und Weise der Faszination der längsten Bahnstrecke der Welt. Sie veröffentlichten über ihre Reiseerfahrungen ganze Bücher und Bildbände oder widmeten dem Thema einzelne Kapitel größerer Abhandlungen zu Themen wie Rußland, China und Japan oder Bahnreisen weltweit. Sie führten Tagebuch, recherchierten die Geschichte der Großen Sibirischen Bahn und notierten ihre Alltagsbeobachtungen im und um den Zug herum. Wir finden die offene und wache Beobachtung der Umgebung und die landeskundliche Kurzzeitanalyse aus dem Zugfenster genau so wie die Versuche tiefgründiger Gedanken über Gott und die Welt und die Einsamkeit des ›Langstrecken-Bahnreisenden‹. Dieses facettenreiche Panorama im Wandel der Jahrzehnte reflektiert in sehr persönlichen Sichten aber auch gleichzeitig die Entwicklung des vergangenen Jahrhunderts in allen ihren Höhen und Tiefen. Neue Technik und neue weltweite Verkehrswege dank der Bahneröffnung, imperialistische Machtkämpfe zu Beginn des zwanzigsten Jahrhunderts, Rußlands Revolution 1917 und das Kommunismus-Experiment Sowjetunion, die Mandschurei als Spielball im Dreieck Peking, Tokyo und Moskau, die weltweite Bedrohung durch Nazideutschland und der Zweite Weltkrieg, der Kalte Krieg und zwei deutsche Blickwinkel gen Osten sowie der Zusammenbruch des sowjetischen Imperiums und die heutigen Schwierigkeiten – all das spiegelt sich in den Notizen der weltoffenen und neugierigen Autoren über die lange, lange Bahnreise.

Autoren aus vielen Ländern sind vertreten: Deutschland, Österreich, Polen, Norwegen, Schweden, Großbritannien, Italien und aus den USA. In Rußland selbst wurden wir bei unserer Quellensuche bislang noch nicht fündig. Offensichtlich ist die Ausstrahlung des Mythos Transsibirische Eisenbahn im Ausland stärker als in Rußland selbst, wo die Transsib-Züge in erster Linie nur ein Beförderungsmittel sind.

Mit unserer kleinen Anthologie erheben wir keinen Anspruch auf Vollständigkeit, hoffen aber auf eine interessierte Leserschaft und sind jederzeit für Hinweise auf weitere Quellen dankbar. Unser besonderer Dank gilt jetzt bereits Claudia Mathea für ihre stimmungsvollen Illustrationen und Corinna Grulich für ihr geduldiges Lektorat.

Hans Engberding und Bodo Thöns

John Foster Fraser

Das wahre Sibirien (1901)

Notizen eines Reisenden

Von Tomsk, der derzeitigen Hauptstadt von Sibirien, bis Irkutsk, der zukünftigen Hauptstadt, die bereits Paris von Sibirien genannt wird, dauerte die Reise dreieinhalb Tage.

Wäre ich auf der Suche nach Abenteuern gewesen, hätte ich mir auf der ganzen weiten Welt keine weniger romantische Strecke aussuchen können. Wir hatten der Prärie schon lange Adieu gesagt, fuhren nun durch eine sanft ansteigende Waldlandschaft, in der es viele Flüsse zu überqueren gab, und erblickten schließlich wie eine grauviolette Wolke, die sich am Horizont auftürmte, die schneezerklüfteten Berge, welche China umgeben.

Ich habe sagen hören, daß die Reise durch Sibirien per Eisenbahn als uninteressant angesehen wird. Möglicherweise ist sie es; doch da ich einen einfachen Geschmack habe, fand ich das schließlich nicht mehr.

Das Wetter war, wie es sein sollte. Der frühe Morgen brachte ein wenig Frost, so daß der eigene Atem als blaßgraue Wolke aufstieg. Mittags schien die Sonne, der Himmel war so blau wie die Augen der Iren, und nicht das kleinste Wölkchen war zu sehen. In der Luft lag der Duft nach Pinien. Der Einbruch des Abends danach war ruhig und eindrucksvoll; der Himmel feuerrot gestreift und darüber pastellgrün, die Himmelskuppel tiefblau, und der Osten, der wie ein dunkler Schleier vor uns lag, weckte Erinnerungen an vergangene Tage im fernen Westen Amerikas.

Als ich den Anschlußzug zur Hauptstrecke von Tomsk nach Taiga nahm, hatte ich einen Aufenthalt von vier Stunden, bevor der von Moskau herkommende Postzug weiterfuhr.

Das lange Bahngleis vor den Bahnhofsgebäuden mit ihren grauen Mauern und grünen Dächern war voller Emigranten. Sie hatten ihr Gepäck auf den Boden gestapelt, hockten auf dem Boden und nutzten es als Rückenstütze. Vielleicht gewöhnte ich mich ja langsam an den Anblick massiger Männer in roten Hemden, schweren, hohen Stiefeln und einfachen Schaffellmützen; diese hier sahen nicht ganz so brutal aus wie die, welche ich in Moskau sah. Sie lagen herum und schliefen in unbequemen Stellungen. Ihre Frauen, auf deren unscheinbaren Gesichtern die Geduld von Kühen lag, saßen in Gruppen beisammen, unterhielten sich leise, kauten Sonnenblumenkerne, deren Schalen sie ausspuckten, oder holten heißes

Wasser von dem beständig sprudelnden öffentlichen Samowar, um Tee zuzubereiten. Ein drahtiger Mann mit sanftem Gesicht, der eine billige Ausgabe der Bibel verkaufte, schlich um sie herum.

Die Kinder, von denen es Hunderte gab, waren barfüßige, zerlumpte kleine Wilde und außerordentlich glücklich.

Ein halbes Dutzend Jungen spielte Eisenbahn, indem sie sich jeder mit einer Hand am Hemdzipfel des anderen fest hielten, mit der anderen Hand ein imaginäres Rad nachahmten und, Dampflokgeräusche ausstoßend, das Gleis auf- und abliefen.

Zwei Burschen fielen mir besonders auf. Auf jedem Bahnhof, an dem wir hielten, sprangen sie hinaus und füllten sich die Taschen mit Steinen. Während der Fahrt beschäftigten sie sich damit, vom Zugfenster aus auf die Telegrafenmasten zu zielen. Die Spezies ›Junge‹ ist überall die gleiche.

Es gab viele Tataren mit plumpen Gliedmaßen – blasse, kleinäugige Mongolen mit Astrachan-Hüten, gefütterten Steppjacken, kurzen Hosen und klappernden Pantoletten. Sie saßen auf ihren Betten und betrachteten sich gegenseitig träge blinzelnd.

Dann gab das da noch die gewöhnlichen Russen der Mittelklasse, die auch schwerfällige Teutonen hätten sein können, wäre da nicht der Unterschied in der Kleidung gewesen.

Farbe kam durch die Uniformierten ins Spiel, durch die weißen Jacken, blauen Hosen, Goldlitzen und klappernden Sporen. Jeder Mann im Dienste der Regierung trägt Uniform, sei er nun Soldat oder Fahrkartenkontrolleur, und die Hälfte aller Männer oberhalb der Bauernklasse schien aus irgendwelchen Beamten zu bestehen.

In Taiga wurde mir bewußt, daß ich beobachtet wurde. Das Wissen um diese Tatsache schlich sich irgendwo in der Nähe meines Hinterkopfes an mich heran. Hastig drehte ich mich um und erhaschte den abirrenden Seitenblick eines kleinen Mannes mit neugierigen Augen und buschigem Bart. Mir war klar, daß er mich beobachtete. Vielleicht gehörte er zu jener geheimnisvollen Organisation, dem russischen Geheimdienst. Möglicherweise hielt er mich für einen Soho-Nihilisten – obwohl ich doch hoffe, daß abgesehen von meinem ausgebeulten Schlapphut nichts an meiner Kleidung an Soho erinnerte.

Ich schlenderte zum anderen Ende des Bahnsteig. Er folgte mir, und als ich mich umdrehte, tat er so, als würde er nicht zu mir hinsehen, doch als ich wieder an ihm vorbeiging, spürte ich, wie sich sein Blick Röntgenstrahlen gleich seitlich in meinen Kopf bohrte.

Als der Postzug von Moskau nach Irkutsk eintraf, machte ich einen Waggon ausfindig und richtete mich auf vier Nächte ein. Mit einem Mal wurde die Tür aufgestoßen und ebenso plötzlich wieder geschlossen. Es war mein kleiner Spion.

Im Nachbarabteil vernahm ich Flüstern, und als ich auf den Gang hinaustrat, kamen mein Spion – nach drei Tagen betrachtete ich ihn als meinen persönlichen Besitz – und der Schaffner heraus und glotzten.

Immer wenn ich meinen Waggon verließ, verließ er den seinen. Es war mir nicht möglich, in den Speisewagen zu gehen und einen Teller Suppe essen, ohne daß mein Spion mir gegenüber saß. Wenn ich für zehn Minuten durch den Wald streifte, um ein Foto zu schießen, oder eine Böschung erklomm, um einen Schnappschuß vom Zug zu machen, hielt er sich in meiner Nähe.

Er spielte seine Rolle als Spion wahrhaftig schlecht. Es war alles so durchsichtig. Wäre es mir wirklich möglich gewesen, mich verdächtig zu verhalten, hätte ich es getan – nur um ihn nach Herzenslust zu foppen. Alles was mir einfiel, war, die Bahndämme zu betrachten und Nachdenklichkeit vorzutäuschen, so als würde ich berechnen, wie viel Dynamit ich wohl brauchen würde, um sie in die Luft zu sprengen, oder ich ging die Gleise entlang und inspizierte die Schienen, ganz als führte ich einen dunklen Plan im Schilde. Doch behielt ich ein gewisses Maß an Arglosigkeit bei, ganz als wüßte ich nicht, daß er existierte.

Als der Zug am Abend vor der Ankunft in Irkutsk eine halbe Stunde lang hielt, hörte ich nebenan plötzlich Lärm. Ich lief auf den Gang, um nachzusehen.

Es waren die Bahnbeamten, die meinen Spion und sein Gepäck schmählich hinauswarfen. Der aufdringliche kleine Kerl hatte nie zuvor einen Ausländer gesehen und reiste erster Klasse mit einem Fahrschein zweiter Klasse. Über die Würdelosigkeit dieses Hinauswurfes war er äußerst verdrossen. Er schäumte vor Wut. »Verschwinden Sie hier und gehen sie in einen der hinteren Waggons«, war jedoch der Standpunkt der Beamten. Als er sein Bettzeug und den Wasserkessel zusammenklaubte, sah er mich an. Ich konnte der Versuchung nicht widerstehen, ihm zweimal bedeutsam zuzuzwinkern und danach zu lachen. Es war die einzige Rache, die mir vergönnt war.

Eine Bahnreise wie die meine war einer Schiffsreise sehr ähnlich. Die Fahrgäste schlossen Bekanntschaft, und es herrschte eine familiäre Atmosphäre. Wie alle anderen sprang ich in der Kühle des jungen Morgens aus dem Zug – und wie frisch und prickelnd ist der junge Morgen in Sibirien – rannte mit meinem kleinen Kessel zu dem großen, brodelnden Samowar, den jemand bereitgestellt hatte und beteiligte mich an der gutmütigen Keilerei um heißes Wasser.

Jeden Morgen war es das Gleiche. Die meisten von uns waren verschlafen und ungekämmt. Da standen Bauersfrauen mit Körben, in denen große Laibe frischen Brotes lagen, braun und locker und ein bißchen säuerlich, was ich besonders mochte. Für einen Penny bekam ich ein großes Stück. Die Gäste der ersten und zweiten Klasse, die ein wenig mehr ›auf sich hielten‹ als die der dritten und vierten – die Männer der ersten und zweiten Klasse stecken ihre Hemden in den Hosenbund, die der dritten und vierten lassen sie darüber hängen – kauften oft

›fransoozki kleb‹, was, wie vermutlich klar ist, ›Baguette‹ bedeutet. Für dieses jedoch bezahlt man zwei Pence. Von einer anderen alten Bauersfrau bekam ich für zwei Pence eine Portion Butter, kühl und köstlich, und für vier Pence besorgte ich mir einen Teller Brombeeren.

Danach zurück zu meinem Wagen, wo ich Tee und Zucker hatte – eines Nachts platzte mein Teepaket auf und der Inhalt verteilte sich über Schlafanzüge, Zigarren und den Rasierapparat – und ich hockte mich auf den Boden und bereitete den köstlichsten Tee der Welt.

Etwas stimmt nicht mit einem Menschen, der keinen russischen Tee mag – ziemlich schwach, mit einem Bröckchen Zucker, einem kleinen Stück Zitrone und ohne Milch aus einem Glas getrunken. Ich, der ich mehrere Tage lang keinen Löffel hatte und das russische Wort für ›Löffel‹ nicht kannte, könnte über die russische Art des Teetrinkens einen Roman schreiben.

Dann, während der Zug langsam durch den Wald fährt und die Lok mit langgezogenem dumpfem Echo heult wie ein Dampfschiff, das im Nebel den Mersey hinauf stampft, trinke ich so viele Gläser Tee, bis ich förmlich aufquelle, kaue mein frisches Brot mit der frischen Butter und esse meine Beeren, auf denen noch der Tau liegt. Danach eine Pfeife und ein langer Blick auf die endlosen Regimenter der hohen, schlanken Bäume mit der silbrigen Rinde.

Etwa alle fünfzig Yards kam eine Lichtung, und die Stämme der gefällten Bäume ragten wie schwarze Knochenstümpfe aus vielen Meilen des herrlichsten Gebüschs. Es war, als läge dort ein Teppich aus wildem Wein, so blutrot wie der Wein von Capri, doch hier und da mit einem hellgelben Tupfer wie Moselwein, und mitten darin der graubraune, samtige Staub der Bahnlinie.

Später umgaben uns Kiefern und nichts als Kiefern; Sonnenlicht übersprenkelte den Boden, doch dazwischen war es so dunkel wie in einer Höhle. Auf der Lichtung sprossen junge Kiefern hervor, deren junge Triebe so grün waren wie ein seichter See. Ich stellte mir vor, welche Millionen und Abermillionen von Weihnachtsbäumen aus ihnen werden würden.

Oft entglitt meinem Geist die Tatsache, daß ich in Sibirien war. Wenn man von London nach Bournemouth fährt, erinnert einen die Fahrt durch den Wald ja nicht an Sibirien. Doch wir fuhren immer weiter, den ganzen Tag, die ganze Nacht, mehrere Tage und Nächte hindurch, durch einen ebensolchen Landstrich. Es war seine Eintönigkeit, seine scheinbare Endlosigkeit, durch die man mit einem Ruck ein wenig von seinem Ausmaß begriff.

Auch wenn diese transsibirische Bahnlinie, gänzlich innerhalb von zehn Jahren erbaut, ein Weltwunder ist, die Idee zu einer solchen Bahnlinie versickerte während einer Generation oder länger im Geist der Menschen. Interessanterweise war es ein englischer Ingenieur mit dem unschönen Namen Dull (öde), der vor langer Zeit in den fünfziger Jahren den Einfall zu einer Pferdebahn hatte, die von Nijni-Novgorod bis zu einer Hafenstadt am Pazifik fahren sollte. Da es in Sibirien ungefähr vier Millionen Pferde gab, war die Idee nicht schlecht. Die russische Regierung billigte den Plan und bat um eine Kostenschätzung. Doch es wurde kein einziger Kostenvoranschlag eingeschickt, und so geriet der Plan wie viele andere in Vergessenheit. Danach, mit dem Ausbau der Eisenbahnen in Europa, wuchs ein anderer sibirischer Plan: Der Bau einer Bahnlinie über den Ural bis zu den Bergwerken. Nach Jahren der Ablehnung und nochmaliger Prüfung wurde eine solche Strecke gebaut. Danach folgten weitere Bahnlinien, in erster Linie, um eine Verbindung mit den sibirischen Handelszentren an den Flüssen herzustellen. Und kein Land auf der Welt hat so gut befahrbare Flüsse wie Sibirien. Schauen Sie sich die Karte an, und Sie werden sehen, daß es ein ganzes Netz von ihnen gibt – den Ob, den Jenissei, die Lena, den Amur und etwa hundert Nebenflüsse. Doch wie eine Vision – so, wie wir uns manchmal vorstellen, daß es eines Tages möglich sein wird, per Luftschiff nach Amerika zu fliegen – haftete in den Köpfen der Ingenieure immer noch die Idee von einer durchgehenden Strecke von Moskau bis zum Pazifik. Eines Morgens kam dann der Befehl vom Zar aller Russen: »Man lasse sie bauen.«

Und sie wurde gebaut. Und nun befuhr ich sie, in einem bequemen Waggon, wie ich ihn mir überall wünschen würde.

Natürlich war die Bahn langsam, so langsam und gemütlich, daß man sich selbst bei der Höchstgeschwindigkeit von fünfzehn Meilen pro Stunde rasieren konnte.

Es gab wenige Gräben und wenige Erhebungen. Man folgte der Strecke des geringsten Widerstandes, und wenn auf dem Weg ein Buckel auftauchte, führten die Schienen meist um ihn herum und nicht darüber hinweg. Die Folge war, daß der Bahndamm zum größten Teil nur einen Fußbreit über der Erde von beiden Seiten her aufgehäuft wurde. Darauf legte man die Schwellen und befestigte auf ihnen die Schienen.

Auf einer Strecke wie dieser konnte keine große Geschwindigkeit erreicht werden. Hin und wieder schwankten die Waggons etwas unbehaglich, ein Zeichen, daß die Schienen an dieser Stelle uneben verlegt worden waren. Doch dies geschah selten. In der Regel fuhr der Zug gleichmäßig dahin, und man konnte die Nacht durchschlafen, ohne auch nur einmal aufzuwachen.

Man hat bereits gemerkt, daß die Bahnlinie nicht ausreichend geschottert ist und die Schienen alles in allem zu leicht für den Eisenbahnverkehr sind, welcher immer schwerer wird. Daher wird die Strecke derzeit über längere Abschnitte hinweg neu geschottert und verlegt. Ich habe Tausende von Arbeitern gesehen, stämmig gebaut, doch nicht groß, mit dunklen Gesichtern und starkem Bartwuchs, Männer voller Kraft. Sie alle sind sehr einfach gekleidet. Sie befinden sich in Hunderten von Meilen Entfernung von jeder Stadt und sind an diesen schmalen Streifen gefesselt, der die Kiefernwälder wie ein Messer durchschneidet.

Sie standen seitlich der Bahnlinie, wischten sich mit ihren behaarten Armen den Schweiß von der Stirn und nickten jedem, der den Kopf aus dem Fenster streckte, gutmütig zu. Sie besaßen behelfsmäßige Hütten, die oft nicht mehr waren als ein Verschlag aus Schwellen, unter den sie kriechen und wo sie schlafen konnten.

Oft blickte ich in die Dämmerung hinaus und sah, wie sie ihre erste Mahlzeit aus Tee und dunklem Brot verzehrten. Niemals sah ich sie bei irgendeiner Mahlzeit etwas anderes essen. Sie lebten von Tee und dunklem Brot und wirkten dabei nicht wie Schwächlinge. Einmal, oder weiter draußen auch zweimal in der Woche, hatten sie Fleisch zu essen. Ihr Lohn betrug zehn Pence pro Tag.

Es war ein bemerkenswerter Anblick, wenn die Dunkelheit herabsank, das Feuer der Lokomotive einen langen Lichtstrahl an den Himmel und in das schwarze Laub warf und wir die Lager dieser Männer am Waldrand passierten, deren Kessel über einem knisternden Reisighaufen kochten. Daneben kauerten sie auf dem Boden, todmüde Männer, in deren dunklen slawischen Zügen der Lichtschein des Feuers spielte.

Auf der ganzen Strecke gibt es über Tausende von Meilen Sträflinge mit guter Führung, die ihr Leben in jeweils ein Werst voneinander entfernten Hütten verbringen und die mit grünen Fahnen das Signal geben, wenn der Weg frei ist. Viele von ihnen sahen weit intelligenter aus als die Eisenbahnarbeiter. Aber auf den Gesichtern von ihnen allen lag beständige Traurigkeit, die von der Einsamkeit ihres Lebens ohne die Spur einer Hoffnung für die Zukunft herrührte.

Bei Nacht benutzen sie eine grüne Lampe. Oft stand ich eine Stunde vor Mitternacht im Gang zwischen den Waggons und zählte die grünen Lichter, während wir vorbeituckerten. Unten am schwarzen Bahndamm tauchte dann ein kleiner grüner Fleck auf. Während die Waggons über die Schienen rumpelten, wurde er größer. In der Dunkelheit gerade noch erkennbar stand dort die Gestalt eines Mannes, der die Lampe hoch über sich hielt. Sobald wir an ihm vorüberfuhren, verschwanden er und sein Licht. Doch wenn der Zug passiert hatte, drehte er sich um und hielt das Licht in die andere Richtung. Instinktiv wandte ich mich um und blickte wieder nach vorn. Und dort drüben, in weiter Entfernung, war ein weiterer winziger grüner Fleck.

An sich ist nichts Besonderes an einem solch einfachen Signal. Bedenkt man jedoch, daß es Tausende dieser Männer gibt, und daß ein Signal, welches heute in Moskau seinen Anfang nimmt, elf Tage lang unterwegs ist, bevor es am Ufer des Baikalsees abbricht, gewinnen die grün funkelnden Lichter eine eigentümliche Bedeutung.

Eines muß man der transsibirischen Eisenbahn zugute halten – fast niemals verspätet sich ein Zug. Tatsächlich habe ich den Zug zuweilen zwanzig Minuten vor der Zeit in einem Bahnhof einlaufen sehen, und in der Regel hat er fünf Minuten Vorsprung.

Zunächst bereitet der Fahrplan Kopfzerbrechen. Es kostete mich einen ganzen Vormittag, um ihn zu verstehen. Erst bemerkt man, daß die eigene Uhrzeit nicht mit der offenkundigen Tageszeit übereinstimmt, und wenn man auf die Bahnhofsuhr schaut, geht die eigene Uhr unverkennbar um Stunden nach. Man sieht, daß der Zug zu einer bestimmten Zeit an einem bestimmten Ort ankommen soll, beispielsweise um halb sieben; doch man weiß, daß es eigentlich Mittagszeit ist. Dies ist verwirrend und kommt daher, daß die Bahnlinie die ganze Zeit über der Sonne hinterher fährt.

Damit alles seine Ordnung hat, ignorieren die Verantwortlichen der Eisenbahn die Sonne und beharren auf der St. Petersburger Zeit. So kommt es, daß die Bahnhofsuhr in Ostsibirien bei Sonnenuntergang Mittagszeit anzeigt. Deshalb steht auf dem Fahrplan an erster Stelle St. Petersburger Zeit. Doch da jeder Bahnhof etwa zehn Meilen von der Stadt entfernt ist, zu der er gehört, kann man von zusteigenden Fahrgästen nicht erwarten, daß sie eigens hinausfahren, um die Uhrzeit des Zuges festzustellen. Also wird auf dem Fahrplan in rot außerdem die entsprechende Ortszeit vermerkt. Man selbst möchte die Ortszeit wissen, und wenn man den Fahrplan soweit begriffen hat, stellt man seine Uhr morgens nach den roten Zahlen. Doch wenn man gegen Abend einen Blick auf die Uhr wirft, sieht man, daß etwas nicht stimmt und daß die Uhr im Vergleich zur Ortszeit etwa zehn Minuten nachgeht. Man wundert sich, denkt, die Uhr sei kaputt, und wie ärgerlich das doch in einem Land wie Sibirien ist. Mit einem Mal jedoch verflucht man sich selbst als ausgemachten Schwachkopf, der bis dahin nicht begriffen hat, daß die Ortszeit sich beständig ändert.

Versucht man Schritt zu halten, ist man ständig beschäftigt. Ich versuchte es nicht. Jeden Morgen stellte ich meine Uhr einfach zehn Minuten später als die jeweilige Ortszeit und gab mich damit zufrieden, daß sie für den Rest des Tages mehr oder weniger richtig ging.

Da das Läuten der Bahnhofsglocke einen lange vorher warnte, bevor der Zug weiterfuhr, ließen wir die Aufenthalte nicht ungenutzt vergehen. Ein schöner Spaziergang war dann möglich. Die Hälfte der Fahrgäste stieg aus, und während die Älteren umherschlenderten, stürzten sich die Jüngeren ins Gebüsch oder verschwanden im Wald und kamen mit Beeren oder einem Büschel hellroter Schlingpflanzen zurück. Es gab da einen Burschen, der gemeinsam mit seiner Frau reiste. Sie waren sehr jung, und er ging nach Osten, um sein Glück zu machen. Immer wenn der Zug hielt, machten sie sich Hand in Hand auf in den Wald und kehrten mit dem letzten Läuten der Glocke außer Atem zurück. Doch das Mädchen trug dann einen Strauß hübscher Wildblumen mit sich. Ihr Abteil muß eine wahre Laube gewesen sein.

Eine schöne Brücke führt über den Jenissei-Fluß in der Nähe von Krasnojarsk, eine Stadt jenseits des großen Waldes, die inmitten von Hügeln in einer Ebene liegt – wirklich ein hübsches Fleckchen. Eine Kathedrale von ausladenden Proportionen verleiht ihr Würde. Dieser Bau hat einmal siebzigtausend Pfund gekostet und wurde von einem erfolgreichen Goldsucher gestiftet. Derselbe Goldsucher schenkte Krasnojarsk herrliche Parks, die als die schönsten in Sibirien gelten, auch wenn das nicht viel zu sagen hat. Außerdem gibt es dort ein Museum, das von einem reichen Kaufmann gestiftet wurde.

In der Tat wetteifern in allen großen Städten Sibiriens die Männer, welche Reichtum angehäuft haben – viele von ihnen Söhne von Strafgefangenen, die nichts vom Rest der Welt wissen und oft ein lasterhaftes Leben führen – um die Verschönerung ihrer Heimatstädte. Am beliebtesten ist dabei der Bau einer Kirche.

Das Paris von Sibirien

Der große schwerfällige Zug, schmutzig von der achttägigen Reise seit Cheljabinsk, machte einen letzten Halt.

Daß die größte Stadt Sibiriens vor uns lag, war an dem veränderten Erscheinungsbild der Passagiere zu erkennen, als sie aus den Waggons sprangen und zum Speisewagen eilten, um Tee, Kaffee und frische Brötchen zu kaufen. Männer, die eine Woche lang dasselbe Flanellhemd getragen hatten, kamen mit weißer Hemdbrust, Kragen und hellem Binder heraus. Rasierklingen waren im Einsatz gewesen; bei vielen war ein zehn Tage altes Bartgestrüpp verschwunden. Frauen, die ich zuvor mit leichtem Kopftuch gesehen hatte, stöckelten im Glanz maßgeschneiderter Jacken und prachtvoller Hüte umher.

Die einzigen, die immer noch dieselbe Kleidung trugen – helle Hemden, geflickte, ausgebeulte Hosen und hohe, schwere Stiefel – und die sich nicht rasiert oder gewaschen oder gekämmt hatten, waren die Bauern.

An dem kleinen Bahnhof warteten weitere Fahrgäste. Es waren Jungen und Mädchen zwischen zehn und sechzehn Jahren, die Burschen in grau mit schwarzem Gürtel um die Taille und spitz zulaufender Mütze, auf dem Rücken Lederranzen voller Schulbücher – pfiffige Burschen, die in Irkutsk das Gymnasium besuchten. Die Mädchen waren genauso gekleidet, wie man es von Schulmädchen ihres Alters in Leeds oder Manchester oder Edinburgh kennt. Sie trugen die Schulranzen ordentlich auf dem Rücken und benahmen sich sittsam, wie es junge Damen tun sollten, auch wenn ihre Brüder lärmende Jungen waren, die sich alle im selben Wagen zusammendrängten, durcheinander schrieen und sich genauso benahmen, wie es ihre Vettern in fünftausend Meilen Entfernung tun, wenn sie von ihrem Vorort zur Schule in die Stadt fahren.

Es war ein stürmischer, grauer Morgen, als der Zug an jenem Donnerstag, dem 5. September, über die hölzerne Brücke schnaufte. Diese führt über den schwarzblauen Irkut, der breit und dunkel in den mächtigen Jenissei mündet und sich mehrere tausend Meilen weiter innerhalb des Polarkreises verliert. Über dem tiefliegenden Nebel, vor dem undeutlich große Bauwerke aufragten, erkannten wir die Kuppel der Kathedrale. Lokomotiven pfiffen und quietschten. Während wir auf der Brücke warteten, daß das Signal zur Weiterfahrt gegeben wurde, fiel mir der Halt auf der Grosvenor Bridge über der Themse ein, bevor die Züge aus dem Süden in die Victoria Station hineinrumpeln.

Langsam fuhren wir weiter. Eine Straße kreuzte unseren Weg, und viele Kutschen und Menschen warteten dort, bis der Zug vorübergefahren war. Die Radachsen quietschten über einen Güterbahnhof. Dann, ehe es uns richtig bewußt wurde, befanden wir uns auf dem Bahnhof von Irkutsk.

Eugen Zabel

Auf der sibirischen Bahn nach China (1903)

Nach Petersburg

Aber war es denn wirklich möglich, vierzehn Tage ohne Unterbrechung in einem Eisenbahnzuge zuzubringen, ohne in allen Gliedern bis zur Unerträglichkeit zusammengerüttelt zu werden? Im westlichen Europa kann man Proben auf dieses Exempel überhaupt nicht machen. Was wollen die siebzehn Stunden, die man im Nordexpreß auf der Reise nach Paris zubringt, oder die einundzwanzig Stunden nach London, wobei man noch ein paar Stunden auf dem Kanal herumschwimmt, dagegen bedeuten! Nach Rom braucht man, wenn man den Südexpreßzug benutzt, zwar achtunddreißig Stunden. Aber das ist immer noch nichts gegen eine Situation, in welcher man zwei Wochen hindurch in Gegenden, die noch vor kurzem außerhalb jedes modernen, regelmäßigen Verkehrs lagen, darauf angewiesen ist, im Coupé zu schlafen, ununterbrochen das Rattern der Wagen zu hören, mit fremden Menschen lange zusammenzuleben und jeden Augenblick einen fremden Eindruck in sich aufzunehmen.

Ein glücklicher Zufall führte mich in Petersburg in dem eleganten Restaurant von Cubas, das nicht weit von meinem Hotel in der großen Morskaja liegt, mit zwei russischen Kaufleuten zusammen. Sie waren soeben von Dalny, dem Endpunkt der sibirischen Bahn, nach Petersburg zurückgekehrt, nachdem sie vor anderthalb Monaten die Reise dorthin ebenfalls auf dem Schienenwege zurückgelegt hatten. Innerhalb zweier Monate hatten sie also vier Wochen im Eisenbahnzug zugebracht. Eine schreckliche Vorstellung, nicht wahr?

Aber die beiden Leute waren soeben aus Moskau eingetroffen und zeigten dabei nicht die geringste Spur von Ermüdung. Sie konnten sich außerdem in den Ausdrücken des Enthusiasmus über das, was sie erlebt hatten, gar nicht genug tun. Die Einrichtung der Luxuszüge? Sie läßt alles zurück, was man im westlichen Europa an Bequemlichkeit genießt. Die Überfahrt über den Baikalsee? Sie war herrlich und vom schönsten Wetter begünstigt. Aber wie war es mit den Zügen in der Mandschurei? Die sind noch besser als die andern, die nach Irkutsk laufen. Und wie war es mit der Sicherheit im Zuge während der Fahrt durch China? Man hört doch von räuberischen Überfällen durch Kulis, von Diebstählen und Einbrüchen im Zuge? Alles übertrieben und erfunden.

Wie sieht es endlich in Dalny und Port Arthur aus? Bei dieser Frage wurden meine Tischgenossen ganz besonders redselig und schilderten die Gegend in Farben, als ob es sich um ein wahres Märchenland handelte.

Endlich Schanghai, der Mittelpunkt des ganzen modernen chinesischen Lebens, wohin man mit den russischen Dampfern so bequem hinkommt – so etwas Entzückendes gibt es auf der Welt überhaupt nicht wieder.

Ich wußte aus langer Erfahrung, daß die Russen, wenn sie die Vorzüge ihrer Heimat preisen, sich in großen Worten gar nicht genug tun können, und zog von der Verklärung, in der sie auf der sibirischen Bahn alles erblickt hatten, einen gehörigen Prozentsatz ab. Immerhin blieb noch genug des Guten übrig, um mich wenigstens für den Augenblick in dem Vorhaben zu bestärken, die Strecke nach Dalny ebenfalls ohne Unterbrechung zu befahren.

(...)

Im sibirischen Luxuszuge

Der Bahnhof in Moskau, von dem der sibirische Zug abgeht, befindet sich im Osten der Stadt, in der Nähe der Sfadowaja, zu deutsch: Gartenstraße, die als fünfzehn Kilometer langer Ring die alte Residenz der Zaren einschließt und die Grenze zwischen ihr und den Vorstädten bildet. Das große, weiß schimmernde Gebäude wurde im Mai 1896, nach Beendigung der Krönungsfeierlichkeiten für Nikolaus II., dem Verkehr übergeben, als die Ausstellung in Nishnij Nowgorod einen stärkeren Reiseverkehr nach der Wolga mit sich brachte. Außerdem führen von diesem Bahnhof Schienenstränge in südwestlicher Richtung nach Kiew und Odessa, in südlicher nach der Krim und in östlicher über Tula nach Sibirien.

Die geräumige Eintrittshalle, wo sich die Kassen und die Abfertigungsstellen für die Gepäcke befinden, ist mit Hunderten von Auswanderern angefüllt, die Auskunft darüber verlangen, wohin sie sich wenden sollen, oder sich haufenweise mit ihren Habseligkeiten in allen Ecken oder auch in der Mitte des Raumes auf der Erde niedergelassen haben. Dann folgt ein großer Wartesaal mit bequemen Bänken an den Wänden und langen Doppelsitzen, die mehrere Gassen für den Verkehr frei lassen. Der dritte Raum enthält das Büfett und eine Anzahl gedeckter Tische.

Für die Reisenden, die des Morgens aus Petersburg abgefahren sind und abends in Moskau eintreffen, ist die Einrichtung getroffen, daß sie über eine Stunde Zeit haben, um vom Nikolai- nach dem Kursk-Nowgoroder Bahnhof zu gelangen und ihre Sitze in dem sibirischen Zuge einzunehmen, der auf einem der mittleren Gleise bereit steht. Er wird wöchentlich viermal, und zwar am Sonnabend von der internationalen, Montag, Mittwoch und Donnerstag von der russischen Schlafwagengesellschaft, abgelassen.

Es empfiehlt sich, seinen Platz mehrere Tage vorher zu bestellen, da die Züge namentlich im Frühling und Herbst, der besten Zeit für eine solche Reise, stark besetzt sind. Ein Platz in der ersten Klasse kostet für die sechzehntägige Fahrt von Berlin bis zum Stillen Ozean, nach Wladiwostok oder der neuen Stadt Dalny gegen sechshundert Mark. Die Züge enthalten aber auch Wagen zweiter Klasse, in denen die Plätze über ein Drittel billiger als in der ersten sind. Ein Speise-, ein Gepäckwagen und ein solcher dritter Klasse für das technische und Dienstpersonal vervollständigen die Zusammensetzung des Zuges, der nach dem Pullmansystem eine Verbindung der einzelnen Waggons durch Harmonikaverschluß enthält und es den Passagieren ermöglicht, sich auf dem Seitengange in allen Abteilungen frei zu bewegen.

Auf dem Wege von Moskau nach Irkutsk benutzte ich einen der Züge der internationalen Schlafwagengesellschaft, die in ähnlicher Weise wie die Luxuszüge im Verkehr zwischen den Hauptstädten in West- und Mitteleuropa eingerichtet sind. Die Coupés erster Klasse sind für zwei Personen bestimmt, für die durch Umlegen des Schlafsofas ein unteres und durch das Herablassen eines gepolsterten Gestells ein oberes Bett hergerichtet wird, das aber nicht, wie in den Schiffskabinen, unmittelbar über jenem, sondern im rechten Winkel an der Fensterseite aufgestellt ist. Zwei elektrische Flammen, eine mit weißer und eine andere mit bläulicher Glasbirne für die Nacht, sind an der Decke angebracht. Unter dem Fenster findet man einen Klapptisch zum Lesen und Schreiben oder zum Aufstellen verschiedener Kleinigkeiten, die man gern sofort zur Hand hat. Neben diesem Tisch ist außerdem in einer Nische, gegenüber dem Sofa, Platz für einen Strohsessel, wodurch eine niedliche Plauder- oder Schmollecke je nach dem Verhältnis gebildet wird, in dem man zu seinem Reisegefährten steht.

Die Fenster sind mit Rücksicht auf die Verschiedenheit der Jahreszeiten und den schnellen Wechsel der Temperatur, auf den man sich einrichten muß, mit doppeltem Verschluß versehen. Außerhalb der Fenster sind ihrer ganzen Länge nach zwei schmale eiserne Klappen senkrecht angebracht, die den Luftzug abschwächen und sich nach Bedürfnis vor- und zurückstellen lassen. An der Tür findet man ein Thermometer sowie zwei elektrische Druckknöpfe, wenn man die Dienste des Kondukteurs oder des Kellners im Speisewagen braucht. Zwischen je zwei Coupés ist eine Waschtoilette eingerichtet, so daß man nicht erst über den Gang zu schreiten braucht, um alle wünschenswerten Bequemlichkeiten zu haben.

Der Speisewagen enthält Sitze für achtundzwanzig Personen, mit einer Abteilung für Raucher. Über dem Büfett ist eine große Karte der sibirischen Bahn aufgehängt, auf der man die Strecke, die man durchlaufen hat, jeden Tag genau verfolgen kann. Europa erscheint darauf wie ein Apfel neben einem Kürbis, und man kommt aus dem Gefühl des Erstaunens nicht heraus, mit welcher Geschwindigkeit und Leichtigkeit man diese ungeheuren, früher für unüberwindlich gehaltenen Strecken zurücklegt. Als wertvolle Neuerung auf diesen Zügen muß man die Badeeinrichtung begrüßen, die wir hinter dem Büfett entdeckten. Die Wanne mit warmem und kaltem Wasser – sie konnte nach dem Gebrauch, um Raum zu ersparen, in die Höhe gekippt und an die Wand gelegt werden – sowie die damit verbundene Dusche bilden an heißen Tagen eine wahre Wohltat. Auch an einer Eisenbahnbibliothek fehlt es in diesen Zügen nicht. Sie besteht aus Romanen, wissenschaftlichen und illustrierten Werken in mehreren Sprachen und wird in sehr verschiedenartigen Räumen aufgestellt. Ihr richtiger Platz ist natürlich das Lesezimmer. Ich fand sie einmal aber auch im Coupé des Zugführers, wo sie niemand vermutete, und ein anderes Mal in einem Schrank im Badezimmer.

Nur die gymnastischen Apparate, von denen so viel gesprochen worden war und die man auch bei der russischen Ausstellung auf dem Trocadero sehen konnte, waren nirgends zu finden. Es fehlten das Zimmerveloziped und der Rückenklopfer, der Armstrecker und die Reitvorrichtung, wie man sie gegenwärtig auf den großen Hamburger und Bremer Dampfern benutzen kann, um das stockende Blut in Bewegung zu halten.

Die Empfehlungen, die ich in Petersburg erhielt, hatten die angenehme Folge, daß ich von der russischen Grenze an bis zum Endpunkt der sibirischen Bahn und zurück über ein eigenes Coupé verfügen konnte, das sich alsbald in einen wohnlich eingerichteten Salon verwandelte. Auf dem Tisch liegt die Schreibmappe, und die Blätter, welche die täglich empfangenen Eindrücke festhalten, schwellen zu einem stattlichen Reisetagebuch an. Die Feldblumen, die wir uns auf den Stationen pflücken, bilden einen farbenprächtigen Strauß, um den die Sonne durch das Fenster golden glitzernde Strahlen spielen läßt. Die Bücher, die man sich mitgenommen hat oder ausleiht, stellen eine kleine Bibliothek dar, die mannigfaltige geistige Nahrung enthält. Hierzu kommen kleine Andenken und Spielereien, Zeitungen und Näschereien, die man unterwegs für geringes Geld ersteht.

Die achtzehn Personen, die unser Zug enthält, sind so verschiedenartig nach Abstammung, Beruf und Temperament, daß jeder dem anderen etwas Interessantes zu erzählen hat und neue Beobachtungen beständig ausgetauscht werden. Man empfängt Besuche und erwidert sie, trifft sich beständig auf dem Gang oder im Speisesaal, wobei jeder die besten Seiten seines Charakters hervorzukehren sucht. Die größere Breite der Bahngeleise und der auf ihnen rollenden Wagen sowie die geringere Fahrgeschwindigkeit werden angenehm empfunden. Man wird nicht unaufhörlich hin- und hergeschüttelt, wie auf manchen von unseren Schnellzügen, sondern kann ruhig sitzen, stehen und gehen. Wird die Hitze im Juli gar zu lästig, so schließt man die Tür ab, hängt die Kleider auf den nächsten

Nagel und verträumt die Stunden in einem improvisierten Badekostüm, bis der Abend die erwünschte Kühlung bringt.

Wir fahren nicht mehr als vierzig bis fünfundvierzig Kilometer die Stunde. Während ich mit dem Bleistift meine Aufzeichnungen mache, spielt mein Nachbar, der Bankdirektor Steinacker aus Fiume, auf seiner Geige, die ihn auf Reisen nie verläßt, mit künstlerisch durchgebildetem Geschmack Stücke von Bach und Mendelssohn, die mich in die deutsche Heimat zurückversetzen, während wir uns bereits dem Ural nähern. Es gibt so viel zu sehen und zu hören, daß man sich wundert, wie schnell aus Morgen und Abend wieder ein Tag geworden ist. Vor allem ist es mit dem Mangel an Bewegung gar nicht so arg, wie wir ursprünglich fürchteten. Auf der Strecke von Moskau nach Irkutsk macht der Zug nach dem Fahrplan, den wir in unserem Coupé vorfanden, neunundneunzig, während der Fahrt von Irkutsk nach Dalny sechsundsiebzig, in Wirklichkeit aber noch mehr Stationen. Wir kommen also im ganzen innerhalb der vierzehn Tage zu über hundertfünfundsiebzig Ruhepunkten.

Die Dauer des Aufenthalts ist sehr verschieden, aber fast nirgends weniger als fünf Minuten, in vielen Fällen das fünf-, in einzelnen das zehnfache und darüber. Zu Tula, Ufa und Berdausch hält der Zug je zwanzig Minuten. Zu Tscheljabinsk, wo die sibirische Bahn beginnt und wir uns anschicken, Europa zu verlassen, bleibt er fünfzig, in Kurgan zwanzig, in Petropawlowsk fünfundzwanzig Minuten liegen. Ungefähr denselben Aufenthalt bringen Omsk, Kainsk, Ob und Taiga, wo die Eisenbahn sich nach Tomsk abzweigt. Hieran schließen sich Bogotoll mit zwanzig, Krasnojarsk mit dreißig, Ilanskaja wieder mit zwanzig, Tulun mit fünfundzwanzig, Sima mit vierzig Minuten und Irkutsk mit einer ganzen Stunde.

Ebenso hält der Zug auch auf der Station Baikal, wo die Passagiere sich anschicken, über den gleichnamigen See zu fahren, und wenn sie das Dampfboot in Myssowaja wieder verlassen, je eine Stunde. Während der Überfahrt auf dem Baikalsee befindet man sich außerdem vier volle Stunden in freier Luft und genießt eine nicht zu unterschätzende Bewegungsfreiheit. Vom Baikalsee durch Mandschuria nach Charbin, wo eine andere Bahn nach Wladiwostok führt, hält der Zug acht, von Charbin bis Mukden drei eine halbe und von Mukden bis Dalny wieder drei Stunden.

Für die ganze Strecke bleiben mithin einige vierzig Stunden übrig, während deren der Zug stillsteht. Rechnet man, daß ein Drittel dieser Zeit in die Nachtruhe der Passagiere fällt, so haben sie für den Tag durchschnittlich etwa zwei Stunden übrig, um innerhalb eines größeren oder geringeren Umkreises der Stationsgebäude Spaziergänge zu machen und sich die Glieder elastisch zu erhalten. Das ist im Grunde mehr, als sich die meisten Stadtmenschen, die mit ihren Berufspflichten und Sorgen belastet sind, täglich an Körperbewegung gönnen.

Dabei braucht man beim sibirischen Zuge nicht ängstlich schon beim zweiten Glockenzeichen einzusteigen, sondern kann ruhig auf das dritte warten und dann irgend einen Handgriff an den Treppen der Durchgangswagen ergreifen, ohne Gefahr zu laufen, daß man zurückbleibt.

Freilich darf man sich durch diese Gemächlichkeit und Gemütlichkeit zu keinerlei gefährlichen Scherzen verleiten lassen, wie sie ein paar von unseren Reisegefährten in jugendlichem Übermut versuchten. So sprangen sie einmal, während der Zug sich bereits in Bewegung gesetzt hatte, vom Trittbrett wieder herunter, liefen einige zwanzig Schritte nebenher und schwangen sich dann wieder hinauf. Ein anderer kletterte sogar auf einer Station, wo die Lokomotive Wasser nahm, auf einen der Wagen hinauf, stellte sich mitten unter die Arbeiter, welche die von der Sonne erhitzten Dächer besprengten und hielt eine begeisterte Ansprache an die Reisegesellschaft.

Mit dergleichen Späßen muß man vorsichtig sein, denn sie können sich leicht bitter rächen, da im Zuge selbst kein Arzt anwesend ist und der Gedanke, im Bereich der asiatischen Steppe oder der Mandschurei ein Krankenhaus aufsuchen zu müssen, sicher nichts Verlockendes hat.

Was die Sicherheit auf der sibirischen Bahn betrifft, so wird darüber von einzelnen je nach den Erfahrungen, die sie gemacht haben, sehr verschieden geurteilt. Die meisten empfehlen, für alle Fälle einen Revolver mitzunehmen und ihn entweder in der Rocktasche zu tragen oder auf dem Tisch im Coupé liegen zu lassen, damit man ihn bei vorkommenden Fällen sofort zur Hand hat. Die Ehrlichkeit des Zugpersonals dürfte kaum zu bezweifeln sein, da diese Leute verhältnismäßig gut bezahlt werden und schon bei geringen Versehen ihre Stelle verlieren. Auf den Stationen schleichen sich allerdings oft Elemente, die nur mit Mühe zurückgedrängt werden, an die Coupés heran, und es empfiehlt sich, sie durch den Kondukteur immer sofort schließen zu lassen, auch wenn man den Zug nur einige Minuten lang verläßt. Sehr verschmitzt soll es vor kurzem ein Dieb angestellt haben, der in der Nacht von außen aufs Trittbrett stieg und durch das geöffnete Fenster einem der Passagiere die daneben aufgehängten Kleider entwendete.

Natürlich sind die Coupés auch von innen zu verschließen. Bei dem neuen Luxuszug, der seit diesem Sommer durch die Mandschurei fährt, kommt hierzu noch eine Sicherheitskette, die der Passagier anwendet, wenn er haben will, daß in den heißen Nächten ein frischer Luftstrom hindurchzieht, ohne daß die Tür von draußen geöffnet werden kann. Im russischen Verkehrsministerium werden beständig neue Vorschläge erwogen, wie weit man Diebstähle, die trotzdem vorkommen sollen, verhindern kann. Tatsache ist aber, daß von unseren Mitreisenden niemand in die Lage gekommen ist, seinen Revolver anzuwenden. Bei unserer Fahrt durch die Mandschurei erhielten wir jeden Abend eine Bedeckung von

sieben Kosaken mit geladenem Gewehr, von denen sechs im Gepäckwagen untergebracht waren, während der siebente im letzten Wagen stand und nach beiden
Seiten aufmerksam ausblickte. Es war anzunehmen, daß man eine plötzliche
Zusammenrottung von Chinesen befürchtete, durch die dem Zug hätte Gefahr
drohen können. Vielleicht handelte es sich aber auch um einen Geldtransport, den
man für alle Fälle schützen wollte.

Jedenfalls war bei der Rückfahrt auf dieser Strecke von einer solchen Vor-
sichtsmaßregel nichts zu merken. Der Gendarm, der auf einzelnen Strecken den
Zug begleitet, hat mit dem Dienst auf ihm nichts zu tun, sondern begibt sich nur
zur Erledigung einer eiligen Amtssache nach den entsprechenden Stationen.

Der erwähnte Eisenbahnzug durch die Mandschurei, der zweimal in der
Woche von Myssowaja nach Dalny und umgekehrt abgelassen wird, war erst vor
wenigen Wochen in Gebrauch gestellt und übertraf in der Vortrefflichkeit des
Materials und der Gediegenheit der technischen Ausführungen sogar den Zug der
internationalen Schlafwagengesellschaft. Während diese ihre Waggons in einer
französischen Fabrik, in St. Denis, erbauen läßt, sind jene ausschließlich russisches Erzeugnis und den Bedürfnissen in den ostasiatischen Provinzen genau
angepaßt. Auf den Wagen finden wir die Aufschrift ›Chinesische Ost-Eisenbahn‹,
in russischer und chinesischer Schrift. Sie bestehen nicht aus gewöhnlichen eisernen, sondern aus gepanzerten Platten, die den Fahrgästen eine größere Sicherheit
gewähren. Diese Panzerwände lassen sich im Fall eines Eisenbahnunglücks nicht
so leicht wie die sonst angewendeten zusammenquetschen und gewähren vor
allem bei einem Überfall oder gar im Kriegsfall zuverlässigen Schutz. Eine
Gewehrkugel würde sie nicht durchbohren können. Außerdem sind die Fenster
etwas kleiner und zwar so angebracht, daß man hinausblicken kann, ohne selbst
gesehen zu werden. Auch die Verteilung der Achsen ist eine andere, denn zwei
von ihnen liegen vorn, zwei hinten, während die Mitte unter dem Wagen frei
bleibt. Man kann ihn daher bequem als Deckung benutzen, sich unter ihm verstecken, hindurchkriechen und den Feind überraschen und beschießen.

Die Seitengänge zeichnen sich durch besondere Breite aus. In den Coupés
befindet sich das elektrische Licht nicht nur an der Decke, sondern kann mittels
einer Stehlampe auf dem Tisch neben dem Schlafsofa, oder wo man es sonst
haben will, benutzt werden. In das geöffnete Fenster kann ein anderes eingesetzt
werden, das aus feinem Draht geflochten ist und Schutz gegen die im Sommer
unangenehmen Moskitos gewährt.

Außerdem hat sich im Speisewagen auch noch ein Platz für ein Pianino gefunden, das sich aber nicht als Bringer holder Harmonien erwies, sondern bei den
Passagieren nur wehmütige Gefühle hervorrufen konnte. Im Verhältnis zu der
Art, wie dieses Instrument verstimmt war, mußten die abgespielten Flügel, die
man in Berliner Studentenkneipen findet, als köstliche Bechsteins erscheinen. Es

war überhaupt unmöglich, auf dieser musikalischen Mißgeburt Melodien hervor-
zuzaubern, die Erinnerungen an eine bestimmte Komposition hervorriefen. Vielleicht wäre das möglich gewesen, wenn man immer nur die falschen Töne ange-
schlagen hätte, denn die richtigen verwandelten sich in eine Marter für das Ohr.
Nachdem sich ein paarmal dilettantisch geübte Finger darauf versündigt hatten, trat ein Ausschuß unserer Gesellschaft zu einem Rat zusammen, der jeden,
der dies böse Beispiel befolgen wollte, mit allgemeiner Verachtung bedrohte.
Dies Mittel versagte nicht, und wir hatten seitdem vor weiteren Attentaten auf
unsere Ohren Ruhe. Der Anblick von dergleichen Klapperkasten in den Zügen,
die ich später benutzte, rief zunächst ein wahres Angstgefühl hervor, daß sich
wieder jemand darauf versuchen könnte. Das klassische Beispiel eines Pianinos,
wie es auf der Reise sein soll, lernten wir übrigens erst auf einem deutschen
Schiff während der Fahrt nach Schanghai kennen, denn das Klavier, das dort im
Speisezimmer aufgestellt war, erwies sich zur Hälfte als stumm und glich einem
Ungeheuer, dem die meisten Zähne ausgefallen waren.

Neben diesen Mandschureizügen, die in jeder Beziehung auf der Höhe der
modernen Technik stehen, verkehrt auf der Strecke nach Dalny, allerdings nur
einmal im Monat, auch noch ein älterer Zug, der von der Transbaikalbahn zwischen dem Baikalsee und der östlich nach der Schilka führenden Strecke her-
übergenommen ist. Seine Einrichtungen sind zum Teil ungenügend, da die Moto-
ren für die elektrische Beleuchtung mehrere Nächte versagten und wir gezwungen waren, uns mit Kerzenlicht zu begnügen. Originell war es auch, daß der
Oberkondukteur, als die Temperatur in kurzer Zeit von vierundzwanzig Grad
Reaumur auf vier Grad herabsank, sich nicht entschließen wollte, die Coupés heizen zu lassen. Er hielt sich an die Verordnung, daß damit nicht vor dem ersten
September russischen Stils begonnen werden dürfe. Wir hatten aber keine Lust,
in der Nacht mit den Zähnen zu klappern, und machten ihm so lange ernste Vorstellungen, bis er sich entschloß, von der nächsten größeren Station die Erlaubnis
zum Heizen einzuholen. Erst dann flammten die Holzstöße in den Öfen auf, um
alsbald eine wohltuende Wärme zu verbreiten.

Eine vierte Gattung von Eisenbahnzügen lernte ich auf der Rückreise von
Irkutsk nach Moskau kennen, wobei ich den russischen Schlafwagen benutzte. Er
machte seinem Namen insofern Ehre, als weder die Kondukteure noch die Kellner im Speisewagen eine andere Sprache als die Turgenjews und Tolstois verstanden. Dabei befanden sich im Zuge vier französische Offiziere, die drei Jahre
bei der Besatzung in Peking gestanden hatten, ein amerikanischer General mit
seiner Tochter, mehrere Ungarn und Deutsche, die kein Wort russisch kannten.
Die Ärmsten mußten die Zeichensprache zur Hilfe nehmen, wenn sie etwas zu
essen oder zu trinken verlangten, oder bildeten sich ein schreckliches Kauder-
welsch, das zu den drolligsten Mißverständnissen führte.

Eine Weile machte es mir Vergnügen, den Dolmetsch zu spielen, aber auf die Dauer war dies Geschäft doch zu langweilig und fruchtlos. So wurde denn weiter lustig eine Gabel gebracht, wenn der Senftopf verlangt war, und eine Serviette mit einer Flasche Rotwein verwechselt, falls nicht drei Portionen Kohlsuppe statt einer auf den Tisch kamen. Die russische Küche zeichnete sich übrigens durch Wohlgeschmack und Abwechslung aus, und die nationalen Gerichte, die man zu kosten bekam, erfreuten sich allgemeinen Beifalls. Auch war es den meisten Passagieren willkommen, daß sie nicht wie bei den internationalen Zügen auf bestimmte Stunden für die Mahlzeit angewiesen waren, sondern Kuverts zu festen Preisen sowie Gerichte *à la carte* zu jeder Tageszeit haben konnten.

Die Bibliothek des russischen Zuges von Irkutsk nach Moskau enthielt eine große Anzahl belletristischer Werke, die schönen Ausgaben russischer Klassiker, die A. F. von Marcks, der Herausgeber der Wochenschrift ›Niwa‹, in Petersburg veröffentlicht hat, viele Werke über Sibirien, französische und englische Romane, nur kein einziges deutsches Buch. Darin drückte sich eine entschiedene Unhöflichkeit aus, denn mindestens die Hälfte der Passagiere konnte deutsch sprechen und lesen. Selbst Berthold Auerbach und Friedrich Spielhagen, der sich bei unseren slawischen Nachbarn ungemeiner Beliebtheit erfreut und als Ausdruck des modernen Liberalismus verehrt wird, waren nur in russischer Übersetzung vorhanden. Hingegen lagen neben französischen illustrierten Wochenschriften und Witzblättern auch die ›Fliegenden Blätter‹ und die ›Lustigen Blätter‹ aus, selbstverständlich in Nummern, die fünf bis sechs Wochen alt waren.

Bei der Hinreise war von Irkutsk an die Verbindung mit Europa überhaupt völlig abgeschnitten. Die Ablieferung von Briefen, die man erwartete, erwies sich als unzuverlässig. Man konnte nach Hause telegraphieren, aber nicht auf der Station selbst, wo keine Depeschen nach dem Ausland angenommen wurden, sondern mußte erst das Telegraphenamt in der Stadt aufsuchen. Aber an welchem Punkt der sibirischen Bahn durfte man mit Bestimmtheit auf eine Antwort rechnen? Das, was die russischen Blätter an Ort und Stelle brachten, konnte unseren Wissensdurst nicht befriedigen und erwies sich ebenfalls als veraltet.

So versank gewissermaßen die europäische Welt hinter uns, und es gab keine Mittel und Wege, die Verbindung mit ihr wieder herzustellen. Aber eine ganz neue und kaum geahnte Welt stieg dafür vor uns auf und sprach in beredter Weise, mit lebhaften Bildern zu unsern Sinnen. Die Eisenbahn brachte durch den unendlich langen Einschnitt, den sie in den asiatischen Kontinent macht, überall neues Leben hervor und ließ mit überraschender Gewalt eine frische Kraft hervorsprudeln, von deren Bedeutung sich niemand an seinem Arbeitstisch zu Hause eine Vorstellung machen konnte.

Karl Tanera

Zur Kriegszeit auf der sibirischen Bahn und durch Rußland (1904)

Über den Baikalsee

Der Mensch muß Glück haben. Gestern hat sich mir die launische Fortuna so liebenswürdig gezeigt, daß ich fest glaube, sie will meine Angehörigen Lügen strafen, welche diese Reise nach Sibirien noch zur Zeit des hiesigen Winters und dazu während des Krieges Wahnsinn nannten. Ich fuhr früh 7 Uhr aus meinem Hotel zur Bahn und begegnete zunächst einer Kosakenschwadron zu Pferd. Die Leute waren aus der Bahn gekommen, dürfen jetzt drei Tage marschieren, werden dann am Baikal jenseits der noch nicht vollendeten Strecke der Umgehungsbahn wieder einparkiert und fahren hierauf nach dem Kriegsschauplatz weiter. Sie sangen sehr hübsch, und auch hierbei gaben Schellenbaum und Tamburin die Begleitung. Man sah Leuten und Pferden ordentlich an, wie froh sie waren, aus den Wagen heraus, in freier Luft und in Bewegung zu sein. Ich war der erste in meinem Coupé erster Klasse, und nach einiger Zeit stieg noch eine Dame ein, die sich bald als eine Generalin von K. entpuppte und für mich eine Art von vorzüglichem Reisemarschall wurde. Die Fahrt bis zur Station Baikal war sehr schön. Die Bahn windet sich zwischen den Felsen des rechts aufsteigenden Gebirges und dem prächtigen Flusse der Angara dahin, und ein schöner Blick folgt auf den anderen. Verhältnismäßig reiche Dörfer liegen an den Ufern, die Waldungen sehen hier gut aus, die Wiesen müssen im Sommer sehr üppig sein, kurz die ganze Gegend macht einen sehr angenehmen Eindruck und erinnert lebhaft an unsere Voralpenlandschaft. Meine liebenswürdige Begleiterin, eine etwa 60jährige Dame, die in Sibirien zu Hause war, erklärte mir alles, und wir hatten uns bald angefreundet. Als sie erfuhr, ich wollte über den See, betrachtete sie mein Handgepäck und fragte, ob ich viel großes Gepäck bei mir hätte. Auf meine Antwort, ich hätte mein großes Gepäck in Irkutsk gelassen und nur dieses bei mir, lachte sie freundlich und sprach:»Sehr gut! Da nehme ich Sie in meinem Schlitten mit über den See.«
»Wieso, Madame« – wir sprachen französisch – »wir fahren doch mit dem Eisbrecher ›Baikal‹ über den See?«
Ich muß hier eine Erklärung einfügen. Der Baikalsee ist nach den kanadischen Seen in Amerika und dem Victoria Nyansa in Afrika die größte Süßwasserfläche, also der drittgrößte See der Erde. Er hat 640 Kilometer Länge, 29 bis 90 Kilome-

ter Breite und eine Tiefe bis 2000 Meter. Wilde, schöne, bis 1400 Meter hohe Gebirge fassen ihn ein und machen seine Ufer hochromantisch, an vielen Stellen aber unpassierbar. Die Chinesen und umwohnenden mongolischen Burjaten nennen ihn Dalai-nor, das heißt das heilige Meer, oder Bai-kal, reicher See. Den letzteren Namen verdient er sehr, denn sein Fischreichtum soll großartig sein. Das liegt an der vorzüglichen Qualität seines direkt zum Trinken verwendbaren Wassers und vor allem daran, daß über 170 Flüsse in den See einmünden und den Fischen die beste Gelegenheit zum Laichen bieten. Der einzige Ausfluß dieses Riesensees ist die Angara. Es gibt im Baikal sogar einen Tiefseefisch wie in dem Meere, der auch wie jener aussieht, das heißt, einen riesigen Kopf mit großen Glotzaugen hat, und der nur unter einem starken Wasserdrucke leben kann. Kommt er zu hoch hinauf, so treibt es ihn auseinander, zerreißt ihm die Luftblase, und so, also tot, wird dieser Spinnen- oder Aalfisch genannte Seebewohner vielfach gefunden. Auch eine eigene Robbenart mit schönem Fell kommt hier und zwar nur hier vor und heißt daher auch Baikalseehund.

Der Baikal friert im November zu und bleibt als feste Eisfläche bis Anfang oder Mitte Mai. Die ihn südlich umgehende Gürtelbahn ist wegen der Schwierigkeiten, welche die durch Dynamit zu sprengenden Felsen darbieten, noch nicht fertig, und deshalb hat man zwei mächtige Dampfer, welche im Herbst und Frühjahr als Eisbrecher und zugleich Trajektschiffe und im Sommer als letztere wirken. Während des strengen Winters geht der Verkehr über das ein Meter und mehr starke Eis vermittelst Schlitten, von denen bis gegenwärtig an 2000 im Gange sind. Die schlimmste Zeit für das Überschreiten des Sees sind aber die Tage, an denen der See starke Sprünge bekommt, die Sonne und der geschmolzene Schnee von oben schon tiefe Löcher in das Eis fressen, aber die Eisbrecher noch keine Bahn machen können. Gerade in diese Zeit bin ich gekommen. Kehren wir nun in unseren Eisenbahnwagen zurück zur Fahrt zwischen Irkutsk und der Station Baikal.

Auf meine Bemerkung in Bezug auf den großen Eisbrecher ›Baikal‹ entgegnete lachend die Generalin: »Das ist nicht möglich. Er geht noch nicht. Aber es ist heute der letzte Tag, an dem man noch mit Schlitten über das Eis fahren darf. Darum reise ich heute schnell ab, habe mir durch einen Bekannten einen Schlitten sichern lassen und fahre mit diesem und Ihnen, wenn Sie zustimmen, hinüber. Wir kommen dadurch alle drei billiger weg, und allein ohne Sprachkenntnis würden Sie bei den vielen Offizieren, welche übersetzen wollen, kaum einen Schlitten finden, jedenfalls das Dreifache für einen solchen zahlen müssen, und so zahlen Sie nur ein Drittel.« Natürlich stimmt ich mit Freunde zu, und von da an nahm mich die Generalin unter ihre Fürsorge.

Die Angara wurde immer breiter und schöner. Rechts und links hatten sich meterhohe Wände meist wundervoll blaugrünen Eises aus dem See aufgestaut, und in der Mitte des Flusses schwammen ebenfalls große Schollen, welche wahrscheinlich von den ersten Versuchen der Eisbrecher stammten. Wir kamen mittags 11 Uhr in der Station Baikal an. Der Büfettsaal des den kriegerischen Verhältnissen durchaus nicht gewachsenen Bahnhofes war im Nu mit Offizieren, Soldaten, Herren des Roten Kreuzes und Reisenden gefüllt. Wir Verbündeten hatten nach Angaben der Generalin unsere Rollen geteilt. Sie ordnete das Essen an, ich eroberte und verteidigte die Tischplätze, und ihr sich hier meldender Bekannter ließ unser Gepäck in den schon bestellten Schlitten bringen. Alles stimmte vorzüglich. Hier sah ich viele meiner Reisegenossen aus dem Expreßzuge wieder, auch meinen Kabinengenossen Oberleutnant von S. »Bon jour, mon capitaine! Haben Sie schon einen Schlitten?« »Ja. Durch die Güte der Generalin von K.« »O Sie Glücklicher! Es ist eine schreckliche Mühe, einen zu finden. Und diese Sorge mit dem Gepäck.« Fort war er! Wir speisten in aller Gemütsruhe, es kostete mich nur 1,50 Rubel, wir machten uns fertig und gingen auf den Schlittenplatz.

Dort herrschte ein ungemein buntes, echt asiatisches Treiben. Einige 30 Schlitten für Passagiere, bespannt mit je einem großen, in der Duga gehenden Traber und einem oder zwei nebenher galoppierenden Pferden standen bereit; die Kutscher, teils russische Bauern, teils Tataren, teils mongolische Burjaten, schrien durcheinander, Gepäckträger drängten sich hin und her, und alles sah wie ein in grundlosem Schmutz stehender, unentwirrbarer Knäuel aus. Aber ich bemerkte weder Stoßen noch Schimpfen und Streiten, und die Rufe und Winke der anwesenden Polizisten und Kosaken wurden sofort befolgt. Die russische Polizei im Verkehrswesen ist doch vorzüglich am Platze. Meine Frau Generalin marschierte wie eine Fürstin mitten durch, fand im Nu unsern Schlitten, ich hob sie hinein, ihr leider kein Wort deutsch oder französisch sprechender Begleiter stieg links, ich rechts von ihr ein, wir hüllten uns in Pelze und Decken, und die Fahrt begann, eine der interessantesten, die ich je erlebt habe.

Die hiesigen Schlitten sehen einem der Luxusschlitten in St. Petersburg oder Berlin so ähnlich wie ein Mörtelwagen einem kaiserlichen Landauer. Es waren einfach alte, durch den Wintergebrauch sehr schmutzig gewordene Körbe, in denen unten schmutzige Schaffelle lagen. Sonst war nichts vorhanden. Man stellte sich eines seiner Gepäckstücke auf den Boden und setzte sich darauf. Die Schlittenkufen liegen ohne Federn direkt unter dem Korb, so daß man alle Sprünge des Schlittens gehorsamst mitmacht. Allmählich wickelten wir uns aus dem Gewimmel und fuhren als letzter Schlitten der Mittelkolonne auf den See. Nun konnte ich mich umsehen. Großartig! Eine solche unter leichtem, meist noch festgefrorenem Schnee liegende Eisfläche, umgeben von so wilden Felsen und mit Wald bedeckten Bergen, sieht man nicht oft. Das westliche Ufer konnte man haarscharf auf vielleicht 50 Kilometer Länge unterscheiden. Vom Ostufer aber sahen wir nichts. Es schien unter Nebel verborgen. Was dort war, erfuhren wir später. Je weiter wir hinaus kamen, desto großartiger erschien diese Winterlandschaft. Im Norden bemerkte man besonders hohe Berge, im Süden aber wildere Felsformationen. Etwa zwei Kilometer vom Ufer entfernt arbeitete der Eisbrecher ›Baikal‹, um sich seinen zukünftigen Weg zu bahnen. Nun fuhren wir schon eine Stunde und zwar zwischen den Telegraphen- und Telephonleitungen einerseits und den Resten der seit einigen Tagen eingestellten Eisenbahn andererseits. Wiederholt kamen wir an Pferdekadavern vorbei. Manche waren von den Raben und Krähen schon ganz zu Gerippen ausgefressen worden, an anderen befanden sich die Vögel noch bei der Mahlzeit, und wieder andere lagen, dick aufgedunsen, noch unberührt auf dem Eis. Ich zählte sie von da an und fand noch 35. Im ganzen mögen es einige vierzig gewesen sein, die Opfer der in diesem Jahre so besonders starken Winterstrapazen.

Sehr oft kamen uns Abteilungen von leeren Lastschlitten, mit je einem Pferde bespannt, entgegen, meist je 50, einer hinter dem andern. Dabei waren höchstens acht bis zehn Menschen. Andere kamen einzeln, oft sogar ein Pferd mit Schlitten allein, ohne Kutscher. Es kannte ja seinen Weg nach Hause. Die Stelle, an der wir überfuhren, war eine der schmalsten des sichelartig gebogenen, hier 48 Kilometer breiten Sees. Seit Monaten gingen die Schlitten mit Armeematerial jeden Morgen hinüber und kehrten jeden Nachmittag leer wieder auf das Westufer zurück. Das sind rund 100 Kilometer Tag für Tag. Dies zeigt die riesige Leistungsfähigkeit der kleinen, häßlich aussehenden sibirischen Pferde, erklärt aber auch die große Zahl der auf dem Eise liegenden Opfer. Wir fuhren zwei Stunden. Das Westufer verschwand in grauem Nebel, wir sahen um uns nichts als grauen Nebel und Eis, Eis, Eis. Es wirkte schließlich monoton, nur das Klappern der Pferdehufe, das Klingeln der Glöckchen in der Duga zu hören und stets die in gleichmäßig schüttelnder Bewegung vorausfahrenden Schlitten zu sehen. Nach zweieinhalb Stunden wurde ein Halt von nur fünf Minuten gemacht, den ich benutzte, uns zu photographieren. Dann ging die Fahrt weiter. Jetzt kamen wir in Nebel, darauf fing es zu schneien an, unser Kutscher deutete in die graue Masse vor uns und rief etwas, das ich nicht verstand. Die Generalin erwachte, rief mir zu, mich fest einzuhüllen, und kroch selbst ganz unter ihren Pelz. Ich folgte dem Ruf nicht, denn ich wollte sehen, was es gäbe.

Da brach ein Schneesturm los, wie ich ihn weder während meines mehrjährigen Lebens in den Hochalpen noch sonst je erlebt hatte. Das waren nicht Schneeflocken, sondern Eisnadeln und Eisstücke, die mir ins Gesicht geschleudert wurden. Und wie kalt dieser Sturm war! Er ging durch Mark und Bein. Trotzdem deckte ich mich nicht zu, denn ich wollte sehen. Freilich bemerkte ich von den vorderen Schlitten nichts mehr, ich hörte sie nur. Plötzlich machte unser Schlitten einen Sprung, daß man glaubte herauszufliegen. Wir waren über einen Riß gefahren. Die braven Pferde liefen ruhig weiter, vor uns läuteten die anderen Schlitten.

Wieder ein Sprung. Plötzlich sank der Schlitten bis über die Kufen ins Wasser. Die Pferde rissen ihn heraus, es ging weiter. Ein Stoß, ein Sprung, ich sank rechts tief ein. Nun regte sich auch die Generalin und rief erschrocken dem Kutscher etwas zu. Dieser hieb auf die Pferde, sie rissen an, wir flogen weiter. Mit einem Mal, ebenso schnell wie er gekommen, hörte der Schneesturm auf. Vor uns wurde es etwas heller und schneite ruhiger weiter, hinter uns auf dem Eise lag die graue Sturmwolke. Nun sahen wir wieder die Schlitten vor uns, es begegneten uns neue Gruppen von Lastschlitten – im ganzen waren es vielleicht 600 geworden – und die Kälte ließ nach. Aber die Stöße und Sprünge sowie die großen und tiefen Wasserlöcher nahmen zu. Letztere sind von der Sonne und dem geschmolzenen Schnee von oben in das Eis gebohrt. Sind sie schon tief ausgeleckt und das untere Eis trägt nicht mehr, dann bricht der Schlitten durch, und man wandert zu den Fischen des Sees zu Gast. So etwas kommt fast in jedem Jahre vor. Aber wir hatten Glück. Trotzdem gestehe ich, daß ich mit großer Beruhigung aufatmete, als ich endlich nach 4 $\frac{1}{4}$ stündiger Fahrt das Ostufer erblickte. Nun mußten die armen todmüden Pferde ein rasendes Tempo anschlagen. Der Schlitten stieß, flog, fiel in Wassertümpel, flog wieder heraus und so fort, es war eine wahre Teufelsfahrt. Die Generalin wollte Einspruch erheben. Da erklärte der Kutscher, und sie übersetzte es mir, daß die Sonne in der Nähe des Ufers mehr Gewalt gehabt, das Eis brüchiger gemacht und mehr Risse hervorgerufen habe. Die Pferde nehmen im Galopp alle Hindernisse, und der Schlitten wird leichter in schneller Gangart hinüber- und herausgerissen als in langsamer. Also sausten wir weiter, das Ufer näherte sich schnell, und nun war es bis auf 200 Meter vor uns. Jetzt mußten wir umgekehrt in langsamem Schritt und zwar durch eine ununterbrochenen Wasserschicht fahren. Wenn man nun dicht vor dem Lande plötzlich noch 150 bis 200 Meter tief in dem hier sehr schmutzigen See versänke! Die Aufregung heizte uns allen ein, wir spürten nichts mehr von der eisigen Kälte des Schneesturmes.

Es ging. Wir kamen in Schlangenwindungen ans Ufer, mit einem Male knirschte es unter den Kufen – ah, Gott sei Dank, Land! Wir hatten den Baikalsee am letzten Tage, an dem er für Reisende freigegeben war, im Schlitten passiert. Nun kehren in der Vollmondnacht noch alle Schlitten leer zurück; sie nehmen von den Resten der Bahn und elektrischen Leitungen mit, was geht; morgen räumen sie die allerletzten Überbleibsel auf, dann ist es aus. Die toten Pferde bleiben liegen, sie versinken, wenn das Eis zerschmilzt, im nassen Grabe.

Auf dem Bahnhofe von Tankhoi herrschte ein buntes, ungemein interessantes Treiben. Alle die angekommenen Offiziere, Reisenden, Träger, Bahnbeamten und in erster Linie die Kutscher der Schlitten wimmelten durcheinander. Dank dem Begleiter meiner liebenswürdigen Führerin kam mein Gepäck vollzählig und heil aus dem Schlitten im Bahnhof an, verschwand aber gleich drauf wieder. Die Generalin erklärte mir: »Obwohl der Zug erst in vier Stunden abgeht, ist es doch gut, schon jetzt die Plätze zu belegen, ehe die dritte Schlittenkolonne ankommt. Man weiß nicht, ob sich später noch Platz findet.« Das war sehr klug gehandelt, denn wie es später zuging, zeigte, daß ich ohne ihre Vorsicht keinen Platz erhalten hätte. Ich wollte mir sofort mein Billett erster Klasse lösen, kam aber schlecht an.»Es werden nur Billetts dritter Klasse verkauft. Alle Plätze erster und zweiter Klasse sind bereits vergeben.« Dritter Klasse vier Tage mit Arbeitern usw. fahren? Das wollte ich doch nicht. Und wenn es schlecht ging, brauchten wir fünf Tage bis über die Grenze der Mandschurei. Wiederum war die Generalin mein Schutzengel.»Wir haben ja schon Ihren Platz bei uns in der zweiten Klasse belegt. Mein Bekannter soll dies dem Kassierer sagen, und Sie werden Ihr Billet erhalten.« 15 Minuten später hatte ich es und war vorläufig gerettet. Das einzige, womit man diese Station sehr gut versorgt hatte, waren die Lebensmittel. Es gab warme und kalte Speisen in Menge, und alle waren gut. Gerdezu verliebt habe ich mich in die russischen Samoware. Diese prächtigen Teebereiter findet man überall, selbst an der kleinsten Station stehen sie und spenden einen vorzüglichen Trank. Nachdem wir uns gesättigt hatten, ging ich mit einigen Offizieren wieder auf die Holzterrasse an der Seeseite. Das Bild, welches sich vor uns entrollte, war zauberhaft. Der See lag frei vor uns, alle Nebel hatten sich nordwärts gezogen, die jenseitigen Gebirge lagen in schwarzem Schatten, die südlich und östlich sich anreihenden in wunderbarem Rotgold der untergehenden Sonne vor uns, und auf der weiten Eisfläche in der Mitte zogen gleich lange Linien von Ameisen die leeren Schlitten der letzten Armeetransporte hinüber. Die dunkle Wolke, welche uns den kräftigen Schneesturm gebracht hatte, schob sich als grauschwarzer Nebelbalken auf dem Eise nordwärts. Es lag eine wildromantische Stimmung auf dieser fremdartigen Landschaft, und auch die verwöhnten Herren der russischen Garde gaben sich staunend dem fesselnden Eindruck hin. Als wir in den Wartesaal zurückkehrten, mußten wir einen besonderen Angriff unserer Schlittenfuhrleute aushalten. Sie erklärten, daß diese letzte Fahrt besonders gefährlich gewesen sei, und daß sie darum ein Extratrinkgeld verdient hätten. Man lachte, zahlte, und sie zogen vergnügt ab. Für diese und alle Bahnhofswirte der sibirischen Bahn, ja für alle Sibirier ist der Krieg ein wahres Glück geworden. Sie verdienen viel Geld und werden verhältnismäßig reiche Leute.

Endlich saßen wir im Zuge. Aber die gute Generalin hatte doch nicht mit dem Kriege gerechnet, als sie annahm, wir würden zu dreien bleiben. Es kam noch ein Kosakenrittmeister zu uns, und somit waren die vier Plätze der Abteilung eingenommen, der Schaffner schob das Schild ›sanjato‹, das heißt besetzt, über die Tür. Abends acht Uhr begann die Fahrt. Die Züge der ostsibirischen Bahn gleichen keineswegs den Luxuszügen. Sie sind auch nicht so elegant eingerichtet wie unsere neueren Personenzüge. Aber sie entsprechen vollkommen den russischen Anforderungen. Vorzüglich ist es, daß alle Reisenden Liegeplätze haben. Jede

Abteilung, auch in der dritten Klasse, ist daher nur für vier Reisende bestimmt, von denen je zwei übereinander schlafen. Am Tage kann man das obere Bett herunterschlagen. Über den Liegestellen sind Plätze für sehr viel Gepäck. Also man darf die gewöhnlichen russischen Wagen als einfach, aber sehr praktisch eingerichtete Schlafwagen bezeichnen. Für mein persönliches Empfinden haben sie aber einen sehr großen Nachteil. Man kann nämlich keines der Doppelfenster des ganzen Wagens öffnen. Sie sind fest zugeschraubt. Da außerdem sehr stark geheizt wird, so herrscht meist in den Wagen eine heiße, schlechte, oft recht übelriechende Luft. So oft ich auch die Eingangstür offen ließ, kam stets jemand aus einer der Abteilungen des Wagens und schloß sie wieder. Also fuhren wir stets in einer wahren Backofentemperatur, die den Russen ganz behaglich erschien.

Unsere mit Holz geheizte Lokomotive bummelte mit dem freilich ziemlich langen Zuge recht gemächlich den Gebirgsabhang hinauf. Etwa um 11 Uhr abends konnte ich noch einmal einen Blick auf den vom Vollmonde magisch beleuchteten Baikalsee werfen; dann ging es landeinwärts, und ich legte mich nieder. So früh als möglich stand ich wieder auf und habe dies stets eingehalten, um etwas von der Gegend zu sehen und um den Kampf um die Waschtoilette nicht mitmachen zu müssen, sondern als erster in Ruhe meine Morgentoilette machen zu können. Wir kamen am nächsten Vormittag 9 Uhr in Werchne-Udinsk an, und hier stiegen leider meine gute Generalin und ihr Begleiter aus. Sofort wurden die Plätze von einem Rechtsanwalt, der zum Glück französisch sprach, und zwei Offizieren eingenommen. So blieben wir 24 Stunden zusammen. Die Gegend wurde immer abwechslungsreicher, teilweise sogar schön. Wir stiegen langsam auf die Höhe des Jablonowy-Gebirges, und oft kam es mir vor, als ob ich durch die Täler meiner bayerischen Heimat in den Voralpen fahre. Aber überall lag noch Eis und vielfach Schnee. Junges Grün sah man nirgends. Die kleinen Stationen, welche ich passierte, glichen einander wie Kopien. Überall war ein kleines Mittelstationsgebäude, und auf den Seiten reihten sich je ein oder zwei noch kleinere Nebenbauten an. Sämtliche waren Holzblockhäuser in ganz gleichem Stil. Was mich sehr überraschte und die festgeschlossenen Fenster im Zuge etwas milder betrachten ließ, war der Umstand, daß man die meisten Fenster einfach zugenagelt hatte. Das geschieht Anfang November und bleibt bis Anfang Mai. In jedem Wartesaal war in einer Ecke ein Heiligenbild angebracht. Vom Überschreiten der Uda an, beginnend mit dem Dorf Onochoi, gelangt man in das Gebiet der Burjaten. Es ist das ein Volk chinesischer Abstammung, das sich aber unter der russischen Herrschaft sehr wohl fühlt. Die Männer sind groß und stark, die Frauen ebenfalls kräftig, alle tragen die Kleidung der Nordchinesen und sind angeblich orthodoxe Christen, in Wirklichkeit aber meist noch Anhänger des Dalai-Lama-Buddhismus mit starkem Beigeschmack des Schamanenglaubens, der ihnen eine Menge von Gespenstern vormacht. Ihre Teufels- und Geisterbeschwörer werden auch noch Schamanen genannt. Ich habe viele von ihnen photographiert und darunter auch einen buddhistischen und einen orthodoxen Burjatenpriester. Die Gegend selbst wird monotoner. Bis zur Höhe des Passes, der zwischen Mogson und Jablonowaja liegt, behält sie noch ihren Voralpencharakter. Dann aber geht sie allmählich in das mandschurische Steppengebiet über. Auf der Höhe ist ein kleiner Tunnel, der die Wasserscheide zwischen dem Baikal und dem Amurgebiet durchschneidet. Die Russen haben stolze Worte auf die Tunnelmauern gesetzt. Auf der Westseite steht: ›Atlantitscheskomu Okeanu‹ und auf der Ostseite: ›Welikomu Okeanu‹, das heißt, zum Atlantischen beziehungsweise zum Stillen Ozean. Dort oben und später bei Tschita packten uns wieder Schneestürme, die sich sehen lassen konnten. Wir fuhren überhaupt von neuem in tiefen Winter hinein. Alle Flüsse und Bäche waren fest gefroren, an den Stationsgebäuden hingen Eiszapfen herunter, und alle Russen und Burjaten liefen in schrecklich dicken Pelzen umher. Ich atmete auf, wenn der Zug hielt und ich dem dicken, heißen Dunste des Wagens entfliegen und die kostbare, frische Luft einatmen konnte. Gelegenheit gab es genug dazu, denn oft mußten wir eine, ja zwei Stunden warten, bis die entgegenkommenden, leeren Militärzüge eintrafen. Bei meinen Spaziergängen konnte ich eine vorzügliche Einrichtung, die man aber erst jetzt des Krieges wegen getroffen hat, kennen lernen. Auf der ostsibirischen Bahn hat man an jeder Station ein kleines Häuschen erbaut, in dem sich nichts befindet als ein riesiger geheizter Wasserkessel mit verschiedenen Kranen. Hier darf jedermann unentgeltlich sich heißes Wasser holen. Da fast alle Leute mit Teekesseln und Tee ausgerüstet sind, so können sie sich überall frischen Tee bereiten. Das erleichtert das Reisen in dieser kalten Gegend in hohem Grade.

Wir kamen endlich nach etwa zehnstündiger Verspätung in die Stadt Tschita.

O. T. Tuck

Tagebuch (1909)

28. März

Ankunft in Vladivostok um 11 Uhr. Das Wetter ist großartig, kalt, aber nicht unangenehm, die Luft ist sauber und die Sonne scheint. Das Eis wurde für uns aufgebrochen, wir mußten große Eisflächen von 50 und 100 Fuß Durchmesser zerbrechen. Es ging recht einfach, obwohl das Eis eine Dicke von mindestens einem Fuß zu haben schien.

Nachdem die Pässe und das Gepäck kontrolliert worden waren, fuhren wir zum Grand Hotel und bekamen unsere Zimmer. Ich fühlte mich dermaßen schlecht, daß ich einen Arzt aufsuchte. Dieser spottete, wenn auch freundlich, über mich, da ich weder Deutsch noch Französisch beherrsche, hörte meinen Magen ab und gab mir ein Pulver, welches mein Wohlbefinden wirklich verbesserte. Ich darf Eier und Fisch essen, aber kein Fleisch, mit Ausnahme von Kalb.

Spazierte mit Heponstall durch die Stadt. Der Schnee ist von den Wegen verschwunden, es bleiben nur die tauenden Massen in den Straßen. Wir stiegen hinunter zum Hafen und spazierten über das Eis. Am Abend ging ich mit Heponstall, einem deutschen Großwildjäger und einem weiteren Mann, der wie ein Wikinger aussah, in ein Restaurant. Wir bestellten hors d'oeuvres und man servierte uns Krabbenbeine, welche einen Fuß lang waren, und verschiedene Sorten Kaviar. Ich aß von beidem und es schmeckte köstlich, doch fühlte ich mich binnen kürzester Zeit dermaßen krank, daß ich ins Hotel zurückkehrte und zu Bett ging.

29. März

3.15 Uhr, Abfahrt des Transsibirischen Expresses.

Die Angestellten vom Grand Hotel sind entsetzliche Räuber. In Tokio erwarb ich einen Fahrschein für 8 Yen und mir wurde versichert, ich würde somit für alles bezahlt haben. Im Fahrschein waren zwei Mahlzeiten inbegriffen und wir mußten für das Frühstück zuzahlen, mit Trinkgeld bezahlte ich 5 Yen mehr als im Fahrschein vorgesehen – alles in allem also 13 Yen.

Das Hotel war von niedriger Klasse und nur ein Mann war in der Lage, etwas Englisch zu verstehen. Zu den Passagieren im Zug zählt ein deutscher Konsul und noch einige weitere Fahrgäste. Vielleicht werden noch welche in Kharbin (Harbin) zusteigen. Die Küste, an der sich der Zug nach Vladivostok entlang bewegte, war völlig zugefroren. Wir sahen viele Schlitten über das Eis gleiten.

30. März
Konnte nicht vor 2 Uhr aufstehen. Mein Inneres fühlte sich die ganze Nacht unruhig an, dies machte mir zu schaffen. Das Bett ist sehr komfortabel, und ich habe ein Abteil für mich alleine. Ich sprach mit einem kleinen japanischen Doktor namens Fujinami über meine Magenbeschwerden, dieser war sehr freundlich, gab mir ein Pulver aus seinem privaten Medikamentenvorrat und garantierte mir, es würde mich auskurieren. Das Pulver zeigte sogar die ersehnte Wirkung und ich fühle mich erheblich besser.

31. März
Ein Tag voll Sonnenschein, mit Schnee bedeckte Landschaften. Gelegentlich hielten wir an Stationen, wo man beim Auf- und Ablaufen die niedrigen Temperaturen nicht spürt – bis man das Gesicht dem Wind zuwendet. Mein Reisegefährte ist Dr. Sanders aus Hong Kong, ein guter Kumpan, und es stellte sich heraus, daß wir viele gemeinsame Bekannte haben. Gesundheitlich fühle ich mich besser, dank der starken Medizin von Dr. Fujinami. Diesen Morgen um 9 Uhr umfuhren wir einen hohen Gipfel, welcher zu einem Tunnel durch die Hügel führte. Die Landschaft ist völlig weiß und strahlend schön.

1.30 Uhr, Ankunft in Khailar (Hailar). Ich ging hinaus spazieren, es war herrlich aufmunternd, doch der kalte, eisige Wind ließ schon bald meine Ohren schmerzen. Ein Mann hatte ein Thermometer in der Faust und dies ging auf −6 °C hinunter, also muß die reale Temperatur noch tiefer gewesen sein.

An der Station Manchuria (Manzhouli), ganz am Rand von Sibirien (bis jetzt waren wir in der Mandschurei) wurde das gesamte Gepäck von den Zollbeamten inspiziert. Dr. Sanders und ich gingen in die Stadt und kauften etwas Marmelade, eine beachtliche Leistung, die nur mit ausdrucksvoller Pantomime und dem Verständnis der Wörter ›Konserve‹ und ›Oranja‹ möglich ist.

1. April
Angezogen und für einige Minuten hinausgegangen, um noch vor dem Frühstück etwas von der Stadt zu sehen. Es war sehr kalt, ich sah einen russischen Kleinbauern, dessen Bart völlig steif gefroren war.

2. April
Bin um 5 Uhr aufgewacht und sah den Zug am Baikalsee entlang fahren, eine weiße, schneebedeckte Fläche, vereinzelt sah ich Männer über das Eis laufen oder Schlitten darauf fahren. Bis 2 Uhr fuhren wir am See entlang, als wir dann Irkutsk erreichten, war die Stadt mit einer hauchdünnen Schicht Tau bedeckt.

Wir wechselten den Zug. Der neue Zug stand längsseits neben dem alten.

Mein neuer Waggon war genau in der selben Position gelegen wie der vorige und das Abteil war identisch. Nach einer Stunde des Wartens fuhren wir weiter. Spielten Schach und Bridge, unterhielten uns, aßen und schliefen.

3. April
Durch die sibirische Landschaft. Wunderschöner weißer Schnee und Wälder aus Silberbirken, die ganze Szene war äußerst schön. Passierten Kansk, eine größere Stadt mit sechs Kirchen. Es schneite eine Stunde lang, was die Nadel- und Birkenwälder sogar noch schöner erscheinen ließ. Ein halbes Dutzend Pferde stand auf einer zugeschneiten Ebene und der frische Schnee bedeckte ihre Rücken, dies ergab ein vollkommenes Bild Sibiriens.

5. April
Frühstück noch vor Kainsk. Der Wind brach in einen der Wagen ein und wir verbrachten länger als eine Stunde in Kainsk, um den Schaden zu beheben.

Ein wundervoller, sonniger Frühlingsmorgen, das Thermometer auf der Station zeigte −11 °C und überall lag Schnee.

5 Uhr Ankunft in Omsk, eine große Stadt, einige Meilen von der Station entfernt. Dort waren zwei Züge von Auswanderern, voll mit dreckigen, einfältig wirkenden Menschen. Diese Russen waren bemerkenswert weiß unter dem Schmutz in ihren Gesichtern, man sieht kaum etwas rosa Haut oder rote Wangen, sie waren alle totenweiß, mit grauen Augen und bleichem, gelblichem Haar.

6. April
Der Zug der Auswanderer bestand aus Gepäckwaggons, die mit rauhen Brettern und wackeligen Öfen versehen waren. In diesen Wagons waren Menschenmengen von Männern, Frauen und Kindern, alle bekleidet mit übelriechender Schafshaut und dicken, langen Stiefeln. Die Regierung gibt ihnen 150 Rubel und 10 Hektar pro Kopf und fordert nur einen Fahrpreis von 4 Rubel bis nach Irkutsk.

In Cheljabinsk sah ich einen ausgestopften Bären sowie einen Wolf und einen Verkaufsstand, welcher Artikel aus Uralstein verkaufte. Diese waren aus so minderwertigem Material, daß ich mich nicht dazu entschließen konnte, etwas zu kaufen. Zur Mittagszeit fuhren wir in das Uralgebiet ein. Die Hügel sind nur einige tausend Fuß hoch und vollkommen mit Schnee bedeckt.

7. April
Der erste Tag in Europa zeichnete sich durch eine prächtige Probe europäischen Wetters aus, kalter Nebel, Regen, Schnee und Matsch. Die Landschaft bestand aus einer flachen baumlosen Einöde, bedeckt mit einer dreckigen Schicht aus tau-

endem Schnee, voll von Lücken, welche den schwarzen Schlamm der russischen Landschaft preisgaben.

Hatte eine lange Diskussion mit Heponstall, Wallace und Sanders über die möglichen Reiserouten nach Hause. Wir wollten alle über St. Petersburg, Stockholm und Kopenhagen, vorausgesetzt, unsere Waggonbegleiter würden unsere Fahrscheine umtauschen. Man sagt, sie seien sehr unfreundlich, wenn man sich erst einmal in ihre Klauen begeben hat, und dann seien sie stur wie Esel, wenn man einen Fahrschein umtauschen möchte.

8. April

Wir fahren immer noch über die schwarze Landschaft, diese ist flach und wirkt äußerst bedrückend, was unter anderem auch auf die Rechnung des schlechten Wetters geht.

In Tula ereignete sich ein tragischer Vorfall. Im Abteil neben mir waren ein alter Jude, seine Frau und ihre kleine mandeläugige Tochter von ungefähr sechs Jahren. Der Mann wirkte krank und wahrscheinlich wollte er an die frische Luft. Als der Zug in Tula langsamer wurde, rannte er aus seiner Kabine heraus, den Gang entlang, und fiel von der Plattform zwischen zwei Waggons, das Blut quoll aus seinem Mund. Dr. Sanders eilte herbei und erklärte ihn für tot. Die Frau des Toten verfiel in ein orientalisches Gejammer, zeigte sich andererseits aber auch ruhig und tüchtig. Man brachte eine Trage, auf der man den armen eingefallenen alten Körper forttrug. Die Frau und das Kind verließen mitsamt dem Gepäck den Zug.

Um 7.35 Uhr erreichten wir genau planmäßig Moskau, was doch schon eine beachtliche Leistung ist, nach ganzen 9400 Kilometern von Vladivostok aus. Auf der Station herrschte ein Höllenlärm, jedermann schrie, doch niemand tat etwas. Wir fuhren mit einem Taxi zum Metropol-Hotel. Das Hotel ist großartig und mit moderner Kunst verziert. In der Vorhalle befanden sich bemerkenswerte, prachtvolle Säulen. Mein Zimmer kostete 4 Rubel pro Nacht. Aß zu Abend für 1,50 Rubel im Hotel, danach ging ich durch den Kreml spazieren. War um 11 Uhr zurück.

Marcus Lorenzo Taft

Fremdes Sibirien (1909)

Die Transsibirische Eisenbahn

Der heutige Zar, Nikolaus II, legte als Zarewitsch am 12. Mai 1891 den Grundstein dieser weltweit größten transkontinentalen Eisenbahnstrecke. Ursprünglich kostete sie mehr als 390 Millionen Dollar (in US-Gold), und die durchschnittlichen Kosten ihrer Instandhaltung belaufen sich auf fast 25 Millionen Dollar. Die Eisenbahn ist in Abschnitte von einem Werst Länge (etwa zwei Drittel einer Meile) unterteilt, deren Beginn jeweils von einem gepflegten Wachhäuschen gekennzeichnet ist. In diesen lebt der Vorsteher mit seiner Familie. Seine Aufgabe es ist, die Strecke in Ordnung zu halten. An gefährlichen Biegungen stehen zusätzliche Wachhäuschen. Zwischen Tomsk und dem Ural gibt es von diesen fast viertausend Stück. Es lag eine zunehmende Faszination darin, nach diesen kleinen Häusern und dem Mann, manchmal der Frau, Ausschau zu halten, die mit der Fahne in der Hand vor der Türschwelle oder neben dem Gleis standen.

Während des Russisch-Japanischen Krieges hatte Prinz Khilkoff als Minister für Verkehr und Kommunikation, dessen Ministerium sich in Irkutsk befand, die persönliche Aufsicht über den Betrieb der Eisenbahn. Die Lehrzeit im Eisenbahnwesen, die er in Amerika durchlaufen hatte, erwies sich in dieser kritischen Zeit als äußerst wertvoll. Unter seiner Leitung wurden rasch unzählige Gleise gelegt und neue Bahnhöfe gebaut, wodurch es möglich wurde, Truppen und Güter per Eisenbahn so schnell zu transportieren, daß die ganze Welt in Staunen versetzt wurde. Er erfüllte seine schwierige Aufgabe so gut, daß die Regierung ihn nach dem Krieg hoch auszeichnete.

Villari berichtet, Khilkoff habe einmal, als er einen Abschnitt der Hauptstrecke inspizierte, wo auf seinen Befehl hin ein neuer Bahnhof gebaut werden sollte, die Frage gestellt, weshalb sein Zug nicht dort halte. »Oh! Euer Exzellenz«, erwiderten die Beamten, »wir sind schon letzte Nacht dort durchgefahren.« Da die Antwort den Zarewitsch nicht zufrieden stellte, weil sie sich nicht mit seinem Fahrplan deckte, gab er Befehl, der Inspektionszug möge zu dem betreffenden Ort zurückfahren. Kein Bahnhof war weit und breit zu sehen. Wie jene Beamten sich fühlten, kann man nur erahnen; jedenfalls vergingen nur wenige Tage, bis der Bahnhof gebaut wurde.

Bis 1880 besaß Rußland in Asien keine Eisenbahnen, wohingegen England über fast 10 000 Meilen Schienenstrecke in Indien verfügte.

Expreßzüge

Heutzutage verkehren täglich Züge zwischen der Pazifikküste und dem Ural. Jede Woche fahren drei Expreßzüge zwischen Wladiwostok und der alten wie der neuen russischen Hauptstadt hin und her, während ein vierter zwischen Irkutsk und Moskau verkehrt. Von diesen drei Schnellzügen gehört einer der International Wagon Lits und zwei dem Sibirischen Reichs-Expreß. Nach unserer Beobachtung hatten die Güterzüge einen Schaffner, der neben Russisch ein wenig Englisch, Deutsch und Französisch sprach; die Fahrpreise waren höher, die Wagen üblicherweise überfüllter, und was die Sauberkeit betraf, so hätte ihr Zustand einer Hausfrau aus Neuengland einen hysterischen Anfall beschert. Ohne Zweifel wird dieser Mangel an Sauberkeit rasch behoben werden, sobald man die Aufmerksamkeit der Gesellschaft darauf lenkt. Wir erinnern uns noch gut an die Frühzeit der Kanadischen Pazifik-Dampfschiffahrtsgesellschaft, wo Haschée, als ›Pfeffertopf‹, ›Reste-Eintopf‹ oder mit anderen geheimnisvollen, wohlklingenden Namen getarnt, oft auf der Speisekarte stand. Doch nachdem beim Londoner Büro Beschwerden laut wurden, schickte man zwecks persönlicher Nachforschungen einen Vorsteher; mit dem Resultat, daß man heutzutage nirgendwo besser bewirtet wird.

Andererseits bot der Reichsexpreß den Vorteil derselben Geschwindigkeit, niedrigere Preise und einen Schaffner, der Deutsch, Französisch und Russisch sprach; die Abteile waren sauberer und auch weniger überfüllt. In beiden Expreßzügen hatten die Passagiere der ersten und zweiten Klasse Zugang zum selben Speisewagen. Normalerweise war ein Waggon mit Abteilen ausgestattet, die teils für die erste, teils für die zweite Klasse vorgesehen waren. An einer Seite des Waggons verlief ein Korridor oder Durchgang. Im oberen Teil dieses Korridors befanden sich Gepäckfächer, und an der Fensterseite gab es verstellbare Sitze und Tische.

Wir nahmen ein Abteil zweiter Klasse im Reichsexpreß und fanden es so bequem und zufriedenstellend, daß wir keinerlei Verlangen nach einem Wechsel in die erste Klasse verspürten. Eine Fahrkarte zweiter Klasse von Harbin nach Samara an der Wolga kostete 77,85 Rubel und blieb vierzig Tage lang gültig. Auf unserer Reise von Harbin nach Irkutsk wie auch von Taiga nach Samara überließ man uns ein ganzes Abteil, obwohl wir nur zwei Fahrkarten hatten. Dies verschaffte uns mehr Platz und Privatsphäre, als man es von den amerikanischen Pullmancars gewohnt ist, da wir die Tür von innen fest schließen konnten. Oben und unten verfügte dieses Abteil über je zwei Schlafkojen und besaß außerdem an jeder Seite zwei Gepäckablagen. Wir belegten die unteren Kojen und hatten dadurch reichlich Platz. Die dekorative Plattform einer ausziehbaren Trittleiter vor unserem Fenster wurde zu einem Tisch, auf den wir nachts eine grünbeschirmte Leselampe stellten. Über uns erhellte eine weitere Glühbirne den Raum. Mittels elektrischer Schalter neben der Tür konnte man den Schaffner oder den Ober des Speisewagens nach Belieben herbeirufen.

Die Abteile der ersten Klasse unterschieden sich von den unseren durch die Ausstattung mit nur zwei Schlafkojen, außerdem lag dort ein schmaler Streifen Teppich auf dem Fußboden, wo sich in unserem nur eine Matte befand.

Der Speisewagen war mit echten und künstlichen Blumen reich geschmückt, und an einer Seite stand ein Klavier. Dahinter, in der Ecke des Waggons, hing nahe der Decke eine Art Ikone oder kleine sakrale Darstellung. Wie bei allen Ikonen bestanden Umhangstoff und der Heiligenschein um die Köpfe der Madonna und ihres Kindes aus einem hellen, silbern und golden gewirkten Stoff und bedeckten, abgesehen von Gesicht und Händen, alles auf dem Bild. Jeder orthodoxe Russe blieb erst einmal ehrfürchtig vor diesem Kultgegenstand stehen und bekreuzigte sich, bevor er sich zu Tisch setzte und sein Essen bestellte. Die Küche war ausgezeichnet, auch wenn zuweilen der russische Geschmack überwog. Dennoch konnten wir für 1,25 Rubel ein gutes, aus vier Gängen bestehendes Mittagessen oder ein dreigängiges Menü für einen Rubel bestellen. Ein viergängiges Mittagmahl setzte sich zum Beispiel zusammen aus einer Suppe (Nudel- oder Hühnersuppe), Fisch, Kalbsbraten mit Kartoffeln und Brechbohnen und einem Dessert, bestehend aus Eis und einem starken Kaffee, der in einem sechseckigen Glas serviert wurde.

Mit Sicherheit hatte kein Feinschmecker dort Grund zur Klage, wo man ein fettes, zartes Rebhuhn, auf den Punkt gebraten, für 75 Kopeken Gold oder etwa 40 Cent bekam. Einige englische Reisende, die an den Nachmittagstee gewöhnt waren, gaben uns den guten Rat, heißes Wasser auf unser Abteil zu bestellen und dort unseren eigenen Tee zuzubereiten. Doch wir zogen einen Tapetenwechsel vor und tranken unseren Tee nach russischer Sitte im Speisewagen. Ein Glas heißen Tees – und Russen wie Chinesen aller Länder wissen, wie man ihn zubereitet – sowie zwei Scheiben Zwieback kosteten 10 amerikanische Cent; wahrhaftig kein übertriebener Preis für diese nachmittägliche Erfrischung.

Die moderate Geschwindigkeit dieser russischen Expreßzüge erinnert an Kamele, seit Ewigkeiten gewohnt, die unermeßliche Wüste zu durchqueren. Niemals geruhen sie, wie Rassepferde in dem Moment des Startsignals loszufahren. Stattdessen setzen sie sich, schnaufend wie ein geduldiges Kamel, erst nach drei Signalen in Bewegung, gleichsam wie ein Taschenmesser, dessen Klinge in mehreren ruckartigen Bewegungsabläufen gezückt wird, und gemahnen an ein

Kamel, das sich erst auf die Knie erhebt, dann auf die Hinterbeine und schließlich auf den Vorderbeinen zu stehen kommt.

Normalerweise hält der Zug auf Bahnhöfen zwanzig Minuten lang. Dadurch hat man eine Menge Zeit, den Bahnsteig auf- und abzuschlendern und die ungewöhnliche Szenerie zu betrachten, besonders die Menschen – Männer und Frauen, Jungen und Mädchen, Burjaten, Mongolen, Goldsucher aus Vitim, Bergleute aus Altai, russische Immigranten und sibirische Siedler, unsere Mitreisenden aus allen Ländern der Erde nicht zu vergessen.

Russischer Paternalismus

Auf allen größeren Bahnhöfen war ein russisches Schild mit der Bedeutung ›Kochendes Wasser‹ zu sehen, das anzeigte, daß dort durch einfaches Drehen am metallenen Wasserhahn kochendheißes Wasser zu bekommen war. Dies stellte die Regierung in erster Linie für die Immigranten zur Verfügung, ebenso wie die Buden am Ende der langen Bahnsteige, an denen man Proviant wie Brot, Eier, Gemüse und Obst billig erstehen konnte. Nie langweilig und immer malerisch war der Anblick skurril gekleideter Bauern, die gewaltige Laibe Schwarzbrot und Flaschen mit frischer Milch feilboten. Die niedrigen Preise wurden durch Tarife der Regierung festgesetzt und unterlagen noch keinerlei Einfluß durch die Molkereien.

Reisende sowohl der ersten als auch der zweiten Klasse konnten sich in den Bahnhofsrestaurants Proviant besserer Qualität zu höheren Preisen kaufen. Für ein paar Kopeken konnte man sich auch heißes Wasser beschaffen; zischend und dampfend kam es aus dem blankpolierten Samowar, der dort unweigerlich den Tresen zierte.

Auf einigen Strecken trägt die russische Regierung ihren Kindern gegenüber eine väterliche Besorgtheit zur Schau. Patentrechtlich geschützte Arzneimittel zum Beispiel, die in Amerika so schweren Schaden angerichtet haben, dürfen ohne ärztliche Verschreibung nicht an das russische Volk verkauft werden. Während eines Sommers in Wladiwostok wimmelte unser Schlafzimmer von Ratten, und da wir zufällig das amerikanische Mittel ›Rattenstop‹ in einem Laden sahen, baten wir den Verkäufer um eine Packung. Zu unserer Überraschung erfuhren wir, daß man uns keine verkaufen würde, bevor wir nicht ein ärztliches Rezept vorlegten.

Um wie viel besser wäre das russische Volk heute dran, hätte man die gleiche väterliche Besorgtheit auch beim Wodka an den Tag gelegt! Wodka ist ein Monopol der Regierung. Immer mehr verfallen diese ungebildeten, geknechteten Menschen dem von Regierungsseite geförderten Alkoholismus.

Von Schierbrand berichtet (in seinem Buch ›Rußland. Stärken und Schwächen‹): »Ein Prozent der Nettoeinnahmen, die mit dem Verkauf alkoholischer Getränke erzielt werden, verwendet das Finanzministerium zur Förderung der Abstinenz!« Diese Widersprüchlichkeit erinnert mich an das Verhalten eines Sonntagsschülers auf einer Weihnachtsveranstaltung im Brooklyn unserer Kindheit. Dieser Schüler, der aus Jackson Hollow stammte, war ein etwas zu kurzgeratener Jüngling mit fahlen, welken Gesichtszügen. Als er auf ein paar von uns Jungen aufmerksam wurde, die sich eifrig über ihre Weihnachtsgeschenke unterhielten, warf er fröhlich ein: »Mein Vater hat mir zu Weihnachten eine Kiste Zigarren geschenkt.« Sofort korrigierte er sich, wohl da ihm der Gedanke durch den Kopf schoß, daß Tabakgenuß in einer Sonntagsschule normalerweise tabu war, und beendete seinen Satz hastig mit »das heißt, wenn ich nicht rauchen würde, hätte er mir eine geschenkt.« Und dieser Ausspruch von ihm blieb unter uns bis zum heutigen Tag lebendig. Von Schierbrand berichtet weiterhin: »Der Statistik nach zeigt jeder Haushaltsbericht seit der Einführung des Regierungsmonopols einen rasch wachsenden Spirituosenverkauf, und im letzten Jahr war der Gewinn um ganze dreißig Prozent höher als vor zehn Jahren.« Im Jahre 1909 nahm Rußland durch die Staatseinkünfte aus dem Schnapsverkauf 125 Millionen Dollar ein – genug, um die Ausgaben für Armee und Marine zu bestreiten.

McCormick, der die russische Armee während des katastrophalen Feldzugs in der Mandschurei begleitete, bemerkt in seinem Buch ›Die Tragödie Rußlands‹: »Wenn sich ein Unfall ereignet, ist die erste Frage eines russischen Arztes bei der Untersuchung: ›War er betrunken?‹. In einem Fall beschrieb ein Mann dem Stabsarzt eines kaiserlichen Lazaretts, wie ein Artillerieoffizier in äußerster Erschöpfung handelte, nachdem er in der Schlacht von Mukden gekämpft hatte, und welche Anstrengung es erfordert hatte, seine Geschützgruppe auf der Flucht aus Tieh-Ling zu retten. Dem Stabsarzt jedoch entging die Tragik des Vorfalls vollkommen. Nachdem der Erzähler geendet hatte, fragte er nur: »›War er betrunken?‹« Um der Staatseinkünfte willen ein Volk im großen Ausmaß ins Verderben zu stürzen, mag nach russischer Logik ein Stadium des Paternalismus sein; wir ziehen jedoch das amerikanische Recht auf Wahlen bei weitem vor.

Landschaft am Baikalsee

Hin und wieder blickten wir aus dem Zugfenster hinaus und betrachteten die wunderbare Landschaft – einladende Lichtungen von der Art, wie man sie in unserem Land für einen Ausflug mit Picknick wählen würde. Manchmal wand sich unser Zug durch von dunklen Wäldern bedeckte Berge, wo die Äste oft von wunderbaren schneeweißen Schleiern bedeckt waren, die aussahen, als hätte ein

Waldelf sie mit seinem Zauberstab dort kunstvoll angeordnet. Vielerorts fühlten wir uns in die Urwälder der Adirondacks versetzt, wie sie im ersten Frühjahr aussehen. Schlichte Umzäunungen im Stil des alten Virginia ließen angenehme Erinnerungen an die Heimat wach werden. Während der Zug vorbeiraste, erhaschten wir einen Blick auf Landstriche, die unwillkürlich an Elizabethtown am Champlain-See in den Adirondacks erinnerten und an ruhige Fleckchen, die einen Sommer in North Conway, New Hampshire, so erfreulich machen.

Im Allgemeinen war uns das Wetter wohlgesonnen. Nur gelegentlich stürmte es, oder eine kurzlebige Brise ließ den Wald rauschen, als
›Der Wind, der große alte Harfner
Auf seiner Sturmharfe aus Tannen spielte.‹
(…)

Zollkontrolle

Am dritten Tag hielt unser Zug um drei Uhr nachmittags am Bahnhof nah der Grenze zwischen der Mandschurei und Sibirien. Hier kontrollierte man unsere Pässe und das Gepäck. Alle Koffer wurden vom Gepäckwagen zu einem geräumigen Zimmer im Bahnhofsgebäude gebracht, wo man sie öffnete und einer strengen und derben Durchsuchung unterzog. Die Fächer wurden ohne viel Federlesens aufgemacht, und die Zollbeamten, die sie durchwühlten, sorgten für beträchtliches Durcheinander und einige Beschwerden. Man hatte uns gewarnt, wie mühevoll es sei, mit großen Koffern durch Sibirien zu fahren, und wir hatten all unser Gepäck in Handtaschen, Handkoffern und Bündeln verstaut – insgesamt neun an der Zahl. Nachdem unsere Reise in St. Petersburg zu Ende gegangen war, rangierten wir die Handtaschen aus und packten das meiste von unserem Gepäck in einen großen russischen Schrankkoffer.

Das Handgepäck wurde im Zug kontrolliert. Ein russischer Kaufmann aus Wladiwostok, der zusammen mit seiner Ehefrau reiste und an dem wir unser gebrochenes Russisch erprobt hatten, wollte uns dazu verleiten, ihm beim Schmuggel einer Zigarrenkiste behilflich zu sein. Nachdem wir höflich, aber bestimmt abgelehnt hatten, teilte er uns später mit, er habe jemand anderen gefunden, der ihm diesen Gefallen tat. Aus irgendeinem Grund schien unsere Weigerung, den russischen Staat zu hintergehen, seine Haltung uns gegenüber nicht merklich zu beeinflussen, denn am nächsten Morgen war er so freundlich und redselig wie zuvor. Als die Zollbeamten zu unserem Abteil kamen, stocherte einer von ihnen mit seinem langen Rohrstock unter unseren Sitzen herum und griff mit der Hand unter die Matratze unserer Schlafkojen. Da er Zigarrenschmuggel argwöhnte, deutete einer der Kontrolleure auf eine Außentasche meines Mantels, die ein wenig ausgebeult war, betastete sie von außen und forderte mich dann auf zu zeigen, was sich darin befand. Als ein ›Baedeker‹ mit rotem Umschlag zum Vorschein kam, schien er völlig zufriedengestellt, markierte unverzüglich unser übriges Gepäck als ›erledigt‹ und schritt rasch von dannen, während die Umstehenden breit grinsten. Wenige Tage später, bevor wir den Baikalsee erreichten, wurde unser Gepäck auf dem Bahnhof von Tanchoi erneut durchsucht. Diese Durchsuchung um halb drei Uhr morgens kam höchst ungelegen, da sie den Schlummer der Passagiere unterbrach, so daß viele mit dem Umziehen warteten, bis die Tortur vorüber war. Soweit es unsere Gruppe betraf, war die Durchsuchung bloße Formsache. Meine Frau war mit dem Kind mehrere Stunden zuvor schlafen gegangen. Als der Kontrolleur in unser Abteil spähte, sagte ich auf Russisch nur »Amerikaner, New York«, was er sofort begriff und anstelle einer wie auch immer gearteten Durchsuchung akzeptierte.

Chita

Einige aufmerksame Beobachter wie William Oliver Greener in seinem Buch ›Greater Russia‹ meinen, »Rußlands größere und bessere Hälfte befindet sich jenseits des Baikalsees, denn das Land ist von Westen her durch die Lebensart des kosmopolitischen Fernen Ostens beeinflußt worden.« Sicher ist jedenfalls, daß sich in dieser Gegend viel Unternehmergeist bemerkbar macht.

Am frühen Morgen, bevor wir zum Baikalsee gelangten, hielt unser Zug in Chita, der blühenden Hauptstadt des Transbaikal-Bezirks. Mehrere deutsche Offiziere, die Truppen von ihrem Vaterland zum Dienst in Nordchina anführten, waren im vorigen Frühjahr durch diese Gegend gereist. Die Briefe, in denen sie die Reise schilderten, waren in einer deutschen Zeitung in Tientsin veröffentlich worden. In diesen Briefen beschrieben sie Chita in glühenden Farben; seine romantische Lage und Landschaft erinnerten sie an ihr geliebtes Heidelberg am Neckar:

›Heidelberg, du schöne Stadt,
Wenn es ausgeregnet hat.‹

Dr. J. Purvis Smith aus Peking, der zweimal diesen Weg gefahren war, sah in Chita einen idealen Ort für die Sommerfrische. Auch in historischer Hinsicht bietet Chita viel Interessantes.

›Damskaya‹, oder auch die ›Straße der Damen‹, lautet der Name der Hauptverkehrsstraße. Sie wurde nach jenen treuen Frauen des Adels benannt, die ihren patriotischen, ›Dekabristen‹ genannten Ehemännern ins Exil folgten, nachdem diese am 24. Dezember 1825 in St. Petersburg in einen Aufstand verwickelt worden waren und an diesen abgelegenen Kosakenposten verbannt wurden. Die heroische Hingabe von Frau Trubetzkoi, Prinzessin Maria Wolkonski und den anderen Russinnen, die ihren Gatten auf jenem langen und schmerzlichen Weg ins Exil folgten, wurde von Nekrasov in seinem Gedicht ›Russische Frauen‹ verewigt. In Chita ist man stolz auf seine guten Jungen- und Mädchenschulen, eine Ausbildungsstätte für Hebammen, ein sehr sehenswertes Museum, eine Zweigstelle der Russisch-Chinesischen Bank und verschiedene Regierungsgebäude.

Wir hatten vorgehabt, hier zu verweilen, doch da der einzige, vor einigen Jahren erschienene ›Amtliche Führer der Sibirischen Eisenbahn‹ feststellt:»An Hotels gibt es das ›Tokio‹ und das ›Bianchinski‹, mit Zimmern zu zwei Rubeln pro Nacht. Die Zimmer sind schlecht«, bemühten wir uns zunächst um eine angenehmere Unterkunft. Auf unsere Anfrage hin empfahl uns der Minister für Verkehr und Kommunikation in St. Petersburg ein Hotel, die Russisch-Chinesische Bank in Harbin ein weiteres und die alte, seriöse Firma ›Kunst & Albers‹ in Wladiwostok ein drittes. Später erzählte uns ein amerikanischer Mitreisender, der dort Halt machte und später in Irkutsk zu uns stieß, er sei wiederum in einer anderen Unterkunft abgestiegen, und Service und Essen seien hervorragend gewesen.

Albazin

Das saubere Strom, an dessen östlichem Ufer die Stadt Chita erbaut wurde, fließt nach Nordosten und mündet in den Fluß Amur – nicht weit von Albazin, einem Grenzposten der Russen, der im Jahre 1651 entstand und von den Chinesen im Jahre 1689 zerstört wurde. Die russischen Soldaten, die während dieser Kampfhandlungen gefangen genommen wurden, schickte man als Gefangene nach Peking. Als Peter der Große eine friedliche Delegation nach Peking entsandte, fand diese im nordöstlichen Viertel der Stadt eine russische Kolonie vor, die aus eben jenen russischen Gefangenen entstanden war. Diese wurde schließlich zu einer russischen Kompanie – einem Korps ausländischer Soldaten, das in gewisser Weise Ähnlichkeit mit der päpstlichen Schweizergarde in Rom hatte. In Chinas Hauptstadt gehörte diese russische Kompanie zur kaiserlichen Garde des glanzvollen chinesischen Kaisers, Kang-Hsi, jenes weisen, liberalen und kühnen Mandschu-Herrschers, dessen chinesisches Wörterbuch das gewichtige Nachschlagewerk für alle nachfolgenden Verfasser chinesischer Lexika darstellte.

Folgt man dem Amur weniger als dreihundert Meilen flußabwärts, steht direkt gegenüber der Mündung seines Nebenflusses Kumara auf einer markanten, vorgelagerten Klippe ein riesiges Kreuz aus Eisen, das man schon aus vielen Meilen Entfernung sieht. Dieses Wahrzeichen des Christentums gibt als Inschrift die christliche Empfindung des Anfangssatzes von Baron Korfts Ansprache wieder: »Die Kraft liegt in der Liebe und nicht in der Streitmacht.« Traurige Ironie des

Schicksals! Weniger als hundert Meilen weiter flußabwärts liegt die Stadt Blago-weschtschensk, Schauplatz des grausamen Gemetzels an den Chinesen durch die Russen im Jahre 1900.

Auf dem Weg von Chita zum Baikalsee hielt unser Zug in Verchne-Udinsk (Ober-Udinsk) mit seiner wunderschönen Lage an der Stelle, wo die beiden Flüsse Uda und Selenga sich vereinigen. Hier befinden sich der Regierungssitz des Transbaikal-Gebirgsdistriktes sowie eine Zweigstelle der Russisch-Chinesischen Bank. Es ist dies eine strategisch wichtige Stelle, an der die Luftlinie Peking–Kalgan voraussichtlich zur Transsibirischen Eisenbahn stoßen wird. Bis dahin verkehren regelmäßig Züge zwischen Peking und Kalgan, und die Strecke wird zur Zeit durch die heilige Stadt Urga und den Handelsposten Kiachta hindurch bis zu dieser Stadt verlängert. Ein Blick auf die Karte zeigt, welch große Zeiterspar-nis dieser ›Kosakenweg‹ – die alte Route der Karawanen durch die Wüste Gobi – ermöglichen wird, den die mit Tee beladenen Kamele auf ihrem Weg von China nach Rußland so lange Zeit genommen haben. Fünfzehn Meilen weiter flußab-wärts überquert die Eisenbahn auf einer 1816 Fuß langen Brücke die Selenga. Von Verchne-Udinsk aus kann der Reisende per Dampfschiff oder per Postkutsche ein paar hundert Meilen nach Selengiesk weiterfahren, einem durch ehrfürchtiges Gedenken geheiligten Ort. Hier lebten und wirkten von 1818 bis 1841 zwei edle, aber nahezu unbekannte englische Missionare, William Stallybrass und Edward Swan. Diese Vorreiter des Kreuzes vollbrachten unter den Mongolen Heldentaten des Glaubens und übersetzten die gesamte Bibel in die mongolische Sprache. Eine leise Ahnung von der ganz eigenen Schwierigkeit dieser Sprache bekommt man, wenn man sich vor Augen hält, daß unser einfaches englisches Wort ›for‹ (denn) auf mongolisch elf Silben besitzt – ›Tere-yagano-tola-hemebesu‹. Diese beiden christlichen Pioniere legten den gleichen lobenswerten Eifer und Glauben an den Tag wie Robert Morrison in China und ebneten Gilmour und allen späteren Mis-sionaren unter den Mongolen den Weg.

Die ganze Nacht hindurch kämpfte sich der Reichsexpreß durch die gewun-denen, zerklüfteten Hänge der Transbaikal-Gebirges. Als unser Zug in Missovaia zum Stehen kam, ließen die ersten schwachen Sonnenstrahlen der aufgehenden Sonne gerade erst die schneebedeckten Gipfel wie unter einem pastellfarbenen Schleier erglühen. Düsteren, hageren Riesen ähnlich standen diese gewaltigen Berggipfel dicht an dicht und hüteten den lieblichen Umriß des herrlichen, wenn auch oft unbeständigen Sees wie einen willfährigen Gefangenen, der jetzt fried-lich dalag. Missovaia befindet sich genau an den Ufern des Baikalsees, dessen Spiegel eintausendfünfhundert Fuß über dem Meeresspiegel liegt. Hier bot sich unserem Auge ein großartiges Panorama von wunderbarer Schönheit. Im hellen Morgenlicht spiegelte die ruhige Oberfläche des Sees die schneebedeckten Berge und die dahinziehenden Wolken am blauen Himmel darüber.

Fridtjof Nansen

Sibirien ein Zukunftsland (1913)

Von Irkutsk nach Wladiwostok

30. September. Am Tage nach unserer Abreise aus Krasnojarsk kamen wir gegen 10 Uhr morgens in Irkutsk an. Wieder großer, ehrenvoller Empfang auf dem Bahnhof, wo uns die Präsidenten des Börsenvereins, des Handelsvereins und der Geographischen Gesellschaft, Abgesandte des Generalgouverneurs und viele andere begrüßten. Es war dasselbe lebhafte Interesse an der Möglichkeit einer ständigen Seeverbindung mit der Jenisseimündung durch das Eismeer, und dieselben Hoffnungen knüpften sich an eine neue Entwicklung dieser Verbindung. Auch für Irkutsk und die ganze umliegende Gegend bis an den Baikalsee würde sie von großer Bedeutung sein. Denn auf den in diesen See mündenden Flüssen, zum Beispiel auf der großen Selenga, und dann über den See und die Angara hinunter lassen sich Waren bis an die Jenisseimündung befördern. Allerdings hat die Angara einige Stromschnellen, doch können Leichter und Flöße sie trotzdem befahren, und man plant schon die Anlage von Schleusen neben einigen der schlimmsten Schnellen. Sie werden auch sicherlich gebaut, falls die erhoffte regelmäßige Seeverbindung durch das Karische Meer sich verwirklicht. Leider hatten wir keine Zeit, hier zu verweilen und die Stadt anzusehen, die auf der andern Seite des Flusses liegt und gegen 130 000 Einwohner hat. Mit ihren Kirchen, dem Residenzpalast des Generalgouverneurs und andern Gebäuden erblickten wir sie nur in der Ferne, als wir die Angara aufwärts fuhren und sie weiter oben kreuzten. Im Gegensatz zum Jenissei und zu den Flüssen, die wir bisher in Sibirien sahen, hat die Angara merkwürdig klares Wasser, so daß man Grund in großer Tiefe sehen kann. Dies kommt daher, weil ihre Quellflüsse durch Gebirgsland gehen und weil sie aus dem großen Gebirgssee Baikal heraustritt, dem tiefsten Landsee der Erde. So hat das Wasser genügend Zeit sich zu klären.

Endlich gelangten wir auch an den Baikal, den heiligen See, dem wir mit so großen Erwartungen entgegengesehen hatten. Die Mongolen nennen ihn Baikul, den reichen See, oder Dalai-Nor, den heiligen See; andere behaupten, die Mongolen und Burjaten nennen ihn Bai-gal, was ›Aufenthaltsort des Feuers‹ bedeutet. Wir hatten viel von seiner Naturschönheit gehört. Da ihn dichter Nebel umwallte, sahen wir vorläufig von der Umgebung nichts. In Baikal, der ersten Station, in die wir kamen, war der Hafen der großen als Eisbrecher gebauten Fähre ›Baikal‹, die ehemals die Eisenbahnzüge über den See beförderte und 1,2 Meter dickes Eis soll durchbrochen haben. Sie ist einer der größten Eisbrecher der Welt; ihr Rumpf ist vorn und hinten ähnlich gebaut wie die ›Fram‹. Zur Winterszeit hat aber auch sie das Eis nicht bezwingen können. Zur Ausbesserung der Fähre und der Schiffe, die den Baikalsee befahren, ist im Hafen ein großes Schwimmdock erbaut. Diese Verbindung über den See hat sich im Krieg mit Japan, als unablässig große Transporte ostwärts gingen, als sehr lästig erwiesen. Im Winter legte man über das Eis ein Schienengleis. Der frühere Verkehrsminister Fürst Chilkow leitete selbst die Arbeit. Die Eisenbahnwagen wurden einzeln durch Pferde hinübergezogen; die Lokomotiven aber mußten in ihre Teile zerlegt hinübergeschafft werden, sonst wären sie für das Eis zu schwer gewesen.

Später wurde die Bahn im Süden des Baikalsees fertig; eine große Aufgabe für die Ingenieure, denn an den steilen Berghängen waren viele Schwierigkeiten zu überwinden. Von Baikal am Westufer bis Myssowaja am Ostufer des Sees ist die Bahn 244 Kilometer lang. Auf der ersten, 81 Kilometer langen Strecke, bis an die Station Kultuk am Südwestende, führt die Bahn 6 $\frac{1}{2}$ Kilometer durch Tunnels. Auf der andern Seite des Sees waren weite Strecken des Bodens sumpfig, und obendrein mußten zahlreiche Brücken, 189 kleinere und 35 größere, gebaut werden. Dadurch wurde die Bahn sehr kostspielig; der Kilometer Bahnstrecke kostete 472 392 Mark, während zum Beispiel die kostspieligste Eisenbahn Norwegens, die Ofotenbahn, die durch schwieriges Gebirgsgelände mit großen Steigungen geht, nur 282 250 Mark für den Kilometer und die Bergenbahn, die über das Gebirge nach der Westküste hinunterführt und große Tunnels hat, 152 400 Mark für den Kilometer erforderte. Dabei aber war die Bahn am Baikalsee nur eingleisig, und die Erfahrungen während des Krieges ergaben die Notwendigkeit einer zweigleisigen Bahn. Das veranlaßte einen vollständigen Umbau, der jetzt vor sich geht und bald fertig ist.

Auf dieser Bahn reisen wir jetzt am Südufer des Baikalsees weiter. Allmählich verzieht sich der Nebel, wenigstens können wir die nächsten Berge sehen. Sie sind hier nicht hoch, fallen aber steil nach dem See ab, und der Zug fährt beständig durch Tunnels. Im Lauf des Tages verzieht sich der Nebel immer mehr, und die Gebirge des Südufers werden sichtbar. Sie sind höher und durch Täler zerschnitten. Frischer Schnee lag auf den Bergen, die bis zum Gipfel bewaldet sind; nur hier und da sind die höchsten Rücken kahl und nirgends sah man Schneefelder oder Gletscher.

Die Gebirge machen nicht den Eindruck des Hochgebirges und sind auch in der Regel nicht viel höher als 1800 Meter über dem Meere, also etwa 1300 Meter über dem Baikalsee. Das Chamardaban-Gebirge am Südwestufer, nach der Selenga zu, steigt bis zu 2260 Meter empor, 1800 Meter über dem See, also beinahe

300 Meter mehr, als er tief ist. Im übrigen ist die Höhe der Berge selten größer als die Tiefe des Sees. Das Gebirge hat breite Formen und ruhige Linien, es ist nicht zerhackt wie die Alpen, und selten sieht man die ersten Anfänge zu Zacken und Zähnen. Auf der Südseite des Sees folgt ein Tal dem andern, Täler mit dunklen, ernsten Tannenwäldern, die sich zwischen den Bergen aufwärtsziehen und versteckten Waldtälern bei uns in Norwegen gleichen; ein schönes Waldland, aber kalt; nur auf der andern Seite des Sees brät man in der Sonne. Auf unserer Seite ist der Erdboden zum Teil beständig gefroren, und der Wald wächst über gefrorenen Schichten. Gewöhnlich friert der See Mitte Dezember oder Anfang Januar zu, und das Eis bleibt in der Regel vier bis viereinhalb Monate. Etwa drei Monate hindurch fährt man mit Schlitten über den See.

Merkwürdigerweise deuten auch hier in diesem kalten Lande die Bergformen nicht darauf hin, daß sie durch Eis abgeschliffen worden sind, und ich konnte im Vorüberfahren keine sicheren Anzeichen einer Eiszeit entdecken. Das Südwestufer des Sees zeigte auf den Bergabhängen oft hohe Steinblöcke, Zacken und Höcker. Das scheint auf starke Erosion hinzuweisen, die nicht zum wenigsten durch den Frost und die in dieser Gegend großen Temperaturunterschiede hervorgerufen wird. Jedenfalls halte ich es für unmöglich, daß ein Gestein von diesem Aussehen in irgendwie naher geologischer Vergangenheit durch das Eis abgeschliffen worden sein könnte. Aber wenn es hier keine Eiszeit gab, so lag das durchaus nicht am Mangel niedriger Temperatur. Selbst heute ist die mittlere Jahrestemperatur am Baikalsee ungefähr einen Grad unter Null. Ingenieur Wourtzel erzählte mir, daß beim Bahnbau auf der Südseite auch der an einigen Stellen ständig gefrorene Boden Schwierigkeiten bereitet habe.

Auf unserer Fahrt beobachteten wir die schwere Arbeit, die mit dem Umbau einer eingleisigen Eisenbahn in eine zweigleisige verbunden ist. Alle Tunnels müssen verbreitert werden, ebenso der Bahnkörper selbst; oft muß er vom Rand des Sees aufwärts mit neuen Stützmauern aus Eisenbeton aufgeführt werden; an vielen Stellen, wo zu starke Kurven schnelles Fahren unmöglich machten, mußten neue Tunnels durch das Gestein gebrochen werden, und neben einer alten Brücke wurde gewöhnlich eine neue für das zweite Gleis errichtet.

Zur Seite hatten wir die ganze Zeit über den mächtigen Bergsee. Sein Flächeninhalt beträgt 34 932 Quadratkilometer. Er ist der drittgrößte Süßwassersee der Alten Welt; nur die Victoria-Njansa und der Tanganika sind noch größer. Aber er ist der tiefste Binnensee der Welt, ja die größte Vertiefung, die es überhaupt in einem der Festländer unserer Erde gibt. Seine Tiefe beträgt 1522 Meter. Er ist tiefer als selbst der Sognefjord in Norwegen, der 1260 Meter Tiefe hat, und da der Spiegel des Baikal 462 Meter über dem Meere liegt, reicht sein Grund 1060 Meter unter den Meeresspiegel. Der See ist auch merkwürdig durch seine längliche, etwas gekrümmte, an eine Mondsichel erinnernde Gestalt. Er erstreckt sich ungefähr in derselben Richtung und teilweise mit derselben Krümmung wie die weiter östlich liegenden größeren Bergketten, das Jablonnoigebirge, die Große Chingankette, die ost-mandschurischen Bergkämme, das Sichota-Alin-Gebirge, ja auch die japanische Bergkette längs der japanischen Inseln und Sachalin.

Der Baikalsee ist durch ein Einsenken der Erdrinde entstanden; dieses Einsinken ging im Lauf der Jahre durch Verwerfungen vor sich, wie sie bei Erdbeben beständig vorkommen, und noch scheinen die Umgebungen des Sees nicht zur Ruhe gekommen zu sein, denn es treten hier häufig kleine Erdbeben auf. Die Einsenkung muß zum Teil sehr alt sein, aber das Einsinken hat sicher bis in die neuere Zeit gedauert. Die Gebirge rings um den See bestehen teilweise aus Eruptivgesteinen verschiedenen Alters, Syeniten, Porphyren usw., stellenweise auch aus Basalten. Ferner findet man dort kristallinische Schiefer und Gneise, auch sedimentäre Gesteine aus dem Silur, Devon, Jura und dem Tertiär.

Da, wo sich der große Selengafluß in den See ergießt, durchquert diesen ein Unterwasserrücken, den der Flußschlamm im Lauf der Zeiten gebildet haben mag. Auch hat die Selenga weit in den See hinein ein großes Delta gebildet. Dieser Unterwasserrücken teilt das Seebecken in zwei große Vertiefungen, das größere, tiefere im nordöstlichen Teil, das kleinere im südwestlichen, der zwar auch tief ist und bis 1447 Meter hinabreicht, während die Wassertiefe über dem Sattel nur 532 Meter beträgt. Die Rinne oder das Tal, worin die Angara aus dem Baikal heraustritt, ist keine natürliche Fortsetzung der Vertiefung des Sees, sie muß vielmehr so entstanden sein: Das Wasser, das jene große Mulde in der Erdrinde angefüllt hat, floß allmählich dort über, wo der Rand des Seebeckens am niedrigsten war, und dieses abfließende Wasser hat sich allmählich eine immer tiefere Rinne gegraben. Sieht man die Mündung der Angara von der entgegengesetzten Seite des Sees aus, dann erscheint sie fast wie eine in den Bergkamm geschnittene Scharte.

Der See hat eine eigentümliche Tierwelt. Auf den Inseln nisten Möwen und Reiher in Mengen, ja auch Scharben *(Phalacrocorax carbo)*. Er hat sogar eine eigene Robbenart *(Phoca baicalensis)*, die ursprünglich die Ringelrobbe *(Phoca hispida)* gewesen sein wird, die aus dem Eismeer durch den Jenissei und die Angara in den See gelangte und sich dort nach und nach so veränderte, daß sie jetzt eine eigene Art bildet. Die Burjaten, die sie ›Njerp‹ nennen, fangen sie hauptsächlich im Frühling auf dem Eis, indem sie sie unter dem Schutz eines auf einem kleinen Schlitten befestigten Segels beschleichen. Merkwürdigerweise machen es die Eskimos fast ebenso, wenn sie auf dem Eis der grönländischen Fjorde den Ringelrobben nachstellen.

Der Baikal und die in ihn mündenden Flüsse haben viele Fische. Man betreibt hier eine eigenen Störfischerei, da auch dieser Fisch im See lebt und in die Flüsse, besonders in die Selenga, hinaufgeht. Auch mehrere Arten der Lachsfamilie werden gefangen. Die wichtigsten sind der Omul und die Äsche *(Thymallus Pallasii Valenc.)* oder auf russisch Charius, was dasselbe Wort wie Harr, der norwegische Name der Äsche, zu sein scheint. Der Fischreichtum des Sees mag erstaunlich sein, weil das außerordentlich klare Wasser eigentlich nicht auf ein üppiges Planktonleben schließen läßt. Eine seltsame, dem Baikal eigentümliche Tierform ist der ungefähr 27 Zentimeter lange Tiefwasserfisch Golomjanka *(Comephorus baicalensis)*, den man nur in über 600 Meter Tiefe findet. Die von russischen Expeditionen gesammelten Krebstiere des Baikalsees hat Professor Ossian Sars beschrieben. Sie sind dadurch merkwürdig, daß sie im Unterschied zu den meisten andern Binnenseen einen großen Artreichtum aufweisen; die Arten sind dem Baikal eigentümlich, ja es sind sogar ganze Gattungen ihm eigen, vor allem die vielen seltsamen Flohkrebse. Diese zahlreichen Formen müssen sich im See selbst entwickelt haben; auch dies weist auf das hohe Alter des Sees hin, denn die Entwicklung so vieler lokaler Arten, ja sogar ganzer Gattungen von Krebstieren, ganz abgesehen von den Fisch- und Säugetierarten, muß lange Zeit in Anspruch genommen haben.

Die Ufer des Sees steigen meist ziemlich steil aus dem Wasser auf und sind nur wenig bewohnt. Feste Ansiedlungen in größerem Umfange gibt es nur an der Selengamündung, und zwar in dem großen Delta dieses Flusses, und einige am Ufer oberhalb des Deltas und auf der Insel Olchon, außerdem am Südwestende bei Kultuk. Viele Stellen des Seeufers werden von den Eingeborenen abergläubisch betrachtet und sind Gegenstand ihrer Verehrung. Daher stammt auch wohl ihre Bezeichnung des Baikal als eines heiligen Sees.

Unaufhaltsam sausten wir den ganzen Tag am Südufer dieses großen Sees hin, durch Tunnels und Schluchten, um Landspitzen herum und an Tälern vorüber, mit immer wechselnder schöner Aussicht. Plötzlich fuhren wir an großen Strecken niedergebrannter Wälder vorbei, die mit ihren schwarzen, kahlen und verkohlten Stämmen einen trostlosen Eindruck machten. Doch was liegt hier daran? Der Wald hat nirgends einen Wert. Meist scheint er hier aus den gewöhnlichen sibirischen Tannen und aus Edeltannen zu bestehen, man sieht aber auch Kiefern, sibirische Zedern und Birken, an den Flüssen auch Balsampappeln, Zwergerlen und andere. An Beerensträuchern gibt es hier Himbeeren und wilde Johannisbeeren. Diese Gegend hat eine reiche, verschiedenartige Flora.

Gegen Abend gelangten wir an die Station Myssowaja am Südostufer; sie liegt der Station Baikal gerade gegenüber. Hier sollte ich mich von meinen beiden Reisefährten Wostrotin und Loris-Melikow trennen, die mit der Fähre über den See zurück wollten, um mit dem Zug nach Irkutsk und weiter nach Krasnojark zu fahren. Und während wir von den Fenstern unseres Wagens noch einen letzten Blick auf sie warfen, als sie in dem abnehmenden Tageslicht zur Brücke hinuntergingen, setzten Wourtzel und ich die Reise nach Osten fort. Die Bahn begleitete noch eine Strecke weit die Ufer des Baikal, bis sie das große Delta der Selenga erreicht und dann an diesem großen Flusse talaufwärts geht.

So waren wir denn nun in Transbaikalien, das mit seinen Gebirgen und Tälern, seinen großen Flüssen zwischen den Bergen und dem überall sich ausdehnenden Wald als die schönste Provinz Sibiriens gilt. Transbaikalien liegt zwischen dem Baikalsee im Westen und dem Amurgebiet und der Mandschurei im Osten; im Süden ist die Mongolei. Es ist ein Land, das zwar reich an Gold und andern Metallen, an Mineralien und Edelsteinen, aber noch wenig ausgebeutet ist. Es hat anscheinend auch viele und wertvolle Mineralquellen. Lange Zeit war es eines der gefürchtetsten Verbannungsgebiete Sibiriens, und in seinen Bergwerken haben viele Verbannte ihr Leben hingeschleppt. Das Land ist mit Eingeborenenstämmen dünn bevölkert, hauptsächlich mit mongolischen Burjaten und im Norden mit einigen tungusischen Völkern. Da es als Verbannungsgebiet sehr in Verruf stand, hat seine Besiedelung mit russischen Kolonisten große Schwierigkeiten gemacht. Sein Flächeninhalt beträgt 613 268 Quadratkilometer; im Jahre 1911 belief sich die Einwohnerzahl auf 869 000 Köpfe, darunter 591 000 Russen. Hier gibt es sehr viele Chinesen, zu denen insbesonders die Arbeiter in den Goldminen gehören.

Im größten Teil Transbaikaliens ist der Boden beständig gefroren. Ein anderer eigentümlicher Zug ist, daß unter der unbedeutenden Schneedecke im Winter Flüsse und Seen häufig bis auf den Grund gefrieren. Die mittlere Jahrestemperatur wechselt zwischen 1 und 4 Grad unter Null; der Winter ist sehr kalt, der Januar hat eine Durchschnittstemperatur von 20 bis 28 Grad unter Null; andrerseits ist der Sommer sehr warm, die mittlere Temperatur des Juli beträgt zwischen 15 und 20 Grad; da dies bei der Bearbeitung des Bodens das Wichtigste ist, sind die Vorbedingungen für Ackerbau und Viehzucht an vielen Orten trotz des gefrorenen Bodens ganz gut. Freilich gibt es hier wenig Niederschläge (nur 200 bis 300 Millimeter), aber sie fallen hauptsächlich in den Sommermonaten. Der Boden ist an vielen Stellen sehr gut, besonders in der durch ihre schwarze Erde ausgezeichneten sogenannten Waldsteppe, das heißt in den mit Grasland untermischten Wäldern.

Während wir talaufwärts fahren, ist es ganz dunkel geworden, und wir können von der Umgebung nichts mehr sehen. Bei der Stadt Werchne Udinsk, von wo aus Verbindung mit der Karawanenstraße südwärts nach der Mongolei und China entsteht, lassen wir die Selenga hinter uns, die Bahn begleitet eine Strecke weit den Nebenfluß Uda und wendet sich dann zu den Abhängen des Jablonnoigebirges, des ›Apfelgebirges‹, einer Bergkette, die auch Stanowoi genannt wird.

1. Oktober. In der Nacht kamen wir an den Eisenwerken von Petrowsk vorüber, die dem kaiserlichen Kabinett gehören; viele Gefangene haben hier schwere Zeiten verlebt. Hierhin wurden einige verbannt, die sich an der Meuterei beteiligt hatten, die bei der Thronbesteigung Kaiser Nikolaus I., am 14. Dezember 1825, ausgebrochen war. Mit unerbittlicher Härte wurden sie zur Zwangsarbeit ange-

halten. Es waren die sogenannten ›Dezembristen‹. Zuerst waren sie nach Tschita verbannt worden, dann kamen sie hierher. Aus besonderer kaiserlicher Gnade durften die Gattinnen der Verbannten von Tschita mit hierher ziehen. Unter ihnen befanden sich die Fürstinnen Trubetzkoi und Wolkonski und mehrere andere vornehme Damen, die hier viele Jahre in ihren Privathäusern wohnten, während ihre Männer im Gefängnis lebten und in den Eisenwerken arbeiteten.

Von Petrowsk fährt die Bahn talaufwärts am Chilok, einem Nebenfluß der Selenga, und nun erreichten wir den höchsten Kamm des eigentlichen Jablonnoigebirges. Hier sehen wir fast nur Kiefern, was auf magern Sandboden schließen läßt; es sind keine großen Bäume, und sie stehen auch nicht dicht. Das ewig gefrorene Erdreich zwingt sogar die Wurzeln der Kiefern, sich oberflächlich waagerecht nach allen Seiten auszubreiten. Daher haben die Bäume keine Widerstandskraft gegen den Wind, und da sie außerdem so wenig dicht stehen, kann der Sturm sie gut packen, und er wirft oft große Strecken dieser Wälder nieder; dabei ragen die gespreizten Wurzeln meist ebenso hoch wie die Bäume selbst in die Luft empor. Der Boden ist dürr, es gibt wenig Niederschläge, und auf dem magern Kies liegt nur eine dünne Humusschicht. Da der Untergrund gefroren ist, so ergeben sich in dieser Gegend nicht gerade gute Vorbedingungen für die Landwirtschaft. Man sieht hier auch keine bebauten Felder; selbst die Eingeborenen finden hier keine Existenz. Die Landschaft, die wir jetzt durchreisen, bietet daher wenig Abwechslung; die Berge sind niedrige, wellenförmige und einförmige Rücken, die nur dünner niedriger Wald bedeckt.

Zwischen den Stationen Sachando und Jablonowaja führt die Bahn in 1090 Meter Höhe, etwa 600 Meter über dem Baikalsee, über eine Vertiefung im höchsten Kamm des Jablonnoigebirges; es ist der höchste Punkt der ganzen sibirischen und transbaikalischen Bahn. Wir befinden uns hier auf einer Wasserscheide; auf der einen Seite der Chilokfluß, der sich in die Selenga und mit ihr in den Baikal ergießt, worauf sein Wasser durch die Angara in den Jenissei geht, auf der andern fließt das Wasser der in den Amur strömenden Ingoda zu. Unmittelbar nördlich von uns – wir können noch dorthin sehen – entspringen auch die Quellen des Witim, der in die Lena mündet. Hier ist also die Wasserscheide zwischen Jenissei und Lena auf der einen und dem Amur auf der andern Seite, also auch zwischen dem Eismeer und dem Stillen Ozean.

Auf der andern Seite der Wasserscheide geht es schnell wieder abwärts. Die niedrigen Rücken sind überall mit dünnem Wald bedeckt. Weiter bergab tritt zwischendurch etwas Wiesenland auf, aber Äcker sind noch immer nicht zu sehen. Erst im Osten der Station Jablonowaja zeigen sich hier und dort Getreidefelder zwischen den Wiesen. Es ist ein weites, flaches und wellenförmiges Land.

Bei der Stadt Tschita, die in einem ausgedehnten Grasland liegt, sahen wir hin und wieder bebauten Boden und grüne, bestellte Äcker. Tschita ist die wichtigste

Stadt dieser Gegend und die Hauptstadt von Transbaikalien. Zu Anfang des vorigen Jahrhunderts war sie eine Kosakenstation mit einigen hundert Menschen. Das kleine Dorf veränderte sich aber gänzlich, als im Jahre 1825 die ›Dezembristen‹ zuerst hierher verbannt wurden und sich hier ihr Gefängnisse selbst errichten mußten, während sich ihre Gattinnen in der ›Damskaja‹, der Damenstraße, die noch heute so heißt, eigene Häuser bauen ließen. Nach der Volkszählung vom Ende der neunziger Jahre hatte die Stadt ungefähr 11 500 Einwohner, aber sie ist in den letzten Jahren, besonders seit dem Kriege, gewaltig gewachsen, und ihre Einwohnerzahl soll jetzt zwischen 70 000 und 80 000 betragen. Die Stadt hat eine hübsche Lage in der Ebene, wo sich der kleine Nebenfluß Tschita in die Ingoda ergießt. Letztere bildet mit dem Onon zusammen den Fluß Schilka, der mit dem Argun den Amur bildet. Bei hohem Wasserstand können kleine Dampfer bis Tschita hinauffahren, während flußabwärts Flöße verkehren; so hat man hier dank dem mächtigen Amur sogar Verbindung mit dem Stillen Ozean.

Eine Strecke weit fuhren wir mit der Bahn an der Ingoda entlang. Auch hier fiel mir auf, daß das rechte Flußufer, wenigstens teilweise, höhere Rücken und schroffere Abhänge hat als das linke. Das Land ist stellenweise etwas angebaut, aber verhältnismäßig sehr wenig.

Hinter der Station Karimskaja, ungefähr 100 Kilometer östlich von Tschita, teilt sich die Eisenbahn in zwei Linien; die eine geht ostwärts längs des Flusses nach der jetzt im Bau befindlichen Amurbahn und nach Sretensk an der Schilka, von wo aus Dampferverbindung den Amur hinab besteht, während die andere, der wir folgten, auf der eisernen Brücke die Ingoda überschreitet, südostwärts nach der Mandschurei geht und die Ostchinesische Bahn bildet. Jenseits der Ingoda führt die Bahn mit starker Steigung zur Wasserscheide zwischen diesem Fluß und der sich in den Onon ergießenden Aga hinauf. Die Steigung ist hier 16 Meter auf den Kilometer, doppelt soviel als sonst auf der Sibirischen Bahn üblich ist. Wir brauchten daher eine Hilfslokomotive bis zur Kammhöhe hinauf, und es ging langsam vorwärts. Überall, wo nicht die Birken ihn verdrängt haben, steht Kiefernwald; aber überall haben auch Waldbrände ihre Spuren hinterlassen. Schwarze, teilweise abgehauene Baumstümpfe sind stehengeblieben, und nun wächst der Birkenwald als erster wieder heran. Im Frühling und Vorsommer ist es sehr trocken, so daß ein Waldbrand leicht um sich greifen kann; hat er erst einmal angefangen, so kann er in diesen Gebieten wochenlang weiterbrennen. Aber das hat nicht viel zu bedeuten, denn auch hier hat der Wald nur den Wert, daß er Feuerung für die Lokomotive liefert, wozu meist Birkenholz benutzt wird.

Auf der ganzen Reise arbeitete Ingenieur Wourtzel unablässig. Auf den Stationen hatten sich seine Ingenieure eingefunden, um in unserm Wagen mitzufahren, wo sie ihren Bericht über die Arbeit auf den Bahnstrecken erstatteten und

Wourtzel Telegramme und Schriftstücke diktierte. Von Tschita an begleiteten uns wieder zwei Ingenieure, die den Bau des westlichen Teils der Amurbahn leiteten und außer ihnen, wie gewöhnlich, ein Sekretär mit einer Schreibmaschine. Das Fertiggebaute wurde besprochen und Pläne zu künftiger Arbeit gefaßt, Kostenanschläge aufgestellt und neue Vorschläge niedergeschrieben. Von all diesem Russischen verstand ich kein Wort, nur die Geldsummen, die genannt wurden, begriff ich; es handelte sich stets um so und soviel Millionen Rubel, die man noch brauchte. Wie wir daheim die Summen in so und so viele Tausende abrunden, rundet man sie hier in Millionen ab. Der Sekretär hatte tüchtig zu tun; die Schreibmaschine klapperte unablässig Tag und Nacht. Dann mußten die Schreiben kuvertiert und nach Petersburg auf die Post gegeben werden.

Wenn Wourtzel nicht an Kostenanschlägen und Plänen arbeitete, mußte er sich ans Fenster setzen, um den Bahnkörper, Steigungen, Kurven und Stützmauern zu studieren. Kein Fehler – sei er auch noch so klein – entging seinem geübten Auge, und sofort wurde er gerügt. Jetzt aber wurde er arbeitsfrei, denn wir waren auf das Gebiet der Ostchinesischen Bahn gelangt, deren Arbeiten nicht unter seiner Oberleitung stehen. Übrigens hat auf der ganzen Welt außer Wourtzel kein Mann die direkte Leitung solch unermeßlicher Strecken im Bau befindlicher Eisenbahnen unter sich. Er sagte mir einmal, wieviel tausend Kilometer es seien, aber ich kann mich darauf nicht mehr recht besinnen und wage daher keine Zahl zu wiederholen; aber groß war sie, und das muß sie auch sein, da sie alles umfaßt, was innerhalb des ganzen Russischen Reiches gebaut wird.

2. Oktober. So sind wir denn in China, dem Reiche des Himmels – während der letzten Nacht überschritten wir die Grenze – aber sehr himmlisch sieht es hier wahrhaftig nicht aus! Ein sonderbarer Eindruck, als ich heute in der Frühe das Fenster öffnete. Braune, wellenförmige Grasflächen mit niedrigen, kahle Höhenzügen ringsumher. Wenn das Gras nicht gewesen wäre, hätte das sehr wohl die Wüste Gobi sein können. Nirgends ein Anzeichen menschlicher Behausungen, weder Baum noch Strauch, nur braunes, dürres Gras. So bleibt es, wie auch der Horizont wechseln mag. Ein Fluß schlängelt sich durch die Ebene, es ist der Chailar. An seinen Ufern wachsen etliche Sträucher und Weidenbüsche, auch wohl eine vereinzelte Birke. Aber noch keine Hütte, kein Mensch. Ein ödes Land – nicht einmal Spuren menschlicher Tätigkeit, mit Ausnahme dieser Eisenbahn, deren Schienenstrang sich durch die braune Ebene zieht. Der Fluß fließt in der uns entgegengesetzten Richtung; er strömt dem Argun und mit diesem dem Amur zu.

Wir befinden uns hier auf dem Hochlande Kulunbuir, in ungefähr 610 Meter Höhe über dem Meere. Es ist eine Fortsetzung der mongolischen Hochebene mit den weiten Steppen im Süden und Westen und erstreckt sich weit nordwärts und nach Transbaikalien hinein. Man könnte in Zweifel sein, ob wir hier in der Mongolei oder in der Mandschurei seien, denn die Landschaft ähnelt mehr den Vorstellungen, die wir uns von der Mongolei zu machen pflegen; aber in politischer Hinsicht befinden wir uns jetzt innerhalb der mandschurischen Grenzen. Ich dachte, es müsse hier entsetzlich trocken sein, da die Landrücken gar keinen Wald, nicht einmal Bäume hatten; wir waren ja nicht weit von der Gobi entfernt, und diese Steppen bilden die unmittelbare Fortsetzung der Wüste; aber da war ja Wasser genug in dem Flusse, und nach und nach zeigten sich sogar Sümpfe und große Teiche auf der Ebene. Woran kann das also liegen? Ist es in einzelnen Jahreszeiten hier zu trocken? Nicht weit nach Süden hin ist der Boden ziemlich salzig und die Seen enthalten bitteres, salzhaltiges Wasser.

Endlich fuhren wir an einigen niedrigen Häusern vorüber, sie waren für die Bahnwärter bestimmt. Sie sind aus Steinen gemauert, denn Bauholz gibt es hier nicht. An den Abhängen der umliegenden Höhenrücken sieht hin und wieder anstehendes Gestein aus der braunen dürren Grasdecke hervor; meist aber ist alles Gestein durch tiefe, lose Schichten verwitterten Materials zugedeckt. In diesem Klima, das so große Temperaturunterschiede zeigt und kalte Winter hat, scheint die Verwitterung schnell vor sich zu gehen; aber infolge der Geringfügigkeit der Niederschläge und der Flachheit des Landes wird wenig Material fortgeführt.

Weiter ostwärts trugen hier und dort die Höhen ein wenig Birkenwald, aber er steht auffallend dünn, nur dann und wann ein Baum, und die Bäume sind klein. Auf einigen Stationen sahen wir große Mengen aufgestapelter Birkenholzscheite. Die Lokomotiven werden meist mit Holz geheizt; man hat zwar Kohlen in diesen Gegenden gefunden, aber sie sind schlecht.

Immer und immer wieder ein und dasselbe nackte Grasland! Wir fahren mit schwacher Steigung auf dem westlichen Abhang der Großen Chingan-Kette aufwärts.

Von der Hochebene der Mongolei und dem etwa 600 Meter über dem Meere liegenden Hochlande Kulunbuir im Westen und von der mit der östlichen Gobi zusammenhängenden niedrigeren Ebene im Osten, die bei Zizikar etwa 150 Meter hoch ist, bauen sich die umfangreichen, aber niedrigen Bergmassen der Großen Chingan-Kette langsam und flach auf. Das Gebirge erreicht, soviel man weiß, keine größeren Höhen als 1100 bis 1200 Meter und hat keine Schneeberge. Die Abhänge sind überall langgestreckt und flach, mit niedrigen wellenförmigen Landrücken; auch die Kämme zeigen Wellenlinien und ragen nicht hoch über dem Grund der flachen Täler empor.

Hier und dort gewahren wir jetzt vereinzelte Heuschober auf den Ebenen zwischen den Bergen; immerhin ein schwaches Zeichen menschlichen Lebens. Der Boden sieht an manchen Stellen schwarz und fett aus; er muß gut und fruchtbar sein und reicht auch tief, oft über einen Meter hinab, wie man an den Gräben längs der Bahn sehen kann. Es scheint, als ob hier nur gepflügt zu werden brauche. Aber nirgendwo Menschen! Übrigens hat die nördliche Mandschurei ein strenges

Klima. Die mittlere Jahrestemperatur ist unter 2 Grad unter Null, und zur Winterszeit soll die Temperatur bis auf mehr als 50 Grad Kälte heruntergehen können. Die
mittlere Temperatur des Januar beträgt ungefähr 26 Grad unter Null. Der Sommer
aber ist warm; im Juli ist die Durchschnittstemperatur über 20 Grad und das ist ja
beim Ackerbau das Wichtigste. Das Klima hat auch noch den Vorzug, daß die
Niederschläge, wenn sie auch nur gering sind, hauptsächlich im Sommer infolge
der dann herrschenden Süd- und Südostwinde eintreten. Die Regenzeit beginnt
meist im Juli. Im Winter dagegen fällt wenig Schnee, weil dann meistens Nord-
und Nordwestwinde wehen. Es kommt wohl auch die Zeit, daß diese großen
Landstriche mit ihrem Steppenboden von Menschen bebaut und bewohnt werden,
aber auch jetzt tut es wohl, solchen Reichtum an Land zu erblicken; noch haben die
Menschen überreichlich Platz auf unserer kleinen Erde. Auf den Stationen traf ich
die ersten Chinesen. Sie trugen alle ihren Zopf und sahen vorzüglich aus, große,
stattliche und kräftige Gestalten mit gesundem, zufriedenem Gesichtsausdruck.
Man erhielt unwillkürlich den Eindruck, daß man hier vor einer Rasse stehe, die
noch eine Zukunft hat. Übrigens war es merkwürdig, welch großen Unterschied
die chinesischen Gesichtstypen zeigten; einige waren länglich und schmal, die
meisten aber breiter und runder. Es muß eine sehr gemischte Rasse sein.

Da hier und dort an den Abhängen der Täler zwar unansehnliche Birken wachsen, aber nur längs der Bäche, scheint es auf dieser Steppe und diesen kahlen
Landrücken wirklich trocken zu sein; dies muß auch der Grund sein, warum trotz
des Flusses und der Teiche der Baumwuchs fehlt, sonst würden die Birken wohl
auch an andern Stellen wachsen können.

Langsam steigen wir höher, zum Kamm des Großen Chingan hinauf. Hier stehen die Birken ein wenig dichter, aber sie sind klein, mit nur vereinzelten
größeren Bäumen dazwischen, und noch immer ist der Wald auffallend licht, von
einem zum andern Busch oder Baum ist einen oder zwei Meter Abstand und gar
kein Unterholz, nur die nackte, mit Gras bestandene Erde. Andere Bäume als Birken sind nicht zu sehen, nur eine einzige niedrige Lärche, die vielleicht einen
Meter hoch sein mochte, sah ich in einem Graben neben dem Bahndamm.

Nun geht es in den durch den Kamm des Großen Chingan führenden drei Kilometer langen Tunnel hinein. Kommt man auf der andern Seite wieder heraus, so
sieht man mit Erstaunen, daß sich die Natur mit einem Schlag verändert hat. Das
Gebirge fällt schroff ab, die Täler sind völlig entwickelt, und der Birkenwald ist
stark mit strauchartigen Zwergeichen untermischt, die als Dickicht den ganzen
Berghang bedecken. Hier und dort stehen sogar einige höhere Eichen, Steinei-
chen. Weiter abwärts sah ich auch viele Baumstümpfe im lichten Birkenwald;
hier müssen Nadelbäume gestanden haben, aber jetzt waren sie schwarz und
niedergebrannt. Also auch hier muß es große Nadelwälder gegeben haben, die
durch Feuer vernichtet wurden.

Die Schwierigkeit des jähen Abstiegs vom Kamm des Großen Chingan wird durch eine hübsche Leistung des Bahnbaus überwunden. Der Bahnkörper macht unten im Tal eine große Schleife, kommt zurück und geht unter sich selber durch. Weiterhin dehnt sich wieder dasselbe braune, öde Grasland nach Osten, wie auf der Westseite des Großen Chingan, obwohl wir schon auf der nächsten Station, Buchedu, ein paar bestellte grüne Felder erblickten, die selbstverständlich Chinesen, also tüchtigen Landwirten, gehörten. Hier war auch ein typisches chinesisches Dorf. Haus an Haus dicht zusammengedrängt und ein hoher Zaun ringsherum, daß ja alles hübsch beisammen bleibt und aller Schmutz sich zwischen den Häusern ansammelt. Daneben lag als Gegensatz ein russisches Dorf; es schien sich so weit wie nur möglich auf der Ebene ausdehnen zu wollen. Und warum auch nicht? Es ist ja Raum genug da! Russische Soldaten und Offiziere liegen hier in Garnison; das Dorf ist eine russische Militärstation, wie es viele an dieser Bahn gibt; das Militär soll den Bahnkörper vor böswilliger Beschädigung schützen und die Verbindung mit dem russischen Osten sichern.

Noch immer dasselbe nackte Grasland mit dünnem, niedrigem Birken- und Eichenwald auf den Höhenrücken, und lange Strecken ohne alle Anzeichen von Besiedelung; gelegentlich einmal einige Kühe und Pferde, ja sogar eine Schafherde. Auch hier ist das Gebirge niedrig, wellenförmig und eintönig, und die Landschaft bietet wenig Abwechslung. Auffallend wenig Gestein tritt zutage, obgleich die Abhänge oft steil genug sind. In der Regel ist alles mit einer Schicht losen Materials bedeckt, worin oft große Steinblöcke locker liegen. Es hat manchmal große Ähnlichkeit mit einer Grundmoräne, ist aber durch starke Verwitterung entstanden, die einen Teil des Gesteins in feinen Kies und Sand verwandelt hat, während andre Teile als große Blöcke liegen geblieben sind. Dringt man bis aufs entstehende Gestein hinab, wie in einigen Bahngräben, so sieht man, daß es oben schon ganz uneben ist und große Blöcke in den Schutt hinausragen; es gibt keine bestimmten Grenzen zwischen dem anstehenden Gestein und dem auf ihm ruhenden losen Material. Meist bedeckt noch eine dicke Humusschicht den Schutt.

Bei der Station Barim, der zweiten, in der wir auf der Ostseite des Großen Chingan hielten, überragten hohe Kämme und Blöcke aus Granit den Landrücken über dem Tal, und auf den Hängen lagen Mengen großer abgestürzter Blöcke. Diese zackigen Kämme aus härterem Gestein stehen wie alte Ruinen da und sind, wie schon gesagt, ein guter Maßstab der Kraft, mit der die Verwitterung den Boden aus weniger festem Gestein um sie herum zerstört hat. Sie zeigen, daß es auch hier lange geologische Zeiten hindurch keine Eiszeit mit Gletscherdecken gegeben haben kann. Auch Barim ist eine russische Militärstation mit langen niedrigen Häusern für Soldaten und Offiziere. Im übrigen fuhren wir den ganzen Tag durch dasselbe öde Land mit immer gleicher brauner Grasebene, die mit kleinen Bäumen und Sträuchern schwach bestanden war, und immer gleichen kahlen braunen Höhen ringsumher. Einzelne Häuser an der Bahn, für die Eisenbahner – sonst immer noch nichts von Besiedelung! Dieses öde Steppenland hat eine unermeßliche Ausdehnung, viele hundert Kilometer weit erstreckt es sich nach allen Seiten hin und geht im Westen über die Große Chingan-Kette hinüber und bis tief in die Mongolei hinein. Während im Westen, wo die Sonne in Glut getaucht untergeht, das Chingan-Gebirge verschwindet, werden die Höhe um uns her immer niedriger, und bald umgibt uns eine vollständig flache Ebene, die sich weit nach Osten erstreckt, bis über Charbin hinaus. Wir sind in der Nähe der Nordgrenze der östlichen Gobiwüste und fahren an der Grenze der Mongolei entlang.

Es war geplant, daß Ingenieur Wourtzel nach Chabarowsk fahren und dort ein paar Tage bleiben sollte, um mit dem Generalgouverneur zu sprechen, ehe die Reise durch das Amurgebiet weiterging. Er schlug mir deshalb vor, inzwischen nach Wladiwostok zu fahren, um mir diese Stadt anzusehen; dazu hatte ich auch große Lust. Da ich aber kein Russisch verstand, hatte er an die Direktion der Ostchinesischen Bahn in Charbin telegraphiert, ob sie ihm nicht jemand verschaffen könnten, der Deutsch oder Englisch spreche und mich nach Wladiwostok begleiten könne.

3. Oktober. Um 2 Uhr morgens langten wir endlich mit drei Stunden Verspätung in Charbin an. Der Chef der Ostchinesischen Bahn, ein russischer General, war auf dem Bahnhof gewesen, um uns zu begrüßen; da er aber nicht aufs ungewisse bis in die Nacht hinein dort hatte warten können, empfing uns Baron Harald von Hoiningen-Huene in seinem Auftrag. Der Baron stammte aus Estland und sprach Deutsch als Muttersprache; er teilte mir mit, daß er beauftragt sei, mich nach Wladiwostok und so weit ich wünschte zu begleiten. Er war gerade vor zwei Tagen von einer längeren Europareise zurückgekehrt, als der General ihn telephonisch gefragt hatte, ob er mit mir fahren wolle; er war sofort dazu bereit gewesen. Das ist russische Gastfreundschaft! Einen besseren, unterhaltenderen Reisegefährten hätte ich gar nicht finden können.

An den Achsen unseres Wagens war irgend etwas in Unordnung, so daß auf den Vorschlag des Zugführers beschlossen wurde, ihn hier zu lassen, damit der Schaden ausgebessert werden könne. Ingenieur Wourtzel wollte uns in dem Zug zwei gewöhnliche Abteile zur Weiterreise reservieren lassen; aber sofort ließ die Direktion einen ganz neuen Wagen ankuppeln, der uns, so lange wir seiner bedurften, völlig zur Verfügung stehen sollte. Ich muß sagen, daß man in diesem Lande außerordentlich gut behandelt wird.

Wir erfuhren jetzt, daß der Generalgouverneur von Chabarowsk nach Wladiwostok gereist sei, und da Wourtzel ihn treffen mußte, beschloß er, sich mit uns nach Wladiwostok zu begeben; so fuhren wir denn in unserm neuen Wagen zusammen weiter.

Als ich am Morgen beim Erwachen aus dem Fenster schaute, befanden wir uns in einem Tal mit zerrissenen, unebenen Gebirgskämmen auf beiden Seiten und einer Menge auf den Hängen und im Talgrund verstreuter Blöcke; auch der Fluß lief durch sie hindurch. Wir fuhren auf dem letzten, nach Osten hin liegenden Abhang der Bergkette Tschang-kwan-tsai-lin (Schao-bo-schan). Über das Gebirge selbst, das ich gern gesehen hätte, waren wir leider schon hinüber; der Baron versicherte, es habe große Wälder und die Natur dort sei schön; ich habe große Wälder in diesen Gebieten nicht gesehen, nur eine einsame, einförmige Natur ohne viel Abwechslung in den Formen. Der Wald bedeckt weite Strecken der westlichen Abhänge des Tschang-kwan-tsai-lin und besteht, abgesehen von Lärchen, großenteils aus Zedern, wie mir Baron Huene mitteilte. Man schlägt in diesen Wäldern viel Zedernholz, das mit der Bahn nach Wladiwostok gebracht und von dort aus verschifft wird. In den Wäldern liegen mehrere Sägewerke. Sie gehören der großen Wladiwostoker Firma Skidalski, die alljährlich für mehr als eine Million Rubel Zedernholz ausführt. Die Zeder ist, wie schon erwähnt, eine wertvolle Holzart; trotzdem ist es erstaunlich, daß bei dem langen Transport, zuerst mit der Bahn nach der Küste und dann den weiten Weg übers Meer, der Handel damit wirklich lohnend ist. Die Bahnstrecke allein ist wenigstens 400 Kilometer lang.

Bald geht es hinab nach dem Flachlande am Mutan, einem Nebenfluß des Sungari; auch hier sehen wir teilweise dasselbe braune Grasland, wie vorher mit wellenförmigen Höhenzügen, die entweder ganz kahl oder mit spärlichem Buschwald bestanden sind, hauptsächlich mit Zwergeichen und nur wenigen größeren Bäumen einer Steineichenart dazwischen. Doch je weiter wir kommen, desto mehr angebautes Land zeigt sich. Da und dort gibt es Ackerfelder, Kohl, Gemüse, Hirse und Bohnen, auch Heuschober. Hier wohnen Chinesen, die ebenso betriebsame wie tüchtige Landwirte sind.

Welche Bedeutung besitzt solch eine Eisenbahn für den Anbau des Landes! Vorher war dieses ganze Steppenland fast unbewohnt und ohne Anbau. Nach dem Bahnbau und besonders in den letzten Jahren, seit 1906, haben sich hier viele ackerbautreibende Chinesen angesiedelt; es findet eine umfangreiche Ausfuhr der ölreichen Sojabohne und verschiedener Getreidearten statt; auch eine bedeutende Zuckerindustrie soll entstanden sein. Ein breiter Streifen Landes zu beiden Seiten des Bahnkörpers wurde den Russen von der chinesischen Regierung überlassen. Deshalb müssen sich die Chinesen seitwärts hinter diesen Streifen ansiedeln. Hier aber machen sie allmählich den ganzen Boden urbar, und die chinesische Regierung beschützt diese Kolonisation sehr. Zwischen diesem Streifen kultivierten Landes an der Bahn und den angebauten Gegenden der Mandschurei im Süden liegen große Flächen unbenutzten und fast ganz unbewohnten Steppenlandes, ebenso im Norden bis zum Sungari und zum Amur.

Immer wieder fahren wir an brennenden Wäldern vorbei, wo dichter Rauch über weiten Strecken liegt. Daher ist der Wald hier so selten, er brennt beständig nieder. Das Gras in den Tälern wird alljährlich zweimal, im Herbst und im Frühling, angezündet, damit es nicht das Hervorsprießen neuen grünen Grases im Frühling hindere. Wenn dabei auch der Wald auf den Hängen Feuer fängt, was tut das? Es kann dort wochenlang brennen, ohne daß jemand dem Feuer Halt gebieten könnte oder auch nur wollte.

Wir fahren über die breite Talebene des Mutan zwischen dem Tschan-kwan-tsai-lin im Westen und dem Gebirgsrücken Kentei-alin im Osten. Noch sehen wir hinter uns im Westen Berge und Gipfel; einige scheinen sehr hoch, können es aber kaum sein, denn selbst der höchste Berg der ganzen Mandschurei, der Vulkan Peik-to-schan an der koreanischen Grenze, ist nicht höher als 2440 Meter. Von der Ebene geht es mit starker Steigung, ungefähr 15 Meter auf ein Kilometer, in vielen Windungen nach dem Kamm des Kentei-alin hinauf, dann ebenso auf der andern Seite wieder hinunter. Droben auf dem Kentei-alin sahen wir an einigen Stellen in der Nähe der Bahn Tannenwald und einige Lärchen. Der Wald war aber nicht umfangreich, sehr licht und zum großen Teil abgebrannt. An der Bahn wird sich der Wald überhaupt nicht halten können. Einerseits setzen ihn Funken aus der Lokomotive oft in Brand, denn da diese mit Holz geheizt wird, gibt es einen unaufhörlichen Funkenregen, der das dürre Gras leicht anzündet; andererseits braucht die Bahn das Holz zum Bau, zur Befestigung des Bahndamms und zum Heizen der Lokomotiven; daher müssen selbstverständlich die in nächster Nähe der Bahnlinie liegenden Wälder bald verschwinden.

Nach dem Anstieg zu einem neuen Fluß, dem in den Ussuri mündenden Muren, hinunter, kam am Nachmittag ein neuer Aufstieg mit noch mehr Windungen auf den Kamm der Bergkette Lau-ju-ling, der uns an die Grenze zwischen der Mandschurei und der russischen Ussuriprovinz brachte.

Baron von Hoiningen-Huene, der seit vielen Jahren an der Mandschurischen Bahn angestellt ist und besonders die Oberaufsicht über die Holzlieferungen und das Abholzen für die Eisenbahn hat, ist von Amts wegen viel in diesen Gegenden umhergereist; er hat mir viel Interessantes über dieses Land mitgeteilt. Die einzige Kultur, die man in früheren Jahren hier antreffen konnte, war die des in China verbotenen Opiums. Sie wurde tief drinnen in den Wäldern in aller Heimlichkeit betrieben. Wenn man auf der Jagd hoch hinauf in die einsamen Waldgegenden auf den Bergabhängen kam, stieß man plötzlich in versteckten Waldtälern auf Felder mit dem giftigen roten Mohn, aus dem das Opium gewonnen wird. Nur ein schmaler Pfad führte durch den Wald dorthin. Hier hatten sich Chinesen zum Anbau der Giftpflanze angesiedelt, um das Verbot der chinesischen Regierung zu umgehen; hier stellten sie das Opium her, um es dann, gut versteckt in ihren hohlen Bambusstöcken, in die Städte zu bringen, hauptsächlich nach Charbin, wo sie es trotz der chinesischen Polizisten und Zollbeamten zu verkaufen verstanden. Wer konnte auch ihren Stöcken den gefährlichen Inhalt ansehen? Das strenge Verbot machte den Verkauf außerordentlich einträglich.

In den großen Wäldern droben im Gebirge war Baron Huene oft mit Räuberbanden der gefürchteten Chunchusen zusammengetroffen; aber er hatte sie immer als nette, umgängliche Menschen kennen gelernt. Diese Banden bestehen meist aus Leuten, die sich irgendwie mit der Gesellschaft überworfen haben. Ursprünglich waren sie zum Teil Goldwäscher, meinte Baron Huene, die ohne behördliche Erlaubnis an den Flüssen dieser abseits liegenden Gegenden heimlich Gold wuschen und der chinesischen Regierung die vorgeschriebene Abgabe nicht zahlten. Das wurde allmählich ruchbar, und sie wurden in die Wälder hinaufgetrieben, wo sie aus Mangel an anderm Unterhalt sich auf Räuberei legen; neue Verbrecher, die das freie Leben liebten, schlossen sich ihnen dann an. Jetzt haben sie ein regelrechtes Besteuerungssystem organisiert. Sie wissen ganz genau, wieviel jeder Mann in ihrer Gegend ungefähr verdient, und folglich auch, welche Abgabe sich von jedem einzelnen erpressen läßt, ohne daß er dadurch zugrunde gerichtet wird. Soviel müssen die Einwohner an die Chunchusen zahlen, um von ihnen in Frieden gelassen zu werden. An den Staat zahlt man hier keine Steuer; daher finden die Chunchusen, daß sie dieses Geschäft mit Vorteil übernehmen könnten. Das tun sie denn auch aufs Nachdrücklichste. Die große Firma Skidalski in Wladiwostok, die auf diesen Bergen Zedern zur Ausfuhr schlagen läßt und hier acht Dampfsägemühlen hat, muß, wie der Baron erzählt, im nächsten Jahr den Chunchusen 20 000 Rubel zahlen. Tut sie es nicht, so wird ihren Aufsehern der Kopf abgeschnitten, wie es schon einmal geschah, als der Tribut nicht rechtzeitig erlegt wurde. Reisende Kaufleute müssen ansehnliche Summen bezahlen, um mit heiler Haut davonzukommen. Wer nicht zahlt, wird gefangen und kann zwischen Lösegeld und Gehängtwerden wählen. Wer bezahlt, ist vor jeglicher Unbill geschützt. Das Verfahren ist einfach und reell; es ist ebenso organisiert wie in Europa zurzeit des Mittelalters.

Die Chunchusen wohnen hoch droben im Gebirge in den Wäldern in befestigten Lagern, und man kann nur schwer zu ihnen gelangen, da sie oberhalb des dichten, im Sommer vollkommen undurchdringlichen Urwaldes hausen. Zum Lager hinauf führen durch den Urwald schmale Fußpfade, die sie selbst anlegen und nur sie allein kennen. Der Wald ist eine Wildnis aus Sümpfen und Dickichten, und Schlingpflanzen bilden ein dichtes Geflecht zwischen den Stämmen. Eine dieser Schlingpflanzen soll eine wilde Feige sein, die leidlich genießbare Früchte trägt.

Die Chunchusen sammeln sich im Frühling und betreiben den ganzen Sommer hindurch ihr Geschäft; sie bleiben aber nicht, bis der Schnee kommt, da man sie zu leicht in ihren Spuren verfolgen kann. Sie gehen dann auseinander, und die im Laufe des Sommers gefüllte Kasse wird geteilt. Mit ihrem Gewinn kehren sie nach China, nach Tschifu, Peking oder sonst wohin zurück und verleben den Winter als friedliche Arbeiter oder verzehren ihr Geld als reiche Leute, um gleich den Zugvögeln im Frühling wieder zu verschwinden und sich in den Wäldern zu sammeln. Das Jahr nach dem Kriege zwischen Rußland und Japan war für sie besonders gut; man brauchte damals in den vom Krieg verheerten Gegenden so viele Waren und deshalb befanden sich viele Kaufleute unterwegs. Als man im Herbst die Kasse teilte, fielen jedem Räuber 400 Rubel zu.

Baron Huene geriet einmal in ein Lager, wo 900 Mann untergebracht waren. Ein solches Lager ist gut befestigt, und jeder Mann ist mit einem Mannlichergewehr und einer Browningpistole bewaffnet. Man hatte den Baron gebeten, sich zu einer diplomatischen Unterhandlung bei ihnen einzustellen. Er begab sich hin, und die Räuber stellten ihm vor, wie unsinnig kostspielig es der russischen Regierung werde, die vielen Soldaten an der Eisenbahn zu erhalten. Sie hätten sich die Sache überlegt und seien erbötig, die ganze Überwachung gegen eine angemessene jährliche Vergütung zu übernehmen, was entschieden viel wohlfeiler sei; sie glaubten auch, die Bewachung ebensogut ausführen zu können wie die Soldaten. Ihr Anerbieten wurde nicht angenommen; die Regierung zog es doch vor, ihre Soldaten dort zu lassen, wo sie vor allem notwendig sind, um die Bahn vor den Chunchusenbanden zu sichern.

Es erscheint seltsam, daß heutzutage ein solches Räuberwesen Jahr für Jahr bestehen kann; aber die chinesische Regierung macht keine wirksamen Versuche, ihm zu steuern; sie hat jetzt auch kein so großes Interesse daran, und für die Russen ist ein Einschreiten in fremdem Land und gegen fremde Untertanen nicht so einfach. Es würde auch in diesen öden, unbewohnten und unwegsamen Waldgegenden nicht so leicht auszuführen sein, und die Ergreifung der Räuber würde große Anstrengungen kosten. Der Baron meint, das einfachste wäre, den Winter zu benutzten, wenn der Urwald leichter passierbar ist; es werde dann nicht schwer sein, die Gegenden zu durchsuchen, wo sie im Sommer ihre Wohnsitze und Schlupfwinkel hätten, und man könne ihre Hütten und Proviantdepots zerstören. In diesen Gebirgen hausen im Winter Chinesen, die sich für Pelztierjäger ausgeben, aber Helfershelfer der Chunchusen sind. Es sind tüchtige Gärtner, die im Sommer Gemüse und andere Dinge für die Räuber bauen. Sie fangen auch Fische, die gedörrt und aufbewahrt werden; Vorräte an Wildbret sammeln sie ebenfalls im Lauf des Winters, damit die Chunchusen, wenn sie im nächsten Frühling ins Gebirge hinaufkommen, dort Lebensmittel finden. Könnte man diese Vorräte vernichten, so würden den Chunchusen das Leben dort oben im Sommer wohl ziemlich unmöglich sein.

Übrigens ist es schwer, diesen Leuten zu Leibe zu gehen, selbst wenn man sie trifft. Nähern sich zum Beispiel berittene Soldaten einer Waldgegend, wo Chunchusen hinter den Büschen versteckt liegen, so schießen diese mit ihren guten

Mannlichergewehren schon aus weiter Entfernung, flüchten hierauf waldeinwärts und verstecken Flinten und Waffen; wenn dann die Soldaten anlangen, begegnen ihnen friedlich, unschuldig aussehende Chinesen, die auf dem Waldwege einherspazieren. Erst vor kurzem habe man einige bei Charbin gefangengenommen.

Auf einer der Eisenbahnstationen, in Silinche, begegneten wir einem unendlich langen Zuge mit hohen Güterwagen; es waren Kolonisten, die nach Rußland zurückkehrten. Der gewöhnlichen Berechnung nach kehren von den Ansiedlern, die hierher nach dem Osten ziehen, durchschnittlich wieder 10 Prozent in die Heimat zurück; vor einigen Jahren waren es noch viel mehr. In diesen Güterwagen, die keine großen Annehmlichkeiten bieten, werden oft viele zusammen untergebracht; sie müssen sich dort mit Frauen und Kindern so gut es geht einrichten. Die Reise dauert lange, da der Zug nur fährt, wenn die Strecke nicht durch andere, schnellere Züge besetzt ist, sie sind daher einen bis zwei Monate unterwegs. Solch ein Zug voll enttäuschter Hoffnungen ist ein trauriger Anblick! Die Leute haben alles, was sie im Dorfe daheim besaßen, verkauft und sind mit großen Hoffnungen nach dem neuen Heim im Osten gezogen; hier aber hatten sie nur Unglück und litten vielleicht Not, bis sie wieder zurückkreisen mußten, um als Bettler in ihrer Heimat anzukommen.

Nun erreichten wir die Grenzstation der Mandschurei, Pogranitschnaja, ›die auf der Grenze liegende‹, groß und stattlich lag sie wie ein Vergnügungsort in Terrassen übereinander. Noch immer sind wir auf der Höhe des Grenzgebirges Lauju-ling; aber nun geht es wieder über die Grenze; wir haben das Reich des Himmels hinter uns und fahren langsam abwärts nach dem Flachland am Fluß Suifun, der sich in die Amurbucht, einen Arm der Bucht Peters des Großen, ergießt. Um uns her scheinen fruchtbarere Landstriche zu liegen, aber es ist dunkel geworden, und wir können wenig vom Lande sehen, außer dem Feuerschein hier und dort auf den Feldern, wo Gras abgebrannt wird. Spät abends kamen wir an einem großen brennenden Heuschober vorüber, der Feuer gefangen hatte. In der Regel sengt man um jeden Heuschober herum vorher das Gras in einem oder am liebsten in zwei Kreisen ab, um den Flammen zu wehren; das schien hier nichts genützt zu haben. Hoch schlugen die Flammen zum Himmel hinauf, in der finstern Nacht ein phantastisches Bild, eine kleine Probe des Anblicks, wenn das ganze Gebirge in Brand steht und die Wälder tage- und wochenlang brennen.

Gegen Mitternacht langten wir endlich mit drei Stunden Verspätung in Wladiwostok an.

Otto Goebel

Über Sibirien nach Ostasien (1914)

Wladiwostok und Dairen

Nur noch 100 Werst sind es bis Wladiwostok. Die Reisenden recken und strekken die Glieder in der Vorfreude auf die langentbehrte Bewegung. Die Gedanken wenden sich Sibirien ab und dem Ziel der meisten Reisenden, Japan, zu. Ugolnaja, ›Kohlenstation‹, nimmt noch einen Augenblick die Aufmerksamkeit in Anspruch. Eine Seitenbahn läuft nach Osten ab. Sie dient dazu, die Kohlen der Sutschangruben heranzuholen, die 100 Werst von hier in wildem Gebirgslande liegen. Ein Stück Nebenbahn, drei Drahtseilbahnen über scharfe Gebirgsrücken und drei verbindende Kleinbahnstrecken bilden einen umständlichen und teuren, aber im Kriegsfall außerhalb des Feuers feindlicher Schiffe gelegenen Kohlenweg nach Wladiwostok. Jetzt blitzt es rechts auf. Der Ruf der zehntausend Griechen Xenophons kommt auf manche Lippen:»Das Meer, das Meer!« Der Amurbusen dehnt sich silberglitzernd nach Süden. Der Zug lenkt auf die Landzunge, an deren Südende Wladiwostok liegt. Kleine Landhäuser bergen sich hier und da im Grünen, an industriellen Anlagen geht es vorbei, Segel und Maste beleben das Ufer, jetzt drängen sich niedrige, schmutzige Vorortbaracken heran, die Linie biegt vom Amurbusen ab, höher und stattlicher werden die Gebäude umher, und jetzt blitzt wieder das Wasser auf, der Spiegel des ›Goldenen Horns‹ des Fernen Ostens, auf dem sich russische Kreuzer und Torpedoboote wiegen, wie sie sich auf dem ›Goldenen Horn‹ Konstantinopels wiegen möchten. Langsamer rollt der Zug und hält gleich darauf im engen Bahnhof von Wladiwostok.

Wem seine Zeit gestattet, die Hauptstraße, die Swetlanskaja, entlang zu wandern oder zu fahren, der sieht große öffentliche Gebäude und Geschäftspaläste, über die allenthalben die kahlen und zackigen, von Befestigungen gekrönten Felsenberge aufragen. Ein lebhaftes internationales Treiben füllt die Straße; massenhaft sieht man die geschäftigen Chinesen, würdige Koreaner und auch nicht wenige Japaner und Japanerinnen; dazwischen schreiten schweren Schrittes unzählige russische Soldaten, von denen Zehntausende in der Stadt und auf den sie umgebenden Felseninseln liegen.

Erst fünfzig Jahre alt ist die Stadt, die ›Beherrscherin des Ostens‹. Auf und ab geht ihr Gedeihen. Den letzten schweren Schlag gab ihr nicht der Krieg, bei dem die erwartete Belagerung ausblieb, sondern eine revolutionäre Meuterei, die Ende

1905 einen Teil der Stadt in Asche legte. Auch durch die Aufhebung der Zollfreiheit ist Wladiwostok anfänglich geschädigt worden. Im ganzen aber wahrt sie ihre Bedeutung als Versorgungsort der russischen Truppen Ostsibiriens und als Durchgangshafen für die Mandschurei. Allmählich finden sich auch Übersiedler an den bisher fast unbewohnten Küsten Russisch-Ostasiens ein. Hunderttausend Einwohner mag die Stadt zählen. Unter den Ausländern spielt das deutsche Element eine große Rolle, und das Deutsche ist die an erster Stelle stehende Fremdsprache. Ein ganz großes und mehrere mittelgroße deutsche Sibirienhäuser beherrschen den Warenhandel; die Seehäfen unserer Heimat spielen hier eine so große Rolle, daß ein Sibirier den Ausspruch tun konnte: »Ja, ich weiß, Deutschland liegt in Hamburg, und Hamburg muß ein großes Kaiserreich sein!« Ein deutsches Hotel nimmt den auf, der länger in Wladiwostok verweilen will. Vom Heck der Dampfer im Hafen weht neben der russischen, japanischen, englischen und norwegischen Flagge am häufigsten die deutsche, und sie weht von den stattlichsten Schiffen. 1912 wurde eine halbe Million Tonnen Waren in den Hafen eingeführt, davon der zehnte Teil aus Deutschland; ähnlich bei der gleich großen Ausfuhr. Besser aber stellt sich Deutschlands Anteil nach dem Wert der Waren. Außer Tee stammen die wertvollsten Waren der Einfuhr aus Deutschland, zum Beispiel elektrische Artikel, Maschinen, Werkzeug, Luxuswaren aller Art.

Die Liniendampfer und Postschiffe im Hafen fahren drei Hauptwege: zum hohen Norden Sibiriens, nach Japan und nach China. Zum Norden fahren zumeist von der russischen Regierung gecharterte kleine norwegische Dampfer, die diese Flagge in den russischen Häfen Ost-Asiens so häufig machen, nach Japan verkehren japanische und russische Schiffe, nach Shanghai die Russische Freiwillige Flotte. Auch deutsche Dampfergelegenheit nach Tsingtau findet sich häufig. Nur wenige Reisende führt ihr Weg nach Norden, vorbei an den felsigen öden Küsten der russischen Besitzungen zu den schneebedeckten Vulkanen Kamtschatkas oder den Tundren des Landes der Tschuktschen; den allermeisten winkt als Ziel das Land der aufgehenden Sonne.

Ich kenne Menschen, die ich nach Geist und Urteil hoch stelle, von denen die einen eine tiefe Abneigung gegen Japan haben, die andern es schwärmerisch lieben. Es ist ein eigenes Land, in seinen Landschaftsbildern und in seinen Menschen von einem merkwürdigen Nebeneinander von Spielerischem und Großem, geheimnisvoll und reizvoll, berückend vor allem für den, der eine ästhetische Durchdringung des ganzen Lebens sucht. Das Land des Blumenkults, der Kunst, der schönen Gebärde und nie versagenden Höflichkeit, aber ein Land, das vielen innerlich kalt dünkt. Vieles erinnert uns wieder an unsere Zustände nach den so ganz anders gearteten Verhältnissen des russischen Riesenreichs: Scharen von Touristen, die heilige und schöne Stätten aufsuchen, frische Schuljugend, die lärmend über die Straßen fegt oder Krieg spielend sich in den Wäldern tummelt.

Über der Blütenpracht der Gestade und kleinen Ebenen ragen hohe Gebirge, an deren Hängen sich zierliche Tempelbauten im Grün verkriechen, und über die Waldberge steigt beherrschend der schneegeschmückte Kegel des Fudschijama an, das bis zum Überdruß auf allen Bildwerken wiederkehrende Wahrzeichen Japans, von dessen Hängen wilde Gebirgsflüsse zum japanischen Mittelmeer stürzen.

Nur 48 Stunden noch und der Reisende wird selber schauen, urteilen, genießen und ablehnen, je nach seiner eigenen Art und nach dem, ob sich ihm das Land unter einem günstigen Stern zeigt oder nicht.

Für die Chinafahrer ist unterdessen der Zug vom Bahnhof Charbin aus im Sungarital südwärts gefahren, bald aber verläßt er den Strom, um den großen Bogen des Sungari abzuschneiden. Ringsum ist offenes, wohlangebautes Land. Dorf reiht sich an Dorf, ein reichtragendes Feld löst das andere ab, magere chinesische Bauern, rundlichere Frauen, fette Maulesel allenthalben auf den Feldern. Kugelköpfige Kinder mit roten Bändern in den blauschwarzen Zöpfen sitzen am Bahndamm und schauen mit aufmerksamen Gesichtern dem Zug nach. Auf der Strecke arbeiten hin und wieder halbnackte Kulis in schwerer Fron. Festungsartige Bahnhöfchen tauchen auf, russische Soldaten stehen umher. Ein kleiner Fluß, der Lalinche, wird überschritten, dann wieder dasselbe Bild. 120 Werst von Charbin geht es über die Straße, die die großen chinesischen Provinzstädte Bodunö im Westen und Kirin im Osten miteinander verbindet, beides Städte von 50 000 bis 100 000 Einwohnern und mit lebhaftem Handel. Dann überschreitet die Bahn aufs neue den Sungari auf 735 m langer Brücke. Von Westen her streichen die mongolischen Steppen an die Bahn heran. Ein kurzer Aufenthalt in Jaomyn, wieder einige Stunden langsamer Fahrt und Kuandschenze, wie die Russen den Endpunkt des russischen Teils der mandschurischen Bahn nennen, ist erreicht. Gegenüber hält der Zug der Süd-Mandschurischen Bahn; die groß gewordene Stadt, von den japanischen Herren Changchun genannt, dehnt sich zur Seite.

Wie die breite behagliche Spur der russischen Bahn plötzlich zusammenschrumpft auf die weltbeherrschende Normalspur, so scheint sich alles straffer zusammenzufassen und alles Europa ähnlicher zu werden. Wo sind sie hin, die russischen Bahnhofstraßen, in denen man glaubte mit Mann und Roß in der Tiefe versinken zu können? Breite, geordnete, von gerade geschnittenen Abflußgräben begleitete feste Straßen laufen in die Orte, weitläufige Rampen führen zu den Bahnhöfen, große Gebäude stehen umher, dahinter erst folgen klein, aber sauber, wie aus dem Ei gepellt, japanische Häuschen mit Läden und Lädchen. Straffe kleine Japaner schreiten geschäftig einher, und zierliche Japanerinnen trippeln über die Straße. Ruhig, ohne viel Worte, wickelt sich der Verkehr auf den Bahnhöfen ab. Bescheiden wartet das japanische Publikum; der kleine magere Polizist, der auf und ab wandelt, würde auch keinen Spaß verstehen. Ein Trupp Soldaten, der am Bahnhof lagert, wird an die Gewehre gerufen. Es klappt alles wie bei einem Kompagnieexerzieren bei uns daheim.

Man schaut auf die Bahngeleise. Amerikanisch langausgezogene vierachsige Güterwagen, amerikanische Lokomotiven und Pullmanwagen, die Beamten mit amerikanischen Schirmmützen über den intelligenten Gesichtern – und dort jenes hat man in Deutschland gesehen und dieses in England. Allüberall sieht man nur das Beste vom Besten und das Neueste vom Neuen, höchstens einmal beschnitten, um zu sparen. Und plötzlich weiß man es: Man könnte an alles, was man sieht, das Ursprungsland schreiben: Made in Germany, Made in England, und man ahnt nun auch, daß in dem, was man hinter sich gelassen hat von russischer Unkultur, vieles von dem Trotz eines großen Volkes liegt, das nicht von außen annehmen, sondern von innen heraus gebären möchte, das davon träumt, mit seinem ureigensten Geist und Leben einst der Welt seinen Stempel aufzudrücken. Ob dazu die schöpferische Kraft Rußlands ausreichen wird, das freilich ist eine andere Frage. Wie verschieden sind doch die Wege der Völker! Wer hat das Bessere erwählt? Japan, das mit beiden Füßen in die Neuzeit gesprungen ist und nun in Gefahr steht, den Zusammenhang mit seinen alten Lebensformen zu verlieren, die so unendlich viel des Schönen und Harmonischen bargen, oder Rußland, das sich innerlich gegen das Neue wehrt, ohne welches doch die Kräfte des Riesenreichs nicht voll zur Geltung kommen können?

Aber die Mandschurei ist ja weder Rußland noch Japan. Noch gehört China das Land ringsum: die Frachten, die die Bahn befördert und die sich zur Zeit der Bohnenernte himmelhoch auf den Bahnhöfen türmen, stammen von chinesischen Feldern, und die Leute, die allenthalben unter japanischen Aufsehern arbeiten, sind einheimische chinesische Kulis. Keine Ackerbauern und keine Arbeiter hat Japan trotz seiner Übervölkerung in seinen Einflußbereich in der Mandschurei gesandt, nur eine Herrenkaste: Soldaten, Beamte, Unternehmer, Händler und nur eine Klasse, die nicht in diesen stolzen Rahmen paßt, die japanischen Dirnen, die ganz Ostasien überschwemmen. Geht man von den Bahnhöfen in die Orte, so ist nach wenigen hundert Metern alles Japanische wie abgeschnitten und rings umgibt den Beschauer die betriebsame Welt Chinas.

Der Zug gleitet hinaus nach Süden; er scheint ein flotteres Tempo einzuschlagen auf seinen sorgfältig in Schotter verlegten Schienen, als der russische es auf schlecht befestigtem Bahndamm tat. Dichter folgen sich die Stationen, lebhafter wird die Gegend. Die Straße Kirin – Mukden nähert sich von Osten her der Bahn. Sauber und ordentlich liegen die Bahnhöfe, an denen zwischen Changchun und Fengtien (Mukden) der Zug hält: Kunchuling, Psupingkai, Changtu, Kaiyuan und Tiehling. Die Wasserläufe, die man sieht, rinnen schon alle nach Süden zum Golf von Petschili, so der für Dschunken schiffbare Lache, den die Linie bei Tiehling berührt. Hin und wieder erblickt das Auge eine zerfallende Feldbefestigung und grasüberwuchertes Mauerwerk, die verschwindenden Erinnerungen an den furchtbaren Krieg, dessen folgenschwere Entscheidungen hier gefallen sind. Unzählige Menschen deckt das Land, die fern ihrer Heimat in der Blüte ihrer Jahre dahingehen mußten. Die wenigsten wußten wohl, worum der Kampf ging, der nach dreitägigem Ringen am 10. März 1905 mit der Einnahme Mukdens durch die Japaner seine entscheidende Wendung nahm, die am 27. Mai durch den Untergang der russischen Flotte bei Tsuschima endgültig besiegelt wurde.

Waldbestandene Hügel zeigen sich im Osten, weit dahinter ragen höhere Berge auf. Die Hügel mit den prächtigen Bäumen umschließen das Nordgrab; die große Stadt, die sich von schweren mittelalterlichen Ringmauern umgeben heranzieht, ist Mukden, die größte Stadt der Mandschurei und nach Gegenwart und Zukunft eine der bedeutendsten Asiens. Der Zug lenkt in den mit Bahnwagen und Menschen dichtgefüllten Bahnhof ein, von dem aus nach den verschiedensten Richtungen die Eisenbahnen auseinanderstrahlen, durch Korea nach Fusan, nach Dairen und nach Peking oder auch nach Tsingtau. Was für Namen diese alle! Immer wieder taucht das Stück Weltgeschichte auf, das sich in den letzten anderthalb Jahrzehnten hier abgespielt hat, das Spiel der Völker, in dem wir nur die eine Karte in der Hand haben: Tsingtau.

Wer Zeit hat, fährt nach Mukden hinein. Am Bahnhof liegen ausgedehnte japanische Kasernen, rechts und links der Straße, die zur Stadt läuft, japanische Läden, eine große Fabrik des amerikanischen Tabaktrusts schließt sich an, dann folgen alte Gemäuer und stille Tempel; von einem der Tempel weht am hohen Mast die deutsche Konsulatsflagge, sie weht von einer der stimmungsvollsten Behausungen deutscher Konsuln; ein gastlicher Abend in den lauschigen Räumen der Tempelanlage wird jedem unvergeßlich sein, der ihn erlebt hat. Ein häßlicher Straßenbahnwagen rumpelt heran, ein häßlicher Eisenbogen, der wohl das Tor vorstellen soll, eine Mißgeburt des modernen China, wölbt sich über die Straße, man schaut sich plötzlich überrascht um – wo ist Japan? Wie weggeblasen. Vor der Rikscha trabt schweißtriefend und lieblich duftend das zweibeinige chinesische Droschkenpferd mit aufgerolltem Zopf, rechts und links drängt sich Laden an Laden, Werkstatt an Werkstatt enggefüllt mit arbeitenden und feilschenden Chinesen; Straßenverkäufer, lasttragende Kulis drängen sich dazwischen, andere Rikschas kommen entgegen, fett sitzen darin wohlhabende chinesische Kaufleute. Sänften lassen für Sekunden das rotgepinselte Gesicht einer chinesischen Schönen erscheinen. Dann biegt die Straße plötzlich in einem Bogen zur Seite; hoch über die kleinen Häuschen der Straße ragen mittelalterliche Bastionen; durch Tortürme und unter Mauern geht es hindurch, wie sie eindrucksvoller an keiner alten deutschen Stadt zu sehen sind, und nun erst ist der Reisende im alten Mukden. Der Kuli biegt um ein paar Straßenecken und fährt vor ein deutsches

Hotel, das sich hier eingenistet hat. Man wandert durch die menschenwimmelnden Straßen, tritt in die Höfe stiller Paläste und unter feierliche Tempel; überall Jahrtausende alte Formen; ein erstes Verständnis geht auf für Chinas Größe und für seine Erniedrigung.

Eine kurze Wagenfahrt führt hinaus zum Nordgrab. Der Vorfahre des ersten Mandschukaisers liegt hier wahrhaft kaiserlich begraben. Herrliche alte Bäume überschatten die weiten Mauern, die den großen Grabhügel und stille Tempel umschließen. Nur einmal, im Krieg, ist es hier laut geworden. Man wollte von beiden Seiten die Gräber schonen, um die Chinesen nicht zu reizen, aber in der Not setzte sich ein russisches Bataillon hier fest, und die japanischen Geschosse klatschten in die alten Bäume und schlugen in die gelben Ziegel der Dächer und die Mauerbekrönung. Um die Außenmauern herum liegen noch allenthalben Bruchstücke der gelben Drachen im Grase, die die Mauer schmückten. Die meisten sind aufgelesen, und in Japan kann man sie in Antiquitätenhandlungen als Kriegsandenken kaufen.

Wer in die Stimmung der Kaisergräber und in die der Berührung der östlichen mit der westlichen Welt eindringen will, der greife zu den wundervollen Versen in Paquets ›Held Namenlos‹. Über die Schönheit des Kaisergrabgedichtes hinaus erscheint überhaupt die Art bemerkenswert, wie hier ein deutscher Dichter asiatische Probleme zu Versen persönlichen Beteiligtseins formt. Was für ein Unterschied liegt in diesem Hineingezogensein des einzelnen in die Verhältnisse der Fremde gegenüber der Zeit, in der Goethe die Lieder seines ›Westöstlichen Diwan‹ schrieb oder Bodenstedt einen Mirza-Schaffy reimen ließ. Vielleicht wachsen wir langsam hinein in die Aufgaben eines Weltvolkes. Wir stehen erst an den Anfängen. Wer glaubt, daß wir mehr tun, der nehme ein gutes Buch zur Hand, das unlängst erschienen ist, Wertheimers ›Deutsche Leistungen und deutsche Aufgaben in China‹, dann wird ihm die Fülle dessen aufgehen, was wir Deutsche draußen noch nicht getan haben; der fahre selber nach Tsingtau, der ›Ausstellung‹ deutschen Wollens und deutschen Könnens, und wandere von da weiter nach den großen Eingangstoren Chinas, nach Tientsin, Shanghai und Hankau und sehe Deutschland Schulter an Schulter im Wettbewerb mit den andern Nationen. Und danach lenke er seine Schritte tief in die Chinesenstädte mit ihrem furchtbar packenden Eindruck der Übervölkerung der Erde – man fühlt es schon jetzt, wenn man heimkehrt ins geliebte Vaterland zu seiner Zeit, man wird mit neuen Augen in der alten Heimat umherblicken.

Schnell nähert sich nun die Bahnfahrt ihrem Ende. Noch ein paar Stationen, von denen Liaoyang, Taschitshiao und Wafangtien die bemerkenswertesten sind, und der Südmandschurische Expreß hat sein Ziel, Dairen (Dalni), erreicht. Zwerge, die sich in einer Stadt der Riesen mit ihren Lebensgewohnheiten zurechtzufinden suchen: So kann die Art erscheinen, wie Japan sich in dem Dalni der Russen eingerichtet hat, das in seiner breitspurigen Anlage noch heute Zeugnis ablegt von den Hoffnungen, die die Russen einstmals auf diese Gründung gesetzt hallen. Dabei sparen die Japaner für ihre Verhältnisse in Dairen keine Mittel. Sie wissen, daß die Augen der ganzen Welt auf ihre Tätigkeit in der Süd-Mandschurei gerichtet sind. Sie geben daher das Beste, was sie können, und Bahn und Hafen legen Zeugnis ab von ihrer Anpassungsfähigkeit in technischen Dingen. Aber auch in kultureller Beziehung mühen sie sich. Das große Hotel der Eisenbahnverwaltung gehört zu den besten ganz Ostasiens; ein hübscher Stadtpark verschönert das Stadtbild, und draußen, einige Kilometer von der Stadt, dehnen sich an einer der prächtigen Felsenbuchten, die so erfrischend von den öden Felsenlandschaften des Innern abstechen, ein Seebad und eine Gartenstadt. Für japanischen und europäischen Geschmack ist hier in Hoshiga-Ura gesorgt. Die Japaner hoffen, daß es einmal Tsingtau in seiner Rolle als Badeort erfolgreichen Wettbewerb machen wird.

Das Größte aber, was Japan hier draußen zeigen kann, ist Port Arthur, Rioyun, wie die Japaner es nennen. Die ganze Festung ein einziges großes Denkmal der Tapferkeit, Vaterlandsliebe und Aufopferung eines ganzen Volkes. Überall sonst auf den Schlachtfeldern der Mandschurei hat die schaffende Arbeit bis auf wenige Reste die Zeugnisse des blutigen Krieges beseitigt; in Port Arthur ist es, als habe eben erst die Kriegsfurie ihr Wüten eingestellt. Zwar ist es totenstill rings umher, aber unweggeräumt sieht der Beschauer noch überall in den Gängen der Forts, im Hafen, an den Häusern der Stadt die furchtbaren Spuren der Granaten und der Minen, und er fühlt sich hineinversetzt in das grauenvolle Ringen auf Tod und Leben, das mit dem Sieg des besser Gerüsteten und besser Geführten endete, mit dem Sieg des Asiaten, der mit europäischem Rüstzeug eine europäische Macht niederrang.

Aber auch hier beginnt zwischen den Verwüstungen des Krieges, zwischen den Kreuzen und Gräbern der chinesische Bauer geduldig seine Furchen zu ziehen. Die Arbeit ums tägliche Brot, sie überlebt die großen Katastrophen, wie im Schicksal des einzelnen, so auch im Werden und Vergehen der Völker.

Nachdenklich kehrt man zurück, bis das Leben und Treiben im Hafen von Dalni aus den grübelnden Gedanken reißt. Abfahrtbereit liegt der Dampfer, und in wenigen Stunden wiegen den Reisenden die Wogen des Stillen Ozeans.

Sven Hedin

Von Peking nach Moskau (1923)

Der sibirische Expreß

Kostja und ich saßen und plauderten, rauchten und tranken Tee bis um 1 Uhr. Um 5 Uhr morgens kam Afanasij Sergejewitsch und schlug Alarm. Wenn der Zug die Zeit des Kursbuches einhielt, mußte er um 6.30 Uhr in Werchne Udinsk sein. Wir zogen uns deshalb eiligst an. Die ganze Familie war auf, sogar die weißhaarige Matuschka. Sie waren gewiß traurig darüber, daß ich abreiste. Wie ein Wind aus ihnen fremden Welten war ich zu ihnen gekommen, und sie hatten in ihrem eintönigen Leben im dunklen kalten Sibirien eine kleine Unterbrechung gehabt.

Ein kräftiger Jüngling, der kein Kommunist war, trug meine Sachen. Es waren nur 14 Grad unter Null gegen 18 $\frac{1}{2}$ Grad um 11 Uhr am Abend vorher. Eine ›Wärmewelle‹ war im Anzug. Noch herrschte die nächtliche Finsternis, aber die Luft war klar, und die Sterne funkelten mit elektrischem Glanz.

Im Speisesaal des Bahnhofs erfuhren wir, daß der Zug anderthalb oder vielleicht zwei Stunden Verspätung hatte. Da bestellten wir Kaffee und Piroschki, die uns Maria Pawlowna, ein stattliches, schönes Mädchen aus der Ukraine, servierte. Während wir warteten, kam der Bahnhofsvorsteher und fragte höflich, ob ich es sei, der ein eigenes Abteil bestellt habe. Er hatte ein Telegramm bekommen, daß ein solches von Tschita reserviert worden war. Eine Weile später zeigte er mir ein Telegramm aus Irkutsk, in dem der Rektor der Universität anfragte, ob ich in dieser Stadt haltmachen würde. Ich bat ihn mit Nein zu antworten.

Die Herren Iwanow und Amagajew waren trotz der frühen Zeit so liebenswürdig zu kommen, und wir verlebten eine angenehme Kaffeestunde, während der Tat sich langsam seinen Weg bahnte und durch die vereisten Fensterscheiben hereinleuchtete.

Um 8.20 Uhr kam Leben in die Bude. Eine Dampfpfeife war zu hören. Wir eilten hinaus. Da kam der Expreß von Osten, von Tschita, und rollte schwer, schwarz und mächtig wie ein altes Mammut in den Bahnhof ein. Der Bahnsteig war offen und lag nach Süden. Im Südosten stand glühend rot die Sonne; die Beleuchtung war prächtig. Niemals war Werchne Udinsk so schön gewesen wie in dieser Morgenstunde. Ich hätte die gewaltige Lokomotive streicheln mögen. Wie ein Befreier war sie gekommen, um mich durch die Einöden Sibiriens nach Moskau und heimwärts zu bringen.

Der sibirische Expreßzug war nicht lang: Lokomotive, Tender, Gepäckwagen, Speisewagen, fünf Wagen mit harten Bänken und zuletzt ein Schlafwagen, von dessen Rückfenster man die Aussicht über die entfliehende Landschaft hatte.

In diesen letztern stieg ich ein, begleitet vom Bahnhofsvorsteher, dem Zugführer und Oberschaffner. Die einfache Fahrkarte nach Moskau kostete 81 Goldrubel. Dazu kamen die Kosten für Platzkarte und Schnellzugszuschlag, die 66,54 Goldrubel betragen. Die einfache Karte erster Klasse Schlafabteil kostete also 147,54 Goldrubel. Da ich aber während der Reise für mich sein und auch am Tage, wenn das obere Bett hochgeklappt war, die Möglichkeit haben wollte, zu liegen und zu lesen, nahm ich zwei Fahrkarten und hatte dafür 295 Goldrubel zu bezahlen. Ich hatte also ausgezeichnet Platz und eine Vorempfindung, daß ich mich äußerst wohlfühlen würde in diesem Abteil, das volle sieben Tage und Nächte mein Heim sein sollte, ohne daß ich ein einziges Mal umzusteigen brauchte.

Als es zum zweitenmal läutete, sprangen meine Freunde auf den Bahnsteig hinunter, und langsam rollte der Zeug fort von Werchne Udinsk. Es war 8.55 Uhr vormittags.

Schon in Peking hatte ich mich darauf vorbereitet, daß ich auf der Fahrt durch Sibirien überwacht werden würde. Bei einer passenden Gelegenheit würde ein eleganter Herr, der Französisch, Deutsch oder Englisch sprach, sich vorstellen und ein geistreiches Gespräch beginnen; oder vielleicht würde sich eine schöne junge Dame mir nähern, um mir durch allerhand Verführungskünste meine Geheimnisse zu entlocken. Aber ich will schon jetzt verraten, daß ich auf der ganzen Fahrt keine Spur von solchen Gestalten sah und daß im Zuge niemand war, der mich beobachtete. Mein Goerzapparat hing allen sichtbar an einem Haken, und ein paarmal photographierte ich. Als der Schlafwagenschaffner dies bemerkte, sagte er in scherzendem Ton:

»Seien Sie vorsichtig damit! Ein Österreicher kam vor einigen Tagen um seinen Apparat.«

Ich fragte daher den Zugführer; er lächelte und antwortete in recht gleichgültigem Ton:

»Ja, eigentlich ist es verboten.«

Das Wetter wurde dann ungünstig, und die Gegend war uninteressant. Es wäre ja dumm gewesen, die Verordnungen zu übertreten, auch wenn die Obrigkeit nicht so streng darauf hielt. Ziemlich bald kam ich dahinter, daß ich keine Reisegefährten hatte, an die ich mich mein ganzes Leben lang erinnern würde. Meine nächsten Nachbarn waren ein hochgewachsener, schwarzbärtiger Russe mit Brille, ein Schriftsteller, Dichter oder Musiker, und seine stattliche Frau. Sie zeigten sich selten in dem nach Norden liegenden Gang vor den Abteilen. Sie wollten in Ruhe gelassen sein, und ich sprach niemals ein Wort mit ihnen.

Das andere Nachbarabteil nahm erst in Irkutsk ein altes russisches Ehepaar ein. In einem Doppelabteil wohnten vier junge Russen. Drei von ihnen waren Kuriere des Sowjetvertreters in Peking, Karachan. In einem andern hauste ein amerikanischer Bankmann aus Tientsin und ein deutscher Kurier aus Peking. Die übrigen waren russische Beamte, Kaufleute und Ingenieure.

Inzwischen rollte der Zug auf dem Nordufer der Selenga am Fuße dichtbewaldeter Hügel entlang. Nach einer halben Stunde donnerte er auf einer Eisenbrücke über den Fluß. Dem linken oder Südufer folgten wir dann nach Südwesten. Im Norden dehnten sich jetzt flache Ebenen aus, bewachsen mit spärlichen Büschen, die aus der Schneedecke hervorguckten. Im Süden jedoch erhoben sich immer noch Hügel und Berge wie erstarrte Wogen, und auf ihren Abhängen standen ganze Armeen von Tannen und Lärchen mit schneebeladenen Zweigen. Der rotgelbe Schein der Vormittagssonne drang wie das Strahlenbündel eines Scheinwerfers durch die doppelten Fensterscheiben meines Abteils. Eine Eisschicht bildete sich auf allen Fensterscheiben, aber sie wurde nicht so schlimm, daß es keine klaren Gucklöcher gegeben hätte.

Gegen 12 Uhr war ich für das Mittagessen reif und außerdem neugierig auf die Leistungsfähigkeit des Speisewagens, des ›Wagon-Restoran‹. Ich wanderte daher durch die fünf dazwischenliegenden Wagen. Die Brücken zwischen ihnen waren insofern gefährlich, als sie kein Seitengeländer hatten.

In Rußland unterscheidet man jetzt nicht mehr 1., 2. und 3., sondern nur ›twordij‹ und ›mjagkij‹, harte und weiche Klassen. Unser Zug hatte nur einen ›weichen‹ Wagen, den Schlafwagen, alle übrigen waren hart. Sie waren mit Menschen vollgepfropft, viele von ihnen, vielleicht die meisten, reisten nur zwischen sibirischen Städten. Sie hatten Bündel, Koffer, Körbe, Decken und Proviantbeutel mit. Einige hatten den Inhalt ihres Eßbeutels auf einer Bank aufgetischt, andere aßen und plauderten; so gut wie alle Männer rauchten Zigaretten. Von Alkohol war nichts zu sehen. Es ging ruhig und anständig zu. Man hörte keine Schimpfworte, wenn ein Angehöriger der obern Klasse durchging und Luftzug verursachte.

Im Speisewagen standen die Tische an den Fenstern, ebenso wie in allen andern Ländern. Reine, weiße Tischdecken! Auf jedem Tisch in der Nähe des Fensters eine Blattpflanze in einem Topf. Mitten an der nördlichen Langseite stand ein Klavier, auf dem oft gespielt wurde. Der Wirt, seine Frau und die ganze Bedienung waren Georgier und trugen die einfache Bolschewikitracht, die sich bei den Frauen eigentlich nur durch das kurzgeschnittene Haar kennzeichnete.

Mein erstes Mittagessen bestand aus ›Soljanka‹, einer Suppe aus Stör mit Pilzen, Kohl und anderm Gemüse (1,50 Goldrubel); gesalzenem gepreßtem Kaviar (2 Rubel), Butter (40 Kopeken) und Käse (50 Kopeken); gebratener Gans (1,25 Rubel); Kaffee (25 Kopeken), einer Flasche Zitronenwasser (40 Kopeken);

einer Schachtel mit 20 Zigaretten (75 Kopeken). Das Ganze betrug also 7,05 Rubel. Auf einen Tscherwonetz bekam ich 4690 Sowjetrubel zurück. Der Sowjetrubel mußte also wieder etwas gefallen sein. Silbergeld nahm man nicht an, wohl aber Gold, wenn es angeboten wurde.

Eine Beobachtung konnte ich sogleich machen; daß die Russen bessere Köche sind als die Amerikaner. Ich kostete später andere Gerichte, Entenbraten, Krautwickel, Fleischklöße, und besonders mein altes Leibgericht ›Ossetrina po russkij‹, Stör nach russischer Art. Alles schmeckte vortrefflich und wurde sauber und gut angerichtet aufgetragen.

Ich kam auch sogleich dahinter, daß es viel billiger war, die Mahlzeiten einzuhalten, da das gemeinsame Mittagessen nur einen Goldrubel kostete und aus drei Gängen, Suppe, Fleisch und Nachtisch bestand. Eine Flasche kaukasischer Weißwein kostete vier Rubel und war entbehrlich. Der Weinvorrat fand überhaupt keinen Absatz. Die meisten tranken Bier, Tee oder Limonade.

Um die Mittagszeit erreichten wir das Ostufer des Baikalsees, und um 1 Uhr hielt der Zug auf dem Bahnhof des Dorfes Mijssowaja. Im April 1897 war ich von diesem Ort im Schlitten über den Baikal gefahren, ich hatte den See auf dem Eis bis zum Dorf Listwinitschno am linken Ufer überquert. Die Entfernung betrug 70 Kilometer. Auf dieser Straße hatte ich zweimal die Pferde gewechselt, an kleinen provisorischen Schuppen, die als Haltestelle und Stall dienten.

Bei Tanchoi hat man den südlichsten Punkt des Seeufers erreicht. Hier hielt der Zug eine Stunde; das war der längste Aufenthalt auf dem ganzen Weg. Sonst schien der Aufenthalt im allgemeinen kürzer zu sein als vor dem Krieg, aber die Zuggeschwindigkeit war etwas geringer. Das Endergebnis war jedoch dasselbe; die ganze Reise erforderte nicht mehr als früher.

Blickt man nach Nordosten, dann kann man glauben, sich an der Küste einer Meeresbucht zu befinden. Der Horizont besteht aus nichts als Wasser. Aber gerade gegenüber, im Norden, treten die Berge vollkommen scharf und deutlich hervor mit all ihren Schluchten und Tälern, ihren Wäldern und Schneefeldern. Man will keinen Schimmer von dieser herrlichen Landschaft verlieren, sondern bleibt am Fenster im Gang stehen.

Als wir Tanchoi verlassen hatten, sah man am Ufer rotbraune Hütten mit vorspringendem, schneebedecktem Dach. Hinter ihnen breitete der See seine dunkelgraublaue, ins Grünliche schimmernde Fläche aus. Die Berge des Nordufers waren von der Nachmittagssonne scharf beleuchtet. Der Himmel war im Norden in der Nähe des Horizontes hellblau und wurde nach dem Scheitelpunkt zu dunkler. Im Süden erstreckten sich unregelmäßige Höhenzüge verschneiter Berge. Alle Gipfel waren vom Sonnenschein warm gefärbt, aber unter ihnen und rings um sie brüteten die blauen Schatten der sibirischen Einöde über dem Schnee. Zwischen der Bahnlinie und dem Fuß der Hügel erhebt sich der Nadelwald dunkelgrün und weiß. Am Ufer ist der Wald licht und gemischt, oft genug stehen auch nur Stümpfe da.

Von Zeit zu Zeit rollen wir auf einer kleinen Brücke über einen gefrorenen Wasserlauf, der in den Baikal mündet. Die Bahn ist zweigleisig; wir sehen daher stets zur Linken, auf einem südlichen Gleis, eine Brücke von ganz derselben Art wie die, über die wir gerade fahren.

Drei Männer schauten in mein Abteil hinein und fragten höflich, ob mein Gepäck untersucht worden sei.

»Ja, von der Ochrana in Urga«, antwortete ich, »aber nicht auf russischem Boden.«

»Ne, nitschewo«, sagten sie, und gingen weiter, ohne etwas zu öffnen. Der Schaffner des Schlafwagens ist ein netter alter Mann. Wie er erzählte, ist er 16 Jahre lang auf der transsibirischen Bahn hin- und hergefahren. Er ging umher und stöberte wie eine zahme alte Hauskatze; oft guckte er in die Abteile und fragte, ob man etwas wünsche. Vielleicht war er es gar, der die Fahrgäste des Schlafwagens überwacht? – Nein, gewiß nicht! Er war nicht von dieser Sorte.

Jetzt brennt die Sonnenglut prächtig über dem Kamm im Südwesten; diesseits und unterhalb des Kammes liegen Land und See im Schatten, während die Berge am Nordufer immer noch den Widerschein der Abendröte auffangen. Über den Umrissen der Berge geht der Himmel immer mehr in Hellrot und Rosa über, und das Rot tönt nach oben zu langsam in Blau ab. Mit Bedauern sieht man die Nacht herannahen. Die schönste Strecke der ganzen sibirischen Eisenbahn, die kleinen, kurzen Tunnel und die offenen malerischen Felsengalerien werden wir durchfahren, nachdem die Dunkelheit ihren Vorhang über Land und See gezogen hat.

Der Baikalsee ist noch offen. Das einzige, was die beginnende Eisdecke andeutete, sind die klaren durchsichtigen Eisglocken über den Steinen am Ufer, die von Wogen bespült und benetzt worden sind. Aber jetzt herrscht tiefste Ruhe über dem Baikal. Man merkt kaum eine Kräuselung des Wassers. Einige Wasserfelder sind spiegelblank, auch wenn sie sich schwach krümmen, wie von einer sterbenden Dünung, die von weither kommt.

Zuweilen sind wir kaum 10 Meter vom Wasserrand entfernt, dann wieder verschwindet der See hinter dem Tannenwald einer Landzunge. Bald werden in kleinen roten Hütten mit gelben Hausecken und Fensterrahmen die Lichter angezündet. Mit steigender Wehmut sieht man, wie der Tag entflieht und wie die eben noch so prächtig beleuchteten Berge im Norden sich in graue Nebel hüllen. Der rote Schein über ihnen erlischt. Die Sonne ist untergegangen.

Ich saß und träumte in der Dämmerung. Da kam der Schaffner mit zwei Stearinkerzen und einem Leuchter, den er auf meinen Tisch stellte. Was ist denn das, dachte ich, es gibt doch elektrisches Licht im Wagen. »Ja«, meinte er, »aber ehe wir nach Tanchoi kamen, trat eine unvorsichtige, neugierige Kuh dem Zug in den

Weg, was für beide Teile betrübliche Folgen hatte. Am schlimmsten erging es der Kuh, die in Hackfleisch verwandelt wurde. Der Zug hatte keinen andern Schaden erlitten, als daß der Riemen der Dynamomaschine zerrissen wurde, so daß das Licht nicht funktioniert.«

Ich wollte den Rollvorhang meines Fensters oben lassen, aber der Schaffner riet mir, ihn herunterzuziehen. »Es kommt vor, daß mutwillige, verwilderte Jungen die Fensterscheiben mit Steinen einwerfen. Wenn sie sich wenigstens mit der äußern Scheibe begnügen wollten, aber es kann geschehen, daß sie auch das Innenfenster treffen.«

Nachdem man westwärts bis zum westlichsten Ende des Sees gefahren ist, wendet man sich auf dem Nordufer nach Ostnordost, um schließlich nach Nordwesten auf Irkutsk abzubiegen. Um 9.20 hält der Zug in dieser Stadt. Ich schlief halb in meiner Ecke, als ich von eifrig fragenden Stimmen im Gang geweckt wurde und meinen Namen hörte. Ein paar Herren kamen ins Abteil hinein und fragten nach mir. Sie baten mich, mit in den Wartesaal zu kommen. Ich fragte mich, ob etwas nicht in Ordnung sei und ob ich nach Peking zurückkehren müsse.

In einem Amtszimmer hinter dem Wartesaal waren 15 Herren und eine Dame versammelt. Vorstellung und Händeschütteln! Ein Genosse Oborin, der Schriftleiter der Zeitung ›Wlast Truda‹, ›Die Macht der Arbeit‹, trat vor und hielt eine freundliche Begrüßungsrede in russischer Sprache. Er bedauerte, daß die Hoffnungen der Universität und des Publikums, mich einen Vortrag über Tibet halten zu hören, nicht verwirklicht werden könnten, aber er hoffte, ich würde einmal zurückkommen und Irkutsk eine Woche lang studieren.

Darauf forderte er einige der Anwesenden auf, Reden an mich zu halten. Einige sprachen deutsch, andere russisch. Ich faßte nur einige der Namen auf und vielleicht schreibe ich sie falsch. Der erste war der Dekan der medizinischen Fakultät, Professor Dr. W. Scheimanow, der in wohlklingendem Deutsch einen Gruß der Universität überbrachte. Im Namen der Geographischen Gesellschaft sprach Professor B. Petri und im Namen des geologischen Ausschusses Ingenieur B. N. Artemiew. Es folgte der Vertreter des Völkerkundemuseums, Sosnowskij. Die Namen der Sprecher des Biologischen Vereins und der Studentenschaft sind mir entfallen. Der letzte Redner gab mir seine Visitenkarte; deshalb ist es sicher, daß er Michail Jefimowitsch Solotarew hieß. Er ist der Leiter des ›Gubono‹ in Irkutsk (Gubernskij Otdjel narodnago Obrasowanija, Provinzialabteilung für Volksbildung).

All dies nahm Zeit in Anspruch. Ich stand wie auf Nadeln und wußte nicht, wie lange der Aufenthalt dauerte. Ehe ich meine Erwiderungsrede begann, fragte ich deshalb, wieviel Minuten ich noch Zeit habe. 25, antwortete man mir. Schön! Nun dankte ich ihnen allen der Reihe nach und schloß mir den Worten, ich könne Ihnen meine Erkenntlichkeit nicht anders bezeigen als dadurch, daß ich von

Stockholm aus der Universität ein Exemplar meines Werkes ›Southern Tibet‹ senden würde.

»Nur noch vier Minuten«, rief jemand.

»Dann gehen wir hinaus an meinen Wagen«, schlug ich vor. Dort bildeten sie einen Kreis um mich. Zweites Läuten! Händeschütteln und Lebewohl! Und dann rollte der Zug in die dunkle, weiße sibirische Nacht hinaus.

Im Augenblick des Abschieds reichte mir Ingenieur Artemiew das erste Heft der ›Etnographischen Sammlung‹ der Zeitschrift ›Sibiriens lebendige Vorzeit‹, herausgegeben von der Ostsibirischen Sektion der Russischen Geographischen Gesellschaft. Das Heft ist 180 Seiten stark und in Irkutsk 1923 auf dickem, glattem Papier gedruckt. Ich erwähne dies deswegen, weil einige Ausführungen der Einleitung, ›Von der Redaktion‹, Aufschlüsse von Interesse enthalten. Dort heißt es unter anderm:

»Die Arbeit der Erforschung des Volkslebens wurde nicht einmal in den kritischsten Augenblicken der Zeiten, die wir durchgemacht haben, unterbrochen. Aber die harten Verhältnisse, mit denen gerade in den letzten Jahren die Herausgabe zu kämpfen hatte, erschwerte die Veröffentlichung der verschiedenen Forschungsergebnisse sehr. Durch die Unmöglichkeit, ihre Arbeiten drucken zu lassen, werden die Gelehrten gehindert, ihre Tätigkeit fortzuführen. Viele können sich nicht dazu entschließen, Zeit und Kräfte zu vergeuden, wenn sie nicht einmal hoffen dürfen, das Ergebnis ihrer Mühen veröffentlicht zu sehen. Diejenigen, die ihre Forschungen fortsetzen und keine Nachrichten darüber erhalten können, womit andere Gelehrte sich beschäftigen, fühlen sich bis zu einem gewissen Grad isoliert; dadurch wird eine Gemütsstimmung geschaffen, die ihre Energie herabsetzt. Indessen haben sich die Verhältnisse seit kurzem so weit zum Bessern gewendet, daß wissenschaftliche Zeitschriften und Sammelwerke wieder zu erscheinen begonnen haben. Die periodischen Veröffentlichungen, die jetzt erneuert werden und wieder auferstehen sollen, stehen jedoch vor einer großen Aufgabe: Es ist unerläßlich, neue Arbeiten und neues Material zu drucken; es ist notwendig, in übersichtlichen Sammelberichten das, was vor der letzten Zeit gedruckt worden ist, wiederzugeben, die Tätigkeit und Entwicklung der wissenschaftlichen Gesellschaft zu beleuchten und schließlich die Verluste hervorzuheben, die die russische Wissenschaft in den letzten Jahren durch Todesfälle erlitten hat. Es ist schwer, diese Aufgaben vom allrussischen Standpunkt aus zu behandeln. Der Bürgerkrieg teilte das Land in Gebiete auf, die mehrere Monate hindurch vollständig voneinander getrennt lebten und auch heute noch nicht völlig die Verbindungen wieder angeknüpft haben zwischen denen, die in den innern Teilen arbeiten, und denen, die sich an den Rändern Rußlands wissenschaftlicher Forschung widmen.«

Im Weitern wird davon gesprochen, daß Sibirien infolge seiner riesigen Ausdehnung in höherm Grad als irgendein anderer Teil Rußlands durch den Bürgerkrieg auseinandergefallen ist und daß daher die Verbreitung von Wissen und Arbeitsergebnissen hier besonders schwer ist. Gegenwärtig ist es unmöglich, ein solches Unternehmen durchzuführen, aber man muß unbedingt und unverzüglich damit beginnen.

Das vorliegende Heft, heißt es weiter, enthält Aufsätze und Material über die Völkerkunde Sibiriens. Man beschränkt sich bis auf weiteres auf die jetzt lebende Bevölkerung, hält es aber für wünschenswert, je eher desto besser seine Aufmerksamkeit auch auf historisch-ethnographische Fragen zu richten, die alle russischen Völker betreffen. Man hält es für wünschenswert, daß Forscher, die in verschiedenen Teilen Sibiriens wohnen, zur Erreichung des Zieles beitragen. Aktuelle sibirische Fragen haben den Vorrang, aber man muß den Umfang der Aufsätze begrenzen. Infolge der materiellen Schwierigkeiten, die noch herrschen, weiß man nicht, ob die ethnographische Zeitschrift wird regelmäßig erscheinen können, aber die Schriftleitung wird alles tun, was in ihrer Macht liegt, dieses Ziel zu erreichen. Das vorliegende Heft hat erscheinen können dank der Hilfe, die man vom Burdaljrewkom, dem Revolutionskomitee des Burjatisch-Fernöstlichen Gebietes, erhalten hat.

Die größern Aufsätze des ersten Heftes sind: Winogradow, Ethnographie und Gegenwart; Muratow, Die Duchoborzen in der Provinz Irkutsk; Asadowskij, Die Legende von Schtschapow; Kosmin, Die geistige Begabung der eingeborenen sibirischen Bevölkerung; Titow, Einige Angaben über den Bärenkult bei den Tungusen des kindigirischen Stammes an der unteren Angara; Popow, Spiele und Zeitvertreib der Kinder in sibirischen Dörfern; Sosnowskij, Zur Archäologie des Angaragebietes; Choroschich, Leitfaden durch die historisch-ethnographische Literatur über das burjatische Volk.

Natürlich arbeitet die russische Wissenschaft unter sehr harten und ungünstigen Verhältnissen. Mit um so größerer Befriedigung müssen die Kulturträger des Abendlandes alle Bestrebungen begrüßen, die in Rußland darauf ausgehen, die gerissenen Fäden wieder anzuknüpfen und die Wunden zu heilen, die in den unruhigen Revolutionsjahren geschlagen wurden. Das kleine Heft, das man mir reichte, war wie eine Fackel in der Nacht.

Als der alte Schaffner mir das Bett zurechtmachte, nahm er die Bettwäsche aus einem versiegelten Papierbeutel. Sie war schneeweiß und sehr gut geplättet. Auf dem Weg nach Moskau wurde sie zweimal gewechselt, und die neue Wäsche wurde immer aus hermetisch verschlossenen Beuteln herausgenommen. Ich fragte, ob man Wanzen in den Polstern des Abteils zu befürchten habe.

»Nein, durchaus nicht.«

Alle Wagen, besonders die internationalen Schlafwagen, seien mit äußerster Peinlichkeit desinfiziert. Die beiden Schachteln Insektenpulver, die ich von Peking mitgenommen hatte, kamen nie zur Verwendung. Mein Wagen war ebenso sauber wie die Schlafwagen in Schweden. Die Abteile wie der Gang wurden mehrere Male am Tage gefegt, und die Läufer sahen aus, als seien sie neu. Aschenbecher und andere Einrichtungen wurden regelmäßig geleert, Wasserflasche und Waschwasserbehälter wurden an den Stationen nachgefüllt. Die gröbern Arbeiten verrichtete ein Unterschaffner.

Am Morgen des 4. Dezember schneite es; die Luft schien milder. Die Stationen liegen eine, bisweilen ein paar Stunden weit auseinander. Um nicht durch den Zug gehen zu müssen, zogen die meisten Reisenden meines Wagens es vor, während des Aufenthalts auf einem Bahnhof den Bahnsteig für die Wanderung zum Speisewagen zu benutzen. Aber dann konnte es auch geschehen, daß man dort ein paar Stunden sitzen mußte, ehe man in sein Abteil zurückkehren konnte.

Der sibirische Winter ist imposant in seiner öden Majestät.

Die weißen Stämme der Birken zeichnen sich gegen einen Hintergrund dunkelgrüner junger Tannen ab. Alter ehrwürdiger Wald ist nirgends zu sehen.

Wir fahren durch Nischne Udinsk, wo einige Bauern am Zuge sind, und wir halten bei dem großen Dorf Alsamai, einem anscheinend ausgestorbenen, entvölkerten Ort. Nur ein paar Stationsarbeiter standen auf dem Bahnsteig. Zwei Schlitten, mit Reisig und dürren Ästen aus dem Walde beladen, fuhren dem Dorf zu. Sonst war nichts Lebendes zu sehen. Die Menschen schienen in ihren halbjährigen Winterschlaf versunken zu sein, ganz wie die Bären und Murmeltiere. Die Dächer der kleinen Holzhütten waren mit gewaltigen Schneepolstern belastet, die dazu beitragen, die Wärme drinnen festzuhalten. Jetzt nahmen sie noch an Dicke zu. Die Schneeflocken fielen still und dicht. Die jungen Tannen schimmern wie hinter weißen Schleiern hervor. Die Taiga, der mächtige sibirische Wald, ist von der Eisenbahn und ihrem Bedarf an Bau- und Brennholz zurückgedrängt worden.

Mitunter begegnen wir Personen- oder Güterzügen, die auf dem südlichen Gleis nach Osten eilen. Unsere Geschwindigkeit ist nicht groß, gleichmäßig rollen wir behutsam nach Westen. Manchmal läßt der Zug ein Knacken hören und schaukelt etwas, aber kaum schlimmer als anderswo. Man wundert sich, daß diese längste Eisenbahnlinie der Welt, die durch ganz Asien führt, sich in so tadelloser Verfassung befindet. Vor dem Krieg hatte man in Sibirien mehr als jetzt das Gefühl, beobachtet und überwacht zu sein. Wenn man sich früher auf einem Bahnsteig Bewegung machte, konnte man nicht umhin zu bemerken, daß Gendarmen in malerischen tscherkessischen Uniformen mit ihren Falkenaugen den Schritten folgten. Man schien damals gegen Spione wachsamer zu sein. Jetzt gab es überhaupt keine Gendarmen, und niemand kümmerte sich anscheinend darum, was die Reisenden machten.

Dagegen sah man nicht so viele Menschen an den Stationen wie früher. In den einsamen sibirischen Dörfern ist ja die Ankunft des Zugs das einzige Ereignis am

Tage, das die Eintönigkeit unterbricht. Aber gewöhnlich hatte sich nur eine geringe Anzahl Bauern eingefunden. Im übrigen sah man nur das Bahnhofspersonal und den einen oder andern Sibirjaken, der mit seinem Schlitten gekommen war, um Post oder Reisende zu holen oder zu bringen.

Auf allen größern Stationen gab es Büfetts und auf den Bahnsteigen offene oder nur mit Sackleinwand- oder Bretterdach geschützte Verkaufsstände. Hier verkauften gut in Pelze gehüllte Bauern und Bäuerinnen sehr fette Milch in Flaschen, Käse, Butter, frisches Brot, gebratene Enten, Gänse und Rebhühner, Eier und andere Sachen. Mehrere Fahrgäste meines Wagens zogen diese Stände dem Speisewagen vor. In den Verkaufsständen standen auch brodelnde Samoware, und viele Reisende holten sich in eigenen Kannen kochend heißes Wasser.

Wunderliche Menschenschicksale könnte man sicher von den Gestalten erzählen, die man auf einer Fahrt durch Sibirien trifft. Wie viele von ihnen sind nicht wegen politischer Verbrechen verbannt und wieviel mehr sind nicht Nachkommen von Verschickten! In Troizkosawsk und Werchne Udinsk traf ich Vertreter beider Arten.

Im Museum in Werchne Udinsk wir eine kleine Sammlung von Briefen, Dokumenten und Gerätschaften der Dekabristen verwahrt, der Offiziere und Soldaten, die sich am 26. Dezember 1825 weigerten, Nikolaus I. bei seiner Thronbesteigung den Treueid zu schwören. Die fünf Anführer wurden gehängt; die übrigen, ungefähr 100, wurden nach Sibirien verschickt, wo mehrere sich durch Unternehmungsgeist und Tüchtigkeit auszeichneten. Im Dezember 1925 soll die Hundertjahrfeier ihres Freiheitskampfes gegen die Selbstherrschaft in ganz Rußland gefeiert werden, nicht zum wenigsten in den fernen Gegenden, wo sie um ihr Dasein kämpften.

Dann ging es weiter nach Taischet, wo der gelbrote Widerschein des Sonnenuntergangs den Schneenebel kaum zu durchdringen vermochte. Der Schaffner überraschte mich mit einer Rechnung über 1480 Sowjetrubel für die Wäsche. Man mußte also für reines Bettzeug besonders bezahlen, und das tat man gern.

Am 5. Dezember stand ich auf, als der Tag anbrach; mein warmes Wasser bekam ich auf der Station Tschaschin, wo wir nur ein paar Minuten hielten.

Von diesem Ort hatten wir zwei Stunden bis Suflowa; um ein Frühstück zu erhalten, mußte ich daher durch die fünf ›harten‹ Wagen wandern. Infolge des Schnees waren die eisernen Verbindungsbrücken glatter als gewöhnlich.

Das reisende Rußland war schon auf den Beinen. Die Männer in altväterischen Blusen, Gürteln, weiten Hosen, Stiefeln und Pelzmützen rauchten und plauderten. Junge Mütter beschäftigten sich mit ihren Kleinen, während andere Kinder spielten. Alte Frauen strickten Strümpfe oder nähten. Andere Reisende verkürzten sich die Zeit mit Kartenspiel. Ein Jüngelchen spielte Ziehharmonika, während seine Nachbarn ein Lied summten.

Draußen herrschte das schönste Schneetreiben. Sobald jemand die Tür des Speisewagens öffnete, bekamen die Frühstücksgäste eine Portion Treibschnee in den Nacken. Alles ist weiß in weiß. Man sieht nicht viel vom Lande, aber hier ist auch nicht viel zu sehen. Und doch hat dieses Sibirien, das man Tage und Nächte lang durchreist, durch seine Unendlichkeit, seine Einförmigkeit und seine verschneite Öde eine gewisse imponierende Schönheit. Man sitzt stundenlang und schaut durch ein Guckloch hinaus, das die Eisblumen der Fensterscheibe nicht erobert haben. Ein kleines Tannenwäldchen, offene Ebenen ohne Wald, eine rätselhafte Hütte wie in Watte gepackt. Ein Bauerndorf, wo die Leute ihren Winterschlaf halten. Ein paar mit Heu beladene Schlitten. Ein Bauer lenkt seinen Schlitten auf einem unsichtbaren Weg, auf dem das Pferd bis zum Bauch in den Schneewehen versinkt. Auf einem Bahnhof, wo der Zug nicht hält, stehen ein Mädel und drei Jungen und gaffen. Oft sind in kurzer Entfernung von der Bahn Schneeschutzwände errichtet, ganz wie bei uns in Norrland.

Im Laufe des Tages wuchs das Schneetreiben zu vollem Sturm an. Es wehte scharf von Nordwest, und der Wind trieb den Schnee in Schleiern und weißen Wirbeln am Boden entlang. Es war prächtig, dieses echt sibirische Wetter zu sehen. Gegen 2 Uhr mußte der Zug eine halbe Stunde an der kleinen Zwischenstation Jaja halten; denn jetzt hatte sich der Schnee in solchen Wehen über den Schienen angesammelt, daß der Lokomotivführer wissen wollte, ob man weiterfahren könne. Wir hatten noch 56 Werst (60 Kilometer) bis Taiga; die Strecke erfordert sonst eine Stunde, aber jetzt rechnete man der Schneeverwehung wegen mit zwei Stunden.

Das Thermometer des Bahnhofsgebäudes zeigte 12,5 Grad Kälte. Mein Thermometer, das zuverlässiger war, gab 14,2 Grad unter Null an. Es war also bedeutend weniger kalt als in Werchne Udinsk, wo klares, ruhiges Wetter geherrscht hatte. Aber drei Stationsarbeiter, die, in ihre Pelze gehüllt, das Rad eines Güterwagens ausbesserten, sahen aus, als seien sie halb erfroren. Vor seinen Schlitten gespannt und an einen Zaun angebunden, stand ein Pferd und schlief, während sein Schwanz und seine Mähne in die Windrichtung zeigten. Infolge des Windes empfand man die Kälte als schneidend, und der Treibschnee peitschte einem ins Gesicht. Man lustwandelte daher nicht lange auf dem Bahnsteig, sondern kehrte gern in sein Abteil zurück, in dem die Wärme gleichmäßig und ausreichend war (16,7 Grad).

Schwer und krachend arbeitet sich der Zug durch die Schneewehen und den wirbelnden Schnee. Trotz des Getöses hört man, wie der Sturm um den Wagen heult und klagt und wie es rauscht, wenn die Schneekristalle gegen die Fensterscheiben gepeitscht werden. Ganz nahe der Bahn sind drei Schlitten gerade noch zu sehen, jeder mit einem Pferd unter der ›Duga‹, dem charakteristischen Krummholz des russischen Pferdegeschirrs. Die Fuhrleute sieht man überhaupt nicht. Sie liegen in ihre Wolfs- und Schafpelze und in Schneedecken eingehüllt. Aber die Pferde finden sich zurecht, obwohl sie gerade gegen den Schneesturm gehen und keine Spur vom Weg zu sehen ist. Sie kennen ihn trotzdem und sie haben einen Anhalt an der Eisenbahn und den Telegraphenstangen.

Es war recht ärgerlich, daß wir gerade in der Nacht Krasnojarsk und den gewaltigen Jenissei passieren sollten, den man auf einer prächtigen Brücke aus Stein und Eisen kreuzt. Auf dieselbe Weise waren uns die Felsengalerien am Baikal entgangen. Taiga erreichten wir in der Dämmerung, nachdem wir über den Tom, einen rechten Nebenfluß des Ob, gerollt waren. Die Strecke zwischen Jaja und Taiga hatte doppelt soviel Zeit in Anspruch genommen als gewöhnlich. Der Aufenthalt dauerte 20 Minuten, und die Lokomotive wurde gewechselt. Von Taiga geht eine 80 Werst (86 Kilometer) lange Nebenbahn nordwärts nach Tomsk, einer Universitätsstadt wie Irkutsk.

Auf dem Wege vom Zug zur Bahnhofswirtschaft mußte man ordentliche Schneewehen durchwaten, die der Wind angehäuft hatte. Die Schienen waren ganz und gar unter Schnee verborgen. In der Wirtschaft war alles voll; meistens waren es Bauern und Arbeiter in kurzen Pelzen, Pelzmützen, Pelzstiefeln und gewaltigen Handschuhen. Auf dem Schenktisch standen ganze Reihen von Schüsseln und Tellern mit belegten Broten, Pirogen, Piroschki, Kuchen und Gebäck in allen Gestalten. Ich bekam eine unbezwingliche Lust auf eine mit rosa Seidenband umwundene Packung Schokoladekonfekt aus S. M. Perminows Fabrik in Tomsk. Sie mochte etwa 50 Stück enthalten, kostete aber 9 Goldrubel! Als ich ein Zehnrubelgoldstück hingab, schüttelte das Mädchen am Büfett den Kopf und erklärte, hier gälten nur Tscherwontzen. Ein Herr mit einer Mappe unter dem Arm erbot sich, mein Goldstück gegen einen Papiertscherwonetz zu nehmen. Für diesen Schein erhielt ich den Kasten Konfekt und 1500 Sowjetrubel zurück.

Offenbar wurde ich von der einen wie von der andern Seite übers Ohr gehauen. Alle andern verdienten an dem Geschäft, die Schokoladefabrik, die Wirtschaft, der Mann mit der Mappe und ein paar arme Jungen, die jeder ein paar größere Sowjetscheine bekamen. Aber wer kann es sich sonst auch leisten, für 9 Goldrubel einen kleinen Kasten Konfekt zu kaufen? Jedenfalls herrschte Gedränge vor dem Schenktisch, und vier Mädchen bedienten.

Auf mehreren der größeren Stationen gingen Arbeiter am Zug entlang und fragten die Fahrgäste, ob sie Sowjetrubel gegen Tscherwontzen umtauschten. Eine Münzeinheit von 10 Goldrubel ist natürlich wahnsinnig. Für soundso viele Tage Arbeit bekommt ein Arbeiter einen Tscherwonetz. Aber er kann doch für einen so großen Betrag nicht Brot oder Fleisch auf einmal kaufen, und in Läden und Kaufständen kann man nicht wechseln.

Auf dem Bahnsteig von Taiga kamen ein paar Arbeiter zu mir und baten im flehentlichsten Ton:

»Seien Sie so gut und wechseln Sie uns diesen Tscherwonetz. Wir sind acht Arbeiter die ihren Lohn erhalten haben, einen Tscherwonetz jeder, und keiner kann wechseln.«

»Ich habe keine Sowjetrubel«, antwortete ich. »Aber könnt ihr euch nicht zusammentun und für einen Tscherwonetz Essen für euch alle und für eure Familien kaufen?«

»Zu Neujahr bekommt ihr Silbergeld«, tröstet der Schaffner, der neben uns stand.

»Neujahr!« riefen sie aus, zuckten die Achseln, fügten einen recht kräftigen Fluch bei und gingen zum nächsten Wagen.

In Schneesturm und Kälte und unter harten und ungünstigen Lebensverhältnissen sind sie doch immer ruhig, gutmütig und ergeben. Wie leicht wäre es nicht für sie, den Berg von Lebensmitteln auf dem Schenktisch zu stürmen!

Ein Herr erzählte, die Bauern litten keine Not. Sie hatten ihr Getreide, Fleisch, Milch, Butter und Käse. Sie konnten dagegen kaum kaufen, was sie an Kleidern und Schuhen brauchten. Ein Arschin (71 Zentimeter) des allereinfachsten Stoffes kostete mindestens ein Pud Getreide, und ein Paar gute Stiefel bekam man nicht billiger als für 30 oder 40 Pud. Wenn der Bauer sich selbst und seine ganze Familie vom Kopf bis zum Fuß kleiden will, geht die ganze Ernte drauf. Daher lebte er, trotz seines Vorrats an Lebensmitteln, unter recht harten Bedingungen.

Verglichen mit den Verhältnissen in andern Ländern ist eine Reise durch Sibirien sehr billig. Knapp 300 schwedische Kronen für die Fahrt von einer Woche, erster Klasse Schlafwagen, ist nicht teuer. Und begnügt man sich mit den Verkaufsständen auf den Bahnhöfen, so braucht das Essen nicht mehr als 4 Kronen am Tag zu kosten. Nur wenn man die Mahlzeiten des Speisewagens nicht einhält, werden die Preise höher. Butter, Käse und Brot, drei Glas Tee, Soljanka und Rebhuhn kosteten 4,20 Goldrubel. Nehme ich dann noch eine Portion Kaviar für zwei und eine Zigarre für einen Rubel, so werden die Kosten für ein Mittagessen gerade so hoch wie die volle Pension im Schlafwagenhotel in Peking, das heißt, für ein herrliches Zimmer mit Bad und drei Mahlzeiten am Tag.

In der Dämmerung erreichte der Schneesturm seinen Höhepunkt. Sein Heulen übertönte das Gerassel der Räder auf den Schienen. Der Treibschnee wirbelte in Bündeln um unsere rollende Wohnung; es wäre nicht ratsam gewesen, über die Eisenplatten zwischen den Wagen zu gehen. Mein alter jovialer Schaffner fürchtete, daß wir im Schnee steckenblieben, ehe wir Omsk erreichten.

Er erzählte, daß während Admiral Koltschaks Feldzug so gut wie alle Brücken hier in der Gegend gesprengt wurden. Es ist merkwürdig zu sehen, wie schnell sie wiederhergestellt worden sind. Aber vermutlich hatte die Sprengung keine besondere Wirkung.

Durch den Schneenebel schimmern schwach die elektrischen Lampen und Lichter einer Station, auf der wir halten. Unsere eigene Beleuchtung ist nach dem Abenteuer mit der Kuh so schwach, daß sie zum Lesen nicht ausreicht. Man bekommt daher kostenlos neue Stearinkerzen.

Um 8 Uhr abends sind wir in Balotaja. Als ich durch die Schneewehen zum Speisewagen wate, muß ich Fühlung mit dem Zug halten, um in dem rasenden Sturm nicht umgeblasen zu werden und die Orientierung zu verlieren. Dann durfte ich dort bis um halb 11 Uhr sitzen, bis ich in mein Abteil zurückkehren konnte.

Wir rollen über den gigantischen Ob; aber auch hier kommen wir um die Aussicht, denn es ist stockfinster, und der Treibschnee hüllt uns ein.

Nicht weit vom linken Ufer liegt Nowo Nikolajewsk, die Hauptstadt von Sibirien. Wie ich schon angedeutet habe, unterscheidet man jetzt nicht mehr West- und Ostsibirien, sondern spricht nur von Sibirien, der Burjatisch-mongolischen Republik und Dalnij Wostok, dem Fernöstlichen Gebiet.

In Nowo Nikolajewsk ist man halbwegs zwischen Tschita und Moskau. Von Werchne Udinsk gerechnet beträgt der Weg nach Moskau 5200 Kilometer, von Wladiwostok 7500. Zwischen der letztgenannten Stadt und Petersburg ist die Entfernung über 8000 Kilometer.

Der Zug hatte kaum gehalten, als drei Zeitungsleute mich in meinem Abteil aufsuchten und eine Reihe recht diskreter Fragen stellten. Sie betrafen meist meine Reisen in Asien und meine Eindrücke von Amerika, Japan, China, der Mongolei und Sibirien. Sie selbst erzählten, welchen Verdruß es in Rußland erregt hatte, daß die Japaner das Schiff zurückgewiesen hatten, das von Wladiwostok Lebensmittel und Verbandzeug für die durch das Erdbeben betroffenen Japaner brachte. Ich glaubte ihnen mitteilen zu können, daß die japanische Regierung die Behörde, die sich geweigert hatte, das Geschenk anzunehmen, desavouiert habe. Schließlich gaben sie mir die letzte Nummer der illustrierten Zeitschrift ›Proschektor‹, Nr. 19, die unter anderm einen guten Artikel über die englischen Mount-Everest-Expeditionen enthielt; darin wurde auf mein Buch über dieses Thema Bezug genommen.

Aber jetzt klingelte es dreimal durchdringend. Gewöhnlich dauert es dann noch eine halbe oder eine ganze Minute, ehe der Zug in Gang gesetzt wird, aber an diesem Abend fuhr er gleich ab. Die drei Jünglinge stürzten kopfüber hinaus, sprangen im Fahren ab und kullerten in eine Schneewehe. Es sah gefährlich aus. Wäre einer von ihnen ausgeglitten, so hätte es schlimm gehen können.

6. Dezember. Ein neuer Tag im Eisenbahnzug! Diese Reise durch Sibirien ist herrlich. Man fühlt sich in seinem Abteil so wohl, daß man sich gar nicht nach Moskau sehnt. Meinetwegen könnte die Fahrt zwei Wochen statt einer dauern. Ich lese fast nur russische Bücher, besonders Sibirjakows ›Kitaj‹ (China).

Eine Masse Wörter habe ich vergessen, ich verstehe aber ihre Bedeutung aus dem Zusammenhang und schreibe sie mir in einem kleinen provisorischen Wörterbuch auf, das ich auswendig lerne. In Gedanken baue ich einen Vortrag in russischer Sprache über Tibet und einen zweiten über die Wüste Takla-makan und die im Sande begrabenen vorgeschichtlichen Städte. Man kann nicht wissen, was in Moskau geschehen kann, und es ist das beste, auf alles vorbereitet zu sein.

Zwischen Tschani und Tatarskaja, so weit das Auge reicht, kein Baum, kein Strauch! Nur endlose weiße Schneefelder, eben wie das Meer. Zwei neue Wagen wurden hinter dem Schlafwagen an den Zug gekoppelt. Die Zahl der Fahrgäste nimmt zu, als wir uns dem europäischen Rußland nähern. Ich frage mich, ob wir bis Omsk und Irtisch kommen, ehe die Dämmerung hereinbricht.

Von Tatarskaja haben wir 48 Minuten bis Kolonija. Hier halten wir acht Minuten. Kleine nette, gelbe Häuser, von Gärten umgeben, stehen an der Station. Nur einige Männer waren am Bahnhof. Wir fahren jetzt auf dem linken, südlichen Ufer des Om. In Kormilowka halten wir nur einige Minuten. Man versucht, die verlorene Zeit wieder einzuholen. Wir begegnen einem langen Güterzug aus zehn Kohlenwagen, einem Petroleumwagen und einer Reihe gedeckter Güterwagen, seltner kommt man an Personenzügen vorbei.

Um 2 Uhr hatten wir nur 7 Grad Kälte. Eine Stunde später halten wir 30 Minuten lang vor dem langen rosa und weißen Bahnhofsgebäude von Omsk. Viele Leute sind auf dem Bahnsteig und Jungen rufen Zeitungen aus. Ich kaufe vier Stück für 500 Rubel. Es sind Petersburger und Moskauer Blätter. Im ›Ekonomitscheskaja Schisn‹ vom 1. Dezember steht, daß 10 Goldrubel gleich 1,39 Tscherwonetz sind. Ich bin also auf der Reise um einige Rubel betrogen worden.

Die Stadt Omsk ist ausgedehnt und flach, sieht aber arm und öde aus. Die Häuser stehen in dunklen Häuservierteln, die durch Straßen getrennt werden, so breit und weiß wie Landstraßen. Hier und da erhebt eine Kirche ihren Turm über die niedrigen einstöckigen Holzhäuser, und der eine und andere Fabrikschornstein raucht.

Bei Omsk teilt sich die Bahn in zwei Linien. Die südliche, auf der ich früher ein paarmal gefahren bin, geht über Tscheljabinsk im Ural und Samara an der Wolga nach Moskau. Sie ist jetzt nicht im Gang. Vermutlich ist sie abgenutzt und unbrauchbar. Die nördliche Linie, die in Betrieb ist, hat 535 Werst (590 Kilometer) bis Tjumen und geht dann nach Jekaterinburg im Ural und über Perm und Wjatka nach Moskau.

Bevor die Dämmerung begonnen hat, die Aussicht zu nehmen, überqueren wir auf einer langen Eisenbrücke den mächtigen Irtisch, einen linken Nebenfluß des Ob. Der Fluß ist ganz zugefroren und überschneit und sieht daher wie eine gewöhnliche Ebene aus, auf der einige Knaben spielen. Dann rollen wir wieder in die grenzenlosen Steppen und Einöden hinein. Die Stunden verrinnen; es ist pechschwarz, die neue Nacht hat sich über die Erde gesenkt.

Als ich am 7. Dezember aufwachte, waren wir in Tjumen am Ufer der Tura, eines Nebenflusses des Tobol, Irtisch, Ob. Das große Dorf Kamischlow liegt am Fluß Pischna und hat, nördlich von der Eisenbahn, eine weiße Kirche mit zwei Türmen, die mit grünen zwiebelförmigen Kuppeln gekrönt sind. Südlich vom Bahnhof erhebt sich eine zweite größere Kirche. Das Bahnhofsgebäude ist aus roten Ziegeln gebaut; gewöhnlich sind diese Gebäude aus braunem Holz. Ein kleiner Birkenwald schien der öffentliche Park des Ortes zu sein. Alle Reisenden des Zuges lustwandelten auf dem Bahnsteig und genossen den blauesten Himmel und die freundlichste Sonne. Auf Nebengleisen standen acht Lokomotiven aufgereiht, sie waren wahrscheinlich reif zur Reparatur.

Es geht durch Tannenwald, der zuweilen recht dicht ist. Die Sonne überschreitet ihre Mittagshöhe und versteckt sich hinter Wolken. Aber sie guckt unter dem Wolkendach wieder hervor und leuchtet brandgelb über die weißen Felder und in die Abteile hinein, die heller und freundlicher werden als vorher.

In Jekaterinburg sind wir 247 Meter über dem Meer, etwas weiter westlich 380. Noch merkt man jedoch nichts vom Uralgebirge. Es ist 3 Uhr nachmittags. Natürlich wird uns auch dieses Schauspiel entgehen, ebenso wie am Baikal, Jenissei und Ob. Man scheint die Zeiten so eingeteilt zu haben, daß immer das Schönste verlorengeht. Wir können uns jedoch trösten. Die Berge sollten hier gar nicht den Eindruck einer Gebirgskette machen. In der Gegend von Tscheljabinsk ist es anders.

Neben dem großen weißen Bahnhofsgebäude sind einige Stände aufgeschlagen, in denen man Halsbänder, Broschen, Armbänder, Ohrgehänge und andere Schmucksachen und Gegenstände aus Amethyst, Rauchtopas, Bergkristall und andern im Ural vorkommenden Mineralien verkauft. Reges Leben herrschte. Ich hatte nach Hause telegraphieren wollen, aber im Telegraphenamt standen schon drei andere und warteten, und ich wollte meinen Zug nicht verpassen.

Eine gräßliche Erinnerung ist an Jekaterinburg geknüpft. Hier wurden Zar Nikolaus II. und vermutlich seine ganze Familie von feigen Schurken ermordet. Mit Entsetzen denkt man an die Qualen, die die unschuldigen Vertreter eines gleichfalls zu Tode verurteilten Systems haben ausstehen müssen, ehe der Tod sie befreite. Man kommt ständig auf die Frage zurück: Wäre es nicht möglich gewesen, ihr Leben zu retten? Auf gewissen europäischen Thronen saßen die nächsten Verwandten des Zaren.

Wie ein Symbol der Vergangenheit ging die Sonne in Blut unter. Es war der großartigste Sonnenuntergang, den ich je erlebt hatte, seit ich den Grand Canyon in Arizona verließ. Die ganze Steppe brannte. Man glaubte die Flammen zu sehen. Blendend karmesinrot, intensiv brennend wie die Gut in einem Schmelzofen, lag das Abendrot über dem Horizont. Der Schein war so stark, daß die ewige Steppe mit ihren flachen Hügeln, ihren weißen Schneefeldern und ihrem Purpurglanz im Vergleich damit dunkel erschien. Dann wurde die Farbenpracht des Abendrots nach und nach matter und erlosch. Eine neue Nacht brach mit ihrem Schatten über das Grenzland zwischen Asien und Europa herein.

Am Morgen des 8. Dezember erwachte ich wieder bei Schneetreiben, wenn es auch bei weitem nicht so stark war wie tags zuvor. Die Temperatur war auf 2,3 Grad unter Null gestiegen. Das kam mir warm vor im Vergleich mit der Kälte, die ich im fernen Osten gehabt hatte. Mein alter Schaffner verkündet, in Moskau seien jetzt sicher 3 Grad Wärme.

Auf der Station Suewka, einige 100 Werst östlich von Wjatka, gehen Bauernjungen am Zug entlang und verkaufen Milch und Eier, während einige arme Kinder betteln:

»Geben Sie mir etwas Geld, ich habe heute noch nichts gegessen.«

Kleine verstreute Hütten und unzählige Weihnachtstannen stehen in dem weißesten Schnee eingebettet. Hier und da breiten sich Ackerfelder aus, durch Zäune geschützt und durch Buschsteppen unterbrochen. Wanderer und Reisende in Schlitten sind selten. An einigen Stellen stehen doppelte Schneeschutzwände; sie sind zur Hälfte überschneit. Unmittelbar links vom Fluß Tschepua läuft eine Reihe flacher Hügel, die nichts anderes sind als eine von der Zeit umgestaltete Flußterrasse. Die Tschepua ist ein Nebenfluß der Wjatka, die selbst in die Kama mündet, diese fließt in die Wolga.

An der Eisenbahnstation Prosnitsa war Markt. Einige hundert Muschiks, Bauern, hatten sich um die Stände gesammelt. Sie trugen, was sie gekauft hatten oder verkaufen wollten, in Bündeln. Einige hielten ›Walenki‹, Filzstiefel, feil. Unter Schellenklang kamen neue Kunden in ihren Schlitten angefahren. Das Ganze bot ein nettes, weihnachtliches Bild in dieser verschneiten Landschaft, mit Tannen und Birken als Hintergrund.

In Wjatka stehen lange Reihen von Güterwagen und Lokomotiven. Der Schnee fällt wieder dicht. Die Temperatur ist auf 1,2 Grad unter Null heraufgegangen; der Schaffner bekommt recht. Hier rechnet man nach Moskauer Zeit. Es ist also 1 Uhr, nicht halb 3. Man rückt seine Uhrzeiger wieder zurück und gewinnt 1 1/2 Stunden. Einige Reisende haben auf dem Bahnhof Krockettspiele für zwei Rubel das Stück gekauft. Diese müssen eine Spezialität von Wjatka sein.

An den beiden folgenden Stationen geleiten wir langsam vorüber, ohne zu halten. Auf einer soliden Eisenbrücke fahren wir in der Dämmerung über das breite verschneite Eisfeld des Wjatkaflusses. Bei Kotelnitsch hatte sich ein Rad warm gelaufen. Stationsarbeiter waren mit Schmieröl an ihm beschäftigt und bildeten beim Scheine von Fackeln in dem dicht fallenden Schnee eine malerische Gruppe. Im ›Wagon-Restoran‹, dem Speisewagen, saß ein Mann und spielte Klavier, und in den ›Spalnij Wagon‹, den Schlafwagen, drangen von einem Nachbarabteil weiche schwermütige Lieder.

Der 9. Dezember war mein letzter Tag im sibirischen Expreß. Früh am Morgen passierten wir Jaroslawl und die Wolga. In Alexandrow, wo wir um 11 Uhr waren, hatte das Tauwetter mit 0,3 Grad Wärme eingesetzt. Auf dem Bahnsteig hatte sich heimtückisches und schlüpfriges Glatteis gebildet. In der Luft schwebte ein so dichter Nebel, daß die Zwiebelkuppel der Dorfkirche kaum durchschimmerte.

Sergijewo ist die letzte Station, wo der Zug vor Moskau hält. An den folgenden vier fahren wir stolz vorüber. Bei Sergijewo stieg ein Journalist an Bord und zeigte mit die Tagesnummer der ›Istwestija‹, in der ich in Wort und Bild vorkam. Er erzählte auch, daß mehrere gelehrte Gesellschaften sich meiner anzunehmen beabsichtigen.

Es ist halb 1 Uhr. Noch sind wir auf dem Land. Kleine Holzhütten, Birken- und Tannenwäldchen, Zäune um Äcker, Schneeschutzwände, gefrorene Bäche, offene Bahnsteige mit Dächern auf Pfählen, ab und zu ein Schlitten, alles in einer Landschaft aus ganz tiefen Schneewehen – das ist alles, was man durch den Nebel sieht. Bei Mitischtschi haben wir noch 17 Werst (18 Kilometer) bis Moskau; hier stehen viele Eisenbahnwagen und Lokomotiven auf Nebengleisen. Gärten und Hütten werden immer häufiger. Ein kleiner Herr stellt sich mir vor und teilt mir mit, er habe schon in Jaroslawl den Zug bestiegen; seine Aufgabe sei nur gewesen, nach Moskau zu telegraphieren, daß ich wirklich im Expreßzug war.

Der Zug saust weiter, dem Endpunkt dieser langen Fahrt entgegen, der Hauptstadt des neuen Rußlands, der Hauptstadt der Bolschewiki.

Richard Tröger

Tagebuch über eine Rußland–Japanreise (1929)

Donnerstag, 3. Oktober 1929
(…)
Ankunft an der russ. Grenze. Kontrolle vollzieht sich einfacher als erwartet. Teile mein Abteil mit jüngerem Kaufmann aus Nürnberg. Einrichtung wie im besten Wagen in Deutschland. Schaffner versteht kein Wort außer russisch. Verkehr durch Zeichensprache. Die Fahrt geht in mäßigem Tempo. Abendunterhaltung mit Rosenberg über physikalische Probleme.

Freitag, 4. Oktober 1929
Speisewagen-Lebensunterhalt verhältnismäßig teuer für Ausländer, weil man bei den allein zugelassenen Wechselstuben nur die Hälfte der Rubel bekommt wie im Ausland.

Gegen 11 Uhr Ankunft in Moskau. Ärmlicher Bahnhof. Wir nehmen uns zu vieren eine Autodroschke. Nachdem wir längere Zeit darauf gewartet haben, fahren wir nach der Stadt zur Marien-Kathedrale, einer aus den 80er Jahren imposanten Kirche, großer Dom – Kreuzform. Von den vier Glockentürmen guter Überblick über die Stadt. Kreml ganz in der Nähe. Betreten durch Wachposten behindert, auch Grab von Lenin nicht zugänglich, war in weitem Umkreis durch großen Bretterzaun abgesperrt. Fahrt durch die Stadt zum Abfahrtbahnhof, wo wir Mittag essen. Stadt schmutzig, die Häuser in schlechtem Stand, die Leute durchweg ärmlich gekleidet, nirgends frohe Gesichter. Das Bahnhofsrestaurant, wo wir essen, schmutzig und unappetitlich, meist Leute in Arbeitskleidung und zerlumpt. Leute stehen an nach Brot, Straßen in miserablem Zustand. Man ist froh, diese Stadt verlassen zu können.

Abfahrt 4 Uhr, ein langer Zug, Fahrgeschwindigkeit wie bisher mäßig. Die Leute werden allmählich miteinander bekannt. Kaffee ungenießbar, man darf nur Tee trinken. Wein außerordentlich teuer, Essen noch leidlich, soll gegen Ende der Fahrt nachlassen. Die Zeit geht schneller wie man sich vorgestellt hat, komme sogar weniger zum Arbeiten als mir lieb ist. Die Beleuchtung mäßig, so daß abends die Augen leicht überanstrengt werden.

Mein Schlafkollege reist in elektrischen Kleinartikeln, will China und Indien abgrasen. Frau Rosenberg ist eine sehr lebhafte Hamburgerin, hat immer was vor und auch immer Recht wie alle Frauen. Sonst aber ganz angenehm, spielt lustige Weisen auf der Ziehharmonika, bekanntlich dem von mir am meisten geschätz-

ten Musikinstrument. Die Gegend, durch die man fährt, bietet wenig Abwechslung. Flaches Land, ärmliche Dörfer mit Holzhäusern.

Sonnabend, 5. Oktober 1929

Habe so gut geschlafen, daß ich erst um 9 Uhr aufwache. Da unser gemeinsames (4 Personen) Waschkabinett noch von Rosenbergs besetzt ist, bin ich gezwungen, noch 20 Minuten zu warten. Gut, daß meine Frau mich mit Handtüchern und Servietten versorgt hat, die werden nicht mitgeliefert. Die Nächte sind schon kalt. Heute früh ist zum ersten Mal geheizt, so daß unsere Besorgnis in dieser Beziehung nicht berechtigt ist, wenn auch noch die größere und kältere Strecke vor uns liegt.

Haben vor circa 1 Uhr die Vyatka gekreuzt, morgen sollen wir den Ural passieren. Auf den Bahnhöfen erscheinen die Bauern, um Eier, Pilze, Obst, Brot zu verkaufen. Beinahe hätten wir den Zug verpaßt, er fuhr unerwartet los. Da ein Teil der Türen verschlossen war, mußte man ein Stück der Fahrt auf dem Trittbrett mitmachen, bis die Tür von innen geöffnet wurde. Eben halten wir auf einem größeren Bahnhof, auf dem Perron große Wasserpfützen, in denen sich Einzelne die Stiefel abwaschen. Läden mit primitiven Spielsachen. Nach dem Abendbrot haben wir uns ins Abteil Rosenbergs Tee bringen lassen und von der Sandtorte und meinem Baumkuchen gegessen, dazu wieder Harmonika gespielt.

Sonntag, 6. Oktober 1929

Heute Nacht sind wir über den Ural gefahren, keine eigentlichen Berge. Heute prachtvoller Morgen, alles scheint im Zug gut zu schlafen. Die Zeit verschiebt sich täglich beinahe um $^3/_4$ Stunden. Heute früh waren wir in Jekatarinenburg, bei der Einfahrt sind zwei Leute überfahren, hatten $^1/_2$ Stunde Aufenthalt. Auf dem Bahnhofsgebäude wehen vier rote Fahnen. In dem Nest sind der Zar und die Zarin ermordet worden. Das Haus soll noch gezeigt werden.

Ihr wundert Euch gewiß, daß ich noch keine Ansichtspostkarten geschickt habe, es gibt hier keine, das hat wohl seinen guten Grund. Man fürchtet sich, das Elend anderen Leuten zu zeigen, statt dessen werden hier Karten mit süßlichen Bildern verkauft, ich werde mal eine als Exempel schicken. Die Tage haben bei der Fahrt nach Osten 23 Stunden, sie vergehen also schneller. In punkto Sauberkeit muß ein Lob erteilt werden, im Speisewagen gab es neue Tischwäsche und auch unsere Bettwäsche ist erneuert worden.

Heute bei Rosenbergs Bohnenkaffee bekommen, Frau R. war außer sich vor Freude, daß es auf einer Station Milch zu kaufen gab, abgekochte. Abends habe ich die berühmte Selianka-Fischsuppe gegessen – süßsauer mit vielerlei Gemüse, Rosinen, Zitronen, sie ähnelt der Holsteiner Specksuppe. Abends rege

Unterhaltung mit meinem Abteilkollegen – 25 Jahre alt – war in Indien, Amerika, England, überall, weiß und kennt alles. Weltanschauung Geld, Amerika das Land! Deutschland nur noch existenzberechtigt soweit jüdisch, und alles das mit harmlosester und natürlichster Geste vertreten. Er war offenbar überrascht, jemand zu finden, der seinen Gedankengängen nicht zu folgen vermochte.

Montag, 7. Oktober 1929
Relativ früh aufgestanden, so daß ich von den Vieren zuerst das Waschkabinett bekam. Das Essen im Speisewagen wird immer dürftiger, so daß man sehr an Selbstverpflegung denkt. Frau Rosenberg ist sehr gefällig und läßt mich an ihren Vorräten teilhaben. Eine gute Lehre für die nächste Fahrt. Auch Handtücher, Teller und Gefäße soll man sich auf so einer Reise mitnehmen. – Unterhaltung mit meinem Schlafkollegen, er muß allmählich zugeben, daß es auch noch andere vertretbare Ansichten gibt wie die jüdische. Interessant sein Bekenntnis, daß man in jüdischen Kreisen den Tod des Zaren als eine gerechte Gottesstrafe gewissermaßen begrüßt hat.

Dienstag, 8. Oktober 1929
Herrlicher Tag. Man kommt durch ansprechendere Gegenden, sieht auch nicht mehr so viele rote Fahnen. Auf Mittag verzichten wir ganz, nachdem das am Vorabend bestellte Beefsteak alles andere als schön war. Auf den Bahnhöfen werden die Versorgungsmöglichkeiten bestens ausgenützt, so kärglich und wenig einladend sie auch sind.

Sven Hedin, der auch im Zuge mitfährt, sieht man in seinem Abteil eifrig studieren. Manche Leute wollen nach Nord-China, müssen aber wegen der Unruhen an der russischen Grenze über Japan fahren, obwohl wir ganz nahe an der chinesischen Grenze entlang fahren, sie verlieren zum Teil zehn Tage.

Mittwoch, 9. Oktober 1929
Wir erreichen Krasnojarsk. Schöner Morgen, angenehme Landschaft, zum Teil hügelig. Auf den Feldern wird noch vielfach geerntet. Wir nähern uns dem Baikalsee. Alle sehnen das Ende der Reise herbei. In Wladivostok haben wir voraussichtlich zwei Tage Aufenthalt, bis uns der Dampfer nach Japan aufnimmt. Eine Mitreisende, sehr resolut und weniger schön aussehende Dame soll eine Tochter von Tolstoi sein.

Den Baikalsee passieren wir leider in der Nacht. Eine Unterhaltung mit einem Polen russischer Herkunft bestätigt, was vor kurzem im Berliner Tageblatt gestanden hat: Danach dringen die Bolschewisten jetzt auf dem Lande vor. Sie erreichen das durch die Genossenschaften. Die Bauern, die sich nicht betei-

ligen, erhalten keine Geräte. Die Gegend Irkutsk soll die kälteste von Rußland
sein.

Donnerstag, 10. Oktober 1929
Auf einer Station ergattert mein Stubengenosse ein Pfund Butter – wie ich kam
war alles verkauft. Es hat gefroren. Mittags gibt es geräucherten Stör vom Baikalsee und etwas von einem ergatterten Rebhuhn, dazu Kaffee. Abends kommen
wir nach Tschita, sehr kalt. Am anderen Ende des Wagens hält ein Deutscher zwei
Japanern laut einen Vortrag über die Nichtigkeit von ›Im Westen nichts Neues‹,
das die Japaner offenbar als sehr gut empfunden hatten.

Freitag, 11. Oktober 1929
Spät aufstehen, etwas Magenverstimmung oder allgemeine Reisemüdigkeit.
Alles sehnt den Montag herbei, wo wir in Wladivostok sein sollen. Über Sauberkeit in den Wagen nicht zu klagen, an den größeren Stationen kommen Frauen mit
heißem Wasser und wischen auf.

Wir fahren jetzt die sogenannte Amurbahn – eingleisig – von Soldaten haben
wir nichts gesehen. Die Gegend ist etwas abwechslungsreicher – Berge zum Teil
mit Schnee bedeckt. Wir fahren am Flußtal entlang, Wasser teilweise eingefroren.

Gestern Abend hörten wir, daß Stresemann gestorben und daß an seiner Stelle Curtius Außenminister geworden sei. Wir sind sonst vollkommen von jedem
Verkehr abgeschnitten.

Abends herrscht allgemeine Katzenjammerstimmung, auch die Kinder beteiligen sich daran. Die Zeit kann man nicht genau angeben, einige Bahnhöfe rechnen nach Moskauer Zeit – sechs bis sieben Stunden Unterschied – sehr selten findet man eine Uhr.

Sonnabend, 12. Oktober 1929
Wieder einen Tag näher Wladivostok. Die Strecke scheint schlecht unterhalten zu
sein, sind in der Nacht stark durchgeschüttelt worden, habe kaum geschlafen, und
als ich gegen Morgen einschlief, da fängt mein Abteilkollege fürchterlich an zu
schnarchen. Außerdem gab es Krach in der Nacht. Deutsche jüngere Leute hatten
sich wohl betrunken und waren mit einem Japaner über den Krieg in Streit geraten – es soll ein Sohn von Moltke dabei sein.

Die Methode meiner Frau, bei Magenverstimmung zu hungern, hat sich gut
bewährt, gestern so gut wie nichts gegessen, fühle mich heute ganz wohl.

Hier liegt Schnee, auf einer Bahnstation entwickelt sich eine richtige Schnee-
ballschlacht, eine Abwechslung für Jung und Alt.

Zum Mittag gabs bei Frau Rosenberg Büchsenerbsen mit Würstchen, Nachtisch Ananas und Kaffee. Hat ausgezeichnet geschmeckt. Werde eben auf der

Station (?) zum Aussteigen befohlen, da werden die Hunde mit ihren Reitern gefüttert, die sich auf jeder Station beim Zuge einfinden. Außerdem werden die Kaufbuden meist mit negativem Erfolg nach einem Leckerbissen abgesucht.

Der Speisewagen wird an den Stationen von den Einheimischen nach Schnaps bestürmt. Es ist ergötzlich anzusehen die beglückten Gesichter, wenn sie eine Flasche erhascht haben.

Sonntag, 13. Oktober 1929

Ein Tag wie der andere. Wir fahren wieder südlich und nähern uns dem Meere. Landschaft eintönig, viel Sumpf, einige Tannenstümpfe, Rest Birken planlos durcheinander. Ebene, im Hintergrund einige Hügel. Die Stimmung im Wagen hebt sich, es ist der letzte Reisetag bis Wladivostok.

Am Nachmittag wird Chaberowsk erreicht – ein größerer Ort – viel Militär am Bahnhof. Die Anfahrt interessant, man kreuzt mittels einer drei Kilometer langen Brücke den Amur – ein Strom von einer Größe, wie ich kaum einen gesehen habe. Auf dem Bahnhof ein buntes Treiben von den verschiedensten Typen und Rassen – nicht immer appetitlich anzusehen. Am Zeitungsstand als einzige deutsche Zeitung das Berliner Tageblatt, das offenbar wegen seiner Gesinnungsverwandtschaft zugelassen ist.

Abends Abschiedsstimmung im Speisewagen, der schon größtenteils ausverkauft ist. Mein Versuch zu guter Letzt noch eine Portion Caviar zu erwischen, mißlingt. Es ist sehr billig, das Pfund acht bis zehn Mark.

Montag, 14. Oktober 1929

Früh aufgestanden in Erwartung Wladiwostok. In einem großen Bogen an der Meeresküste entlang erreichen wir die terrassenförmig ansteigende Stadt. Pässe werden abgenommen, Schiffskarten desgleichen, Hotelzimmer angewiesen, wohne im ›Versailles‹ – wie das klingt! An Autos bezahlen wir mit Rosenbergs zusammen 26,– M. Wahrscheinlich ist das Risiko wegen der großartigen Straßen, von denen man sich keinen Begriff machen kann, eingeschlossen. Im Hotel scheinen die meisten Japaner und Chinesen zu sein. Keine Verständigungsmöglichkeit – Handsprache. Zimmer mit fließendem Wasser und Zentralheizung, alles primitiv, viele Fliegen, habe einen Teil schon in meiner Reisemütze gehascht. Vor meinem Fenster eine Art von Straße mit vielem Dreck – augenblicklich regnet's – die bequemste Straßenreinigung.

Die Stadt echt russisch – sowjetisch – schmutzig – stinkend – Häuser verfallen. Einige größere Konsumgeschäfte, wo die Leute gezwungen sind zu kaufen. Nach Erzählung eines polnischen Textilkaufmannes, der in Moskau eine Fabrik von ein paar tausend Arbeitern betreibt (viel Ausländer), erhalten hier die Arbei-

ter etwa dreimal so viel Lohn – 150 Rubel im Monat – statt 50 Rubel. Miserables Material von der Regierung zur Verfügung gestellt. Der Fabrikant bekommt das circa Fünffache für Fertigware, die der Staat unter Preis verkauft an die Bewohner. Die Fabrik bezahlt 20 bis 30 Prozent vom Umsatz.
Abends im Kino, wenig Russisches – Hauptsache amerikanischer Kitsch.

Dienstag, 15. Oktober 1929
Ein Bad zu bekommen wegen Sprachschwierigkeiten unmöglich. Die Furcht vor Wanzen hat sich nicht bestätigt. Nach der langen Eisenbahnfahrt Schlaf auf festem Land angenehm. Spaziergang durch die Stadt – sehr hügelig – wunderschöne Rundblicke über Hafengebiete, buntes Leben von allen möglichen Völkerschaften. Bei Einreise für 1 Rubel 2 Mark bezahlt (im Ausland weniger als 1 Mark wert), wird anstandslos zurückgewechselt. Die Leute sind sehr nach Dollars her, genau wie bei uns während der Inflation, es soll sehr viel Schwindel getrieben werden.

Das Essen in den sogenannten Cafés und Restaurants ist wegen der Unsauberkeit abschreckend. Ich konstatiere eine merkwürdige Appetitlosigkeit – um so größer meine Freude, als ich in der Reisetasche noch einen Kasten mit schönen Keksen entdecke, der mir während der Bahnfahrt entgangen ist, dazu ein niedliches Bild von den Kindern beigepackt. Abends Essen von zwei Eiern unter ganz besonders unappetitlichen Verhältnissen. Aber die Hoffnung auf den nächsten Tag!

Mittwoch, 16. Oktober 1929
Um 8 Uhr Abfahrt zum Dampfer. Längeres Warten im Zollschuppen. Dann die Erlösung, obwohl der Dampfer alles andere als erstklassig, aber wenigstens Sauberkeit und Ordnung. Habe eine schlecht gelüftete Innenkabine, klein, zu dreien. Mittagessen gut, Wetter etwas unruhig. Meine Kabinengenossen sind Techniker von Junkers, die an Japan zur Förderung der Flugzeugtechnik auf zwei Jahre überlassen sind. Allgemeine Ausgelassenheit an Bord nach all den vielen Entbehrungen. Tolstois Tochter hat glücklich alle Schwierigkeiten, die man ihrer Ausreise entgegensetzt, überwunden. Sie durfte nur wenig Geld mitnehmen, aber die Leute wollen betrogen sein.

Donnerstag, 17. Oktober 1929
Die Nacht fängt es an zu schaukeln, man schläft unruhig. Beim Frühstück sind sämtliche Damen verschwunden, der Wellengang nimmt zu, die Herren verschwinden nacheinander in ihre Kabinen. Ein Herr kippt mit seinem Liegestuhl um, sein Nachbar, der ihm helfen will, stürzt über ihn und quetscht sich die Nase! Die Stimmung sinkt immer mehr. Mittags nur wenige noch zum Essen, bei Tisch fühle ich auch diesen Seeteufel in mir aufkommen und erreiche mit Mühe mein

Bett – es geht noch gut. Die See wird immer schlimmer, man kann sich im Bett kaum halten. Aus der 2. Klasse werden die tollsten Scenen berichtet. Die Koffer auf den Gängen poltern nur so durcheinander. Alle Hoffnung auf Besserung vergebens, auch die Nacht ist furchtbar.

Freitag, 18. Oktober 1929
Hoffnung auf zeitige (7 Uhr) Ankunft in Tsuruga vergebens. Das Schiff ist nur langsam vorwärts gekommen. 10 Uhr 30 Ankunft in T. Vielerlei Kontrolle, ärztlich, Zoll etc. Landung erst gegen 11 Uhr 30. China-Reisende erreichen gerade noch den 12-Uhr-Zug. Mein Zug nach Tokio war längst fort. Ich kann erst abends um 8 Uhr fahren, brauche es aber nicht zu bereuen.

Kurt Faber

Weltwanderers letzte Fahrten und Abenteuer (1930)

Wetterwinkel

Charbin (Mandschurei), im Oktober
Es gibt Orte, die man schon zu kennen glaubt, ehe man sie gesehen. Und dazu gehört auch Mukden.

Mukden, die Hauptstadt der Mandschurei, das Letzte, das äußerste an Entfernungen, weit drinnen, hinterwärts von Sibirien, wie könnte solche Stadt in ihrer äußeren Erscheinung auch etwas anderes sein als der Inbegriff alles Exotischen, alles Chinesischen und Überchinesischen.

Aber die Wirklichkeit ist eine rechte Enttäuschung. Da kommt man auf einen Bahnhof, der auf weiter Flur allein steht vor einem ungeheuren Platz, der ringsum ganz bürgerlich europäisch umsäumt ist von hohen Häusern, die man hunderttausendmal auch woanders gesehen. Eine elektrische Straßenbahn ist auch da, und vor dem Ausgang stehen lange Batterien von russischen Panjekutschen mit struppigen Gäulen und ebenso struppigen Kutschern in ungeheuren Pelzmänteln. Es ist ein ungemütlicher Tag. Ein eiskalter Wind fegt den Regen über den Platz. Russisch, beinahe schon sibirisch sieht es hier überall aus. Russisch kommt man sich auch vor, wenn man stadteinwärts geht über eine große breite Straße, die eine billige Nachahmung der ›Twerskaja‹ in Moskau ist. Man geht weiter durch viele Straßen und sucht die Stadt und findet sie nicht. Man wandert ewig durch die Vorstadt inmitten der nachgemachten Eleganz drittklassiger Kaffeehäuser und Friseurläden. Vorstadt von China, Vorstadt von Rußland. Ein Gewirr fremdartiger Sprachzeichen starrt einen von den Ladenschildern an, aber die Häuser selber könnten ebenso gut in Gelsenkirchen, Sterkrade oder sonst einem aus dem Boden gewachsenen Industrieorte stehen.

Wie weit ist man hier von China, wo alles eng zusammen wohnt aus lauter Freude an den lieben Mitmenschen, wie weit von Rußland mit seiner behäbigen Großspurigkeit. Die Nässe des kalten Nachmittags spiegelt sich in dem Asphaltpflaster – wirklichem Asphaltpflaster in Mukden! Irgendwo raucht eine große Fabrik. Ein Bankgeschäft steht protzig auf einer Ecke. Vom Regierungsgebäude weht die fünffarbige Flagge Nordchinas. Jetzt wissen wir wenigstens, wem dieses Land offiziell gehört, nachdem wir so lange im Zweifel waren. Und es scheint eine Regierung zu sein, die Geld hat, trotz allem, denn dicht daneben wird eben ein ganz großer Gouverneurspalast gebaut in hypermodernem, kubistischem Stil, wie ihn die Bolschewiken bei ihren Neubauten anwenden. Aber dieses ist doch hier nach Moskauer Sprachgebrauch ein reaktionäres, ein weißes Regiment. Kenne sich einer aus in Mukden!

Eine Nacht in der Eisenbahn bringt einen von Mukden nach Chan Chun, dem Endpunkt der japanischen Bahn, und damit in das Gebiet der ›Chinese Eastern Railway‹, das noch mehr zu raten aufgibt. Schon die Flagge, die von den Stationsgebäuden weht, ist sicher eine der größten Merkwürdigkeiten auf dem Gebiet der Heraldik. Oben zeigt sie die fünf Farben Tschangsolins und unten die rote Flagge Moskaus mit Sichel und Hammer. Weiße und Rote, Bolschewiken und ›Burschui‹ in trautem Verein auf einem Wahrzeichen! Von Reinlichkeit, Ordnungsliebe und sonstigem Komfort dieser ostchinesischen Bahn gibt es gerade kein Loblied zu singen, aber desto stattlicher ist die Bahnpolizei, wie überhaupt der ganze militärische Aufwand, der diese interessanteste aller Bahnen bewacht. Schon gleich bei der Paßrevision meldete sich ein Offizier in wahrhaft fürstlicher Uniform, mit stattlichem, graumeliertem Vollbart, der, wäre er mir in Hollywood begegnet, einem sicherlich als ein ehemaliger zaristischer Feldmarschall erschienen wäre, der nun in Rasputinfilmen mimt. Aber siehe, er war ein bolschewikischer Tschekaagent!

So seltsam ist dieses Land, so wild und verworren, und doch wieder so großzügig auf seine Art. Im Weiterfahren kommt man über einen Fluß, der mindestens noch einmal so breit ist wie der Rhein, vorbei an endlosen Stoppelfeldern, über denen die Raben krächzen. Bei sinkender Nacht fahren wir in den Bahnhof von Charbin ein.

Charbin ist eine Stadt, die auf ihre Art schon Weltgeschichte gesehen hat in diesen letzten Jahren. Und das sieht man ihr an. Als der Zar noch in Petersburg residierte, war sie das östliche Ausfalltor des russischen Imperialismus, eine geladene Pistole, die nach China und Japan zielte, der große Knotenpunkt der Bahnen nach Peking und Wladiwostok. Der Himmel war hier noch höher und der Zar noch weiter wie anderswo in dem großen Reiche. Da konnte sich zur Not jeder perfekt wie ein kleiner Zar vorkommen und sich mit einem entsprechenden Hofstaat umgeben. So wurde Charbin schon vor Jahren zu einem arbiter elegantiarum des fernen Ostens, eine Art Klein-Paris im hintersten Sibirien. Und das geht ihr heute noch nach, trotz des Wechsel der Zeiten, der dieser Stadt nichts Gutes gebracht hat. Für eine kurze, tolle Zeit war sie seitdem der Brennpunkt der Weltgeschichte, der große Magnet, der alle Abenteurer anzog, die heute heimatlos durch alle Länder ziehen. Das war die Zeit, wo der ›tolle Baron‹ Ungern-Sternberg hier seine ›Weiße Republik‹ ausrichtete, eine Art ›russisches Preußen‹, von dem aus das große Kaiserreich einen neuen Siegeszug antreten sollte.

Man braucht nur einmal an einem Abend im Glanze der Lichter über die ›Kitaiskaja‹, die Hauptstraße, zu gehen, um es sich selbst mit Staunen zu sagen: »Solche Stadt hast du noch nie gesehen. Solche Stadt gibt es nur einmal auf dieser Erde«. Hier ist der Luxus, hier ist der Betrieb, hier herrscht ein Nachtleben, wie es Berlin nicht lebendiger aufzuweisen hat. Hier herrscht Hunger und Not und unbeschreibliches Elend. Hier wird Weltgeschichte gemacht, in Ministersesseln gehandelt und mit Säbeln spekuliert. Alles liegt hier offen zutage ohne bürgerliche Hemmungen, die Not nicht minder wie das Glück, und über allem lacht das Abenteuer.

Ja, Charbin ist eine Stadt, in der sich leben läßt! Das Leben ist nicht nur interessant, sondern auch billig, zum mindesten für den, der eben aus Japan und China kommt, wo es einen abwechselnd heiß und kalt überläuft bei den Hotelpreisen, die man dem weißen Sahib abnimmt. Das Papiergeld ist hier freilich schmutzig und schmierig, wie bei uns in den Zeiten der schlimmsten Inflation, aber man kann etwas dafür kaufen. Für fünfzig bis sechzig Kopeken wird man eine Stunde lang in rasendem Galopp in der Stadt herumgefahren in flinken Panjekutschen, deren romantische Eigenart ich nicht eintauschen möchte gegen die herrlichste Limousine. Die Kutscher freilich können einem in der Seele leid tun. Zumeist gehören sie zu der unglücklichen Schar der weißen Russen, die heute ihre Not, ihr bewundernswertes ›Nitschewo‹ und die fressende Sehnsucht nach ›Mütterchen Rußland‹ in alle Weltteile tragen. Schon lange sind sie nicht mehr die Herren im Hause, wie zu Ungern-Sternbergs Zeiten. Sie sind ins Hintertreffen gekommen, hinter die Roten, die es unter anderem auch verstanden haben, die Eisenbahn wieder in ihre Hand zu bringen, und selbst kaum mehr auf gleicher sozialer Stufe mit den Chinesen. So bringt man sich durch als Kutscher, als Kaffeehauskellner, man schickt Frau und Kinder auf die ›Kitaiskaja‹, zu betteln in den kalten Nächten. Man lebt – nun ja, von was lebt man wohl in dieser Stadt, die so viele Herren, so viele Fahnen gesehen? Man lebt von der Hoffnung auf den Wechsel und vom Wechsel auf die Zukunft, nach der Moral der Abenteurer.

»So laßt uns fest an diesem Glauben halten:
Ein einz'ger Augenblick kann alles umgestalten!«

Fahnen über Irkutsk

Irkutsk, im Oktober
Über Charbin brütete trübes Wetter. Der Himmel war grau, und es sah aus, als ob es eben schneien wollte. So recht das Wetter, um nach Sibirien zu reisen.

Es ist eine öde, einsame und wohlbewaffnete Gegend, durch die man weiterhin fährt. Vor allem wohlbewaffnet. Jeder zweite Mann auf den Bahnsteigen trägt ein Gewehr. Soldaten in grauen Mänteln, Zivilpersonen im Schatten riesiger Pelzmützen, Bahnbeamte, Bahnpolizei, sämtlich bewaffnet mit Gewehr und Revolver – und über allem flattert die seltsame bolschewistisch-nordchinesische Flagge über dem Stationsgebäude. Es ist ein schönes Land, trotz allem, mit den weiten, kahlen Steppen im fahlen Grau und den grenzenlosen Ausblicken über massige Berge und schneebedeckte Paßhöhen, die hinüberführen in die wilde Mongolei. Nur ab und zu sieht man einen Reiter auf struppigem Pferd oder eine zweirädrige Karre, die vierspännig querfeldein über die Steppe jagt. Denn in diesem Hinterlande gibt es zwar eine Eisenbahn, aber bürgerliche Landstraßen sind ein unbekannter und ärgerlicher Begriff für die Söhne der Wildnis. Es ist ein Land, in dem man einmal losgelassen werden möchte mit nichts als der Lust nach dem Abenteuer, dem Rausch der weiten Fernen und dem unbändigen Gefühl der Unabhängigkeit, das einem überall entgegenlacht.

Aber hart im Raume stoßen sich dennoch auch hier die Sachen. Das kommt einem heiß zum Bewußtsein, wenn man bei dunkler Nacht in den Bahnhof von Mandschuria an der sibirischen Grenze einläuft.

Zollrevision. So etwas gibt es auch an diesem Weltende! Und sie wird sogar noch gründlicher ausgeführt als anderswo, damit man gleich den richtigen Begriff bekommt von dem gelobten Bolschewistenlande. Stundenlang steht man vor seinen paar Klamotten und wartet auf das Belieben der Genossen Zollbeamten, mehr aber auf das des Genossen Tschekaoffiziers, der die Pässe unter die Lupe nimmt und vor allem sich auch mit der Gewissenhaftigkeit eines Sherlock Holmes nach dem mitgebrachten Bargeld erkundigt. Denn wenn es etwas gibt, das die Bolschewisten noch mehr als Karl Marx und Lenin lieben, so sind es Devisen aus den finstern ›Burschui‹ländern. Gewissenhaft muß man jedes Pfund, jeden Dollar, jeden japanischen Yen angeben, und ebenso gewissenhaft bekommt man das alles umgetauscht gegen nagelneue Sowjetscheine. Es ist ein Geschäft, das die Mühe lohnt. Zehn Rubel gleich einem Tscherwonez, ein Tscherwonez gleich x Dollars. Es schwindelt einem ein wenig bei dieser Mathematik. Die Ein- und Ausfuhr russischen Geldes ist vom Gesetz verboten. Bolschewikigeld außerhalb der S.S.-Republik ist daher verfehmt, geächtet, sich selbst überlassen, ohne offizielle Notierung, wie ein steuerloses Schiff auf weitem Meere, und das aus guten Gründen, denn tatsächlich ist es der ständigen Entwertung verfallen. Der stolze Tscherwonez wird heute schon zum halben Preis angeboten in allen Wirtshäusern und Wechselstuben von Charbin. Ein besseres Geschäft gibt es nicht, und man nimmt es mit, denn der Himmel ist hoch und Stalin ist weit.

Aber einmal findet selbst eine sowjetistische Grenzkontrolle ihr Ende, und während man nun weiter fährt in das gelobte, verlästerte Land, erlebt man etwas, auf das man eigentlich nicht gefaßt war: das schöne Sibirien! Es ist wahrlich ein Land, das besser ist als sein Ruf; gar nicht so eintönig, gar nicht so flach und öde, wie man es sich gewöhnlich vorstellt. Stunden–, nein, tagelang fährt man durch ein mittleres Waldgebirge. Ab und zu kommt man vorbei an einem rauschenden Wildbach oder an einem behäbigen Fluß, der sein Wasser weithin über die Ufer breitet.

Nur zuweilen trifft man auf eine Stadt oder doch das, was man in Sibirien unter diesem Namen versteht. Ein paar hölzerne Hütten, Pelzkappen auf dem Bahnsteig, Panjekutschen, die auf Gäste warten, die niemals kommen. Von Autos nirgendwo eine Spur. Man ist um ein Jahrhundert zurück in der Weltgeschichte in diesem glücklichen Lande. Noch immer ist man im äußersten, im transbaikalischen Teil des großen russischen Reiches. Und schon taucht im Morgengrauen der Baikalsee auf, und auch der ist ein Anblick, der die weite Reise lohnt. Andere Seen mögen sonniger sein, aber sicher gibt es auf dieser Erde keinen zweiten, der einen tieferen Eindruck auf den Beschauer hinterläßt. Den ›Heiligen Baikal‹ nennt ihn der Russe, und es schwebt in der Tat eine übernatürliche Atmosphäre um diese unwahrscheinlich klare Wasserfläche, in der sich die Wälder spiegeln. Weit und breit sieht man nichts Lebendiges.

Irkutsk sonst in der Welt bekannt und verrufen als Inbegriff der Ferne und Kälte, ist in den Augen des Sibiriers der letzte Triumph einer Großstadt, der Ort, zu dem man pilgert, wenn man sich mal richtig amüsieren will. Es ist das ›Sibirische Athen‹, mit Kathedralen und goldenen Kuppeln, die zum Teil noch von den Architekten stammen, die einst der vielgewandte Peter der Große hierher verbannte. Er schlug damit zwei Fliegen mit einer Klappe.

Aber freilich ist es eine Weltstadt nach sibirischen Begriffen, das heißt, nicht viel mehr als ein besseres Dorf in anderen Zonen. Es ist aber so still ringsum, so weitläufig und verträumt, so behäbig ›bürgerlich‹ – möchte man beinahe sagen, wenn das nicht eine Todsünde wäre in diesem Bolschewikenlande! Die Straßen sind so breit, daß sie Platzangst verursachen, die Häuser so niedrig, oft verziert mit wunderlichen Schnitzereien.

Ja, und zuweilen sieht man sogar einen Menschen auf der Straße! Aber da gingen wir durch die Leninskaja- oder war es die Karl-Liebknecht-, die Rosa-Luxemburg- oder die Karl-Marx-Straße? Es war an einem jener vielen Festtage, die sie feiern, weil sich so besser hungern läßt. Von fernher kam wilde, aufreizende Musik. Rote Fahnen blitzten auf. Nun marschierten sie vorbei im Gleichschritt: Soldaten in braunen Mänteln, die fast bis zur Erde reichten, ganz die Muschiks von früher, nur daß der rote Stern an der Mütze leuchtete, dazu junge Burschen in roten Blusen, Weiber mit revolutionären Bubiköpfen, alles in buntem Durcheinander, so wild verworren wie die Musik, aber ein mächtiger Rhythmus, der alles durchbebte:

»Wir sind die rote Garde, das Proletariat…«

Wirklich ein Festtag? Es ist nur ihre Art und Weise, den Rekruten den Laufpaß zu geben, ehe sie wie die Heringe verfrachtet werden nach den Garnisonen in Wladiwostok und hinterwärts von Irkutsk. Nur ein Intermezzo, eine alltägliche Angelegenheit. Der Kutscher auf dem Bock des Panjewagens schaut nur einmal auf und schläft gleich wieder ein. Der deklassierte ›Burschui‹ hüllt sich dichter in seinen schäbigen Mantel und knirscht mit den Zähnen.

Nitschewo!

Denn was ist die Welt, der Wechsel der Zeiten in Irkutsk?

Im Bummelzug durch Sibirien

Nowo-Sibirsk, im Oktober

In Irkutsk haben wir dem Expresszug den Laufpaß gegeben, denn erstens ist er teuer, zweitens eine rechte Schneckenpost und drittens – nichts als ein Stück Propaganda wie so manches hierzulande. Wären wir so weitergefahren, hätten wir niemals etwas von Rußland gesehen.

Nun aber war ich begierig auf die Wunder des Postzuges, der erst in fünf Stunden fällig war.

Was tun in der langen Zeit?

Ein Punkt, in dem die russischen Bahnen vorbildlich sein könnten für alle anderen, sind die großen, schönen Wartesäle mit ihren hohen Hallen und dem hübsch getäfelten Fußboden, auf dem selbst in Sibirien Palmen stehen. Bolschewistisch geht es hier zu. Der Typus des feinen Mannes ist gänzlich verschwunden. Kragen und Krawatten sind unbekannt. Es riecht nach Pelzmänteln und Juchtenleder und ein wenig nach Wodka. Lauter Proletarier, oder solche, die sich dafür ausgeben. So sitzen sie an den langen Tischen stumm und breit und löffeln eine recht gute Suppe, die man für dreißig Kopeken bekommt. Dreißig Kopeken? Aber so etwas war für deren fünf zu haben, in den vergangenen finsteren ›Burschui-Zeiten‹! Nach den Mahlzeiten geht man in die Leninecke und vertieft sich in die dort ausgebreitete Literatur. Es ist kein Mangel daran. Pravdas und Iswestijas liegen da in Haufen, Zeitschriften in ganzen Reihen, denn die Propaganda ist das Lebenswerk des Bolschewismus, und mehr noch als anderswo paßt das Dichterwort für die Sowjetrepublik:

»Papier, ich hör dich schreien,

So wird der Staat regiert!«

Aber es ist fast durchweg gutes Papier und eine saubere Aufmachung, die Bilder in den Zeitschriften gar nicht in der überspannt kubistischen Manier, die unsere Edelkommunisten vielfach belieben, sondern eher altfränkisch aufgemacht, mit treuherzigen Darstellungen von Helden und Heiligen – ja, Heiligen, nur daß sie eben den Glauben gewechselt haben. St. Marx und die heilige Rosa für zehn Kopeken, buntgedruckt für die russische Bauernstube. Fehlt nur noch der Heiligenschein; aber das kommt noch. Und das wird gekauft! Die Jugend frißt diese Druckerschwärze. An etwas muß sie ja glauben, wo man alle anderen Götter zerschlagen hat.

Im übrigen ist es gemütlich in der Leninecke, warm und mollig, so recht der Platz, um auf einen sibirischen Postzug zu warten. Auf einmal ist alles allgemeiner, fluchtartiger Aufbruch. Haben sie ihn doch noch rechtzeitig bemerkt, den Genossen Komsomol mit der roten Bluse und der drohenden Sammelbüchse für die Genossen Hafenarbeiter in Hamburg? Im rechten Augenblick kam der Postzug…

Das Reisen in Rußland war von jeher ein zweifelhaftes Vergnügen. Sibirische Bummelzüge sind nicht eben der Inbegriff der Bequemlichkeit und Eleganz, und die Sitten der Mitreisenden sind reichlich bolschewistisch. Aber man macht es wie die anderen. Man wappnet sich mit Geduld. Man sagt: ›Nitschewo‹, und es geht. Sibirien ist das Land der sehr großen Entfernungen. Die mittlere Distanz zwischen den Stationen beträgt einige fünfzig oder sechzig Kilometer. Größere Städte liegen tausend Meilen voneinander entfernt. Niemand kann zwischen Frühstück und Mittagessen seine Reise erledigen, und darum ist die Eisenbahn nicht nur ein Beförderungsmittel, sondern eine Art Heimat für alle, die sich ihr anvertrauen. Immer sind die Züge überfüllt, und darum ist jeder darauf angewiesen, neben seiner Fahrkarte noch eine Platzkarte zu erwerben, die ihm das Recht gibt, in übereinanderliegenden Kojen seine Glieder auszustrecken auf Betten, die man selbst mitbringt. Tagsüber werden diese Dinger heruntergeklappt, und alles hockt eng zusammen auf den Bänken. Es ist ein Bild, das einem das Zwischendeck eines Auswandererschiffes in Erinnerung bringt. Die Bauernfrauen mit großen Tüchern um den Kopf, die Männer mit langen Stiefeln aus bestem Juchtenleder und umfangreichen Pelzmänteln, von denen jeder den Platz für zwei Personen einnimmt.

Die Luft ist so dick, daß man sie mit dem Messer schneiden könnte, und die Doppelfenster sind mit einer gleichmäßigen Schmutzschicht überzogen, so daß man von den vorübergleitenden Schönheiten des Landes Sibirien so gut wie gar nichts sieht. Nur verschwommen, wie durch einen Schleier, sieht man die fast ununterbrochene Linie der Fichten- und Birkenwälder. Eintönig dehnen sie sich nach allen Seiten in der Ferne aus, durch die der Zug Tage und Nächte lang hindurchrollt, als ob sie endlos wären wie der Himmel, der sich darüber wölbt. Langsam wird das Wetter immer sibirischer. Der Himmel wird grau, dicke Schneeflocken wirbeln hernieder. Die Wipfel der Fichtenbäume beginnen sich zu beugen unter dieser weißen Last. Kann es anders in Sibirien sein? Auf der großen Brücke geht es über den Jenissei, auf dem die Eisschollen langsam dem Eismeer entgegentreiben. Der Rausch der großen Entfernungen erfaßt einen. Es ist ein seltsames Land, dessen düsterer Zauber sich nicht in Worten fangen läßt.

Ab und zu kommt doch eine Station, und dann beginnt sogleich der große Wettlauf der Teekannen. Wer in Sibirien über Land fährt, der führt solch eine Kanne mit sich, sonst würde man nicht für voll genommen. Kommt man an eine Station, so füllt man den Tee in die Kanne und läuft so schnell man kann nach den kleinen Häuschen, wo aus dem Hahn heißes Wasser läuft. Andere sind immer zuvorgekommen, und man hat Gelegenheit, sich in der im bolschewistischen Rußland so verbreiteten Kunst des Anstehens zu üben. Es ist eine frostige, zähneklappernde Angelegenheit, aber sie gehört mit zu den Reisefreuden.

Und sonst ist dafür gesorgt, daß man nicht verhungert. In langen Reihen stehen in Schnee und Wind die kugelrunden Bauernfrauen und breiten die chronique scandaleuse von ganz Sibirien aus, die von Mund zu Munde fliegt. Es ist eine angeregte Unterhaltung – und was zum Verkauf ausgestellt ist, läßt sich auch sehen: gebratene Hühner, Eier, Spanferkel und ähnliche Genüsse. Aber während wir noch beim Betrachten dieser Herrlichkeiten sind, während wir schnell den heißen Tee in Sicherheit bringen, pfeift die schwerfällige Lokomotive. Weiter geht die Reise.

Langsam kommt der Zug wieder in Gang, denn in Rußland braucht alles Zeit, zumal die Eisenbahn. Das Material ist alt und schon ein wenig klapprig. Die Lokomotive ist ein bemoostes Haupt von anno 1891, geschmückt mit einem Kaiseradler. Eine finstere, reaktionäre, eine geradezu gegenrevolutionäre Lokomotive, wie denn überhaupt der ganze Zug auf reaktionären Rädern aus der finsteren Burschuizeit rollt. Aber langsam kommt man schließlich doch vorwärts, und so geschah es, daß wir eines Abends endlich doch in den Bahnhof von Nowo-Sibirsk, der Hauptstadt Sibiriens, einliefen.

Im neuen Rußland verurteilen sie nicht nur Menschen, sondern auch Städte zum Tode, so auch die sibirische Stadt Tomsk, an deren Stelle das an der Hauptlinie gelegene Nowo-Nikolajew als Nowo-Sibirsk mit allen Mitteln zu einer Art Großstadt per ordre du moufti aufgeblasen wird. Am Bahnhof ist allerdings wenig zu sehen von der Herrlichkeit, denn der liegt weit draußen, irgendwo in der Wüste, und das ruppige Panjepferd vor der Kutsche muß tüchtig ausgreifen, ehe man in eine Gegend kommt, die man mit einiger Phantasie als Stadt ansprechen könnte. Das Wetter ist inzwischen ganz sibirisch geworden. Eine bitterkalte Nacht mit flackernden Nordlichtern, klirrendem Frost und hartem Schnee, der unter den Pferdehufen knirscht. So frostig wie draußen ist es drinnen in dem kleinen sogenannten Hotel, wo uns der Wirt von der Seite anschaut und die Gäste sich mißtrauisch in ihren Zimmern verschließen. Denn im neuen Rußland haben

Wände Ohren. Und übrigens: Das Zimmer kostet vier Rubel ohne Bettzeug, und der Kutscher verlangt deren zwei für die Fahrt zum Bahnhof. Denn da vorerst nichts Großstädtisches vorhanden ist, so fängt man wenigstens bei den Preisen an, wie denn überhaupt in Sowjetrußland das Pferd, zumal auch der Amtsschimmel, meist beim Schwanze aufgezäumt wird.

Das kommt einem so recht zum Bewußtsein, wenn man anderen Tags bei hellem Tageslicht durch die Straßen von Nowo-Sibirsk geht.

Ja, da steht in der Tat so etwas wie ein Wolkenkratzer mitten in der Steppe, als ob es nicht Platz genug gäbe in Sibirien! Da sieht man anspruchsvolle Banken, pompöse Bürogebäude, vielstöckige Mietskasernen. Fürchte indes keiner, daß bei dieser Kälte etwa die Wasserleitung einfriere, denn – es ist keine da, so wenig wie eine Kanalisation oder dergleichen. Dagegen Licht, Licht! Es ist eine echte Bolschewikengründung mit all dem Hang zum Modernen und Übermodernen, ein phantastisches potemkinsches Dorf, dahingestellt mit einem Federstrich. Vor zehn Jahren stand noch nichts oder so gut wie nichts. Heute hundertzwanzigtausend Einwohner, hunderttausend Bürokraten, hunderttausend Schreibmaschinen, hunderttausend große und kleine Volkskommissare, die von hier aus Sibirien zu Tode organisieren.

Aber proletarisch geht es dennoch zu, trotz aller Bürokraten. Überall tritt gewollte und bewußte Ärmlichkeit zutage. Sie sitzt in Russenblusen in den Bankkontoren, sie steht hinter dem Ladentisch im Kooperativgeschäft, sie lungert in den Sesseln im eleganten Café, das dennoch ›Burschui‹preise nimmt, sie hockt auf den langen Bänken im Speisehaus, aus dem einem eine muffige Armeleuteluft entgegenweht. Weiber sitzen hier mit Bubiköpfen, die so gar nicht zu ihren Bauerngesichtern passen, Arbeiterstudenten, die mit ihren Büchern eben aus dem Lenineum kamen.

Das Lenineum – ja, das ist es, worum sich alles dreht!

Ein großes, säulenbewehrtes Gebäude, in dem man alles lernen kann, was sich für Proletarier schickt, und das ist eigentlich nicht viel, denn also ist der bolschewistische Glaube, also beginnt die bolschewistische Weltgeschichte:

»Am Anfang schuf Lenin Himmel und Erde.«

Was vorher sich begab, das war der Rede nicht wert. Da herrschte die Finsternis, da hauste der ›Burschui‹. Dann erschien über den finstern Wassern der Geist Karl Marx und die heilige Schrift ›Das Kapital‹. Dann kam Lenin, und dann begann die Weltgeschichte. O Lenin, o Marx, o Engels, o Sankt Liebknecht, o heilige Rosa, die ihr, vorerst noch ohne Strahlenkranz, im Lenineum prangt, die ihr buntgedruckt in jeder Bauernstube hängt, aus Angst vor dem Genossen Dorfkorrespondenten.

Heilige, unheilige Zeit! Wer kennt sich noch aus in ihren Wundern und Wunderlichkeiten?

Moskwa – Mekka

Lambrecht i. d. Pfalz, Ende November

Tja – in Rußland muß man auch für die Fahrkarten anstehen!

In der Bahnhofshalle von Nowo-Sibirsk standen wir und warteten mit der Geduld, die man nur dem Muschik zumuten kann. Es war kalt, und der Atem lag wie ein frostiger Nebel über der dickgepackten Menschenmenge. So steht man und harrt der Dinge, die kommen sollen.

Was tut man nicht alles zur höheren Glorie des Sowjetstaates! Nun geht der Schalter auf, nun drängt sich alles nach vorn. Vergebliches Bemühen! Schon klappt der Genosse Bahnbeamte den Schalter wieder zu. Schluß für heute! Keine Fahrkarten mehr! Aber in Sowjetrußland führen viele Wege zum Schalter. Zumeist wird alles ›hintenrum‹ getan, wie bei uns zur seligen Kriegszeit, und so traf es sich gut, daß ein sprach- und landeskundlicher Kenner der Verhältnisse neben mir im Gedränge stand. Allem äußeren Anschein nach war er ein Russe wie die anderen, mit Pelzmantel, Pelzmütze und einem Sack, in dem er seine Habseligkeiten trug. Aber er war aus Berlin, hieß Kunze und wußte, wie man so etwas macht in Rußland. Ich solle einen Augenblick auf seinen Sack aufpassen, derweilen er eine Platzkarte zu meiner Fahrkarte besorge. Schnell verschwand er in der Menge und kam vorerst nicht wieder. Eine halbe Stunde lang stand ich neben seinem Sack und schalt mich einen Esel. Aber auf einmal, als ich schon beinahe alle Hoffnung aufgegeben hatte, stand er wieder vor mir in Begleitung eines Genossen Bahnpolizisten von der G.P.U., also eines richtigen Kommunisten von der siebenmal geliebten Tscheka, der dennoch eine Stelle hatte, wo er sterblich war, auch in kapitalistischen Dingen, und stramm salutierend für den Bakschisch quittierte. Aber um der Wahrheit die Ehre zu geben: Diese kleine Bestechungsaffäre war die einzige, die mir begegnete auf meiner Reise durch Rußland.

Während wir nun die Reise fortsetzten in der Richtung nach Omsk, wurde Kunze, der schon lange keinen Reichsdeutschen mehr gesehen hatte, nicht müde, mich über Deutschland auszufragen. Ob es wirklich so schlimm wäre, wie es hier in Zeitungen stände. Er glaube kein Wort davon, denn ein Deutscher sei ein Deutscher und ein Muschik ein Muschik, und wenn es dort tausendmal schlimmer wäre, könnte es nicht so sein wie jetzt in Rußland. Früher – da sei es hier ein Land gewesen, in dem Milch und Honig floß, aber heute – da habe er in diesem Jahr Dreißig Desjätinen Land angepflanzt und dafür ein Paar Schuhe bekommen! Und dabei die Steuern, und alle Augenblicke eine Rote-Wehr-Woche, eine Gaswoche, eine Woche für die Genossen Metallarbeiter, und was nützt's, wenn man da in den Wald läuft, wenn das rote Auto kommt? Der Genosse Volkskommissar findet einen doch. Nun sei er müde der Landwirtschaft. Am liebsten wäre ihm auch so ein Propagandaposten; aber dazu müsse man Protektion haben. Jetzt wolle er eine

Käserei einrichten, denn damit könne man etwas verdienen. Aber wie denn hier im Sowjetparadies? Da sei er drei Tage bei den Mandarinen in Nowo-Sibirsk umhergelaufen, bis er endlich im Büro des Genossen Käsekommissar angelangt sei, der ihm bedeutet habe, daß er zu diesem Zwecke eine Genossenschaft gründen und noch fünf Towarischti (Genossen) aufnehmen müsse, die zwar von Käse nichts verstünden, aber dafür umso besser stänkern könnten. Denn so sei es überall hierzulande: Die Hauptsache ist, daß einer nichts versteht. Dann stehen ihm die Tore offen zu allen Kommissariaten.

Also sprach Herr Kunze, nicht laut und zornig, wie man meinen könnte, sondern leise resigniert, mit vielen scheuen Seitenblicken nach den Genossen Polizisten von der G.P.U., den Tschekisten. Von diesen gab es nicht wenige im Zuge, und sie waren die einzigen wirklich elegant gekleideten Menschen, die ich sah in Sibirien. In ihren koketten Uniformen mit den fabelhaft geschneiderten Hosen von unmöglichem Umfang – ja, so berühren sich die Extreme! – erinnern sie auffallend an die Faschistenmiliz.

Und was gibt es noch weiter zu erzählen von der langen Reise durch Sibirien? In Omsk stieg Herr Kunze wieder aus, und dann ging es tagelang weiter durch endlose Wälder, finstere Moore, vorbei an Städten, die klein, geduckt und erdfarben am Boden kriechen, als ob sie sich schämten ihrer eigenen Armseligkeit.

Und an einem frostigen Morgen fuhren wir in den Bahnhof von Moskau ein. Er war so schmutziggrau, so freudlos wie der Herbsttag draußen. In der roten Leninecke lärmte der Lautsprecher des Radios. Anderthalb Stunden lang mußte man anstehen, um sein Gepäck aufzugeben. Auf dem Bahnhofplatz stehen viele Panjekutschen und nur sehr wenige Autos, denn – man sollte es nicht für möglich halten in dieser rasenden, autowütenden Zeit – diese Zweimillionenstadt hat noch keine zweihundert Taxiautos aufzuweisen, also noch nicht annähernd halb so viele wie – sagen wir, Suwa auf den Fidschiinseln! Und das hat seine Gründe, denn der hinterste Platz im hintersten deutschen Dorfe hat besseres Pflaster aufzuweisen als die vornehmsten Straßen dieser Weltstadt, die in den Augen von Millionen Menschen ein Mekka ist. Manches hat man sich unter Moskau vorgestellt. Aber solches nicht. Verwundert geht man durch die Vorstadtstraßen, zwischen armen Teeschenken und liederlichen Barbierstuben. In einer der letzten fragte der Friseur – ein polnischer Jude – nach dem Woher und Wohin mit der Gewissenhaftigkeit, die sein Gewerbe mit sich bringt.

Wo ich denn her käme?

»Von Sibirien.«

»Und wo werden der Herr jetzt hingehen?«

»Nach Deutschland.«

»Nach Deitschland – San Sie a glickliches Monn!«

»Aber bei Ihnen ist es doch auch schön, wo Sie doch im gelobten Lande wohnen?« meinte ich.

Da schaute er sich einmal um, wie das die Leute in Moskau so an sich haben, ehe sie etwas sagen.

»Ja, ist es schön! Ist es serr schenn in Moskau!«

Aber was war es nur, das uns auffiel, während wir weiter durch die Straßen gingen? Hatte jemand die Uhr der Weltgeschichte zurückgedreht auf Anno 1916? War man wieder mitten in Kriegszeiten? Ging der Teufel der Inflation wieder um? Standen sie da nicht in langen Schlangen geduldig in der Kälte vor den Türen der Kooperativläden um ein wenig Zucker, um fünf Pfund Mehl, um schwarzes, klebriges Brot? – Hier in Rußland, im reichen Rußland, zwölf Jahre nach dem Kriege? War sie hier wieder auferstanden, die liebe alte Z.E.G. unseligen Angedenkens, ging er denn hier noch immer um, der Spuk der ›Kriegsgesellschaften‹, die einmal auch bei uns den Hunger organisierten? Nun plötzlich wurde uns klar, was Bolschwismus ist, nachdem wir solange um eine Begriffsbestimmung verlegen waren: Es ist die Kriegswirtschaft in Permanenz erklärt, die Hypertrophie der Beamten, die alles zu Tode organisiert.

Aber freilich – es gibt auch hier, wie einst bei uns, noch rettende Inseln, auf die man sich flüchten kann in dieser steigenden Flut des Bürokratismus. Die menschliche Natur rächt sich an den starren System, indem man nämlich ›hintenrum‹ laufen kann oder im ›freien Handel‹ bei jenen armen, steuergedrückten Geschöpfen, die man heute noch vegetieren läßt an den Rockschößen des Bolschewismus. Aber man weiß, wie das einst bei uns auch war. Es ist ein teures Vergnügen, und nicht jeder kann sich das leisten. Mußte doch eine mir bekannte Dame zwei Rubel für hundert Gramm Butter bezahlen, wobei sie immer noch billig davongekommen war neben ihrem Gatten, dem der Kopf brummte beim Gedanken an die dreitausend Dollar Vorauszahlung, die er an jedem Jahresbeginn zu leisten hatte auf seine Dreizimmerwohnung in einem Neubau. Denn ein echter Bolschewik mag zwar den Kapitalisten nicht leiden, doch seine Dollars liebt er sehr.

Die Wohnungsnot, die Wohnungsämter in Moskau! Man müßte die Feder eines Tolstoi, den Spott eines Turgenjew besitzen, um sie auszumalen, Man müßte ein Maxim Gorki sein, um ganz hinabzusteigen in die Tiefe der Nachtasyle! Da gibt es Wohnungen für die Arbeiter und solche, in denen der Burschui vorerst noch vegetieren darf. Und dann gibt es Häuser für die Genossen von der Partei und für die Volkskommissare, die sich so etwas auf reaktionäre Burschuimanier hintenrum verschaffen, wenn gleich sie es öffentlich nicht wahrhaben wollen.

»Ich kenne die Weise, ich kenne den Text,
Ich kenne auch die Verfasser,
Ich weiß, sie tranken heimlich Wein
Und predigten öffentlich Wasser.«

Aber viel Platz ist weder für die einen noch die anderen, und Frau Sorge sitzt vor allen Haustüren. Man geht über den langen Boulevard, den weiten Prospekt und sieht die Häuser, die so kahl dastehen wie die vom Herbstlaub entblätterten Bäume. Grau und verwittert die Mauern, verrostet die Laube vor der Tür, verkommen die Gärten.

Heiliges Rußland! Heiliges Moskau! Wie mag es hier einst lustig hergegangen sein im Glück und im Sommer des Reiches! Noch schimmert die alte Herrlichkeit hinter den Mauern des Kremls, noch leuchten die goldenen Kuppeln der Kathedralen, selbst unter den roten Fahnen derer, die die Lichter des Himmels ausgelöscht haben.

Wer wollte leugnen, daß auch viel Idealismus, viel ernster Wille hinter diesen neuen Mächten steht oder stand! Aber sie sind damit hausieren gegangen nach ihrer Art, sie haben ihn umgeprägt in billige Münze und ihn auf den Markt geschleudert, sie sind gescheitert an der menschlichen Natur, bis nichts mehr übriggeblieben ist als die klappernde Mühle des Bürokratismus, der alles verschlingt.

An einem Herbsttag, einem Wintertag schon beinahe, machte ich mich auf den Heimweg. ›Nach Berlin‹ stand auf dem Zuge. Da fühlte ich mich schon zu Hause.

Peter Fleming

Mit mir allein. Eine Reise nach China (1933)

Trans-Sibirien-Expreß

Alle Menschen sind Romantiker, obwohl manchmal auf verkehrte und verschrobene Art. Und für einen Romantiker ist es immerhin etwas, neben dem Trans-Sibirien-Expreß in der Sonne zu stehen mit der zeitweiligen Besitzermiene des Reisenden und sich vorzustellen, daß diese lange Wagenschlange aus Stahl und Holz und Glas alsbald schwingend und rasselnd dahinsausen wird, vom Westen weg, in den Osten hinein, einen selber mit sich führend. Die Schienen verlieren sich in gleißender Kurve in die Ferne, eine fadendünne Brücke zwischen zwei Welten. In acht Tagen wirst du in der Mandschurei sein. Acht gründliche, gediegene Reisetage: nichts von den windigen Rekordsprüngen, die das Flugzeug, das Werkzeug der Oberflächlichkeit, heutzutage ermöglicht und bei denen man von Land und Leuten nichts hört und sieht. Der Hochmut der Schwergeprüften überkommt dich: Du gedenkst deiner Freunde in England, die allenfalls die Aussicht auf eine Birkhuhnjagd mit dem Gedanken versöhnen kann, acht Stunden ohne Murren im Zug zu sitzen. Acht Stunden!…Du lächelst geringschätzig.

Überdies ist die Würde oder zum mindesten der Zauber der großen Fernzüge in jüngster Zeit wieder erheblich aufgefrischt worden. ›Schanghai-Expreß‹, ›Rom-Expreß‹, ›Stambul-Expreß‹ – diese und andere haben ihre Möglichkeiten als Szenerie für Abenteuer und Romantik erfolgreich ausgebeutet. In Roman, Drama und Film herrschte festere Haltung in Schlafwagen als je seit den alten Tagen Oppenheims. Wohlgefällig wägst du deine Chancen auf eine ausländische Gräfin, Geheimemissärin einer ›gewissen Großmacht‹, das Korsett vollgestopft mit Dokumenten von höchster politischer Bedeutung. Wird vielleicht irgendwer dich fälschlich für Nr. 37 halten, dessen wahren Namen kein Mensch kennt und der unweigerlich immer in einem Zuge sitzt und irgendwohin ›gewirbelt‹ wird? Eine berauschende Vision von vergifteten Likören steigt dir auf, von geraubten Depeschentaschen, plötzlich erlöschenden Lichtern und langsam unterm funkelnden Auge einer Browningmündung sich öffnenden Türklinken…

Sie steigt dir auf, heißt das, falls du noch niemals hier des Weges gefahren bist. Das war ich aber. Für mich gab es keine ahnungsvollen Schauer des Ungewissen mehr. Man spricht davon, daß die Zeit manchmal still steht; in meinem Fall sprang sie schlechterdings zwei Riesenschritte nach rückwärts. Als ich mich in meinem Abteil niederließ und der Zug durch schäbige Vorstadtviertel in die mit Birken und Kiefern bestandene Landschaft hinausrollte, war die ganze wesenlose Stimmung des Eisenbahndaseins mit einem Schlage wieder da, als ob ich es nie unterbrochen hätte. Der unbeschreibliche Geruch der Polsterung, das unerbittliche Schüttern der Bewegung, das hohe Glas dünnen Tees in seinem Metallständer, die unrasierten Backen und das dösige, aber freundliche Lächeln des kleinen Aufwärters, der es brachte – all diese nichtigen Einzelheiten von damals waren plötzlich wieder auferstanden und löschten die Zwischenzeit zwischen dieser Reise und der vorigen aus. Das wechselvolle Spiel zweier Jahre mitsamt den grauen oder bunten Schauplätzen, den Städten und Wäldern, wo es sich abgespielt hatte, wurde für einen Augenblick, als sei es nie gewesen. Diese kleine, zeitlose, dahingleitende Zelle war mir wieder Heim und Schicksal, wie eh'. Mir war, als hätte ich immer nur im Trans-Sibirien-Expreß gelebt.

Der Speisewagen war sichtlich unverändert. Auf jedem Tisch standen immer noch feierlich zwei üppige schwarze Flaschen mit irgendeinem unausdenkbaren Wein, trügerische Wahrzeichen geselliger Tafelfreuden. Sie wurden nie geöffnet und nur selten abgestaubt. Vielleicht enthalten sie Tinte, vielleicht das Elixier des Lebens. Ich weiß es nicht. Ich bezweifle, ob irgendwer es weiß.

Verschwenderische, aber verschossene Papierkrausen schmiegten sich immer noch züchtig um die Töpfe mit den künstlichen Blumen, von deren traurigen Blättern der Staub zweier Kontinente ständig das spezifische Gewicht der Suppe bedrohte. Die ausgedehnte und dreisprachige Speisekarte war keiner Revision unterzogen worden; 75 Prozent der Gerichte waren noch immer apokryph, sämtliche Preise waren exorbitant. Das Salzfaß, wie eh', war mehr für den Geologen von Interesse als für den Feinschmecker. Kohlenstaub vom Donetzbecken, winzige Granitsplitterchen vom Ural, Sandkörnchen, vom Winde herbeigeweht bis von der Wüste Gobi her – es wäre eine hochinteressante Geschichte gewesen, die dieses Salzfaß unterm Mikroskop hätte erzählen können! Auch an den Aufwärtern hatte sich nichts verändert. Sie hockten immer noch wie die Verschwörer am anderen Ende des Wagens beisammen, in gedämpften und mürrischen Tönen miteinander redend, während der chef du train, ein gebieterischer, gnomenhafter Mann, langsam und nachdrücklich mit den Fingern auf seinen Zahltisch trommelte. Ihre Grämlichkeit ging nicht tiefer als der Schmutz auf ihren Gesichtern; sie waren jederzeit bereit, sich durch die Kämpfe aufheitern zu lassen, die man mit Sprache und Speisekarte zu bestehen hatte. Zeichensprache deuteten sie mit mehr Eifer als Auffassungsgabe; wie denn zum Beispiel mein Wunsch nach einem hartgekochten Ei – ein pantomimisch nicht eben leicht herzustellendes Verlangen, wenn man es bedenkt – dreiviertel Stunden, nachdem ich ihn geäußert hatte, durch das Erscheinen eines ganzen gebratenen Huhns erfüllt wurde.

Die einzige Veränderung, die ich feststellen konnte, bestand in der Person meines Abteilgefährten. Vor zwei Jahren war es ein junger Australier gewesen, ein innerlich stark mit den weniger naheliegenden Fährnissen des Reisens beschäftigter junger Mann. »Angenommen«, grübelte er etwa, »der Zug entgleist, besteht dann Gefahr, daß wir von Wölfen angegriffen werden?« Wenn er sich auskleidete, keuchte er wild, als ränge er mit dem unsichtbaren bösen Feind; er hatte eine klagende Stimme, und das Wort ›Nasendusche‹ (der bloße Name ›Sibirien‹ hatte genügt, daß er einen Schnupfen bekam) hatte in seinem Munde den traurigsten Klang, der sich denken läßt. Diesmal war es ein junger Russe, von dem ich gar nichts mehr weiß. Das ist auch nicht verwunderlich, da ich nie etwas über ihn erfuhr. Er sprach nicht englisch und ich sprach so gut wie gar nicht russisch. Ein in Moskau erstandener Sprachführer vermochte die Kluft zwischen uns nicht zu überbrücken; eine bewundernswerte Kompilation in mancher Weise, befähigte er einen, wie ich entdeckte, doch nicht zu beiläufiger Plauderei mit einem Unbekannten. Es lag eine gewisse Verdrießlichkeit, etwas Befehlshaberisches und Maßloses in solchen Äußerungen wie: »Zeigen Sie mir den Geschäftsführer, das water closet, Lenins Grab«, oder: »Bitte bringen Sie mir Tee, Kaffee, Bier, Wodka, Kognak, kaukasischen Rotwein, kaukasischen Weißwein.« Auch betrafen eine Menge Fragen, wie: »Können Sie mich zum Sowjetpalast führen?« oder: »Warum muß ich für die Weltrevolution wirken?«, nicht eigentlich Dinge, die ich ihn hätte fragen wollen; und die meisten Äußerungen lediglich feststellender Art – wie: »Ich bin ein amerikanischer Ingenieur, der Rußland liebt«, oder: »Ich wünsche Architektur, Medizin, Bankwesen zu studieren bei den besten Lehrern, bitte« – wären irreführend gewesen. Ich hatte nicht die Absicht, ihn irrezuführen.

So grinsten und nickten wir einander zwei Tage lang zu und gingen uns aus dem Wege und beobachteten uns schweigend und uninteressiert. Am Ende des zweiten Tages stieg er aus, und von da ab hatte ich das Abteil für mich.

Es läßt sich allerlei gegen Eisenbahnen sagen, aber ich tue es nicht. Ich liebe die transsibirische Bahn. Ich weiß, das ist ein Schwächegeständnis; aber es ist ehrlich.

Du wachst morgens auf. Deine Uhr sagt dir, daß es acht ist; aber du bist unterwegs nach Osten und du weißt, daß es eigentlich neun ist, obwohl es dir vermutlich schwer fiele, zu erklären, warum und wieso. Dein Bett ist bequem. Es liegt weder Grund noch Verlangen vor, aufzustehen. Nichts, was du tun oder vermeiden möchtest. Weder Aktiva noch Passiva.

Wärst du auf einem Schiff, so gäb' es von beiden die Menge. Ein gigantisches Frühstück, sonnige Decks, das Schwimmbad, die geniale Novelle, die du zu schreiben gedenkst, das blendende Geschöpf, dessen intuitive Bewunderung für deine Schriften du um keinen Preis untergraben möchtest – dies, unter anderem, sind die Aktiva. Zu den Passiven gehören: Deckspiele; der Mann, der einmal auf der Osterinsel war; die Bordmusik; das Umkleiden zum Abendessen und der Bootsdrill.

Anfangs scheint dir die Bilanz ausgeglichen. Aber allmählich, während die einförmigen Tage zu endlosen Wochen werden, gehen die verräterischen Aktiva unmerklich zur Gegenseite über und vermehren die Reihe der Passiva. Der Augenblick kommt, wo nichts mehr vor dir liegt, was du tun, sondern nur noch Dinge, die du vermeiden möchtest. Die geniale Novelle lastet, totgeboren, auf deinem Gewissen, eine Reihe gigantischer Frühstücke auf deinem Magen; die sonnigen Decks sind unerträglich sonnig, und selbst das Schwimmbad ist dir verleidet durch die Anwesenheit des blendenden Geschöpfes, dessen intuitive Bewunderung für deine Schriften du im Handumdrehen untergraben hast. Auf See kommt einem immer irgend etwas in die Quere, wie Kolumbus bitter bemerkte, als er Amerika sichtete.

Aber auf der transsibirischen Bahn gibt es keine Gemütsschwankungen. Du bist ein Gefangener in strenger Haft. Auf See bist du auch ein Gefangener, aber mit just soviel Bewegungsfreiheit, um noch allerlei Regungen der Unrast oder Unternehmungslust nachgehen zu können, deren keine zu etwas Rechtem führt. Der Gefangene setzt sich nieder um zu schreiben; dann denkt er: Auf Deck ist es schöner. Auf Deck weht ein Wind; seine Papiere fliegen ihm durcheinander. Mit einem Seufzer greift er nach einem Buch, einem gewichtigen Buch, dessen Lektüre ihm gut tun wird. Nach vier Seiten kommt eine Aufforderung zum Tennis. Er kann nicht absagen. Er geht hinunter, sich umziehen, kommt wieder herauf und spielt teilnahmslos. Dann folgt Konversation und ein Bad. Der Morgen ist vorbei.

Der Morgen ist vorbei. Seine Schreibmaschine ist im Rauchzimmer, sein Buch auf Deck B, sein Mantel auf Deck A, und er hat seine Pfeife verlegt und einen Fingernagel gebrochen. Alles, was er unternommen hat, ist fehlgeschlagen. All die Ruhe und Muße waren freudlos und unfruchtbar. Mit dem Nachmittag wird es das gleiche sein. Die meisten Menschen, obwohl nicht die besten, sind am glücklichsten, wenn die Frage »Was soll ich tun?« nicht in Frage kommt. (Daher die übliche und meist zutreffende Behauptung: »Meine Schulzeit war die glücklichste Zeit meines Lebens.«) Deshalb liebe ich die transsibirische Bahn. Du liegst in deinem Bett, mit Fug und Recht untätig. Am Fenster kriechen Ebenen und huschen Wälder vorbei. Die Sonne scheint schwächlich auf ein leeres Land. Stöße von Birkenstämmen entlang der Strecke – silbrig außen, schwarz an den feuchten Enden – erwecken die ausgefallene Illusion, als wären sie winterlich bereift. Immer ist irgendwo eine Elster in Sicht.

Du hast nichts zu schauen, aber auch keinen Grund, warum du aufhören solltest zu schauen. Du liegst wie in einem Vakuum; und schließlich mußt du irgendeine künstliche Albernheit erfinden, um dich zum Aufstehen zu zwingen: ›Bei der fünfzehnten Elster von jetzt‹ oder ›Wenn die Lokomotive das nächste Mal pfeift‹.

Denn es wird dir heimlich bange, dieser anhaltende Scheintod könnte deinen Charakter dauernd nachteilig beeinflussen, wenn du ihm nicht mit einem Rest von Selbstdisziplin Maß und Ziel setzt.

So erhebst du dich denn endlich und wäschst dich oberflächlich in dem dunklen kleinen Beichtstuhl, den du mit dem nächsten Abteil gemeinsam hast: in dem Becken, für das der erfahrene Reisende seinen eigenen Stöpsel mitbringt, da die Russen aus irgendeinem, seltsamerweise mit religiösen Motiven zusammenhängenden Grunde es unterlassen, dieses für eine sorgfältige Morgentoilette unentbehrliche Zubehör beizusteuern.

Alsdann, nach deiner Privatmarmeladendose greifend, wankst du dem Speisewagen zu. Es ist jetzt elf, und der Speisewagen ist leer. Du bestellst Tee und Brot und verzehrst appetitlos ein Frühstück, das deinen Bedürfnissen mehr als genügt. Im Speisewagen ist fast immer schlechte Luft, aber du hast aufgehört es zu merken. Die Fenster sind stets geschlossen, entweder weil es draußen kalt ist oder weil es draußen warm und trocken und somit staubig ist. (Natürlich nicht, als ob die geschlossenen Fenster den Staub abhielten. Weit entfernt davon. Aber es ist wenigstens eine Geste; mehr läßt sich nicht tun.)

Danach wandelst du zurück in dein Abteil. Der ›Prowodnik‹ hat mittlerweile dein Bett in einen Sitz verwandelt, und du eröffnest vielleicht irgendein törichtes Gespräch mit ihm, in dem die Anfangsgründe dreier Sprachen zu gegenseitigen Komplimenten über die respektiven linguistischen Fähigkeiten mißbraucht werden. Dann setzt du dich hin und liest. Und liest und liest und liest. Keine Ablenkung und Störung weit und breit; keine Verlockung, aufzustehen und etwas anderes zu tun; es gibt nichts anderes zu tun. Du liest, wie du noch nie zuvor gelesen hast.

Und so vergeht der Tag. Wenn du weise bist, übergehst du die gemeinsame Mahlzeit um drei Uhr, die aus fünf nicht leicht zu identifizierenden Gängen besteht und während der der Speisewagen überfüllt und die Fenster angelaufen sind. Ich hatte aus London Kekse und Büchsenfleisch und Käse mitgebracht; und der ist ein Tor, der nicht wenigstens einige Viktualien mit sich nimmt. Wobei allerdings zu sagen ist, daß man auf der transsibirischen Bahn infolge des Mangels an frischer Luft und Bewegung keinen Hunger hat. Eine wohlige Schlaffheit, ein Gefühl fast von Körperlosigkeit überkommt einen, und das Essen im Speisewagen, das zwar selten wirklich schlecht, aber niemals appetitanregend und oft knapp ist, ruft nicht die energische Kritik hervor, die ihm auf einer kürzeren Reise zuteil würde.

Auf den westlicheren Stationen – es gibt täglich etwa drei Aufenthalte von zwanzig Minuten – schreitest du noch kraftvoll, nach gewissenhafter Briten Art, auf dem Bahnhof hin und her. Aber nach und nach gibst du diese Gepflogenheit auf. Je tiefer du nach Asien hineingetragen wirst, je mehr verlieren die gewohn-

ten Götzen an Kraft. Es wird dir immer schwerer und schwerer, dir selbst einzu-
reden, daß du ein unwiderstehliches Verlangen nach körperlicher Übung hast; ja
du vergißt beinahe, daß es deine Pflicht und Schuldigkeit wäre, dieses Verlangen
zu haben. Anfangs bist du beunruhigt; denn dies ist der Osten, der berüchtigte
Osten, wo weiße Menschen in die Brüche gehen; dir wird angst, du könntest
deine Herrschaft über dich verlieren und zum Eingeborenen werden. Aber du tust
nichts dagegen, und nicht lange, so hört dein Gewissen auf, dich zu zwicken, und
es scheint dir ganz natürlich, schlaff in der Sonne zu stehen, verbiestert wie ein
Kauz, ungekämmt, bewegungslos, wie alle anderen auch.

Endlich kommt der Abend. Irgendwo in weiter Ferne, aus der du gekommen
bist, geht die Sonne unter. Schräges Licht gibt der Landschaft immer etwas Inni-
ges, und dieses Sibirien, dunkel gefleckt von den Kegelschatten der Bäume,
erscheint mit einem Male traulicher und zugleich geheimnisvoller, als die nak-
kten, nichtssagenden Flächen von Mittag. Deine Augen sind müde, und du legst
dein Buch weg. Gegen die grau vorüberschleichenden Fernen draußen führen nun
Erinnerung und Phantasie die Bilder des eigenen vergangenen und künftigen
Lebens und Strebens herauf. Ein Gefühl der Verlassenheit überkommt dich zum
ersten Male, und du sitzt grübelnd, bis dir Sibirien im Dunkel erloschen ist und
das schmutzige Fenster dir nichts mehr zeigt als dein eigenes Gesicht, dumm und
stumm, schattenhaft, und aller Wahrscheinlichkeit nach unrasiert. Du hebst die
Sitzung auf und begibst dich in den Speisewagen, nach Eiern.

Floreat Mongolia

So sieht eine Reise auf der transsibirischen Bahn aus, wenn man sie allein macht.

Die meinige verlief größtenteils ereignislos. Ein Tag schien dem anderen
gleich; die Zeit schlich einförmig vorüber wie der Horizont draußen. Aber in
Wahrheit war natürlich doch jeder Tag anders, innerlich und äußerlich. Der erste
zum Beispiel war drückend heiß; aber am zweiten Morgen pfiff ein rauher Wind
über den Bahnsteig von Swerdlowsk, wo sie den Zaren erschossen haben. Dann
war es zwei Tage lang so, als ob wir über Nacht in den November geraten wären.

Wir ließen den Ural hinter uns und durchkrochen den Bereich der Schwarzen
Erde, wo Menschen und Tiere auf den heckenlosen, verlassenen Steppen zu win-
zigem Spielzeug einschrumpften und jede kleine Gruppe von Gestalten wie ein
rührender, vergeblicher Protest gegen die Tyrannei der Einsamkeit erschien. Der
Himmel war düster. Regen peitschte in Strähnen an die Fenster, und wenn wir auf
einer Station hielten, winselte der Wind flehentlich in den Ventilatoren. In den
Dörfern standen sehr alte, sehr behaarte Männer im dicken schwarzen Kot und
glotzten uns an, aus Gewohnheit, ohne Neugier. Für gewöhnlich, wenn man im

Zug sitzt und zum Fenster hinausschaut, fällt es einem schwer, sich loszureißen, mag die Landschaft noch so eintönig sein. Man denkt:»Ich will jetzt lesen«; aber es dauert noch lange, bis man den Blick vom Fenster wegbekommt, genau so wie man noch lange zögert, den Telephonhörer einzuhängen, wenn die Nummer nicht antwortet. Brrrbrrr…brrr-brrr…brrr-brrr…jeden Augenblick kann das aufreizende Geräusch vielleicht doch noch durch eine Stimme unterbrochen werden! Jeden Augenblick kann auf den öden, leeren Flächen draußen vielleicht doch noch irgend etwas auftauchen, das man nicht gern versäumen würde. Aber hier war dem nicht so; hier konnte gar nichts kommen, das das Warten verlohnt hätte. Ein grauer kalter Mehltau war auf die Welt gefallen.

Wenn die Natur offen feindselig ist, wenn sie darauf aus ist, dich unterzukriegen, hab' ich nichts dagegen. Das Herausfordernde ihrer extremeren Launen ist anregend. Aber wenn sie grau und dumpf ist, wie an sich selber verzweifelnd, so fühle ich mich bedrückt. Am zweiten Tag dieses Schein-Novembers trieb es mich, bei der gemeinsamen Drei-Uhr-Mahlzeit Zuflucht zu suchen.

Häßliche Frauen und nichtssagende Männer; Kinder, die sich räkelten, wie nur Kinder sich räkeln dürfen, und, auf dem Schoß der Mütter hockend, ihre winzigen Ellbogen in die laue Suppe tunkten; Offiziere der roten Armee, derbe Kerls in blusenartigen Waffenröcken aus dunklem Khaki und mit wulstig gerunzelten Stiefeln, die aussehen, als ob sie aus einer Theatergarderobe stammten; ein einzelner, schäbig europäisierter Chinese aus Moskau…

Wir sind alle Kameraden, dachte ich bei mir; alle gleich; alle Bruderarbeiter am Fünfjahresplan; alle Mitwirkende im erregendsten Drama der modernen Welt… Aber von alledem hätte man uns äußerlich nichts anmerken können. Wir saßen und aßen, mit stumpfen, stieren Augen. Nach dem wesentlichen Charakteristikum dieser zusammengewürfelten Repräsentanten des neuen Rußlands befragt, würde ein unbefangener Beobachter es als Konstipation bezeichnet haben. Er hätte nicht so unrecht gehabt.

Ich begann, ohne Begeisterung, künstlichen Kaviar zu essen.

Und dann, plötzlich, war er da und saß mir gegenüber: ein langer, dünner, blasser Jüngling mit Hornbrille, Aldous Huxley nicht unähnlich. Ich lächelte, und sofort erzählte er mir seine Lebensgeschichte, in fließendem, obschon etwas zügellosem Englisch.

Er war zweiundzwanzig. Er war im Süden daheim, in Baku, aber er war vor vier Jahren weggelaufen, um in Moskau zur Bühne zu gehen. Er hatte (auf Kosten der Regierung) in einer Schauspielschule studiert und war jetzt vom Kulturkommissariat nach der Äußeren Mongolei geschickt, um dort ein Nationaltheater zu gründen. Er hatte als Schauspieler begonnen, war aber jetzt Regisseur:»Ein – wie nennen Sie's auf Englisch? conductor?« »Nein, producer.« Heutzutage wolle jedermann Regisseur werden; die besten Regisseure seien höher bezahlt als die besten Ingenieure. Stanislawsky zum Beispiel…und er verbreitete sich über Stanislawsky.

Er war ungemein gescheit; er verstand etwas vom Theater und hatte Gefühl dafür. Er hatte eine rasche und kritische Auffassungsgabe. »Das ist«, sagte ich zu mir (denn auf Reisen neigt man dazu, alles zu etikettisieren), »ein echter Repräsentant der jüngeren Intellektuellen. Es wird interessant sein, zu hören, was er am Sowjetregime auszusetzen hat.«

Gewiß. Aber er hatte nichts auszusetzen: gar nichts. In einer einigermaßen länglichen Expektoration setzte er mir die Lehren von Karl Marx auseinander, oder wenigstens den größten Teil davon. Sein Glaube daran, sein Stolz auf die Art, wie das neue Rußland sie praktisch verwirklicht, waren rührend und eindrucksvoll zugleich. Er sprach von Marx, als ob Marx der einzige gewesen wäre, der je die Fähigkeit des Denkens ausgeübt hätte; andere Philosophen wurden abgelehnt, nicht als minderwertig, aber als ganz andersartig. Er sprach von Kant, als ob Kant eine Nähmaschine gewesen wäre oder sonst etwas auf eine ganz andere Ebene Gehöriges. Hier war bis auf den Gipfel des Fanatismus getriebene Orthodoxie. Ich fragte ihn, ob die Mehrheit seiner Studiengenossen (er wohnte in Moskau in der ›Universitätsstadt‹ und kam vermutlich mit vielen seiner Altersgenossen zusammen) den gegenwärtigen Zustand ebenso begeistert bejahe wie er.

»Aber natürlich!« rief er. »Alle Studenten, alle die jungen Leute sind sehr, sehr…loyal.« Sein Lächeln bat um Entschuldigung für das aus der üblen alten Feudalzeit stammende Beiwort. Anfangs war ich verwundert. Aber nach und nach, indes er immer weiterredete, sah ich ein, daß seine Einstellung nicht nur natürlich war, sondern gar nicht anders sein konnte. Das Sowjetregime hat nicht wenige Erfolge zu buchen, aber auch nicht wenige Fehlschläge; und in vielen, wenn nicht den meisten Fällen hat die Kluft zwischen Gewolltem und Erreichtem für den kritischen Sinn eher etwas Komisches als etwas Begeisterndes. An sich wäre die Generation meines Nationaltheaterbegründers am ehesten zur Kritik berufen – junge Menschen mit Humor und Scharfblick, die noch zu jung waren, um von der Begeisterungswelle, die den ersten Fünfjahrplan trug, umgewandelt zu werden, und hernach als Erwachsene sahen, daß das, was als Kreuzzug in Szene ging, zu Zeiten bedenklich nach Rückzugsgefecht ausschaut. Aber sie üben keine Kritik; sie glauben ehrlich, daß die gegenwärtige Ordnung ideal sei. Und es wäre auch wirklich überraschend, wenn sie etwas anderes glaubten, angesichts dessen, daß ihnen dieses Regime Nahrung, Wohnung, eine gründliche Erziehung, rege Förderung ihrer besonderen Talente und viele andere Vorrechte gewährt, und zwar alles unentgeltlich. Kein Wunder, daß sie fanatisch orthodox sind. Nicht, als ob sie nicht wagen würden, die Gans davonzujagen, die die goldenen Eier legt; nein, sie haben noch nicht einmal gemerkt, daß es eine Gans ist.

Ich war viel mit Assorgim (so hieß er) zusammen, und wir redeten ausgiebig über eine Menge Themen, unter denen der Marxismus mit der Zeit eine immer geringere Rolle spielte; denn ich erkannte bald, daß ich die Gesellschaft dieses Jünglings unmöglich ertragen könnte, wenn ich nicht Bekehrung zu seinem Glaubensbekenntnis heuchelte. Am liebsten war es mir, wenn er vom Theater sprach, was er meistens tat. Die einzigen Auslandsnachrichten, die zu dem Durchschnittsrussen dringen, betreffen Streiks, Straßenkämpfe, Aufstände und dergleichen für den Fortschritt der Weltrevolution symptomatische Erscheinungen; das größte Land der Welt ist zugleich das insularste. Ich fand es typisch, daß mein Freund, obwohl bis in Einzelheiten vertraut mit den Verhältnissen der elisabethanischen Theater, sprachlos vor Staunen war, als er erfuhr, daß in England und Amerika weder Schauspieler noch Theater vom Staate unterstützt werden wie allenthalben in Rußland.

Er hatte eine tiefe Verehrung und auch ein gewisses Verständnis für Shakespeare und beschrieb mir ausführlich die einzigen beiden Aufführungen von – wie er es nannte – ›Gamlet‹, die Moskau seit der Revolution gesehen hat. Die erste, geleitet von einem Neffen Tschechows, war eine leidlich unverfälschte Wiedergabe des Stückes, bei der das Hauptgewicht auf den Widerstreit des Geistigen und Fleischlichen in Gamlets Natur gelegt war. Die zweite war ein ander Ding. Der Regisseur, ein Mann namens Akimow, sah in Shakespeare den Exponenten der neuen Bourgeoisie; keinen Hofpoeten wie Lyly, kein Kind des Volkes wie Ben Jonson, sondern den Mann des neuen Mittelstandes, der Erobererklasse, die bestimmt war, die englische Gesellschaft vom Feudalismus zum Kapitalismus zu bekehren. Und er hatte natürlich sein ganzes Klassenbewußtsein auf Gamlet verpfropft.

So wurde denn ›Gamlet‹ als melodramatische Komödie gespielt, mit einem fetten, gespaßigen Hauptdarsteller, der meist hoch zu Roß auf der Bühne erschien oder doch zum mindesten von einer Meute umwedelt: ein vergnügter Emporkömmling, dessen einziger Ehrgeiz der Thron und dessen einziger Kummer die Frage war, wie er dazu gelangen könnte. Den ›Sein-oder-nicht-sein‹-Monolog sprach er, während er eine Krone aufprobierte, die der Schauspieler-König auf einem Wirtshaustisch hatte liegen lassen. (Das mit dem Wirtshaus wurde mir nie ganz klar.) Was den Geist betrifft, so war das lediglich eine List Gamlets, um den unwissenden Kriegern einen solchen Schrecken einzujagen, daß sie zu ihm übergingen, und um ihnen die Frevelhaftigkeit des Königs zu Gemüte zu führen; wobei der Prinz die Stimme seines Vaters vortäuschte, indem er in einen Blumentopf sprach. Ophelia war eine weniger durch ihre Tugend als durch ihren gesellschaftlichen Ehrgeiz bemerkenswerte junge Dame: Sie wollte um jeden Preis Königin sein. Pikiert über Gamlets Zurückweisung ihrer Avancen betrank sie sich, sang ihre Wahnsinnslieder unter heftigem Aufschlucken und verschwand mit dem ›Fünften Edelmann‹ zu einer Ruderpartie. Niemand war überrascht, als sie ertrunken aufgefunden wurde. Claudius (oder Claudy, wie wir ihn in Sibirien nannten) war fast das ganze Stück hindurch betrunken.

Eines Tages kam Assorgim in mein Abteil mit der schüchternen Frage, ob er mich um eine Gefälligkeit bitten dürfe? Er beabsichtigte eine Menge verschiedener Stücke in Urga (der Hauptstadt der Äußeren Mongolei) aufzuführen, und in einigen davon kamen Engländer vor. Er wollte, wenn möglich, Lieder in seine Stücke einschalten; jede Gruppe sollte ihr eigenes Lied haben, weil das netter wäre. In Moskau wäre leider nur ein Lied für die Darsteller von Engländern vorhanden, und das sei ›Tiperary‹. Offen gesagt, er habe es über. Und außerdem: Sei es modern? Sei es charakteristisch? *Sei es korrekt?*

Ich konnte ihm meinen Verdacht nicht verhehlen, daß es – zum mindesten unter Zivilisten – keines von diesen Dingen sei. Das war ein Mißgriff meinerseits, denn nunmehr beschwor er mich, ihn ein anderes Lied zu lehren. Das brachte mich sehr ins Arge, da ich keinen Ton singen kann und so unmusikalisch bin, daß man mich schon des öfteren hat mit Rippenstößen auf die Füße bringen müssen, wenn ›God Save the King‹ gespielt wurde, das meines Erachtens kein Mensch – Fachleute natürlich ausgenommen – von ›Rule Britannia‹ unterscheiden kann.

Ich setzte indessen eine kühne Miene auf und erklärte ihm, das richtige Lied für ihn sei der Eton Boating Song, das Ruderlied der Etonschule, das das einzige Lied ist, das ich mehr als einmal gesungen habe. Nach einer peinvollen halben Stunde hatte er sich eine Art Travestie dieses unsterblichen Kantus zu eigen gemacht und ging daran, die erste Strophe ins Russische zu übersetzen. Er nahm sie mit, um sie seinem Freund beizubringen, einem kleinen blinzelnden Mann, der aussah wie ein Clown; und im Weggehen sagte er:

»Ich haben ein Stück, und da sind zwei Englische drin. Sie sind was Sie sagen clubmen. Nach lange Abwesenheit, viel Kummer, große Arbeit, wissen Sie, sie treffen sich wieder. Sie machen shake hands, weil sie clubmen sind. Und dann« (seine Stimme wurde fragend besorgt) »und dann – und dann – sie könnten singen dieses Lied? Sie haben eine solche Gewohnheit? Ja?«

Er war so eifrig, so begierig, dieses bißchen Lokalfarbe anzubringen. »Jawohl«, erwiderte ich, »das haben wir.« Schließlich war es immer noch besser als ›Tiperary‹.

Er war ein netter Mensch, Assorgim. Er mußte in Wertschne Udinsk aussteigen, von wo eine Autostraße nach Urga führt oder führen soll. Er bat mich, mitzukommen, und fast tat ich's. Aber ich wußte, daß es so gut wie unmöglich war, über diese Grenze nach China zu kommen, und nicht ohne Überwindung ließ ich der Vernunft die Oberhand. Wir schieden mit vielen Versicherungen gegenseitiger Wertschätzung, und ich gab ihm alle Kekse, die ich entbehren konnte. Ich denke oft an ihn: eine ferne, gestikulierende Gestalt, bemüht, den Einwohnern der Äußeren Mongolei den Eton Boating Song beizubringen.

Ach und Krach

Und nun war die Reise fast vorbei. Morgen sollten wir in Mandschuli eintreffen. Der Zug dampfte aus Irkutsk ab und rollte an dem Fluß Angara entlang bis zu seiner Mündung in den Baikalsee. Hier waren Männer beim Fischen, jeder in einem kleinen Boot aus Weidengeflecht, mit Leder bezogen, das an einem Pfahl festgemacht war, an dem die Strömung zerrte. Es war ein klarer, schöner Abend.

Es heißt, der Baikalsee sei der tiefste See der Welt. Es heißt auch, er sei so groß wie Belgien. Sein Wasser ist kalt und unheimlich durchsichtig. Die Russen nennen ihn den ›Weißhaarigen‹, wegen des Dunstes, der immer über ihm hängt. An diesem Abend waren es nur ein paar schmale Streifen, die malerisch und mit dem phantastischen Anschein, als seien es feste Körper, weit draußen über dem spiegelglatten Wasser schwebten. Über sie empor ragten die Häupter ferner Gebirge, schneegefleckt. Es war ein friedevoller, majestätischer Anblick.

Entgegen einer weitverbreiteten Meinung ist die Strecke, die um die Südspitze des Baikalsees herumführt, zweigleisig, und so auch die ganze transsibirische Linie von Tschita westwärts bis Omsk und neuerdings zweifellos noch weiter. Aber es ist ein sehr gefährdeter Abschnitt. Der Zug kriecht in Windungen am Ufer entlang, zu Füßen mächtiger Klippen. Die alte Strecke geht durch etwa vierzig kurze Tunnels, jeder schläfrig bewacht von einem Posten. Die neue Strecke führt außen an den Tunnels vorbei, zwischen Wasser und Felsen. Das ist das schwächste Glied in der langen, dünnen und etwas rostigen Kette, an der das Dasein der russischen Armeen im fernen Osten hängt. Im Jahre 1933 beliefen sich die Streitkräfte an der Amurgrenze auf etwa eine Viertelmillion Mann, einschließlich der Reserven.

Keine wohligere Empfindung als die, die man als ›Schulschlußstimmung‹ bezeichnen mag. Die traditionellen Blödeleien des schönen Liedes ›Wo werd' ich morgen um die Zeit sein? Nicht in diesem Schülulein‹ waren die Begleitmusik zu Wonnen so süß und unbeschwert, wie die meisten von uns sie nie wieder kosten werden. Während wir den Baikalsee hinter uns ließen und durch die Theaterlandschaft der Eingangspässe zur burjätischen Mongolei dahinschlingerten, fühlte ich mich hochbefriedigt. Morgen sollten wir die Grenze erreichen. Übermorgen hatte es ein Ende mit diesem nach Konsistenz und Geruch an fauligen Torf gemahnenden Schwarzbrot; mit diesem gleicherweise vorsintflutlichen Tee; mit diesem ganzen Trappisten- und Bärenhäuterdasein. Zwar, ich wußte noch nicht, was ich nun tun würde; hatte nichts sonderlich Bestimmtes vor. Aber ich wußte, was ich nicht mehr tun würde, und das genügte für den Augenblick.

Ich zog mich aus und ging zu Bett. Dabei bemerkte ich zum ersten Male, daß mein Bett die Nummer dreizehn hatte.

Ich konnte lange nicht einschlafen. Ich zählte Schafe, ich zählte Wiesel (ich finde, daß sie meistens wirksamer sind; ich weiß nicht warum). Ich deklamierte mit lauter, erbitterter Stimme einschläfernde Passagen aus Shakespeare. Ich psalmodierte die Namen sämtlicher Stationen, durch die wir gekommen waren, seit wir Moskau verlassen hatten: Bui, Perm, Omsk, Tomsk, Kansk, Krasnojarsk. (Bei der einen hatte mir ein tiefliegendes Krähennest in einer Birke, bei der anderen ein Schwalbengekreisch gegen den blassen Abendhimmel für einen Augenblick Heimweh erweckt.) Ich dachte an alle die allerlangweiligsten Leute meiner Bekanntschaft und stellte mir vor, sie säßen bei mir in meinem Abteil und hätten alle ihre Lieblingsthemen mitgebracht. Es half nichts. Mein Gehirn wurde immer reger und reger. Offenbar sollte ich niemals einschlafen…

Es war Fahnenparade, und ich wußte, daß ich zu spät kommen würde. Draußen auf der Straße, unter meinem Fenster, stand mein Pferd; aber es war mit einem dicken gelben Pelz bewachsen! Das war schauderhaft! Warum hatte man es nicht geschoren? Was sollte man von mir denken, wenn ich so zur Parade kam? Unzulänglich bekleidet, wie ich war, stürzte ich dennoch aus meinem Zimmer und die schlingernde Treppe hinunter. Und dann (Entsetzen!) brach die schlingernde Treppe auseinander. Sie bäumte sich, bog sich und schleuderte mich kopfüber hinab. Ein fürchterliches Knarren und Kreischen erscholl, gefolgt von einem Donnerkrach…

Ich fuhr in meinem Bett auf. Aus dem Netz hoch über mir kam mein schwerster, eisenbeschlagener Handkoffer wie eine Bombe herabgeschossen und traf mich mit aller Gewalt auf beide Kniescheiben. Ich war irgendwie nicht sonderlich überrascht. Das ist der Weltuntergang, dachte ich, und sie haben mir beiläufig bei der Gelegenheit beide Beine gebrochen. Ich hatte ein schal gekränktes Gefühl. Meine kleine Welt war wie betrunken umgekippt. Das Fenster zeigte mir nichts als ein paar Quadratmeter soliden Grasbodens schräg unter mir. Irgendwo sangen Lerchen. Es war sechs Uhr. Ich begann mich anzukleiden. Ich fühlte mich jetzt sehr ärgerlich.

Aber vor dem ermunternden Schauspiel, das sich mir bot, als ich aus dem Wagen stieg, verflog der Ärger. Der Trans-Sibirien-Expreß lag närrisch über den Bahndamm hingeräkelt. Der Gepäckwagen und der Speisewagen vorn ruhten seitlings drunten auf dem flachen Boden. Die fünf Schlafwagen dahinter, von denen meiner der erste war, waren in immer groteskeren Stellungen arrangiert, bis zum letzten hin, der steif und korrekt, gleichsam mit gerümpfter Nase, auf den

Schienen verblieben war. Fünfzig Meter voraus stand die Lokomotive, die sich von dem Zug absentiert hatte, festgefahren und schnaufend auf dem Bahndamm, mit ungebärdiger, bockiger Miene, trotzig dessen bewußt, was sie angerichtet hatte.

Man könnte sich schwerlich eine nettere Art von Eisenbahnunglück denken. Das Wetter war ideal. Niemand war ernstlich verletzt. Und das Ganze war so richtig wie im Filmdrama vonstatten gegangen, mit einer Menge verbogenem Stahl und zersplittertem Holz und mit dämonischer Gewalt zerpflügtem Rasen. Endlich hatten die Russen mal was Einwandfreies in Szene gesetzt.

Die Luft war erfüllt von nervenerschütterndem Stöhnen und dem Klirren brechenden Glases: Das erstere wurde von zwei Aufwärtern besorgt, die einen Stoß vor den Magen bekommen hatten, das letztere von ein paar Fahrgästen, die aus einem Abteil herauskletterten, dessen beide Türen sich verklemmt hatten. Die Sonne schien hell. Ich begann Aufnahmen zu machen, so schnell ich konnte. Das ist streng verboten auf Sowjetgebiet, aber die Beamten hatten alle Hände voll zu tun und waren zu aufgeregt, um es zu bemerken.

Das Zugpersonal stand verstreut um die Trümmerstätte herum und schrieb widersprechende Berichte mit zitternder Hand. Ein sehr netter deutscher Konsul und seine Familie – die einzigen Ausländer im Zug außer mir – hatten im letzten Wagen gesessen, und kein Haar war ihnen gekrümmt. Das jüngste Töchterchen, sechsjährig, war entzückt über die ganze Angelegenheit und überzeugt, daß sie eigens zu ihrer Unterhaltung veranstaltet worden sei; ich fürchte, sie wird sich im späteren Leben zuviel erwarten vom Eisenbahnfahren.

Nach und nach kam ich dahinter, was geschehen, oder wenigstens vermutlich geschehen war. Für gewöhnlich haben die transsibirischen Züge keine große Geschwindigkeit, aber der unsrige war in dem Augenblick, als ihm das Unheil widerfuhr, auf der Höhe seiner Leistungsfähigkeit gewesen. Er hatte gerade eine lange, steile Anhöhe hinter sich und den Wind im Rücken und gab sein Bestes her. Aber ach, am Fuße der langen steilen Anhöhe standen die Signale gegen ihn, ein Umstand, den der Zugführer auch rechtzeitig bemerkte. Er zog seine Bremsen. Nichts erfolgte. Er zog die Notbremse. Noch immer nichts. Etwas weniger rasch als zuvor, aber immer noch in sehr beträchtlichem Tempo sauste der Zug die lange steile Anhöhe hinab.

Die Strecke ist an dieser Stelle eingleisig, aber am Fuß der Anhöhe ist eine kleine Haltestelle, wo ein Zug stehenbleiben und einen anderen vorbeilassen kann. Unserem Zug indessen stand der Sinn nicht nach Anhalten: Es sah aus, als ob er die Signale einfach ignorieren und es, Kopf voraus, darauf ankommen lassen würde, mit einem westwärts entgegenkommenden Zuge eine Lanze zu brechen. Dieses Vorhaben wurde durch einen Weichensteller bei der kleinen Haltestelle durchkreuzt, der die Situation übersah und den Durchgänger säuberlich auf ein Nebengeleise rangierte. Das Nebengeleise verlief in einer langgestreckten Kurve und schien für mein Laienauge zu dem einzigen Zweck angelegt, Züge aufzunehmen, über die man auf der abschüssigen Höhe die Gewalt verlor. Aber zu welchem Zweck auch immer es angelegt worden war, jedenfalls war das lange her. Sein Zustand zeugte in einem selbst für Rußland ungewöhnlichen Grade für die Vergänglichkeit alles Irdischen. Das Nebengeleise war uns nicht gewachsen. Wir machten Kleinholz aus seinen verrotteten Schwellen und schwangen uns dramatisch den Bahndamm hinab.

Aber es war ein Hauptspaß gewesen: die komische und gewaltsame Klimax eines Zwischenspiels, dem es bis dahin an Komik und Gewaltsamkeit allzusehr gefehlt hatte für meinen Geschmack. Es war gut, auf einem Hügelchen im hohen Gras zu liegen und sich in Betrachtung zu ergehen über diesen langhingestreckten Trümmerhaufen, dieses Stilleben der Zerstörung. Da lag er, mitten auf weitem grünem Plan: der Elitezug, der Trans-Sibirien-Luxusexpreß. Über eine Woche lang hatte er uns übel mitgespielt: hatte uns hin und hergepufft, wenn wir versuchten, uns die Zähne zu putzen; hatte uns die Ellbogen zerbläut, wenn wir schrieben, und die Buchstaben ermüdend vor unseren Augen tanzen lassen, wenn wir lasen. Sein Pfiff hatte eigenmächtig unsern beschwingten Lustwandel auf den diversen Bahnsteigen abgeschnitten. Seine Fenster durften wir nicht öffnen wegen dem Staub; und geschlossen, hatten sie sich ständig als lockendes Ziel für kleine steinschmeißende Saboteure erwiesen. Er hatte uns mit hunderterlei Kleinigkeiten die Laune verdorben: indem er uns Tee in den Schoß schüttete, indem ihm die Butter ausging, indem er sein Dasein immer noch nach Moskauer Zeit regelte, die jetzt schon sechs Stunden hinter der Sonne herhinkte. Er war unser Gefängnis gewesen, unser ›Little Ease‹. Wir hatten ihn nicht geliebt.

Nun war es aus mit ihm. Da lag er und da mochte er liegenbleiben, ein zerbrochenes, verbeultes Spielzeug, ein dicker schwarzer Wurm ohne Kopf, hilflos verkrümmt: ein nutzlos Ding, darüber die Lerchen sangen auf öder Flur.

Kenne ich Rußland recht, so liegt er noch heute da.

Es war, wie gesagt, ein ideales Eisenbahnunglück. Wir erlitten nur vier Stunden Verspätung. Sie trieben eine andere Maschine auf. Sie brachten den letzten, jenen nasrümpfenden Wagen auf die Hauptstrecke zurück. Aus dem entgleisten Speisewagen wurde fürsorglich ein Vorrat altbackener Kekse zutage gefördert. In einem traurig verstümmelten Zug setzten die Deutschen, ein paar höhere Beamte und ich unsere Fahrt fort. Die übrigen Reisegefährten ließen wir zurück. Sie machten sich anscheinend nicht viel daraus.

Zwei Stunden später erreichten wir die russische Zollstelle, kurz vor der Grenze. Ich erinnerte mich, daß es im Jahre 1931 irgendwelche Schwierigkeiten wegen Photographien gegeben hatte. Wie war das?…Ach ja: Durch den ganzen

Zug war die Anweisung ergangen, daß wir alle auf russischem Boden exponierten Filme abzugeben hätten. Der junge Australier hatte einen in seiner Kamera, zu dem er sich augenblicklich bekannte. Aber es dauerte eine Weile, bis die Filme eingesammelt wurden, und nicht ohne einiges Zittern befolgte er meinen Rat, einen wieder aufgerollten unexponierten Film vorzuweisen. Diese kühne und scharfsinnige List wurde erfolgreich durchgeführt. Der Australier behielt seinen Film.

Es kam mir nicht in den Sinn, daß die Prozedur sich verändert haben könnte und die Vorschriften strenger wären. Stolzer Besitzer der meines Wissens einzigen von einem Ausländer gemachten photographischen Aufnahme einer Zugentgleisung auf der transsibirischen Strecke, unternahm ich keinerlei Schritte, um die beiden Filme zu verbergen, die sie enthielten. Sie lagen Seite an Seite, ohne weiteres sichtbar für jeden, der meine Aktentasche öffnete. Ich sah den Zollbeamten mit Gelassenheit entgegen.

Sie überkamen mich jählings: fünf große wißbegierige Männer, die alle zusammen ungefähr so viel Englisch konnten wie ich Russisch. Es war augenblicklich klar, daß sie es ernst meinten. Meine Handkoffer wurden systematisch ausgeweidet. Wie war die Nummer meiner Schreibmaschine? Hatte ich einen Erlaubnisschein für meinen Feldstecher? Vor allem: Hatte ich irgendwelche Kameras oder Filme?

Aber ja, rief ich, natürlich! und drückte ihnen einen winzigen Kodak, noch rostig von den Wassern des Amazonenstromes, in die Hände; ich überhäufte sie mit einem Sortiment unexponierter Filme, deren Jungfräulichkeit sie prüften, indem sie die Tropenpackung davon entfernten. Ich war nur darauf bedacht, Zeit zu gewinnen.

Es ist für jedermann ein Leichtes, mit Reden Zeit zu gewinnen; aber mein Wortschatz war zu begrenzt für wirksame Obstruktion. Sie in die feineren Netze unbefangener Plauderei zu verlocken, war unmöglich angesichts dessen, daß alles, was ich vorzubringen vermochte, entweder zu umständlich oder unverständlich war. Das begriffen sie schnell. Es waren Männer der Tat. Sie hörten einfach nicht mehr auf mich. Und dabei kamen sie der Aktentasche immer näher, die am Ende der Bank lag, am weitesten von der Tür weg.

Da Worte versagten, verlegte ich mich auf leblose Gegenstände. Ich wußte: Der Zug muß zu einer bestimmten Zeit wieder abfahren. Jede Minute Aufschub bedeutete ein Minus an Gründlichkeit für die Endstadien der Visitation. Demzufolge zeigte ich ihnen meine Schuhe und Bücher. Ich ließ sie alle der Reihe nach an meinem Haaröl riechen. Ich drang mit Aspirin und Büchsenfleisch in sie. Ich erläuterte ihnen die Nützlichkeit von Pfeifenreinigern und die Prinzipien, auf denen die Funktion von Sockenhaltern beruht. Aber die Untersuchung ging weiter. Sie ließen sich nicht abspeisen. Sie hatten unter der Bank die weggeworfene

Verpackung eines Films gefunden; sie witterten – und mit Recht – daß sie auf einer guten Spur seien.

Es war sehr heiß. Mein Rock hing an einem Haken. Und in der Tasche meines Rockes befand sich (wie mir plötzlich einfiel), jenes Faksimile von Stalins Brief an Jan. Ich nahm den Rock herunter und brachte den Brief zum Vorschein.

Der Erfolg war mäßig, obwohl es sie für einen Augenblick aufhielt. Ein paar höfliche ›Ah's‹, und die Suche ging weiter. Mittlerweile jedoch hatte ich mit einer kühn nachlässigen Bewegung den Rock auf die Aktentasche geworfen, die nunmehr außer Sicht war. Alsdann, mit allen Zeichen der Erschöpfung und Ungeduld, ließ ich mich schwer und seufzend auf Rock, Aktentasche und Filme nieder.

Hier sollte mich nichts wieder wegbringen. Trotzig eingenistet wie eine brütende Henne, verfolgte ich, wie die Meute schließlich die Spur aufgab. Ich unterschrieb die Formulare, die sie mir vorlegten. Ich überlieferte ihnen unter lautem Protest einen teilweise exponierten Film mit Photographien meiner Großmutter. Die Beamten waren unsicher, argwöhnisch. Ob sie auch alles gesehen hätten, was zu sehen sei? Jawohl, erwiderte ich mit Festigkeit, sie hätten alles gesehen, was zu sehen sei. Noch immer unsicher und argwöhnisch, traten sie den Rückzug an. Der Zug setzte sich in Bewegung. Ich hatte sie dreiviertel Stunden bei mir gehabt.

Erik Bergengren

Gelbe Gesichter. Sibirische Nächte und japanische Tage (1936)

Menschen und Gedanken im Zuge

In dem Gehege des Erster-Klasse-Wagens, in dem unsere Herrschaften wohnen, hausten manche seltsame Lebewesen aus verschiedenen Nationen: Aufgeschlossene Skandinavier mit blauen Augen, durchdringend und finster blickende Russen, vornehme englische Inselbewohner, kleine, redegewandte Franzosen und ein ansehnlicher Herr mit Monokel aus Deutschland.

In den anderen Wagen des Expreß sind keine Ausländer. Dort kann man aber im Vorbeigehen einen interessanten Einblick in das Leben der großen U.S.S.R. nehmen, von der der Zug ein kleines, aber echtes Teilchen ist.

Die Russen sind ein Menschenschlag für sich. Die älteren unter ihnen sehen resigniert aus, sind höflich, und führen eine demutsvolle, leise Sprache. Die jüngeren sind mißtrauisch, verschlossen, haben wachsame Augen und tragen eine Noli-me-tangere-Haltung zur Schau, die deutlich genug ausdrückt, was sie über die anderen Reisenden denken, wenn man ihnen im Gang begegnet.

Vier finstere Kerle sitzen hinter ständig geschlossener Türe im sechsten Abteil und führen dort ein großes Wort. Meistens reden sie einander nach dem Mund und begleiten ihre Reden mit Faustschlägen auf den Tisch, so daß Aschenbecher und Teegläser tanzen. Aber jedes Mal, wenn ein Ausländer ihren Bau passiert, hört das Gebrüll plötzlich auf.

Die Stiefel haben sie auf der Polsterbank und tragen irgendwelche Dienstgradabzeichen an dem hohen Kragen der schwarzen Bluse. Der freundliche Schaffner grüßt immer, wenn er leise vorbeigleitet, durch das Abteilfenster. Aber sein Gruß wird selten erwidert von diesen Brüdern der Freiheit und Gleichheit.

Zeichnungen liegen bei ihnen auf Tischen und Bänken verstreut zwischen Brotstücken, Zigarettenstummeln und Nachtzeug. Man erzählt sich im Zuge, daß diese Herren höhere Arbeitsführer seien und sich auf dem Wege zu einer neuen Großtat der vorwärtsdrängenden Kultur in einer entfernten sibirischen Station befänden. Sie sind winzige Rädchen in der großen Maschinerie des Fünfjahresplanes.

Die meisten Ausländer wollen nach China oder Japan. Sie reisen schon seit Berlin oder Warschau zusammen in dem engen Raum des Expreß und lernten sich recht genau kennen bei den gemeinsamen unfreiwilligen, aber angenehmen und interessanten Erlebnissen. Sie sind alle in bester Stimmung und nehmen den Tag, wie er sich bietet, zumal man weiß, daß der heutige dem gestrigen auf das Haar gleichen wird; denn größere Überraschungen gibt es nicht. Viele sind schon mehrfach durch Sibirien gereist und zeigen uns anderen während der stundenlangen Gespräche manchen wertvollen Kniff, wie man sich auf dieser Reise die bestmögliche Valuta oder die größte Bequemlichkeit verschafft. Die transsibirische Bahn ist nun einmal einzigartig auf der ganzen Welt.

Die dienstbaren Geister, zwei Russen in tabakbrauner Uniform, sind ständig auf den Beinen. Die armen Kerle scheinen niemals zu schlafen. Den ganzen Tag über nimmt sie der Kampf gegen den eindringenden Schmutz in Anspruch. Sie fegen, kehren und putzen den alten Wagen, und täglich scheinen sie selbst immer mehr zu verdrecken. Trotz ihres ärmlichen Aussehens werden sie von den Gästen sehr geschätzt, weil sie gefällig sind und beim leisesten Wink den unentbehrlichen, lebenspendenden Tee servieren. Sie sehen so freundlich, so arm und bleich und nichtssagend aus, diese pflichttreuen Burschen. Sie sprechen leise und beherrschen nur die melodische Heimatsprache ihres großen Volkes. Dienstbereitschaft und Unterwürfigkeit gegen alle, soweit es das strenge Reglement und das wachsame Auge des Zugführers gestatten, sind von früh morgens bis in die Nacht ihre lobenswerten Eigenschaften. Und während der langen Dienstjahre auf diesem engen Arbeitsfeld haben sie alle Feinheiten menschlicher Gesten und die tollsten Sprachverdrehungen verstehen gelernt. Einen Auftrag ausführen zu dürfen ist ihr einziges Vergnügen, und immer dienstbereit sein ihre Belohnung. Nachts sitzen sie angezogen an das warme Dampfrohr des kleinen Verschlages gelehnt, in dem sich der Samowar, der Ausguß und ein kleiner Geschirrschrank mit einem Klappstuhl und mehreren Besen den Platz streitig machen. Anscheinend schlafen sie dort nur mit einem Auge. Ihre Toilette vor dem Schlafengehen besteht nur darin, den Haken des Uniformkragens zu öffnen und die Mütze aufzuhängen. Sie sind recht wortkarg, und den Tonfall ihrer Lieblingsantworten auf die Fragen der Reisenden: »Jetzt kommt der Tee« und »Das weiß ich nicht alles« können sie vielfältig variieren. Damit möchten sie sich wahrscheinlich dafür entschuldigen, daß sie fragelustigen Ausländern nicht auf alles antworten dürfen.

Den einen Diener nennen die Reisenden Sanjit, was auf Deutsch ›Besetzt‹ heißt und Bezug auf die Toilette nimmt. Er hat nämlich seine Residenz Wand an Wand mit jenem nützlichen Örtchen. Und jedesmal, wenn jemand in löblicher Absicht sich dem Orte nähert, steckt er freundlich den Kopf zur Tür heraus, gibt artig ein Haltezeichen mit der Hand und sagt »Sanjit!« Das ist sehr praktisch, besonders, weil er nachher dann auch angestürzt kommt, um bessere Aussichten zu verkünden.

Der andere Diener wurde Prasnjik getauft. Das bedeutet ›Heiliger Tag‹ und paßt für ihn besonders gut, weil er immer in sich gekehrt wie ein Frömmler seinen Dienst tut und die Hände über dem Bauch faltet, so oft er mit jemand redet. Beide haben sich an ihre Namen gewöhnt und sie lieb gewonnen. Sie lächeln wohlwollend, wenn sie so gerufen werden, das heißt, wenn kein Russe, der Zugführer oder ein anderer Vorgesetzter es hört; denn dann nehmen sie ein strammeres, dienstliches Aussehen an.

Ein freundliches Gespräch und überhaupt der Umgang mit Ausländern haben eben keinen Platz in dem bolschewistischen Schema. Jedenfalls sind die beiden glücklich über ein freundliches Wort im Vorbeigehen, ob sie es nun verstehen oder nicht. *»Nitschewo!«*

Ja, die Freunde Sanjit und Prasnjik meutern nicht gegen ihr Schicksal, wenn sie auch kein sehr beneidenswertes Los haben. Und sie sind nur zwei aus dem Millionenheer, denen es genauso, auf keinen Fall besser geht. Der Zugführer, ein kleiner Sowjet-Herr in Uniform, trägt die langen Hosen in die blankgeputzten Stiefel gestopft. Er ist ein allgegenwärtiger, freundlicher Beamter, dem alle den Hof machen, sogar die Damen, die sein ritterliches Benehmen schätzen. Mit ihm auf gutem Fuß zu stehen, ist außerdem ratsam, da alle Fahrgäste in seiner Gewalt sind. Er verwahrt nämlich in seiner Kassette sämtliche Pässe, Ausweise, Akkreditive und Visums.

Man kommt sich als Reisender wirklich ganz nackt vor, wenn man dieser wichtigen Papiere beraubt ist. Und wenn sich ein Mensch als Nackter zwischen Angezogenen fühlt, dann wird er zahm und gefügig. So aber will es die Regierung gerade haben. Außerdem weiß ja die Leitung des Zuges, daß niemand nur um Fingersbreite von der angegebenen, abgesteckten Reiseroute abweichen kann. Und deshalb kann ihr Repräsentant ganz sicher sein, daß alle, die über die Grenze hereinkamen, das Land auch wieder über eine Grenze verlassen, selbst wenn wie hier gute zehntausend Kilometer zwischen den Grenzüberschreitungen liegen. Denn wie soll man in der U.S.S.R. ohne Ausweispapiere und Geld leben? Im Ernstfall wird es wahrscheinlich selbst mit diesem notwendigen Zubehör schwer genug fallen. Die Zeiten sind längst vorüber, in denen ein so schlecht ausgerüstetes Individuum auch nur die geringste Aussicht hatte, sich vierundzwanzig Stunden in diesem enormen Reich aufhalten zu können, das von dem Sauerteig der Wachsamkeit vollkommen durchdrungen ist. Nein, in diesem Teig werden die Korinthen sorgsam gezählt und die Fliegen mit bösen Absichten, auch wenn sie sich noch so gut als Korinthen verkleidet haben, schnell entdeckt und unweigerlich der Strafe zugeführt.

Die Unterhaltung mit dem Zugführer ist etwas beschwerlich, weil er keine der Weltsprachen beherrscht. Immerhin ein merkwürdiger Zustand auf einer so großen, internationalen Eisenbahnstrecke. Wenn man ihn noch so freundlich in einer westeuropäischen Sprache fragt, so antwortet er doch immer nur mit dem Namen der nächsten Station oder mit der genauen Uhrzeit. Dabei überreicht er dann eine dicke Zeittabelle in russischer Schrift, die außerdem das Tagesmenü des Speisewagens enthält. Er hat sich wohl überlegt, daß eine der beiden Antworten den Fragenden in den meisten Fällen zufrieden stellen muß. Wenn man aber nun nach dem Namen des Berges im Norden oder des soeben überquerten Flusses fragt, dann kann er mit seiner Patentantwort doch keine Erklärung geben. Jedenfalls bekommt man etwas ganz anderes zu hören, als man wissen will. »Nitschewo!« Das ist doch alles einerlei!

Die Regierung meint sicher, daß große Sprachkenntnisse ein recht überflüssiger Luxus seien, da der Zugführer ja doch immer nur nach ihrem Befehl bestimmen, reden und handeln muß. Die Fahrgäste haben nur dankbar zu lächeln und sich zu fügen.

Außerdem gibt es an Bord ja auch noch einen Vertreter des fortschrittlichen russischen Reiseverkehrs. Und an dessen Sprachfertigkeit und salbungsvoller Redegewandtheit ist gewiß nichts auszusetzen. Er beherrscht außer den Weltsprachen das klangschöne Jiddisch seines vermutlich polnischen Heimatghettos. Dieser Mann ist ein Erlebnis für sich. Ein Zwerg mit schwarzem Kraushaar, dessen jüdischer Herrgott in der Eile der Schöpfung Hals und Hohlfüße vergessen hat, was gewissermaßen durch ein stattliches Riechorgan wettgemacht wird.

Hinter seinem etwas vernachlässigten Äußeren verbirgt sich aber die levantische Seele eines großen Rechenmeisters. Eine Seele, deren angeborene ökonomische Veranlagung sich eigensinnig und tapfer gegen alles Geben sträubt und sich kindlich über das Nehmen oder die vermutliche Gelegenheit dazu freut.

Das Geldwechseln und die Kurse sind sein Spezialgebiet. Ständig hat er den rechten Daumen angefeuchtet, um sofort zum Geldzählen bereit zu sein. Hinter dem Ohr trägt er seinen Zauberstab. Er besteht aus einem grünen Anilinstift mit der für seinen Eigentümer bestimmt sehr einträglichen Eigenschaft, beim Geldwechseln den auszuhändigenden Betrag, ohne jede Rücksicht auf die amtlichen Wechselkurse, immer an Wert und Kaufkraft so gering wie möglich zu berechnen.

Wenn ein aufmerksamer Reisender etwa protestiert, dann können die sonst so sprachgeübten Ohren dieses Herrn plötzlich die Einwände nicht richtig verstehen, und er nimmt ein kindlich verwundertes Aussehen an. Der Geldbetrag, meist gute ausländische Banknoten oder Schecks mit Herrn Thos. Cook seniors markantem Profil in Stahldruck, ist dann schon längst in seine kleine, schwarze Tasche geglitten. Diese aber wird behend zwischen den einzelnen Transaktionen verschlossen, und von ihrem Inhalt wird so leicht nichts wieder herausgerückt. Es kostet diesen Herrn auf jeden Fall sichtliche Seelenanstrengung und schmerzliche Überwindung, einen Geldschein oder einen Scheck anders als in bis zur Unkenntlichkeit beschmutzte Rubelscheine verwandelt wieder hervorzuholen. Das ist allerdings verständlich; denn es muß ein trauriges Los sein, mit solchen Bazillenkulturen in Form von Banknotenbündeln herumzulaufen. Sie sehen aus, als ob sie alle vier Mägen des goldenen Kalbes durchreist hätten, bevor sie – vielleicht über die schwarze Börse – in der ängstlich bewachten Geldtasche landeten.

Fast jeder Reisende mit durchgehender Fahrkarte von Moskau nach Mandschukuo besitzt ein wichtiges Heftchen, dessen Bons ein ›Sesam-öffne-Dich!‹ für die Kostbarkeiten des Speisewagens sind. Dieses Gutscheinheft, das gleich für die ganze Fahrt gelöst werden muß, erstanden Grenbergs zum Beispiel in Berlin für teure Reichsmark. Die Preise auf den Gutscheinen sind aber vorsichtshalber in amerikanischen Dollars angegeben: ›Dinner, price 1.41 doll., Supper, price 1.16 doll.‹. Und in Wirklichkeit wird das Geld zu Rubeln und besonders entwertet, wenn beim Einlösen der Gutscheine die einheimische Valuta durch den engen Kanal gepreßt werden kann, der in der schwarzen Börse endet. Einen kleinen Vorgeschmack von dem, was sich auf der Fahrt durch zehntausend Kilometer des asiatischen Kontinents ereignen kann, bekommt man durch die Aufschrift des Gutscheinheftchens, die in vier Sprachen also lautet: ›Eine Zurückerstattung des Betrages für das Heft oder nicht verbrauchte Gutscheine ist ausgeschlossen. Sie kann nur im Falle höherer Gewalt, wenn der Speisewagen völlig abgekoppelt oder außer Betrieb gesetzt werden muß, beantragt werden. Dann wird die entsprechende Summe in Sowjet-Valuta zurückgezahlt.‹ Das aber bedeutet nichts Geringeres als die schicksalsschwere Drohung mit dem Hungertode, wenn man nicht wie der vorsichtige Deutsche im Abteil Drei einen Spiritus-Kocher, Brot, Bouillonwürfel, sechs verschiedene dicke Würste, Kaffee und einen leicht auffindbaren Limburger Käse mit sich führt. Damit kann man natürlich auch ohne Speisewagen ein Weilchen leben. Herrn Grenbergs einziger Proviant bestand in etwas Pumpernickel, der lange gegen Stöße und Feuchtigkeit gut verwahrt im Koffer lag, bis eines Tages in Omsk die Kaviarportionen besonders groß waren und er der Versuchung nicht mehr widerstehen konnte. Da wurde dieser denn mit den zunächstsitzenden Mitmenschen aus verschiedenen freundlich gesinnten Nationen gern, aber sparsam geteilt, als wenn es sich um ein Radioaktivum gehandelt hätte.

Der Deutsche ist ein ganz hervorragender Reisekamerad, wenn er auch ein Monokel trägt. Wie alle Deutschen hat er ein sicheres Auftreten und seinen festen Standpunkt in den Diskussionen. Er kann auch erklären, warum er so oder auch anders denkt. Da er von stattlicher Figur ist, bei den Damen Erfolg hat und außerdem noch eine ausgezeichnete Karte von Sibirien besitzt, versammeln sich die Arier des Zuges gern in seinem Abteil, wo er in charmanter Weise seine reichen Kenntnisse und seine Wurst an die andern verteilt.

Auf seiner Karte ist der Rückzug der Koltschak-Armee punktiert eingezeichnet, und dieser Rückzug wird zum Gegenstand einer leisen, aber lebhaften Diskussion. Die Geschehnisse jener ereignisreichen Tage leben wieder auf. Jene

Kämpfe zwischen Weiß und Rot, die gerade die Gegend von Omsk bis zum Baikalsee, die unser Zug kreuzt, zu der blutigsten Hölle des Weltbrandes machten.
Hier tobte der Kampf um Leben und Tod in der abscheulichsten Form, die Men-
schenhirne erdenken konnten. Ein Elend brach über das friedliche Land herein,
dessen große Tragik sich nur mit den größten Katastrophen der Weltgeschichte
messen kann. Blut und Tod und Pest und Vernichtung unter einem wahrhaft höl-
lischen Aufgebot von Haß und Rache, Tapferkeit und Vaterlandsliebe, Aufopferung und Mut, alles verloderte ohne jeden Nutzen, bis diese ganze Welt zusam-
menbrach und nur ein Haufen rauchender Ruinen übrigblieb.

Die Uhr zeigt halb neun.

Petrov, der liebenswürdige Kellner des Speisewagens, hat sich gerade durch
die schlingernden Wagen gewunden. Der eintönige Gong bricht das Gespräch
über den Krieg im Abteil Drei ab und ruft zum Abendessen, das ein immer
ersehnter und willkommener Höhepunkt des Tageslaufes ist. Petrov trägt noch
den Rock, der so weiß war, als wir vor über einer Woche Moskau verließen. Mit
sich führt er die Speisekarte, die in drei Sprachen ausgefertigt ist. Davon ist der
russische Teil wahrscheinlich für die Russen verständlich. Die anderen Sprachen
lassen sehr zu wünschen übrig. Aber »Nitschewo!«, es ist ja einerlei, weil man
doch alles essen muß, und wenn es sich unter noch so mesopotamischen Verklei-
dungen verbirgt.

Eine kosmopolitische Völkerwanderung mit ständigem Zustrom aus den
Abteilen beginnt hinten im Wagen erster Klasse durch Wagen dritter Klasse, in
denen es nach Zwiebeln und Knoblauch riecht, und durch den Gepäckwagen bis
zu den ersehnten Genüssen der Tafel vorn bei der Lokomotive.

Die durchwanderten Abteile offenbaren alle Phasen menschlichen Privatle-
bens. Hier werden Zwiebeln geschält und ein Kind gesäugt, dort spielt man Bala-
laika. Hier wird geraucht, Tee getrunken und mit vollem Munde gekaut. Dort
wird gelesen, geschnarcht, gegrölt und geschwatzt. Dazwischen wird Schach
gespielt, Geld gezählt und Tee gekocht. Der eine schustert, ein anderer wechselt
das Hemd. Prasnjik betet, Sanjit spült in der Toilette Teegläser. Alles geschieht
bei offenen Vorhängen. Nur der etwas verrückte Briefmarkensammler im zwölf-
ten Abteil hat die Tür hinter sich abgeschlossen, damit seine teuren Wertsachen
nicht als Schneeflocken zum Fenster hinausfliegen.

Schlafwagenlotterie, zwei Nieten und ein Gewinn

Mit einer hübschen kleinen Eigentümlichkeit macht man Bekanntschaft, wenn
man als Neuling nachts auf sowjetrussischen Bahnen reist. Man kann dort kein
Schlafwagenabteil mieten, das für Damen oder Herren reserviert ist. Man kauft

vielmehr aufs Geratewohl einen Schlafwagenplatz und wird dann sehen, welchen Geschlechts der Schlafkamerad ist, den die kleine Lotterie beschert.

Und doch ist ein Unterschied gegenüber einer landläufigen Lotterie: Was der eine als Niete ansieht, kann der andere sehr wohl als ausgesprochenen Gewinn betrachten. Der Geschmack ist nun einmal so verschieden! Die Russen, die in mancher Hinsicht ein besonders vorurteilsfreies Volk sind, halten diese Einrichtung für vollkommen natürlich. Den Reisenden mit westeuropäischen Begriffen können hier die Nachtstunden zu gewissen Schwierigkeiten führen. Herr Grenberg wurde durch den russischen Brauch um einige Erfahrungen reicher.

Eine ältere Dame, dem Aussehen nach die Witwe eines polnischen Grafen, war in ein Abteil mit einem Russen, der einen langen Bart und schwere, tranige Stiefel trug, geraten. Sie gestikulierte mit beiden Händen und setzte sich mit verworrenen Sätzen zur Wehr. Die Diener des Schlafwagens, der zu allem Unglück voll besetzt war, schüttelten den Kopf, weil sie das Peinliche der Lage nicht verstanden. Aber es wurde Zeit, ins Bett zu gehen, und die Mitreisenden wünschten nicht, durch laute Erörterungen um des Kaisers oder vielmehr des Schlafgenossen Bart gestört zu werden. Da trat Herr Grenberg, ritterlich wie er ist, mit Genehmigung seiner Frau vor und löste die Schwierigkeit. Er bot der Witwe einfach an, zu seiner Frau Zuflucht zu nehmen und kroch selbst mit vielen Erwartungen und einer kleinen Tasche zu dem alten Russen ins Abteil. Der wäre allerdings für die Gräfin ganz ungefährlich gewesen, denn er schlief schon, vollkommen angezogen, mit den Stiefeln auf seiner Pritsche. Und sein Schnarchen drang wie ein wütender Gewittersturm durch das malerische Gehege seines Bartes, so daß die letzten Speisereste lustig um seinen Mund tanzten.

Herr Grenberg war todmüde und schlief bis spät in den Morgen. Und siehe da! Der Morgen brachte eine Überraschung. Als Herr Grenberg sich im Bett aufrichtete, um seinem Schlafgefährten ein freundliches ›Guten Morgen!‹ zuzublinzeln, fand er keinen Russen mehr. Sogar das melodische Sausen hatte aufgehört. Denn in dem unteren Bett lag nun statt des Russen eine ältere Gutsbesitzersfrau hinter einem grauen Baumwollschirm und las die Zeitung.

In ganz leidlichem Französisch redete sie Herrn Grenberg mit ›Junger Mann‹ an, erzählte ihm, daß sie aus Tomsk sei, und wünschte Tee, da sie von dem verdammten Zug vom Fenster her, den nicht einmal der Baumwollschirm hätte abhalten können, ganz durchgefroren sei.

Herr Grenberg wurde dann in kräftigem Kommandoton aufgefordert, sich ja beim Aufstehen nicht zu genieren. Sie bat ihn energisch, eine Reisetasche mit wohl hundert Kilo Inhalt in das Gepäcknetz zu heben und dann die Tür zu öffnen. Die Alte rief so laut »tscha-iu«, daß sogar der Zug beinahe hielt. Sanjit, der seinen Posten niemals verließ, kam gleich mit zwei Glas Tee angesprungen. Und bald darauf erschien auch Frau Grenberg mit der polnischen Gräfin, die sich bedanken wollte, weil ihr Herr Grenberg sozusagen das Leben gerettet hätte. Doch zogen sich die beiden rasch zurück, als sie die Abteiltür offen und Herrn Grenberg noch im ungemachten Bett mit einer unbekannten Dame, die sie abweisend genug anschaute, hinter einem Regenschirm Tee trinken sahen.

Am nächsten Abend war Herrn Grenbergs Schlafkabine leer, als Petrov zum Abendessen im Speisewagen läutete. Aber als er sich nachher recht spät in seiner Junggesellenklause einfand, erlebte er die zweite Überraschung. Er wurde mit einem Schlage wieder munter, als auf der Bettkante weder ein Alter mit hohen Stiefeln noch eine Frau mit einem Regenschirm, sondern eine zierliche, wohl parfümierte junge Dame im Schlafanzug saß. Das pechschwarze Haar fiel über den Nacken, wo der Ausschnitt eines Pyjama anfing, dessen Raffiniertheit man mit nüchternen schwedischen Worten nicht beschreiben kann. Im Gepäcknetz lagen hübsche neue Köfferchen. Auf dem Fensterbrett spielte ein kleines, praktisches Reisegrammophon. Man muß Herrn Grenberg verzeihen, wenn er sich an den Kopf faßte und überlegte, ob er wirklich nur einen oder zwei Wodka zum Nachtessen getrunken hatte. Aber konnte der Alkohol allein das Zimmerchen so gemütlich machen? Die Szene war viel zu lustig, um wahr zu sein. Den Bruchteil einer Sekunde kam Herr Grenberg in Gewissenskonflikte und dachte daran, sich mit einer Entschuldigung zurückzuziehen. Aber, nachdem er vorsichtig die Nummer des Abteils geprüft hatte, die richtig war, und als das Mädchen auch schon die kaukasischen Augen mit ihrer unergründlichen Tiefe zu ihm aufschlug, da siegten Abenteuerlust und Spielteufel in seiner schwarzen Seele.

»Hat man in dieser Lotterie Nieten hinnehmen müssen, so braucht man sich wohl auch nicht zu schämen, wenn man einen Gewinn einheimsen kann«, dachte er, »und – im übrigen – hatte nicht er das Abteil gemietet, zum Kuckuck?«

So trat er rasch ein, schloß leise die Tür, allerdings mit größerer Sorge als die vergangenen Nächte, und sammelte seine besten russischen Brocken zu einem sinnvollen Satz. Er verbeugte sich artig und fragte:

»*Mjascha-ju-lji vamm,* störe ich Sie?«

Die Augen des Mädchens flackerten unbeschreiblich weich, als sie antwortete: »*Njiskoljka vajdjittji,* keineswegs, treten Sie nur näher!«

Dann nahm sie zum Schein einen winzigen Wollschal vom Kleiderhaken und legte ihn über die Knie. Aber das machte wenig aus, denn es gab ja noch genug Dinge zu sehen, die von keinem Schal bedeckt waren.

Die ganze Angelegenheit konnte man wohl als Chance bezeichnen, und sie war Herrn Grenberg nichts weniger als unangenehm. Das war ein Lichtblick in der sonst finsteren und kalten sibirischen Nacht.

Das Mädchen war ohne Zweifel eine Russin. Und da sie anscheinend die ganze Situation als etwas durchaus Natürliches empfand, brauchte man wohl nicht den prüden Fremden spielen. Wenn man in U.S.A. schon einmal im Pullman-Wagen nur zwischen Vorhängen geschlafen hat, dann kann man es hier wohl auch ohne Vorhang, dachte Herr Grenberg. Er zog rasch den Rock aus und begann, die Krawatte abzubinden. Aber etwas widerstrebte ihm das Auskleiden in dem engen Abteil doch, und jedes Kleidungsstück nahm beim Ausziehen etwas mehr Zeit in Anspruch als sonst. Er schielte zu dem Mädchen hinüber, aber das Fräulein ließ ganz ungeniert ihre roten Pantöffelchen auf den Fußboden gleiten und schwang dann die hübsch geformten Beine unter das graue Einerlei der Wolldecke. Darauf legte sie eine neue Platte auf das Grammophon.

»*Ljubitji-lji-musuiku,* sind Sie musikalisch?« fragte sie freundlich und breitete eine Zeitung vor ihrem Gesicht aus, während die Melodien von Paganini lieblich und einschmeichelnd das Abteil füllten und es gleichsam leichter machten, das Hemd über den Kopf zu ziehen.

Herr Grenberg, der sich nicht einmal daran gewöhnen konnte, vor den Badefräulein in Stockholm ohne Scham als Adam aufzutreten, mochte sich doch nicht recht vor einer kleinen, hübschen Dame ausziehen, die er noch dazu erst einige Minuten vorher kennen gelernt hatte. Man wußte ja auch nicht genau, wie sie darüber dachte. Aber das Licht auszumachen war doch wohl zu feige, und einen biederen Regenschirm wie die Bauersfrau gestern hatte er nicht als Schutz. So half es nichts, er mußte sich daran gewöhnen. Und bei den Tönen des Grammophons, die Herr Grenberg mitpfiff und unter einigem Schaukeln, das die Bewegung des Expreß mit sich brachte, ging das Auskleiden mit einer fast akrobatischen Behendigkeit vonstatten, die an sich durch die beharrlichen Abend- und Morgenübungen der letzten Tage gut einstudiert war.

Gerade, als er bei einem feinen Pianissimo mit einem Balance-Akt in seinen feinen, gestreiften Pyjama stieg, der vielleicht schon für die Gelegenheit einer Damengesellschaft ausgesucht war, ruckte der Zug heftig – und Herr Grenberg sah sich von der Fügung unsanft, aber wohlwollend auf die Bettkante des Mädchens geworfen. Er konnte nur noch ein freundliches »*Pardon!*« über die Lippen bringen und saß schon auf einer angenehm kühlen Grammophonplatte, ›*Salut d'amour*‹, die dabei in Scherben ging.

»Pardon!« Ja, es gibt Zufälle im menschlichen Leben, bei denen es nichts nützt, daß man eine teure Unfallversicherung zu Haus im Schreibtischkasten hat. Die mildernde Melodie der Schallplatte im Fenster hörte mit einem häßlichen Kratzen auf. Aber das junge Mädchen warf die Zeitung in die Ecke, und, längelang auf dem Bett ausgestreckt, lachte sie so sehr, daß das erst kürzlich aufgetragene Rouge der Lippen kaum den halben Mund bedeckte. Das war ja ein Beweis dafür, daß sie das Peinliche der Lage so gut wie möglich übersehen wollte, und Herrn Grenberg kam es vor, als wenn er die kleine Frau schon lange Jahre kenne. Seine wiederholte Bitte um Verzeihung erstickte in einem lauten Knacken. Eine neue Platte wurde aufgelegt. Schon in Berlin erstandene

Most-Pralinen und ziemlich lauwarmes Selterwasser wurden die Mittel der Verbrüderung. Auf der Bettkante prostete man sich zu, und eine lebhafte Zeichensprache vollendete das ausgelassene Gemälde in dem engen, aber vielleicht deshalb so gemütlichen Rahmen.

Da die Sprachkenntnisse sehr begrenzt waren, ging die höchst zeremonielle Vorstellung so vonstatten, daß die beiden einander die Visitenkarten ihrer Reisetaschen zeigten, deren Familiennamen gegenseitig unaussprechlich waren. Deshalb begnügte man sich mit den Vornamen, wie man es manchmal in heiklen Situationen zwischen großzügigen Menschen tut.

Sie hieß Ane und war von Irkutsk, der großen, schönen Stadt am Baikalsee. Außer einer guten Zeichensprache besaß sie noch vorzügliche Apfelsinenmarmelade, und dieser Leckerbissen ging schon in den ersten Stunden der Freundschaft seinem Ende entgegen.

Bald machte man auch Schluß mit den schmachtenden Tönen der Schallplatten. Zuletzt hatte man sie nur mehr mit Dämpfer gespielt. Das heißt, man stopfte Herrn Grenbergs armen Pyjamarock, der anscheinend auch in dieser Beziehung noch für Damengesellschaften berechnet war, ganz einfach in den Trichter des Apparates.

Da nun die Schlafstelle Grenbergs anderthalb Meter in der Luft hing und einsam und ungastlich aussah und andererseits Ane über die Kälte klagte und vom Licht gestört wurde, war es die Pflicht des ritterlichen Herrn Grenbergs, dafür zu sorgen, daß diese Mißstände abgestellt wurden.

Er schaltete also die Lampe aus und breitete das Wärmste, was er hatte, über die kleine Ane.

Da wurde es angenehmer. Und während der Mandschu-Expreß seinen Weg nach Osten weiter donnerte und schon rote Streifen am Himmel über Irkutsk den neuen Tag über dem Spiegel des Baikalsees verkündeten, schwebten noch immer die Weisen des zu Ende gespielten ›Salut d'amour‹ im Abteil. Und die Fugen der Eisenbahnschienen sangen ihr eintöniges Lied: Zwei Nieten – ein Gewinn, zwei Nieten – ein Gewinn…

Mildred W. Marshall

Zwei Schullehrerinnen aus Oregon reisen um die Welt (1937)

Durch Sibirien

Endlich waren wir auf dem Weg in unser großes Abenteuer – die Transsibirische Eisenbahn. Viele Gedanken bewegten uns. Wer werden unsere Reisegefährten sein? Wie werden wir auf der neuntägigen Bahnreise bis Fusan an der Spitze Koreas untergebracht sein? Wie sieht Sibirien aus – nur dunkle Tundra? Treiben die Mongolen ihre Herden durch die endlose Einöde? Welchen Gefahren werden wir ausgesetzt sein? Und werden wir etwas von den gefürchteten sibirischen Arbeitslagern sehen?

Nachdem wir den Bahnhof erreicht hatten, brauchten wir nicht lange, um unser Heim für die nächsten sechs Tage auszumachen. Es war ein ansehnliches Coupé mit dunkelgrünen Wänden und einem Spiegel an der Wand gegenüber dem Sitz. Es gab Gepäckhaken und -netze in Hülle und Fülle, es gab eine Deckenlampe, zwei Leselampen und eine bläulich schimmernde Nachtbeleuchtung. Die vom Fenster zum seitlichen Gang reichende Sitzbank war etwas hoch, aber durchaus bequem. Den vorhandenen Aschenbecher, den Spucknapf und den Heizkörper haben wir nicht benötigt.

Nachdem wir unser Gepäck verstaut hatten, gingen wir auf den Bahnsteig, um an der frischen Luft kühlen Kopf zu bewahren. Wir lernten eine amerikanische Familie kennen, die auf der selben Route reiste. Mr. und Mrs. McMullen kehrten nach Hangchow in China zurück, wo er eine presbyterianische Schule leitete. Sie lebten seit 27 Jahren in China und hatten mit ihren drei Söhnen eine Europa-Rundreise gemacht. Sie hatten ebenfalls ein 2.-Klasse-Coupé, zwei Türen von unserem entfernt. Die Coupés der ersten und zweiten Klasse befanden sich im selben Waggon, der einzige Unterschied schien darin zu bestehen, daß die 1.-Klasse-Coupés ein eigenes Waschbecken hatten, während wir nur die Waschmöglichkeit bei der Toilette am Wagenende hatten.

Unser Intourist-Reiseführer für die Bahntour sprach ausgezeichnet ›amerikanisches‹ Englisch. Er hatte sieben Jahre in New York gelebt und dort als Schneider gearbeitet. Uns wurde mitgeteilt, daß unsere Essenszeiten 9 Uhr früh und 3 Uhr und 8 Uhr am Abend waren. Die McMullens gaben ihm wegen seiner hohen Stimme und seiner weiblichen Manieren den Spitznamen ›Tah‹, was auf chinesisch soviel wie ›es‹ bedeutete.

Es war schon dunkel, als der Zug den Bahnhof verließ. Wir hatten keine Eile, ins Bett zu gehen, da es Frühstück sowieso erst um 9 Uhr geben würde. Der Zug rumpelte vor sich hin, aber unsere ›Kojen‹ waren bequem und wir schliefen gut. Die Bettwäsche wurde alle drei Tage gewechselt.

Das Frühstück im Speisewagen war ein wahrer Genuß – eines der besten Schinkenomelettes mit Toast und einem Obstkompott. Da es nur einen Speisewagen im Zug gab, vermutete ich, daß die Passagiere der 1. Klasse auch kein besseres Essen als wir bekamen. Zu jeder Mahlzeit gab es immer ›Tschai‹ (Tee) mit Zitrone. Die McMullens hatten eigenen Instant-Kaffee dabei und verlangten immer nur heißes Wasser. Das kannten wir überhaupt noch nicht, wir waren aber mit unserem Tee zufrieden. Zum Mittag wählten wir Kohlsuppe (sehr gut) und Truthahn mit Salat aus Gurken, Tomaten, Zwiebeln mit saurer Sahne. Ein anderes Mal wählten wir Hammel, der auch sehr schmackhaft war. Zum ersten Abendessen bestellten wir Brathähnchen und das nächste Mal auf Vorschlag unseres Dolmetschers ›Beafsteak‹. Das schmeckte so lecker, daß wir es danach jeden Abend bestellten. Wir hatten wirklich Glück mit unserem ›Kombüsen‹-Chef.

Am ersten Abend saßen wir mit Marianne zusammen, einer jungen Amerikanerin, die in Hollywood gearbeitet hatte und alle möglichen Leute aus der Glitzerwelt des Showgeschäftes kannte. Sie war zwei Monate mit Freunden in Moskau gewesen, um den russischen Filmemachern ein paar Tips zu geben. Sie hatte eine Intourist-Fahrkarte 3. Klasse und war im Wagen gleich hinter uns untergebracht. Ihr Abteilnachbar war ein junger Offizier der Roten Armee. Das störte sie überhaupt nicht, denn er machte auch einen sehr guten Eindruck. Er war sehr höflich, stand vor ihr auf und verließ dann das Abteil, damit sie sich anziehen konnte. Er hatte das An- und Ausziehproblem gelöst, indem er tags wie nachts in seinem gestreiften Pyjama rumlief. Das war wohl auch Reisestandard, denn sowohl im Speisewagen als auch während der Aufenthalte auf den Bahnsteigen sahen wir Leute, auch Frauen, die so angezogen waren.

Die ersten Tage hatten wir eine ungemeine Hitze und eine Klimaanlage gab es natürlich nicht. Da sich die Fenster nicht öffnen ließen, nutzten wir jeden Zehn-Minuten-Halt, um uns auf dem Bahnsteig die Füße zu vertreten. Später, als wir schon in kühlere Gefilde kamen, taten wir es wegen der frischen Luft und aus Gewohnheit genau so. Auf einem dieser Spaziergänge trafen wir Jimmy, einen jungen Amerikaner, der nach eigener Aussage durch Europa für einen Apfel und ein Ei gereist war. Er reiste 4. Klasse-weich durch Sibirien. Es sollte sogar noch eine 4. Klasse-hart und eine 5. Klasse gegeben haben. Sehr weich sah das aber nicht aus. Er teilte sein Abteil mit fünf Leuten, darunter ein krankes Kind und ein russischer Soldat namens Sergej. Jimmy versuchte freundlich zu ihm zu sein, indem er ihm auf einem Tablett etwas zu essen anbot. Sergej ließ es aber liegen und letztendlich aß es ein Hund. Aber er revanchierte sich mit einer freundlichen Geste und schenkte Jimmy eine mongolische Münze. Wir luden Jimmy in unser Abteil ein und waren nun idealerweise zum Kartenspielen zu viert. So ging es die ganze Fahrt, wir alle mochten unsere Gesellschaft und lauschten gegenseitig unseren Geschichten und Erfahrungen.

Mit Marianne verstanden wir uns am besten. Wir stellten fest, daß wir sogar bereits auf dem selben Schiff den Atlantik überquert hatten. Sie war dann über Paris mit dem Zug nach Moskau gekommen. Sie konnte gut nähen und hatte eine große Garderobe nach Rußland mitgebracht. Sie hatte viel davon – natürlich heimlich – verkauft und hatte so viele Rubel zusammen, um sich einen Fotoapparat zu kaufen – eine russische ›Fed‹, die der deutschen ›Leica‹ sehr ähnlich war, denn Deutsche aus der Leica-Fabrik prüften die Qualität der russischen Fed-Apparate. Mit Hilfe von Freunden hatte sie die Kamera mit einer hervorragenden Linse erworben, die sie dann vor dem sowjetischen Zoll verstecken mußte, da die Ausfuhr eigentlich verboten war.

Jimmy hatte viel über seine 35-Dollar-Spritztour durch Europa zu berichten. Einige seiner Eindrücke waren: Italienerinnen sind wunderschön, die Gondolieres von Venedig singen überhaupt nicht, die Tschechoslowaken sind streitsüchtig, München ist die schönste Stadt mit den besten Museen. Jimmy war ein Opernfan und hatte sich die Platten von ›Carmen‹ und ›La Traviata‹ gekauft. ›La Bohème‹ hatte er sich leider nicht mehr leisten können.

Wenige junge Amerikaner reisten in diesem Sommer durch Europa. Es war das Jahr 1937 und die Weltwirtschaft begann gerade sich nach der Großen Depression zu beleben. Außer uns vieren waren nur noch zwei andere Amerikaner in unserem Zug. Wir schlossen auch mit einigen der anderen Passagiere aus den 1.-Klasse-Abteilen unseres Waggons Bekanntschaft. Neben uns war ein recht junger Russe, der kein Englisch sprach, aber ansonsten sehr nett war. Sein Abteilnachbar war ein junger deutscher Geschäftsmann namens Hans, der aufgrund eines neuen Jobs im Kolonialwarenhandel nach Schanghai reiste. Hans schien ein sehr gutes Verhältnis zu drei Deutschen aus der 1. Klasse zu haben. Einer von ihnen – Mr. Hahn – war ein deutscher Diplomat mit Sitz in Tokyo und kehrte nun dorthin zurück. Daneben gab es in der 1. Klasse noch einen gediegenen Franzosen, der zumeist – sehr bequem bei der Hitze – in kurzen Hosen herumlief.

Zwei Dinge, die während der Fahrt weniger angenehm waren, waren der Staub und der Lärm. Der Zugschaffner fegte zwar jeden Tag, wirbelte aber dabei mehr Staub auf als verschwand. Der Lärm kam aus einem Lautsprecher, der permanent blechern klingende Musik oder Nachrichten in russischer Sprache leierte.

Entgegen meinen Vorstellungen von einer öden Tundra bestanden die vorbeiziehenden Landschaften aus grünen Wiesen, vollen Kornfeldern und vielen Wäldern aus Birken und anderen Laubbäumen. In der ersten Hälfte der Reise gab es auch noch viele Farmhäuser. Wir sahen während der Hitze viele Kinder und Erwachsene in den Flüssen schwimmen. Manchmal entdeckten wir auch große Ansammlungen verschiedener Gebäude, die wir für ›Kolchosen‹ oder Gemeinschaftsfarmen hielten. Viel Arbeit wurde manuell verrichtet, aber Maschinen tauchten bereits auf. Es überraschte nicht, daß man der Entwicklung von Maschinen so große Bedeutung beimaß, es handelte sich schließlich um ein Entwicklungsland.

Am ersten Tag überquerten wir die Volga und in der zweiten Nacht den Ural. Aus der Geographie erinnerten wir uns, daß er die Trennlinie zwischen Europa und Asien war. Als ich aber erfuhr, daß der höchste Punkt des Urals nur 6300 Fuß hoch war und die durchschnittliche Höhe nur 1600 Fuß über dem Meeresspiegel lag, wurde mir klar, daß es doch zu den Rocky Mountains nichts Vergleichbares gab. So wunderte es auch nicht, daß wir nicht vom Fauchen des Zuges bei einem steilen Anstieg munter geworden waren. Wir sahen auch keine hohen Berge, als wir beim ersten Halt am nächsten Morgen westwärts zurückschauten.

Um 7 Uhr früh am zweiten Tag wachten wir auf, als der Zug in Sverdlovsk hielt. In der Stadt gab es ein riesiges Traktorenwerk. Um 2.30 Uhr am Morgen des folgenden Tages sahen wir durch das Fenster die Lichter von Omsk, um 2 Uhr nachmittags erreichten wir Novosibirsk, wo wir für länger ausstiegen und einige Briefe versandten. »Omsk, Tomsk und Novosibirsk«- wir hatten viel Spaß, als wir mehr singend als sprechend die Aussprache der Städtenamen übten.

Wegen des unaufhörlichen Wackelns während der Zugfahrt war es schwierig, im Zug zu schreiben. Im Speisewagen fiel sogar der Brotstapel vom Tisch. Einmal saßen wir mit einem gut gekleideten, freundlichen jungen Russen am Tisch, der sich alle Mühe gab, sehr zuvorkommend zu sein. Als der Brotstapel auf das Tischtuch gekippt war, versuchte er ihn mit seinem sauberen Besteck, ohne es mit den Händen zu berühren, für uns wieder zurückzulegen. Er schien sehr gebildet zu sein, schon aufgrund der Kenntnis der Umgangsformen. Wir hätten uns gern mit ihm unterhalten, aber die Sprachbarriere war beiderseits unüberwindbar.

Wenn der Zug länger hielt, sahen wir, wie die Leute aus den anderen Waggons mit ihren Teekesseln heißes Wasser holten und Gurken, Tomaten, getrocknete Pilze, halbe Brathähnchen, dunkle Brotlaibe und Himbeeren in zu Tüten gerollten Zeitungen kauften. Auf der Suche nach einem Souvenir aus Sibirien blieb ich beim Kauf eines kupferfarbenen Fingerhutes etwas länger auf dem Bahnsteig und schaffte es gerade noch rechtzeitig wieder einzusteigen. Ich hatte meinen Fuß gerade auf die Einstiegsstufe gesetzt, als sich der Zug auch schon in Bewegung setzte. Von diesem Moment an hörte ich aufmerksamer nach dem Pfiff vor der Abfahrt.

»Hast Du bemerkt«, fragte mich Kay eines Tages, »daß, wenn wir anhalten und auf den Bahnsteig gehen, immer einer der Deutschen im Abteil bleibt?« Ich hatte nicht darauf geachtet, aber nachdem ich darauf achtete, konnte ich diese Beobachtung bestätigen. Seit bekannt worden war, daß Deutschland und Japan 1936 einen anscheinend direkt gegen den Kommunismus gerichteten Pakt abgeschlossen hatten, konnten wir jetzt nur Vermutungen darüber anstellen, welch wichtige Papiere und Verträge sich in Mr. Hahns Aktentasche befänden, denn er kehrte aus Berlin nach Tokyo zurück. Es war in Novosibirsk, als wir eine englische Ausgabe der ›Moscow News‹ bekommen konnten. Die Schlagzeile lautete: ›Die Japse bombardieren Schanghai‹. Im Artikel stand auch, daß dabei das durch amerikanische Touristen belegte ›Cathay Hotel‹ zerstört worden war. Unsere Mitreisenden, die nach Schanghai wollten, waren darüber sehr beunruhigt, aber Mr. Hahn, der deutsche Diplomat, sagte verächtlich: »Glauben Sie doch bloß nicht, was in sowjetischen Zeitungen steht!« Aber er hatte Unrecht, wie wir bald erfuhren. Genauso wie er in einer anderen Frage Unrecht hatte. Da er gut Englisch sprach, unterhielten wir uns verschiedentlich mit ihm. Einmal erwähnte ich die chinesischen Kommunisten und er bestritt vehement, daß es überhaupt Kommunisten in China gäbe. Ich versuchte ihm über eine illustrierte Reportage zu berichten, die ich im ›Life Magazine‹ über ihren Langen Marsch gelesen hatte, aber er bestand darauf, daß die Geschichte ein Irrtum sein müsse.

Was uns bereits im europäischen Rußland aufgefallen war, daß Frauen sehr harte Arbeiten verrichteten, auf den Straßen, an den Bahnhöfen und natürlich auf den Farmen, bestätigte sich auch auf der transsibirischen Eisenbahn. Eines Morgens wurden wir durch laute Gespräche geweckt. Der Zug hatte gehalten und wir sahen eine Frau und einen Mann, die beide unter unserem Waggon etwas putzten oder ölten. Während der Aufenthalte auf den Bahnhöfen sahen wir Arbeiterinnen, die mit Kannen an sechs Stellen an jedem Waggonende etwas ölten. Andere stiegen auf das Dach und füllten Wasser nach und wanderten auf dem Dach an den zehn kleinen Ventilatoren – ›Schornsteinen‹ – vorbei. Die Frauen mußten in ihren grauen Arbeitsanzügen wirklich schuften. Die Schonzeit war hierzulande noch nicht angebrochen.

Die langen Tage zogen schnell vorüber, wir vertrieben uns mit Lesen und mit Kartenspielen die Zeit. Wir probierten, mit Marianne und Hans Bridge zu spielen, aber mit seinem ewig kiebitzenden Abteilnachbar war das nicht so befriedigend. Nachdem Jimmy zu uns gestoßen war, spielten wir Mau-Mau und alles mögliche, denn keiner von ihnen war vom Bridge-Spielen begeistert.

Der junge Russe aus Hans' Abteil zeigte ein großes Interesse an Katharine und traute sich endlich mit Hans in unser Abteil. Da er etwas Deutsch konnte, bekamen wir heraus, daß er auf Reisen war und als Geologe einen Auftrag zu Vermessungen für topografische Karten hatte. Er kam aus Kiev und seine Frau arbei-

tete in Leningrad. Aufgrund seines Jobs im sowjetischen ›Fernen Osten‹ fuhr er mit uns bis Chita. Er war so freundlich, das russische Alphabet und einige russische Wörter in mein Tagebuch zu schreiben und seine Weintrauben von der Halbinsel Krim mit uns zu teilen.

Als wir weiter in Richtung Osten kamen, wurde die Landschaft etwas bergiger mit weit sichtbaren Ausläufern. Wir begegneten mit Kohle beladenen offenen Güterwagen. Als wir den Fluß Enisej überquerten, sahen wir eine neue, noch im Bau befindliche Brücke. In der Folgezeit sahen wir Felder mit einer Art Wermutpflanzen und viele Hütten und Baracken. Am 17. August erreichten wir Irkutsk um 10.30 Uhr. Gegen 5 Uhr nachmittags umfuhren wir die Südspitze des Baikalsees. Er gilt als einer der größten Seen der Welt und ist mit einer Tiefe von mehr als einer Meile mit Sicherheit der weltweit tiefste See. An einem kleinen Bahnhof zogen wir mit Kay, da es regnete, unsere Regencapes aus Plastik an und stiegen aus. Am Waggon stand ein alter, bärtiger Mann mit blauen Augen, buschigen Augenbrauen und braunen Zahnstümpfen. Er lächelte, als er uns sprechen hörte und schien von unseren Regencapes fasziniert zu sein. Die Capes waren auch für uns neu, aber sehr bequem. Sie schützten vor dem Regen und nahmen nur wenig Raum in Anspruch. Der einzige Nachteil bestand darin, daß sie leicht rissen.

Auf den Bahnhöfen entlang der Strecke begegneten wir häufig Menschengruppen, die hofften, mit dem Zug mitzukommen. Manchmal sahen wir ganze Familien, die an den Bahnhöfen schliefen. Weiter nach Osten wurden mongolische Typen mit schwarzen Haaren und Schlitzaugen immer zahlreicher. Auf dem Bahnhof Ulan Ude nahmen Kay und ich unseren ganzen Mut zusammen und betraten das Bahnhofsgebäude. Wir fanden den Saal voll von Menschen und einem äußerst unangenehmen Geruch. Die Bahnhöfe zeigten jetzt eine andere Gestalt, viele hatten orientalische Türmchen auf den Dachecken. Wir beobachten auch ganze Zugladungen mit Soldaten, einige hatten nur Fußlappen an den Füßen.

Am 18. August gab es das Essen eine Stunde früher, damit wir vor dem Erreichen des Grenzbahnhofes Otpor noch etwas ausruhen und schlafen konnten. Die Landschaft hatte sich sehr verändert. Wir fuhren durch eine weite baumlose Steppe, die in der Höhe anstieg. Als wir Chita erreicht hatten, wurde unser Waggon vom regulären Transsib-Zug in Richtung Vladivostok abgekoppelt, um dann in Richtung Südwest zur Grenze mit Manchukuo weiterzufahren. Die transsibirische Bahnstrecke war zwischen Omsk und Vladivostok zweispurig, wie ich von ›Tah‹, unserem Dolmetscher, erfuhr, aber unsere weitere Strecke war nur einspurig. Das Ab- und Ankoppeln auf dem Bahnhof von Chita dauerte lange. Auf dem Bahnsteig verkauften ein paar Jungs Pilze und waren von meiner norwegischen ›Gozinta‹ sehr beeindruckt. An einem Becher war mit einer Schnur ein Ball befestigt, der nach dem Drehen einzufangen war. Ich organisierte einen kleinen Wett-

bewerb unter den Jungs, den auch der Zugkoch und mehrere mongolisch aussehende Soldaten aufmerksam beobachteten. Ich sprach sie aber nicht an, ob sie
Lust hätten, mitzumachen. Hinter Chita fuhren wir durch mehrere Tunnel mit vielen Kurven und bald eröffnete sich die große mongolische Ebene vor uns.

Wir fünf jungen Leute – Marianne, Kay, Hans, Jimmy und ich – versammelten uns nach dem Packen nach und nach in unserem Abteil. Keiner dachte an's
Schlafen. Wir waren alle zu unsicher, was vor uns lag, wenn wir an der Grenze
zwischen Sibirien und Manchukuo in einen anderen Zug umsteigen würden.
Hans und Jimmy wollten nach Schanghai und wir drei Mädchen waren für Tokyo
gebucht. Uns war aber klar, daß wir nach dem Verlassen Sibiriens in japanisches
Hoheitsgebiet kamen und da wir sowohl über die japanisch-chinesischen Feind-
seligkeiten als auch die russisch-japanische Feindschaft einiges gehört hatten,
waren wir etwas besorgt.

Sieben Tage enger Freundschaft gingen dem Ende entgegen. Was lag also
näher als eine Abschlußparty. Hans kam mit dem, was von seinen Leckerbissen
übrig war – Zwieback, Fruchtkekse und Süßstoff von seiner Berliner Freundin. Er
schlug vor, die Adressen auszutauschen und wir sollten zuerst schreiben, er hätte
dreißig Verwandte und Freunde, mit denen er im Briefwechsel stand. Wir sagten
dazu ›Nein!‹, er solle zuerst schreiben (Wir haben, wie er von uns, nie etwas von
ihm gehört). Wir wußten, daß wir vor der Grenze noch den großen Fluß Amur
überqueren würden und versuchten, ihn im Dunkeln auszumachen. Schon albern
vor Müdigkeit fragte jemand: »Habt Ihr Amur gesehen?« Gekicher, dann: »Wo ist
Amur?« Irgendetwas in der Dunkelheit erkennend, rief der nächste: »Oh, da ist
Amur!« und dann: »Nein, kein Amur!« Allein das Wort und seine Aussprache wie
›amour‹ – das französische Wort für Liebe – schienen die Müdigkeit der langen
Nacht zu vertreiben.

Um 3.20 Uhr erreichten wir endlich Otpor, den sowjetischen Grenzbahnhof.
Hinaus in die Dunkelheit verließen wir mit unserem Gepäck den Zug zur Zoll-
und Grenzkontrolle im Bahnhof. Sie sahen sich all unser Schriftzeug an, sogar
Kays Tagebuch. Meins konnten sie wegen der winzigen Schrift nicht lesen. Endlich war alles vorbei. Kameras und Fotos schienen von großem Interesse zu sein.
Aber Marianne hatte ihre Fed-Kamera an einem Schulterriemen geschickt zwischen den Falten ihrer Jacke versteckt und passierte ohne Probleme.

Plötzlich wurden wir alle munter und hörten und sahen, wie Mr. Hahn eine hit-
zige Diskussion mit dem russischen Grenzbeamten führte. Er lehnte es mit dem
Hinweis auf seine diplomatische Immunität ab, seinen Aktenkoffer zu öffnen. Die
Russen akzeptierten seine Dokumente aber nicht. Hahn wurde wütend und blieb
stur – die Russen ebenfalls. Letztendlich holte einer einen ranghöheren Offizier,
was eine halbe Stunde dauerte. In dieser Zeit wurden alle aufgehalten, es war
unangenehm und wir waren hinsichtlich möglicher Gewalt etwas ängstlich. Als

der Grenzchef sich Mr. Hahns Dokumente angesehen hatte, gab er ihm das O.K., ohne Öffnen seines Koffers weiterzureisen. Jetzt waren wir vollkommen überzeugt, daß er bedeutende Abmachungen zwischen Deutschland und Japan mit sich führte.

Manchukuo und Korea

Nach dieser 1 ^{1}/₂-stündigen Verspätung kamen wir mit einer 20-minütigen Zugfahrt über die Grenze zum japanischen Grenzbahnhof. Japaner in Uniform kontrollierten und diesmal erwischte es mich. Nachdem sie die Dokumente kontrolliert hatten, nahmen sie uns mit den Worten:»Das ist in diesem Land nicht gestattet!«, die russischen Zeitungen ab.»Ich könnte sie mit der Post in die Vereinigten Staaten schicken!« sagte ich. Aber auch das war nicht gestattet. Ich war außer mir, aber ich sah auch, daß die Worte einer Frau hier kein Gewicht hatten. Die Zeitungen waren englische Ausgaben der ›Moscow News‹, die ich wegen Artikeln über den Volga-Kanal für meinen Onkel mitgenommen hatte. Als nächstes monierten sie meine Schachtel mit schwedischem Glas und inspizierten jedes Einzelstück.»Oo – o – o«, sprach der Zöllner und fragte, eine Bernsteinschale in der Hand haltend, in schlechtem Englisch:»Wieviel haben Sie dafür bezahlt?« »Drei Dollar!« antwortete ich wahrheitsgemäß. Er schüttelte ungläubig den Kopf und verschwand in einem Hinterzimmer. Endlich kam er mit einem O.K. zurück. Immer noch über die Zeitungen verärgert, wurde ich etwas gelassener, als ich merkte, daß sie ein Exemplar der sowjetischen Verfassung von 1936 auf dem Boden meines Schreibetuis nicht bemerkt hatten.

Nach langer Suche fanden wir den Vertreter der Japanischen Tourismus-Verwaltung JTB auf dem Bahnhof. Er hatte uns weder gesucht noch gefunden. Wir hatten die Reise genau wie unsere Skandinavientour durchgebucht und eigentlich erwartet, daß man uns abholt. Es blieb aber das einzige Mal, daß wir durch die JTB vor Ort nicht unterstützt wurden. Der Repräsentant teilte uns mit, daß sich wegen des ›Trubels in China‹ alle Fahrpläne geändert hätten. Wir drei Mädchen und die drei Deutschen waren die einzigen, die nach Tokyo wollten. Alle anderen wollten nach Schanghai und waren sehr konsterniert, daß aufgrund schwerer Gefechte weder Züge noch Schiffe dorthin verkehrten. Die meisten änderten ihre Pläne und fuhren nach Japan. Einige wollten nach Dairen, um dort ein Schiff abzuwarten. Mr. Hahn war endlich davon überzeugt, daß Schanghai wirklich bombardiert worden war. Zum Frühstück wurden wir in ein Restaurant im Bahnhofskeller geschickt. Uns wurden drei braune Eier serviert, uralt und ungenießbar. Kaffee und Toast schmeckten aber gut. Danach wurden uns unsere Abteile im Zug nach Harbin zugewiesen. Die Sitze waren zu klein, um sich ausstrecken zu können. Zu dritt mit Marianne hatten wir zwei Plätze und mußten uns ganz schön verbiegen, um etwas Schlaf zu finden. Kurz nach der Abfahrt kamen japanische Soldaten und zogen an allen Fenstern die Vorhänge zu. Wir wunderten uns, was sie wohl verbergen wollten. Die Markise am Fenster gegenüber unseres Abteils war unten zufällig für einen Spalt von zwei Inch offen geblieben. In meiner halbliegenden Position konnte ich einen Blick hinauswerfen und einige komische Umrisse erkennen. Ich vermutete, daß es sich dabei um Grenzbefestigungen handelte. Es erschien ihnen offensichtlich als zu bedrohlich, wenn wir diese Anlagen gesehen hätten und es paßte zu allen verbalen Verdächtigungen, die wir bei anderen Japanern erlebten.

Man servierte uns Mittag und Nachmittagstee, jedoch kein Abendessen, im Speisewagen. Wir bekamen noch einen Kimono zum Schlafen und gingen früh zu Bett. Der Waschraum am Ende des Waggons bot neue Erfahrungen: ein ungetrennter Raum mit einer Erhebung für die asiatische Toilette – ein Loch im Fußboden mit zwei Fußerhebungen auf beiden Seiten und Toilettenpapier im Überfluß.

Am nächsten Morgen wurden wir früh von einem besorgten Schaffner geweckt, der mit den Händen ›Auf, auf‹ zeigte. Durch das Fenster sahen wir, daß wir über einen Fluß fuhren und Harbin erreichten. Typisch chinesische Dschunken auf dem Fluß erinnerten uns daran, wo wir waren, obwohl wir aus der Ferne auch eine typisch russische Zwiebelturmkirche sahen. Der JTB-Repräsentant holte uns am Bahnhof ab und brachte uns zum Omelett-Frühstück in das Hotel Yamato. Während unseres kurzen Aufenthaltes in Harbin hatten wir Zeit für einen Spaziergang, der uns auch zur britischen Botschaft führte. Aus den englischen Zeitungen erfuhren wir, daß drei Amerikaner bei der Hotel-Bombardierung umgekommen waren. Als wir am nächsten Tag um 9.30 Uhr den Zug bestiegen, war es schon sehr heiß. Unsere Reiseleiterin war eine Russin, die den in Japan gebauten Dieselzug, der uns nach Mukden bringen sollte, in den höchsten Tönen lobte. Der Zug war mit dem Burlington-Expreß, in dem wir von St. Paul nach Chicago gefahren waren, vergleichbar. Der japanische Zug sei aber schneller und koste auch nur $^2/_3$ seines amerikanischen Pendants, versicherte man uns.

Hans saß mit uns am Vormittag zusammen und nach dem Mittagessen kamen wir zu den hitzigen politischen Debatten. Es stellte sich heraus, daß Marianne eine Verfechterin des Kommunismus und Hans ein überzeugter Nazi war. »Einen Moment!« warf er immer in die Diskussion ein. Er gestand nicht ein, daß es den russischen Gefangenen heute besser ging als zur Zarenzeit und daß es in Deutschland eine Pressezensur gab. »Der Nazismus ist nicht perfekt, aber notwendig!« sagte er. »Ihr werdet ihn in Amerika in zehn Jahren auch haben. Denkt an meine Worte!« Ich habe mich verschiedentlich daran erinnert und mir vorgestellt, was wohl passiert wäre, wenn die Nazis den Zweiten Weltkrieg gewonnen hätten.

Wir verabschiedeten uns in Mukden, wo wir um 5.30 Uhr abends ankamen, von Hans und den McMullens. Der JTB empfing uns und brachte uns zum Hotel, wo wir ein höchst willkommenes Bad nahmen. Wir bekamen Fahrkarten für den Nachtzug nach Fusan an der Südspitze Koreas. Das Abendessen im Keller-Restaurant des erstklassigen Hotels war eine interessante Kombination aus Krebsen, Salat, Lammkotelett und Eis. Während des Essens sahen wir im Korridor eine Ratte an der vor Schreck zitternden asiatischen Kellnerin vorbeirennen.

Der Bahnhof war mit Menschenmassen bevölkert, die mit dem Zug mitkommen wollten. Es waren zumeist Flüchtlinge, Japaner, die nach der Bombardierung von Schanghai aus Nordchina nach Japan zurück wollten. Wir drängelten uns durch die Menge in den Zug, der auch pünktlich, von Schüssen begleitet, den Bahnhof verließ. Im Zug herrschte große Verwirrung, als wir uns auf dem Gang zu unseren Schlafkojen durchschlugen. Aber was für eine Erleichterung, daß unser Gepäck genau zu unseren Plätzen gebracht worden war. Wir warteten, bis sich der Mittelgang etwas leerte, bevor wir in unsere Kojen zu steigen versuchten. Wir sahen, wie sich japanische Männer ungeniert im Gang die Hosen auszogen. Endlich konnte ich in meine Oberkoje klettern und versuchen, den Schlafkimono anzuziehen. Anstelle von Abteilen hatte dieser Schlafwagen wie die alten Pullman-Wagen entsprechende Schlafkojen beiderseits des Mittelgangs. Ein Mann mit seiner Tochter kam, um meine Koje zu belegen, aber ich verteidigte erfolgreich meine Position. Mr. Hahn lag in der Koje unter mir, Marianne lag in der unteren Koje gegenüber und in der Koje darüber lag eine füllige Japanerin mit ihren zwei Töchtern. Es war vor allem in den oberen Kojen extrem heiß und an Schlaf war nicht zu denken. Als ich endlich eingeschlafen war, weckten uns irgendwelche Uniformierten, die unsere Pässe, Kameras etc. sehen wollten. Ich gab meine Schlafversuche auf, holte mein Buch hervor und las ›Der stille Don‹.

Wir nutzten jeden Halt, um frische Luft zu schnappen. Es waren viele japanische Offiziere in unserem Zug, die immer ihre ordenschweren Jacketts anzogen, bevor sie den Zug verließen und von sich verbeugenden Untergebenen mit Frauen und Horden von schreienden und Fähnchen schwenkenden Kindern begrüßt wurden. Auf den Bahnsteigen gab es Tee, auch Obst, aber wir sparten unser Geld für Tokyo. Wir sahen einige wunderschöne Bilder in Korea: einen Sonnenaufgang, Reisterrassen, riesige Sojabohnenfelder und sehr ungewöhnlich geformte Berge – hoch, schmal und mit einer runden Kuppe an der Spitze.

Schon tauchten die blinkenden Lichter von Fusan und dem dazugehörigen Hafen auf. Ein neuer JTB-Vertreter nahm uns auf dem Bahnhof in Empfang und geleitete uns die kurze Strecke zur ›Kongomaru‹ – einem herrlichen neuen Schiff, das uns über die Koreanische See zur Insel Honshu bringen sollte.

Slavomir Rawitsch

Flucht durch Steppe und Wüste (1939)

Im Viehwaggon

(...)

Am Bahnhof einer Nebenlinie hielt unsere Kolonne. Einer der Kameraden erkannte den Ort und sagte, es sei ein luxuriöser Vorort von Moskau, in dem hauptsächlich sowjetische Beamte wohnten. In der Ferne sah ich ein paar verstreute, hell erleuchtete Villen, aber keine Zivilisten. Auf den Gleisen wartete ein langer Güterzug. Die beiden Lokomotiven am Anfang und am Ende des Zuges standen unter Dampf.

Ein Offizier verlas die Namen, der Aufgerufene betrat die Laufplanke, und zwei Soldaten zogen ihn in den Waggon. Zwei weitere Soldaten trieben die Gefangenen zur Mitte zu, bis für sie selbst kein Platz mehr war und sie fast zur Tür herausfielen. Sechzig Männer zwängten sie in einen Waggon, der für acht Pferde oder Kühe bestimmt war. Wir konnten uns kaum rühren.

Die Vorrichtungen für den Viehtransport waren bis auf die Eisenringe zum Anbinden der Tiere beseitigt worden. Die vier Luftöffnungen waren von außen mit Metallplatten vernagelt.

Zwei Soldaten mit Armbinden riefen in den Waggon: »Wir sind Sanitäter. Wenn einer von euch unterwegs krank wird, braucht er uns nur zu rufen. Wir bringen ihn schon wieder in Ordnung.«

Wir waren derartig zusammengepfercht, daß die an der Tür Stehenden hinausgedrückt worden wären, hätte die Wachmannschaft nicht in diesem Augenblick die Türen von außen verrammelt.

In der stickigen Dunkelheit lachte einer: »Wie sollen wir denn die Sanitäter herbeizitieren? Etwa per Telefon?«

Tatsächlich bekamen wir in den nächsten Wochen die Sanitäter in unserem Waggon nicht einmal zu sehen. Das war auch so eine Ironie der russischen Organisation.

Ich stand mit dem Rücken an der Waggonwand, die Arme eng an mich gepreßt, in der Hand noch immer das Paket. Setzen konnte sich keiner. Wenn ich den Arm heben wollte, mußte sich mein Nachbar zur Seite beugen. Mein anonymer Freund riet mir, ich solle das Paket öffnen und einen Teil essen. Was ich esse, sei vor Diebstahl sicher. Die Untersuchung des Paketes lohnte sich. Außer einem langen Laib Brot fand ich zwei ausgezeichnete getrocknete Fische (die Russen nennen sie Taran), etwa dreißig Gramm Koritschki-Tabak (eine grobgeschnittene Sorte, die aus den Rippen von Tabakblättern hergestellt wird) und ein Blatt Zeitungspapier aus dem Jahre 1938 zum Drehen von Zigaretten.

Ich aß einen halben Laib Brot und einen Fisch. Den Rest verstaute ich unter meiner Bluse.

Erst als sich der Zug in Bewegung setzte, kam die Unterhaltung in Gang. Wir spekulierten, wohin die Fahrt ginge. Einige fürchteten, wir würden nach Nowaja Semlja, der trostlosesten Insel in der Barents-See, verschlagen. Andere dachten an die Salzbergwerke in Kamtschatka oder Ostsibirien. Sibirien hielten wir für das wahrscheinlichste. Die Wachmannschaften hatten uns zwar vor Verschließen der Waggons befohlen, wir sollten uns leise verhalten, aber bald übertönten Rufe das Rattern des Zuges:

»Ist jemand von Lemberg hier?«

Vom anderen Ende des Waggons kam die Antwort:

»Ja, ich bin aus der Nähe von Lemberg.«

Eine normale Unterhaltung war freilich in dem allgemeinen Getöse unmöglich. Nach diesem und jenem Regiment wurde über die Köpfe hinweg gefragt. Später verstummten die lauten Orientierungsrufe, und jeder versuchte, seinen Nachbarn in eine Unterhaltung zu ziehen.

Die Erregung der jüngsten Tage arbeitete noch zu sehr in mir. An dem allgemeinen Frage-und-Antwort-Spiel konnte ich nicht teilnehmen, ich brauchte immer eine Weile, bis ich auftaute.

Mit dem Rücken stand ich gegen die Waggonwand gelehnt und hörte den Stimmen der anderen zu. Es genügte mir, nicht mehr allein zu sein.

Erst nach einigen Stunden raffte ich mich zu der Frage auf: »Kennt einer von euch Pinsk?«

»Ja«, antwortete ein Kamerad neben mir eifrig, »ich kenne es.«

Wir nannten uns gegenseitig Namen von Bekannten, von Straßen und Orten aus der Umgebung. Aber sein Pinsk war ein anderes als das meine, und ich war enttäuscht, daß er zwar dieselben Menschen und Dinge kannte wie ich, aber eine andere Vorstellung von ihnen hatte. Er hätte die Unterhaltung gern fortgesetzt, doch mir war sie verleidet. Ich bedauerte, daß ich den Namen meiner Heimatstadt ausgesprochen hatte…

In der ersten Nacht hielt der Zug mehrere Male. Männer wurden zu Hunderten aus Lastwagen in andere Waggons geladen. Durch Ritzen in den Wänden des Waggons konnten manche Kameraden auf die mit Scheinwerfern erleuchteten Bahnsteige sehen und schildern, was dort vor sich ging.

Die erste Reiseetappe entwickelte sich bald zu einem Albtraum. Die ganze Nacht und den ganzen folgenden Tag über durften wir die Waggons nicht einmal verlassen. Es fehlten selbst die dürftigsten sanitären Einrichtungen. Die Männer mußten sich im Stehen entleeren. Der Gestank war unerträglich.

Hielt der Zug ein paar Minuten, dann riefen wir nach Wasser und nach etwas zu essen. Die Wachtposten liefen die Waggons entlang, schlugen mit den Gewehrkolben an die Bretter und befahlen Ruhe. Jedesmal vertrösteten sie uns damit, daß die Waggons nun bald geöffnet würden. Nach etwa zwölf Stunden zog ich den Rest des braunen Pakets aus meiner Bluse und aß den übriggebliebenen Fisch und das Brot.

Die Männer, die als erste verladen worden waren, verbrachten fast vierundzwanzig Stunden in den Waggons. Auf einem einsamen Nebengleis kam der Zug schließlich zum Halten, und die Waggontüren wurden aufgerissen. Es war schon ziemlich dunkel, und wir konnten nichts als hügeliges, verschneites Land mit verstreuten Baumgruppen erkennen.

Einige meiner Kameraden waren vom langen Stehen so steif, daß sie sich nicht allein setzen konnten. Wir streckten uns, gähnten und rieben unsere schmerzenden Glieder. Meine Wunde am Knöchel, die von einem Artilleriegeschoß stammte, war aufgegangen. An der teerverbrannten Stelle meiner Hand hatte sich eine Blase gebildet, die platzte. Aber das waren harmlose Wunden, verglichen mit denen vieler Kameraden, zumal der früheren Soldaten, die dringend der Pflege bedurft hätten. Ihre Tapferkeit war bewunderungswürdig. Keiner konnte ihnen helfen, und die Männer von der Ersten Hilfe hatten nicht einmal Aspirin zur Linderung ihrer Schmerzen.

Es hatte aufgehört zu schneien, dafür war der Ostwind umso eisiger geworden, der um den Zug pfiff. Russische Soldaten hatten in einem weiten Halbkreis um die offene Seite des Zuges Aufstellung genommen, die Rückseite wurde von Patrouillen bewacht.

Wieder mußten wir uns auf den Boden hocken. Dann gab es das übliche Stück Schwarzbrot. Das Wasser dazu schmeckte nach Ruß und Schmieröl. In einem genau abgemessenen Quadrat durften wir ein paar Schritte gehen. Mehrere Kameraden bekamen die Erlaubnis, ein Stück weiter weg Zweige und Äste zum Saubermachen der Waggons zu holen – unter der wohlbekannten Drohung, daß »ein Schritt nach rechts, ein Schritt nach links« als Fluchtversuch geahndet würde.

Der Wind pfiff so unbarmherzig durch unsere dünne Kleidung, daß sich genügend Freiwillige zum Saubermachen der Waggons fanden. Sie arbeiteten eine Zeitlang in den verpesteten Viehwagen, dann sprangen sie heraus und schöpften frische Luft. Ich stand neben der Waggonöffnung und entdeckte, daß die Türen nicht nur mit Eisenstangen versperrt, sondern außerdem mit einem Stück Draht plombiert wurden.

Nicht nur eingesperrt – auch noch versiegelt, dachte ich. Mehr Sicherheitsvorkehrungen waren kaum denkbar. Allmählich durchschauten wir die Transportmethoden. Grundsätzlich fuhren wir nur nachts durch schlafende Städte und hielten tagsüber auf einem Nebengleis. Waren die Gleise besetzt oder fuhren wir durch dichter besiedeltes Gebiet, dann dehnten sich die Aufenthalte oft bis in den nächsten Tag hinein. Es herrschte dann fast Panik unter den Soldaten und dem Zugpersonal. Ich möchte wissen, was sich die russischen Zivilisten auf den Bahnsteigen über das Stimmengewirr aus den langen Waggonreihen dachten, die zu dieser unfahrplanmäßigen Zeit langsam die Bahnhöfe passierten.

Nach einer Woche wickelte sich das Leben der sechzig Männer in unserem Waggon nach eigenen Gesetzen ab. Aufgrund eines bestimmten Systems kam jeder einmal in den Genuß des körperwarmen Platzes in der Mitte des Waggons. Genauso wechselten die Plätze an den eisigen Wänden. Auch der bei Tag sehr begehrte Beobachtungsstand an den Ritzen und Löchern im Holz wechselte seinen Inhaber. Manche wußten das Gesehene so fesselnd zu erläutern, daß wir unsere Langeweile für einen Augenblick vergaßen.

Eine Vorstellung von der Richtung zu erlangen, die der Zug einschlug, war aus unserer dunklen Schachtel kaum möglich. Aus den sich teilweise widersprechenden Berichten unserer Beobachter zog ich den Schluß, daß wir uns auf großen Umwegen durch Westrußland bewegten. Die Umwege waren wohl durch Verkehrsschwierigkeiten und das Verladen weiterer Gefangenengruppen bedingt.

Als in der zweiten Woche eine dritte Lokomotive vorgekoppelt wurde und wir uns dem Uralgebirge näherten, bestand kein Zweifel mehr, daß wir uns auf der transsibirischen Eisenbahnstrecke befanden und dem unendlichen Sibirien zusteuerten.

Die größeren Städte und Eisenbahnknotenpunkte durchfuhren wir alle bei Nacht. Die bedeutenderen Orte erkannten wir an dem veränderten Rhythmus der Räder, wenn sie die vielen Weichen überfuhren, und an den Geräuschen anderer Züge und rangierender Lokomotiven.

Ein Ereignis hat sich besonders lebendig in meine Erinnerung gegraben, zumal ich bei Tageslicht den Platz an einem breiten Spalt in der Waggonwand inne hatte. Durch eine Reihe von Verzögerungen hatten wir unseren vorgesehenen Halteplatz noch nicht erreicht, als es schon zu dämmern anfing.

Wir kamen an einen großen Eisenbahnknotenpunkt. Die dazugehörige Stadt zeichnete sich nur durch ihre roten Backsteinhäuser aus. Im Fünfzehn-Kilometer-Tempo kroch der Zug dahin. Er hielt ruckartig, setzte sich aber kurz darauf wieder in Bewegung. Da sah ich auf einem der gegenüberliegenden Gleise einen Güterzug, der sich in nichts von unserem unterschied.

»Genauso ein Zug wie unserer!« rief ich. »Es sind Menschen darin, man kann sie sehen, die Fenster sind nicht zugenagelt!«

Unser Zug hielt. Der andere Zug stand schon.

»Frauen! Frauen! Frauen sind in dem Zug. Und Kinder!« Rief ich das oder einer von einem anderen Beobachtungspunkt – ich weiß es nicht mehr. Wir stießen uns an und schrien wie die Besessenen durcheinander.

Die Männer in der Mitte drängten sich an die Wände mit den Sehspalten und drückten uns gegen die Bretter, daß uns fast der Atem ausging. Doch wir achteten nicht darauf. Erschrocken blickten die Frauen auf unsere Güterwagen. Sie konnten uns ja nicht sehen, nur hören. Das Stimmengewirr in unserem Waggon schwoll zum Tumult an. Einer schrie: »Es sind polnische Frauen – unsere Frauen sind das!«

Er wurde halb wahnsinnig. Vielleicht waren es wirklich Polinnen, Litauerinnen oder Estinnen. Ich weiß es nicht. Durch das Gebrüll um mich herum konnte ich nicht einen Laut aus ihrem Waggon vernehmen.

Schreiend und gestikulierend kamen von beiden Enden des Zuges russische Soldaten die Viehwagen entlanggelaufen, sprangen herauf und befahlen Ruhe. Es war hoffnungslos. Der ganze Zug tobte vor Hysterie.

Es gab nur einen Ausweg für die Russen: der Zug mußte hier verschwinden – ganz gleich, ob die Signallichter auf Rot oder Grün standen. Als nach wenigen Minuten der Zug wieder anrollte, schluchzten einige wild auf. Sie wußten nicht, wo ihre Familien steckten, und seit Monaten hatten sie nichts von ihren Frauen gehört.

Noch lange danach standen wir unter der deprimierenden Nachwirkung dieses Erlebnisses. Es war die ärgste Fehlorganisation, die den Russen auf dem Transport unterlief. Der Vorfall hatte ein komisches Nachspiel.

Bei der nächsten nächtlichen Haltepause auf einem Nebengleis befahl uns der vierschrötige Zugkommandant noch einmal ausdrücklich Ruhe während der Fahrt. Mit besorgter Miene wiegte er den Kopf hin und her und sagte: »Das Schlimme ist, daß ihr keine Kultur habt.«

Er meinte es ganz ernst. Überhaupt hielt er uns bei jeder Gelegenheit unsere fehlende Kultur vor. Obgleich wir mit unseren wilden Bärten und langen Haaren alle eine gewisse Familienähnlichkeit aufwiesen, lernten wir einander doch allmählich kennen. Namen spielten dabei keine Rolle, typische Eigenschaften und Charaktermerkmale waren die Erkennungszeichen.

Da waren zunächst die Organisationstalente, Männer, die automatisch unsere Lebensbedingungen so zu verbessern suchten, daß möglichst viele die ungewöhnlichen Strapazen überstanden.

Dann gab es Kameraden – ich gehörte zu ihnen –, die dazu bestimmt schienen, nicht zu unterliegen.

Und wieder andere, in denen der letzte Funke von Hoffnung fast erloschen war, als sie in diese fahrenden Särge verfrachtet wurden. Sie starben ohne einen Laut in den langen Nächten, an die Waggonwände gelehnt. Sie starben im Stehen.

Erst am nächsten Morgen, wenn sich die Türen öffneten, merkten wir, daß sie tot waren. Keiner konnte sie begraben. Der Boden war steinhart. Wir trugen sie ein Stück von den Schienen fort und bedeckten sie mit Schnee. Die Russen strichen ihre Namen von der Liste. Aus unserem Wagen wurden acht Männer auf diese Weise weggetragen.

Am meisten bewunderte ich die Spaßmacher. Wenn wir der Verzweiflung nahe waren, ermunterten sie uns wieder. Vier oder fünf waren in unserem Waggon. Sie machten sich über alles lustig. Ihre Witze waren oft makaber, aber sie hatten immer etwas Erfrischendes. Nichts konnte diese Männer erschüttern, nichts sie zum Schweigen bringen. Ich danke ihnen noch heute für das befreiende Lachen, das sie uns durch Nachäffen des Zugkommandanten, der russischen Wachmannschaften, überhaupt alles Russischen, entlockten.

Manche von ihnen hielten es für möglich, daß die sibirischen Goldbergwerke das Ziel unserer Reise seien. Da verkündete einer unserer Spaßvögel, ein stämmiger Bursche mit einem prachtvollen schwarzen Bart, seine Fluchtpläne: »Kollegen«, sagte er, »ich werde den Goldstaub pfundweise mit meinem Schwarzbrot verschlingen. Dann renne ich, was die Beine hergeben, nach Kamtschatka und von da aus nach Japan. Ich …e russisches Gold und lebe glücklich und in Freuden…«

Wir lachten laut und lange über seine Zukunftspläne, wir Männer, die am Rande der Verzweiflung standen.

Bitter wurde der Humor dieser Männer, wenn sie zusehen mußten, wie die Wachtposten die Toten vor ihrer notdürftigen Bestattung entkleideten.

»Schließlich hat Väterchen Stalin dem armen polnischen Schwein den Kram nur für seinen Aufenthalt in der UdSSR geliehen. Für die nächste Reise braucht er keine Kleider. Er geht genauso, wie er gekommen ist…«

Männer, die ein gemeinsames Mißgeschick verbindet, sprechen ungehemmter miteinander. Doch herrschte nicht immer gute Kameradschaft. Die Nerven waren derartig angespannt, daß es manchmal nur eines ungeschickten Wortes bedurfte, und der Streit war da.

Politische Themen wirkten wie Dynamit. Zwei meiner Kameraden verwickelten sich in eine Diskussion über die Rolle des polnischen Außenministers Beck bei den Ereignissen, die zur deutschen Invasion in Polen führten. Die Unterhaltung drohte jede Sekunde in einen leidenschaftlichen Kampf auszubrechen. Da nannte einer den Minister einen Verräter. In grenzenloser Wut fielen die beiden übereinander her. Einige mahnten zur Ruhe: »Schluß damit, ihr Streithähne!«

Umsonst. Unfähig, die Arme zu bewegen, traten sie sich mit den Füßen und gingen schließlich mit den Zähnen aufeinander los. Die Umstehenden legten sich dazwischen. Erst, als der eine seinem Gegner fast das Ohrläppchen abgebissen hatte und der andere die Bißwunden in seiner Backe spürte, ließen sie, mit Tränen der Enttäuschung, voneinander. Eine Weile grollten sie noch mit gegenseitigen Drohungen. Dann beruhigten sie sich und vergaßen bald ganz, was geschehen war.

Einmal hielt der Zug in der Dunkelheit. Ringsum war alles still. Vom stundenlangen Räderrollen dämmerten wir im Halbschlaf vor uns hin. Plötzlich ertönte eine träumerische, fast unirdische Stimme:»Meine Frau war nicht groß, eine hübsche kleine Frau. Wir kamen gut miteinander aus, wir zwei. Sie kochte wunderbar. Ihre Mutter war auch eine gute Köchin, bei ihr hat sie kochen gelernt. Wenn ihr wüßtet, was sie mir immer für einen Kuchen zum Geburtstag gebacken hat! Sie wußte, daß ich leidenschaftlich gern Kuchen esse.«

Der Mann sprach weiter, langsam und etwas heiser.

Fasziniert hörten wir dem Wachtraum zu. Liebevoll beschrieb er alle Einzelheiten: wie seine Frau das Mehl in die große Tonschüssel schüttete, wie sie die Eier zu Schaum schlug, Zucker, Backpulver, Rosinen und all die anderen Zutaten unter den Teig rührte und den fertigen Kuchen kunstvoll mit Mandeln und Zuckerguß verzierte.

»Ein wundervoller Kuchen war das, ich habe nie wieder so was Gutes gegessen. Das ganze Haus duftete, wenn der Kuchen im Ofen stand.«

Da heulte eine andere Stimme auf – ja, es war ein Aufheulen. Wie eine kalte Dusche riß es uns aus unseren Träumen.

»Aufhören! Hör auf damit! Hör um Himmels willen auf! Ich kann das nicht mitanhören!«

Andere fielen ein:

»Hör auf! Wir werden wahnsinnig! Narr…!«

Noch lange mußte ich an diesen wunderbaren Kuchen denken. Ich wußte kaum mehr, wie Kuchen schmeckt.

Fünftausend Kilometer mit der Eisenbahn

Drei Wochen fast waren wir schon unterwegs. Die Fahrt schien noch immer kein Ende zu nehmen. Das Ziel war wohl Westsibirien, aber für die Namen der Bahnstationen, jede mit einer weißen Stalin-Büste, interessierten wir uns schon lange nicht mehr. Die Stellen, an denen wir hielten, ähnelten einander zum Verwechseln. Es war schneebedecktes, bewaldetes oder offenes Land. Der Unterschied bestand nur in der Temperatur. Je weiter wir nach Osten fuhren, desto kälter wurde es. Manchmal umtoste uns ein schneidender Nordostwind, so daß wir froh waren, wenn wir uns in den einigermaßen geschützten Waggons aneinanderdrängen konnten.

Mittlerweile lernten wir einander immer näher kennen. Keiner meiner Kameraden, so erfuhr ich, hatte weniger als zehn Jahre Zwangsarbeit zu verbüßen.

Meine Verurteilung zu fünfundzwanzig Jahren war nicht ungewöhnlich, einige hatten sogar noch höhere Strafen.

Die meisten Gefangenen waren als Angehörige der polnischen Armee zu ihren hohen Strafen verurteilt worden. Sie führten die üblichen Soldatengespräche, tauschten militärische Erfahrungen aus, sprachen über Garnisonen und Regimenter, in denen sie gedient hatten, und erzählten von Freunden und Kameraden.

Ich dachte an meine Vergangenheit und legte mir Rechenschaft ab. Bisher hatte ich alle Gedanken an die Heimat unterdrückt, jetzt aber konnte ich sie nicht mehr länger verdrängen.

Ein kleiner Jude war es, der die Vergangenheit in mir wachrief. Er stellte mir eine sonderbare, für einen Juden sogar höchst sonderbare Frage.

Der kleine Mann hatte einen Laden in Bialystok. Als die Deutschen vom Westen und die Russen vom Osten her in Polen einbrachen, gab er den Laden auf und kaufte vom Erlös Diamanten. Seine Verwandten wohnten in Zyrardow, einer Textilstadt in der Nähe von Warschau. Ein befreundeter Schuhmacher fertigte ihm ein Paar Maßstiefel, in denen er die Diamanten versteckte. Seine Vorbereitungen waren abgeschlossen, er konnte aus Polen fliehen. Aber wohin?

»Nach Deutschland«, erzählte er mir. »Zu den Russen hatte ich kein Vertrauen.«

»Aber die Nazis hätten Sie nicht leben lassen. Sie hassen die Juden!«

»Vielleicht. Wer weiß. Jedenfalls war mein Mißtrauen gegenüber den Russen begründet, das sehen Sie ja.«

Vielleicht hatte er Glück, daß er die Deutschen nicht kennenlernen mußte. Die Russen nahmen ihn an der Teilungsgrenze gefangen. Das bedeutete automatisch zehn Jahre Zwangsarbeit. Der Versuch, seinen Befreiern zu entfliehen, wird als antisozialistische Haltung streng geahndet…

Nach dem Zusammenbruch der polnischen Armee hatte ich es vorgezogen, mich von den Russen gefangennehmen zu lassen. Wäre es mir als Kriegsgefangenem der Nazis besser ergangen? Die Frage ließ sich nicht beantworten, aber ich mußte an den sinnlosen Kampf der polnischen Kavallerie gegen schwere deutsche Panzer denken, an die Tapferkeit einer im voraus besiegten Armee in jenen ereignisreichen, verzweifelten Septemberwochen des Jahres 1939.

Ich wurde 1937 einberufen. Zu dieser Zeit bereitete ich mein Diplom als Architekt und Bauinspektor an der Technischen Hochschule in Warschau vor. Zwölf Monate diente ich in der Infanterieschule von Brest-Litowsk. Als dort Freiwillige für die Kavallerie gesucht wurden, nutzte ich die Gelegenheit, zumal ich ein guter Reiter war.

Am Ende des Jahres erreichte ich den oberen Kadettenrang. 1938 legte im mein Schlußexamen ab und meldete mich noch im selben Jahr zu den sechswöchigen Manövern im Gebiet von Wolhynien, nahe der russisch-ukrainischen

Grenze. Als Unterleutnant kehrte ich stolz, braungebrannt und selbstbewußt zur Unterstützung meiner Mutter auf unser Gut in Pinsk zurück.

Für meinen Vater war unser Gut nur ein Mittel, um seinem Steckenpferd, der Landschaftsmalerei, frönen zu können. Unser Haus war angefüllt mit seinen Ölbildern, von denen keines – obgleich sich mehrere Kunsthändler dafür interessierten – je verkauft werden durfte.

Nur wenige Monate konnte ich meine Tätigkeit als Gutsverwalter ausüben. Am 1. März 1939 wurde ich im Zuge einer inoffiziellen Mobilmachung einberufen. Genau sechs Monate später, am 31. August – es war mein vierundzwanzigster Geburtstag, ich las gerade nach Dienstschluß die Briefe meiner Angehörigen und öffnete ihre Päckchen –, ritt ein Kurier in unser Kavallerielager bei Ozharow. Er meldete die Deutschen im Anmarsch. Das war der Krieg.

Nur drei Wochen diente ich aktiv, aber diese drei Wochen waren überreich an Erlebnissen und Ortsveränderungen.

In dem rüttelnden russischen Güterwagen zogen die Eindrücke dieser Tage noch einmal an mir vorbei. Ich erinnerte mich, wie ich mit meinem Pferd vor den Stukas in Deckung ging, ich entsann mich der blockierten Straßen, der scheuenden Pferde vor polnischen Artilleriegespannen, die sich mühselig in den Feuerbereich des Gegners hineinkämpften. Während eines Bombenüberfalls wußten wir oft nicht, ob die Deutschen vor oder hinter uns standen.

In der Nähe von Kutno stießen wir auf die stärksten Einheiten der polnischen Kavallerie, ungefähr zehntausend Reiter und Pferde, deren wichtigster Rückzugsweg nach Modlin von deutschen Truppen versperrt war.

Doch gab es dort wenigstens ein Oberkommando. Es erging der Befehl zum Durchbruch. Zwischen uns und den Deutschen lag ein achthundert Meter breiter Waldstreifen. Von Einheit zu Einheit pflanzte sich das Hornsignal fort: Angriff!

Die unberittenen Männer der ersten Reihe standen nie mehr auf, Pferde brachen zusammen, die nächsten setzten über sie hinweg. Ich ritt aus der Deckung hervor ins Freie. Da sah ich Pferde im Stacheldraht hängen, mit aufgerissenen Leibern…

Bei einem Kavallerieangriff sind Pferd und Reiter wie elektrisiert. Nur das dichteste Abwehrfeuer kann seine wilde Stoßkraft zum Stillstand bringen. Deutsche, die sich ergeben wollten, wurden niedergemacht. Angreifende Kavallerie kann sich nicht mit Gefangenen abgeben.

Pausenlos verfolgten uns Tiefflieger auf den verstopften Straßen. Wir zogen uns nach Warschau zurück und bereiteten dort die Verteidigung der Hauptstadt vor.

Fußsoldaten, und sogar ein Matrose der polnischen Marine, bestiegen herrenlose Pferde und ritten mit uns auf Warschau zu.

Eine organisierte Verteidigung gab es nicht. Zunächst schafften wir Waffen und Munition aus einem Depot in eine alte Warschauer Kadettenschule.

Ich bekam als Chef einer acht Mann starken Kavalleriepatrouille eine der letzten kavalleristischen Aufgaben der modernen Kriegsführung. Es war der 15. oder 16. September. Warschau kapitulierte kurze Zeit darauf.

Auf das Problem Russen oder Deutsche, das mich seit der Unterhaltung mit dem kleinen jüdischen Ladenbesitzer beschäftigte, fand ich keine Antwort. Die Deutschen oder die Russen? Für einen Polen in meiner Lage gab es 1939 kaum eine Wahl. Viele Männer auf unserem Transport hatten wie ich gedacht, daß der Kampf gegen die Nazis uns die Sympathien der Russen gewinnen würde.

Ein Tag nach dem anderen verging. Stumpf dösten wir in unserem Elend dahin. Albträume quälten uns des Nachts und wollten auch unter dem Räderrollen dieses grauenvollen Zuges nicht weichen.

Wir sprachen von unseren Frauen und von unseren Kindern. Die jungen Väter unter uns beschrieben liebevoll ihre Säuglinge. Wir rollten russischer Sklaverei entgegen und fluchten auf Hitler und die Deutschen.

Es gab Tage, an denen wir uns stumm gegen die beißende Kälte zusammendrängten. Bis zu sechsunddreißig Stunden waren wir manchmal in den rollenden Särgen eingeschlossen. Dann stöhnten die Männer verzweifelt und verwünschten die Urheber dieser elenden Entwürdigung.

Weiter und weiter rollten wir ununterbrochen. Männer starben, ihre Namen verschwanden von der Liste, aber die endlose Schlange der sechzig Güterwagen verschlang weiter Kilometer um Kilometer.

Rußlands Weite ist erschreckend. Wir kamen durch Nowo Sibirsk, eine der bedeutenderen Städte Sibiriens, fast zweitausend Kilometer von Moskau entfernt, und noch immer fuhren wir weiter. Dreieinhalbtausend Kilometer lagen hinter uns, als wir Krasnojarsk passierten, eine Stadt mit vielen Silos und roten Backsteinbauten. Getreide lag zu hohen Haufen getürmt im Freien, aus den Halmen sprossen grüne Keime. Anscheinend fehlte es an Transportmitteln und Arbeitskräften zum Verladen.

Einige Kilometer hinter der Stadt hielt der Zug auf einem Rangiergleis. Sofort machte sich eine Abteilung von Eisenbahnarbeitern mit Hämmern an den Rädern des Zuges zu schaffen. Es waren wohl die fleißigsten Eisenbahnarbeiter der Welt. Bei jeder nur denkbaren Gelegenheit hämmerten sie an den Rädern herum. Ihre Bedeutung versteht man freilich, wenn man sich einen Defekt auf offener Strecke in der Schneewüste Sibiriens vorstellt.

Diesmal entdeckten sie Schäden in den Waggons. Das erforderliche Ausbesserungsmaterial lag in kleinen gemauerten Schuppen entlang den Gleisen bereit. Die Reparaturen dauerten fast den ganzen Tag. Während dieser Zeit bewegten wir uns im Freien, so gut es ging, traten auf der Stelle und schlugen mit den Armen gegen den Körper, damit uns das Blut nicht in den Adern erstarrte.

Übrigens hatten sich unsere Bedingungen insofern etwas verbessert, als wir nicht mehr ständig die Hosen zu halten brauchten. Ein findiger Kopf kam auf die Idee, daß sich aus kleinen Zweigen Hosenträger machen ließen. Beide Hände wieder frei zu haben war ein wunderbares Gefühl!

Drei Wochen Fahrt lagen hinter uns, und einige von uns dachten, Krasnojarsk bedeute das Ende der außergewöhnlichen Reise. Aber in der Abenddämmerung wurden wir wieder verladen, die Waggons zugesperrt und plombiert. Es vergingen erneut sechs Nächte in dunklen, kalten Güterwagen und sechs Nächte im Freien. Vor Kälte zusammengekrümmt, stapften wir im Schnee auf und ab, um am Leben zu bleiben.

Dann aber geschah das Unglaubliche: Nach vierwöchiger Fahrt kamen wir ans Ziel: Irkutsk, nahe dem Südzipfel des Baikalsees.

Die Wachmannschaften gingen die Waggons entlang, rissen die Plomben ab und schleuderten die Türen zur Seite. »Alle Mann raus! Schluß der Reise!« riefen sie.

Wir stolperten hinaus. Ein heulender Wind peitschte uns ins Gesicht. In wenigen Minuten hatten wir eiskalte Ohren, rote Nasen, und die Tränen rannen uns über die Backen. Zitternd und zähneklappernd suchten wir im Windschatten des Zuges Schutz. Es war Mitte Dezember, und in Sibirien herrschte schon strenger Winter mit Temperaturen weit unter Null Grad. In den dünnen Baumwollblusen und Leinenschuhen waren wir hilflos der Kälte ausgeliefert. Manche unserer Kameraden mußten, von Krämpfen geschüttelt, auf den Boden gelegt werden.

Kurze Befehle schrillten, eine Gruppe wiederholte sie der nächsten, und wir stellten uns zu einer langen Kolonne von ungefähr viertausend Gefangenen auf, ringsum von Soldaten bewacht. Die Köpfe gegen den Wind eingezogen, die Hosen von Schnee und Matsch durchweicht, trotteten wir los.

Zehn Kilometer ging es über freies Feld. Ausgerechnet ein windumtostes Kartoffelfeld war unser Rastplatz, das Nachtlager für ein paar Tausend zu Tode erschöpfte Männer.

Weit und breit kein Haus, Schnee bedeckte die Ebene. Einige Kolchoslastwagen mit Holzvergaser standen herum, dazu eine einzige Feldküche – lächerlich geradezu für eine solche Anzahl von Gefangenen.

Vor dem peitschenden Wind kamen wir uns wie nackt vor. Trübe sahen wir einander an.

Doch nicht lange standen wir ziellos herum. Gegen den lähmenden Wind mußte etwas geschehen. Neben mir häufte eine Gruppe den Schnee als Windschutz auf. Der Einfall machte Schule. Bald arbeitete alles fieberhaft an der Errichtung einer kleinen Schneemauer. Mit bloßen Fingern kratzten und scharrten die Männer den Schnee bis auf die steinharte Erde fort und verkrochen sich hinter dem Windschutz.

Außerhalb des Stacheldrahtes lagen in einiger Entfernung kleinere Waldstücke. Als später der Transportkommandant, der Apostel der Sowjetkultur, die Runde machte, fragten ihn unsere Wortführer, ob wir Zweige zum Bedecken der gefrorenen Erde sammeln dürften. Er gestattete es. Ein paar Freiwillige aus jeder Gruppe – die Besatzungen der Waggons gehörten auch weiterhin zusammen – holten mehrere Male unter Bewachung soviel Äste und Zweige, wie sie tragen konnten, und breiteten sie auf dem Boden aus. So konnten sich die Männer wenigstens zwischen den Schneehaufen ausstrecken und waren gegen den schlimmsten Ansturm des Windes geschützt. Doch auch wenn wir uns noch so sehr zusammenkauerten – die Kälte war kaum zu ertragen.

Pro Tag erhielten wir ein Pfund Schwarzbrot, und die Feldküche braute erstaunlicherweise zweimal am Tag dampfenden, ungesüßten Ersatzkaffee, von dem jeder einen Blechnapf voll bekam.

Während der drei Tage, die wir auf dem Kartoffelfeld blieben, stießen Hunderte von Gefangenen zu uns. Unter ihnen waren auch einige Finnen, die man stets an ihrem untadeligen Verhalten erkannte. In landsmannschaftliche Gruppen gegliedert, hielten sie untrennbar zusammen. Schließlich waren fünftausend Männer auf dem provisorischen Platz versammelt, alle in dunkler Vorahnung der kommenden Dinge.

Die Läuse, welche mit uns die Gefängnisse Westrußlands überlebt hatten, peinigten uns bis aufs Blut. Lüfteten wir ihre Verstecke an unseren warmen Körpern, so fielen sie in dem durchdringenden Sturm schnell von uns ab und gingen ein. Wir trauerten ihnen nicht nach. Als Gastgeber waren wir wenig geeignet. Schließlich hätten sie nur bis zum dritten Tag durchzuhalten brauchen…

An diesem denkwürdigen Tag fuhren nämlich die Kolchoslastwagen mit ihren Holzgeneratoren auf den Lagerplatz, und die Soldaten liefen aufgeregt um sie herum.

Etwas Außergewöhnliches lag in der Luft, das fühlten wir. Doch was dann kam, übertraf unsere kühnsten Erwartungen.

Wie ein Lauffeuer eilte der Ruf »Warme Sachen!« durch die Reihen.

Es war tatsächlich neue Kleidung.

Die Verteilung dauerte Stunden. Endlich hatte jeder seine dünne Rubaschka gegen die Fufaika, die russische Winterkleidung, ausgetauscht, eine schenkellange, bis zum Hals zuknöpfbare, kapokgefütterte Jacke.

Dazu bekamen wir eine wattierte Winterhose und gummibesohlte Leinenschuhe, die bis unter die Knöchel geschnürt wurden. Die Schuhe gab es nur in drei Größen: klein, mittel und groß. Es wurde gar nicht erst versucht, jedem die Größe zu geben, die er brauchte. Wenn er Glück hatte, paßten sie. Wenn nicht, dann tauschte er sie mit einem Kameraden, dem es mit seinem Paar genauso ging.

Ich hatte Glück, meine Stiefel paßten.

Die alten Blusen und Hosen wurden sorgfältig eingesammelt. Auf einen Außenstehenden hätte unsere Erregung sicher kindisch gewirkt. Die Gesichter der Männer glühten vor Eifer. Keiner konnte es erwarten, bis er in seine neue Jacke geschlüpft war. Freudestrahlend stolzierten sie einher. Unsere lieben alten Spaßvögel, denen das Lachen auf dem öden Feld fast vergangen war, präsentierten uns mit in die Hüften gestützten Armen und fliegenden Bärten eine Modenschau.

Es ist alles relativ. An normalen Verhältnissen gemessen, waren wir noch unzulänglich genug für den sibirischen Winter gekleidet. Aber die Wärme, die uns unsere Fufaikas gaben, empfanden wir als außerordentlich.

Am nächsten Tag bekamen wir zur Vervollständigung unserer Kleidung noch zwei Stück Fußlappen. Die Soldaten erklärten uns, wir sollten sie um die Füße wickeln. Einige Kameraden kannten diese Art Socken und hielten kleine Vorführungen ab, wie man sie am zweckmäßigsten anlegt, damit die Füße nicht erfrieren.

Eine ganze Kolonne von ungefähr sechzig Lastwagen mit je einem Fahrer von der Armee und einem Beifahrer rumpelte in das Lager. Es waren schwere Fahrzeuge, die auf den umliegenden Gütern requiriert worden waren und in großen Buchstaben die Namen der Kolchosen trugen. Hinter der Fahrerkabine befanden sich hohe zylinderförmige Generatoren, die mit Schurki, das sind zehn bis zwanzig Zentimeter lange Birken- und Eschenscheite, angetrieben wurden. Dieses Brennmaterial gibt es in dem waldreichen Sibirien im Überfluß. Als billiger und brauchbarer Ersatz für das kostbare Benzin hilft es, eines der vielen russischen Transport- und Verkehrsprobleme zu lösen.

Spaten und Spitzhacken hingen zusammengebündelt an den Seiten der Lastwagen, der Laderaum war offen. Von den unförmigen Generatoren abgesehen, wirkten die Fahrzeuge wie gewöhnliche westliche Dreitonner. Lastwagen schwankten heran, Befehle flogen hin und her. Die letzte Etappe unserer Reise begann. Für viele von uns die letzte Reise auf dieser Erde…

Sigrid Undset

Wieder in die Zukunft (1940)

Nur vier Tage waren wir in Moskau gewesen; aber es kam uns wie eine Ewigkeit vor. Am Bahnhof saßen wir auf unsern Koffern und warteten – drei Stunden. Hin und wieder kam ein menschliches Wrack zu uns herangeschlurpt und bettelte. Junge Frauen arbeiteten als Gepäckträger. Wir waren bereits daran gewöhnt, russische Frauen alle Arten schwerer Arbeiten verrichten zu sehen, die bei uns in Norwegen absolut als Männerarbeit gelten. Ich frage mich, ob diese Gleichheit zwischen den Geschlechtern in bezug auf schwerste und gröbste Arbeit vielleicht grundlegend sein könnte für ein Sklaven-Staatssystem. Denn in Deutschland hat es immer existiert. Im Süden Jütlands zum Beispiel waren in frühern Zeiten die Grenzen zwischen Deutschland und den nordischen Niederlassungen deutlich gekennzeichnet durch die Art der von den Frauen verrichteten Arbeit. Und selbst dort, wo sich die sprachlichen Grenzen verwischten, wußte jeder, daß da, wo Mensch und Vieh in einem Raum untergebracht waren (eine typische Erscheinung auf den Bauernhöfen der Sachsen) und die Frauen Männerarbeit verrichten mußten, das nordische Land aufhört und Deutschland anfängt.

Züge dampften im Bahnhof ein und aus. Endlich fuhr auch unser Zug ein, und so begann die neuntägige Reise von Moskau nach Wladiwostok mit einer fünfstündigen Verspätung.

Yngve und Alice hatten mir dringend geraten, auf der sibirischen Bahn 1. Klasse zu fahren. So hatten wir das Abteil für uns allein. Der Nachmittag verging damit, daß wir uns mit den Reisenden in andern Coupés bekannt machten.

Ein schwedischer Ingenieur fuhr mit, der nach Japan wollte, um in einer dortigen Fabrik eine Maschine zu installieren. Ferner ein amerikanischer Arzt, der in einem Feldlazarett in Finnland gewesen war, ein englisches Ehepaar ohne Kinder und eines mit zwei Kindern, einem jungen Mädchen und einem kleinen Knaben. Ein älterer jüdischer Professor mit seiner dicken, gemütlichen Frau – Leute, die schon früher emigriert waren und jetzt aus Polen kamen. Ein Pelzhändler, ein hübscher, blonder, junger Norweger, der während des ganzen Krieges in Norwegen mitgekämpft hatte; da er der Ansicht war, daß sein Geschäft unter der deutschen Herrschaft sehr leiden würde, hatte er sich entschlossen, sein Glück in Amerika zu versuchen, wo er gute Handelsbeziehungen hatte. Einer dieser Herren, ein New Yorker, reiste mit ihm. Der Amerikaner war Halbjude, hatte aber eine russische Mutter.

Im Abteil neben uns saß ein junger norwegisch-amerikanischer Theologe, der in Lund studierte und während der Sommerferien seine Verwandten in Hallingdal hatte besuchen wollen. Natürlich war dann nichts daraus geworden, und leider mußten wir ihm auf seine Fragen erzählen, daß Hallingdal schwer im Kriege gelitten hatte. Im Nebenabteil war ein Herr aus Südafrika, der eine Professur an einer amerikanischen Universität angenommen hatte.

Zwischen den verschiedenen Abteilen liegen kleine, hübsche Waschräume, von denen je einer für zwei Abteile bestimmt ist. Die zwei amerikanischen Studenten, mit denen wir den Waschraum teilen sollten, stellten eine Menge Fläschchen und Schächtelchen mit Desinfektionsmitteln auf. Liebenswürdigerweise forderten sie uns auf, diese Dinge mitzubenutzen. Leider stellte sich dann heraus, daß ihre Freigebigkeit überflüssig war, da infolge Wassermangels der Waschraum während der ganzen Reise nicht benutzt werden konnte.

Um die Jahrhundertwende, als diese Wagen der Transsibirischen Bahn erstellt wurden, galten sie als die luxuriösesten ihrer Zeit. Auch mußten sie außergewöhnlich gut gebaut sein, denn nach meinen sonstigen Erfahrungen in Rußland bin ich überzeugt, daß nicht das geringste geschah, um sie in Ordnung zu halten. Und doch sind sie noch heute in gutem Zustande. Die Schienen sind breitspurig und die Abteile geräumig – Amerikaner, die Pullman-Cars gewöhnt sind, finden die Betten wahrscheinlich jämmerlich eng und hart.

Unsere Reise durch Rußland und Sibirien war wirklich nicht anstrengend. Man brauchte nur still zu sitzen, wobei man schmutzig und immer schmutziger wurde. Die Eisenbahngesellschaft tat ihr Bestes, es uns bequem zu machen, und wenn das Beste nicht besonders gut war, konnte sie nichts dafür.

Da war zum Beispiel ›Graataß‹ (der Zwerg), wie wir Norweger ihn nannten‹, der Mann, den die ›Intourist‹ uns sozusagen als Reiseführer besorgt hatte. Er trug einen schmutziggrauen Sportanzug, der ihm viel zu groß war. Unermüdlich suchte er sich uns nützlich zu machen – er brachte Bücher aus der Eisenbahnbibliothek, auf die die Bahn sehr stolz ist. Für Hans hatte er ein Geometrie- und Arithmetikbuch ausgegraben und war ziemlich enttäuscht, als dieser sich von dieser belehrenden Literatur nicht sehr erbaut zeigte. Ausgerechnet in diesen beiden Fächern war er immer am schwächsten gewesen.

Mich beglückte er mit einem ins Deutsche übersetzten Roman von Gorki und einem Buch ›Wer lebt glücklich in Sowjetrußland?‹ Die Antwort hatte ich bereits erraten. Wenn irgendeiner, so war es der Soldat.

Auf die Schlagworte der Partei verlasse ich mich nicht. Ich kenne sie nur vom Hörensagen. Aber eines haben meine Eltern mir immer ganz besonders eingeschärft: »Wenn dir jemand über einen andern etwas sagt, so kannst du überzeugt sein, daß es entweder nicht wahr ist, oder dann nur zum Teil und das ist die schlimmste Form von Unwahrheit.«

Graataß sprach Deutsch, nicht gerade fließend, aber wenigstens genügend für den täglichen Gebrauch. So versuchte ich, über dieses und jenes Auskunft zu erhalten, was ich während der Fahrt sah. Leider wußte er nicht viel mehr als ich. Er kam aus Moskau und war bis jetzt nie weiter östlich gewesen als Swerdlowsk. Diesmal hatte man ihm erlaubt, uns bis Wladiwostok zu begleiten, und es war wirklich rührend, zu sehen, wie glücklich er darüber war. Er freute sich darauf, in Wladiwostok Dampfschiffe zu sehen, richtige große Ozeandampfer. Bisher hatte er nie ein Schiff gesehen, außer denen auf der Moskwa.

Dann war noch der Wächter, der abends unsere Betten zurecht machte und im Laufe des nächsten Morgens das Bettzeug forträumte. Auch er war der typische kleingewachsene Russe mit einem Gesicht, das breiter war als lang – und grenzenlos schmutzig. Er hieß Wanja. Ihm wäre diese russische Unsauberkeit beinahe teuer zu stehen gekommen. Als wir von Moskau abfuhren, hatte er über dem rechten Auge einen Kratzer. Am folgenden Tage war das ganze Auge entsetzlich geschwollen; in der Ritze zwischen den Lidern war es blutrot und eiterte. Man sah sofort, daß der Mann krank war und Fieber hatte. Trotzdem schlug er sich mit seiner Arbeit herum und verrichtete sie, so gut oder schlecht es eben ging.

Ich wusch ihm das Auge mit Borwasser aus und machte ihm eine Kompresse. Später, als der amerikanische Arzt erwachte, nahm er sich des Auges von Wanja an. Es wurde dann schnell besser. Nach und nach entwickelte sich für Doktor D. eine blühende Praxis, da alle außer mir seine Patienten wurden, ehe wir in Wladiwostok ankamen. Die gut ausgerüstete kleine Apotheke, die ich mit Alice zusammengestellt hatte, war beinahe leer.

Während der ganzen Reise war Wanja immer freundlich und hilfsbereit. Zum Beispiel wenn wir das Radio abstellten, was als Todsünde galt und die übrigen Zugangestellten in Harnisch versetzte, tat er, als merke er es nicht. Vom frühen Morgen bis spät in die Nacht hinein war das Radio im Gange – immer in russischer Sprache – und zwischendurch ertönte ein entsetzliches Gejaule von Schlagern und Walzermelodien aus der ›Lustigen Witwe‹. Unsere zweite und schlimmste Sünde bestand darin, daß wir hin und wieder wegen der glühenden Hitze im Wagen heimlich ein Fenster öffneten. Graataß erklärte, es käme zu viel Staub herein, der die Wände und den Teppich ruiniere. Der Teppich wurde tatsächlich jeden Morgen gereinigt. Wenn Wanja die Betten weggeräumt hatte, kam er mit einem Besen in der einen und einem Glas Wasser in der andern Hand zurück. Er nahm den Mund voll Wasser, bespritzte damit den Boden und begann dann den Teppich zu kehren. Schon früher einmal hatte ich über diese Reinigungsmethode in einem der entzückenden Bücher von Dr. Tode gelesen; dieser große Däne, der sich zu Ende des 18. Jahrhunderts für die Aufklärung einsetzte, hatte in seinem Buche ›Das Wohl der Mehrheit‹ unter anderem auch gegen diese unhygienische Gewohnheit angekämpft.

Es war wirklich amüsant, sie hier angewandt zu sehen. Und doch freute ich mich auf den Moment, da ich die Bettpantoffeln, die ich trug, in den Stillen Ozean werfen könnte.

Die Landschaft zu beiden Seiten der Bahnlinie war prachtvoll, aber äußerst monoton. Von der Ostsee bis zum Baikal-See war der ganze Erdteil eine einzige Ebene, manchmal leise ansteigend und dann wieder flach. Bäche und Flüsse, deren Wasser wie dunkles Glas war, vereinigten sich in ihrem Lauf in der Ferne. Man hatte den Eindruck, als stünde das Wasser still, so langsam floß es dahin.

Alle Dörfer waren genau gleich – graue Holzhäuschen, deren Schmalseite zur Straße stand, die aussah, als sei sie von Menschen und Vieh ausgetreten worden. Und selbst in den großen Städten, die man vom Zug aus sah, waren die Straßen nicht anders – breite oder schmale, nicht planmäßig angelegte Pfade, die die Menschen sich selbst gestampft hatten. Und nach den Regenschauern, die fast jeden Abend fielen, spiegelten sich die goldenen Strahlen der untergehenden Sonne tausendfach in den Löchern der Straße. Es sah großartig aus, kann aber unmöglich gesund sein.

Die Häuser wirkten, als seien sie aufs Geratewohl hingestellt worden – manchmal im Erdloch eines Feldes, wo sich stehendes Wasser sammelte, so daß die Menschen bis über die Knöchel darin versanken, wenn sie in ihren Hütten ein- und ausgingen. Kein Haus hatte ein richtiges Fundament. Meist waren sie auf Schlamm gebaut. Auch gab es weder Dachrinnen noch Abzugsrohre. Nach einem Regen troff das Wasser von den Dächern in die Teiche hinunter, in denen die Häuser standen.

Meist waren die Dörfer groß und die Gebäude planlos über eine riesige Fläche verstreut. Die Städte wirkten wie Dörfer, die man immer wieder vergrößert hatte. In den größten Städten standen große neue und alte Fabriken, Backsteinbauten, die wie Mietskasernen aussahen, und andere Gebäude, die mit ihren Türmen, Kuppeln und Balkonen eher einen offiziellen Eindruck machten. Die meisten stammten aus den letzten Jahren des vorigen Jahrhunderts. Aber auch in den größten Städten bildeten diese Backsteinbauten nur den kleinen Kern, der von großen Strecken grauen Geländes umgeben ist mit grauen Holzhäusern, die mit grauen Schindeln oder Brettern, die gleichfalls grau waren, gedeckt sind, und schmutzige Straßen in einer schmutzig-grauen Ebene.

Nirgends sah ich wie in Kolomanskaya einen Garten oder Bäume in der Nähe der Häuser, bis wir nach vielen Tagen, die wir ostwärts fuhren, jenseits des Baikal-Sees ein Plateau erreichten. Sowohl in Rußland selbst wie auch in Westsibirien war der Grund rund um die Häuser festgestampfter Boden, auf dem nicht einmal Unkraut wuchs.

Da und dort stand vor dem Dorf eine kleine Holzkirche, die noch Spuren eines früheren Kalkanstrichs zeigte. Und weiter im Innern des Landes sahen wir –

meist auf einem Hügel – hin und wieder eine große Kirche mit vergoldeten Zwiebelkuppeln und langgestreckte klosterähnliche Gebäude, die von Baumgruppen und Gärten mit halbverdorrten Obstbäumen umgeben waren.

Kultiviertes Land wechselte mit Waldungen ab; meist waren es Birken- und Holunderbüsche, manchmal auch kleine Tannen- oder Lärchenwäldchen. Längs der Fahrstraßen, die sich im Gehölz verloren, lagen kleine Haufen von Brennholz oder ein paar Heuhaufen von Weidelandgras. Die Weiden in diesen lichten, von Bäumen beschatteten Senken müssen ausgezeichnet sein – obschon ich nie weder eine Kuh noch ein Pferd im Gehölz sah. In Norwegen, Schweden oder Finnland hätten die Bauern ihre jungen Tiere und Milchkühe zu Hunderten hinausgetrieben, damit sie gesund und kräftig blieben. Und rings aus den Wäldern hätte das Läuten der Glocken verkündet, daß der frische Reichtum der waldigen Weiden in seiner ganzen Fülle ausgenutzt werde.

Was uns Norweger jedoch am seltsamsten berührte, war die Tatsache, daß die Russen so wenig Haustiere halten. Sämtliche Pferde, die ich während der Reise sah, waren von ein und derselben Rasse – ursprünglich wahrscheinlich leichte Reitpferde, prachtvolle Tiere, klein, mit schön geformtem Kopf, schlanken Beinen und hübschen kleinen Hufen. Es war ein Vergnügen, zuzusehen, wie sie sich auf den Wiesen herumtummelten. Wenn ein Hirte sie ritt, sahen sie wundervoll aus. Dagegen war es ein trauriger Anblick, diese kleinen Pferdchen in Moskau und überall anderswo schwer beladen zu sehen – nichts als Haut und Knochen, mit Senkrücken, aufgedunsenen Bäuchen und Druckstellen vom Geschirr.

Ab und zu – allerdings selten – kamen wir an einer Kuhherde vorbei. Die russischen Kühe schienen tatsächlich lieber in Massen zusammen zu weiden – immer standen sie eng aneinander gedrängt und zogen es vor, auf dem hartgestampften Lehmboden zu stehen, selbst wenn ein grüner Hügel mit einigen Bäumen und Büschen in der Nähe war. Nie sah ich eine russische Kuh, die wie andere Kühe sich absonderte, sich einen eigenen Grasfleck oder den Schatten eines Baumes suchte. Nie brach eine Kuh durch die Büsche, um die lästigen Insekten los zu werden. Hin und wieder war ein Hirte dabei, manchmal hoch zu Roß. Vielleicht ist dieses Beisammenstehen in Horden eine Gewohnheit, die sich infolge des Hütens seit Generationen entwickelt hat.

Dagegen sah man die Schafe, Ziegen, Schweine vor den Hütten immer einzeln oder zu zweit. Vermutlich waren sie persönliches Eigentum. Kollektivhöfe pflegen im allgemeinen kein Kleinvieh zu haben. Da und dort gackerten ein paar Hühner, oder zwei Gänse schwammen vor einer Haustür herum. Allem Anschein nach halten die Russen selten mehr als hundert Stück Großvieh und sozusagen keine Kleintiere, wogegen skandinavische Bauern mindestens tausend Stück von jeder Sorte gehalten hätten. Ich erinnere mich, daß man zu Ende der zaristischen Regierung dänische landwirtschaftliche Experten nach Sibirien kommen ließ, die die Entwicklung der Viehzucht fördern und nach dänischem Muster genossenschaftliche Molkereien errichten sollten. Die Entwicklung dieses Unternehmens ließ sich so gut an, daß Sibirien eine große Menge von Milchprodukten ausführen konnte. Es ist möglich, daß man das Land anderswo besser auszunützen wüßte, doch kommt es mir unlogisch vor, daß die an wichtigen Eisenbahnlinien gelegenen Gebiete weit hinter andern Teilen des Landes zurückstehen, die schlechte Verbindungen haben. Andererseits wird jedoch in einem totalitären Staate das Fehlen von Transportmitteln die einzelnen Bauern ermutigen, mehr zu produzieren in der Hoffnung, dann mehr für sich behalten zu können. Nach Ansicht der Skandinavier könnte Rußland das reichste Land der Welt sein, wenn die Russen nur halb so tüchtige Arbeiter wären wie die Skandinavier oder Finnen.

Ein- oder zweimal fuhren wir an einem der neuen Kollektivhöfe vorbei. Die neu erstellten, großen Holzhäuser mit fünf oder sechs Kaminen und vielen Türen blitzten in der Sonne. Sie sahen genau so aus wie früher in Norwegen die alten Arbeiterbaracken. Noch heute stehen einige in der Nähe von Fabriken außerhalb von Oslo. ›Wolfshütten‹ werden sie oft genannt. Sie galten nie als besonders günstige Wohnstätten, und man hoffte, daß sie früher oder später abgerissen würden. Jetzt, da unsere Wohnstätten von den Invasionstruppen eingeäschert sind, werden die Norweger vorläufig mit dem totalitären Lebensstandard vorliebnehmen müssen.

Während der ganzen Reise entdeckte ich nirgends ein Anzeichen von Forstwirtschaft. Aber in diesem Naturzustand waren die Waldungen wundervoll. Hin und wieder fuhren wir durch Lichtungen. So weit das Auge reichte, zog sich rund um die schwarzen, von Lagerfeuern übrig gebliebenen Baumstümpfe ein dichter, purpurroter Teppich von Feuerkraut (Epilobium angustifolium). Dann wieder fuhren wir an weiten Strecken Marschlandes vorbei – über diese Sümpfe neigten sich glitzernde Birken und Weidenbüsche. Placken mit hartem Gras zogen sich an den Rändern entlang, zwischen denen schwarze Wasserlöcher standen, und weiter draußen dehnte sich eine riesige, giftgrüne Sumpffläche.

Und überall bot sich dem Auge eine Fülle wild blühender Blumen – an den Hängen längs der Eisenbahnlinie, in Wiesen und Feldern, in Wäldern auf jedem sonnenbeschienenen Fleck. Zuerst waren es die gleichen Blumen, die ich von zu Hause her kannte – Glockenblumen und verschiedene Arten von Boretsch mit glänzend blauen Blüten und rauhem Blattwerk; weiße und gelbe Margueriten und überall Feuerkraut. Diese purpurne Pracht begleitete uns auf dem ganzen Weg bis Wladiwostok. In Japan sah ich sie nicht. Dafür aber wieder in Amerika, wo sich die Blüten in Wolken von flaumigem, weißseidigem Samen verwandelt hatten, die sich über die ganze nördliche Hemisphäre verbreiteten.

Als wir uns dem Baikal-See näherten, entdeckten wir neue Pflanzen, die oft bei uns zu Hause in Gärten gezogen werden – kleine lackrote Lilien und Massen lichtgelber Lilien, die in den Wiesen wuchsen. Jedesmal wenn der Zug auf offener Strecke hielt, was öfters der Fall war – da wir manchmal eine halbe Stunde mitten im Wald oder auf freiem Feld auf einen andern Zug warten mußten – flüchteten die Reisenden aus den überfüllten Wagen, in denen die Russen auf ihren eigenen schmutzigen Matratzen und Bettüchern auf übereinander liegenden Holzpritschen zusammengepfercht waren. Längs der Bahnlinie warfen sich manche dann halbnackt ins Gras und ließen sich von der Sonne braten, andere rannten in die Wiesen und pflückten riesige Mengen von Blumen.

Einmal hatte ich mir ein paar Lilien und wilde Orchideen gepflückt. Wanja, der mir beim Einsteigen half, lächelte und sagte irgend etwas. Kurz nachher brachte er eine mit Wasser gefüllte leere Seltersflasche und stellte die Blumen hinein. Bisher hatten wir außer Tee nie etwas anderes zu trinken bekommen. Abends nahmen wir uns ein Glas Tee mit ins Abteil, falls wir nachts Durst bekommen sollten. Auch die Zähne putzten wir mit Tee. Trinkwasser war nicht zu bekommen. In dieser Beziehung waren unsere russischen Mitreisenden besser dran, da sie sich an den Bahnhöfen hin und wieder gekochtes Wasser kaufen konnten. Leider hatten wir keine Töpfe oder Eimer mit, um uns welches zu holen.

Obwohl wir uns ziemlich viel Mineralwasser mitgenommen hatten, war am dritten Reisetag schon keines mehr vorhanden. Dr. D. versicherte uns zwar, das sei ein Glück. Er vermutete, dieses Mineralwasser sei die Hauptursache der vielen schweren Magenerkrankungen, die fast alle unsere Mitreisenden für ein paar Tage ans Bett fesselten. Der dänische Ingenieur im angrenzenden Abteil wurde krank, als er sah, daß die Würmer auf der von ihm bestellten Portion Schinken herumkrochen. Der norwegische Geschäftsmann und die englischen Kinder waren derartig von Wanzen gebissen worden, daß sie Fieber hatten. Die andern behaupteten, sie seien von der Hitze oder der Nahrung krank geworden – sicher ist jedoch, daß der Gesundheitszustand der Reisenden nicht besser wurde, als das Mineralwasser zu Ende war.

Meiner Ansicht nach war die Kost nicht das Schlechteste. Zwar wären wir zu Hause in Norwegen schwer beleidigt gewesen, wenn uns jemand etwas Derartiges angeboten hätte. Aber nach den Erfahrungen der vier Tage in Moskau stand ich jetzt bereits auf dem Standpunkt, es sei fabelhaft, daß wir überhaupt etwas zu essen hätten. Und das schwarze russische Brot war gut – falls man dunkles saures Brot gerne ißt und es verträgt. Die Eier schmeckten wie die, welche ich in meiner Kindheit einst während der Sommerferien auf dem Lande gegessen hatte. Damals fanden wir ein Nest einer Henne, die sich versteckt hatte, um zu brüten. Die Tanten erklärten zwar, die Eier seien zu alt, um sie zum Kochen zu verwenden, wenn wir sie aber essen wollten, sollten wir es ruhig tun. Und wir haben sie mit gutem Appetit verzehrt. Die andern Reisenden, die nicht so glückliche Kindheitserinnerungen an verdorbene Eier hatten, waren weniger begeistert.

Alle Nahrungsmittel, die man uns vorsetzte, waren aus Moskau mitgenommen worden. Und es waren keine Vorkehrungen getroffen, sich unterwegs mit neuen Vorräten einzudecken. Infolgedessen roch und schmeckte das Fleisch täglich schlechter. Am meisten vermißten wir jedoch das Gemüse. Ab und zu gab es ein wenig geschnetzelten Weißkohl in einer Fleischsuppe. Das war alles, was wir bekamen. Statt Kartoffeln setzte man uns dunkle, grobe Makkaroni vor, die wie Porridge zubereitet waren. Auf den Nachtisch, die Käsebiskuits, verzichtete ich, nachdem ich sie versucht hatte. Sie rochen genau wie das Zeug, das die Babies von sich geben, wenn sie zuviel Milch getrunken haben.

Als wir eine Strecke weit durch Sibirien gefahren waren, erhielt das Menü einen willkommenen Zuschuß. Jedesmal wenn der Zug hielt, schwärmte ein Haufen zerlumpter Kinder und Frauen im Speisewagen umher, um Beeren zu verkaufen – einen Rubel kostete ein kleiner Teelöffel voll Beeren, die sie uns in Tüten aus alten ›Prawdas‹ anboten. Die Beeren waren schmutzig und zum Teil unreif. Doch die Angestellten des Speisewagens zeigten sich immer bereit, sie mit etwas Zucker aufzukochen.

Der Steward oder Oberkellner, oder welchen Titel er sonst haben mochte, war ein großer, stattlicher Russe, der aussah wie ein Großfürst in einer Operette und sich auch dementsprechend benahm. Vergnügt und immer gut aufgelegt, beherrschte er uns alle, und wer ein wenig Russisch verstand, mußte unwillkürlich lachen, auch wenn er sich eigentlich über die Mahlzeiten beschweren wollte. Obschon seine weiße Jacke schwärzer und schwärzer wurde und täglich einen stärkeren Geruch ausströmte, weil der riesige, blonde Mensch in der Hitze fast umkam, blieb er doch immer würdevoll. Er besaß nur die eine Jacke. Am zweiten Tag hatte ich Sauce auf seinen Ärmel geschüttet, und dieser Fleck war das letzte, was ich sah, als wir uns am Bahnhof in Wladiwostok herzlich von unserm ›Großfürsten‹ verabschiedeten. Anscheinend hatte er diese weiße Jacke auch nachts an – wie übrigens auch das ganze Hotelpersonal in Wladiwostok auf Sofas, Stühlen oder auf dem nackten Fußboden in den Hallen und Gängen in seinen Dienstkleidern schlief.

Sonja, die mit Speisen und Teegläsern herumrannte, war klein, schmutzig und keineswegs hübsch, aber ein gewisses ›Etwas‹ mußte sie doch an sich haben, daß wir sie alle gern hatten. Immer war sie zum Lachen aufgelegt. Sobald jemand mit ihr sprach oder ein Mann in ihre Nähe kam, lachte sie. In einer Broschüre der Eisenbahnbibliothek hatten wir gelesen, man solle einen Sowjetbürger nicht beleidigen, indem man ihm ein Trinkgeld gebe; aber natürlich hinderte einen niemand daran, einem persönlichen Freund ein Geschenk zu machen. Und es war wirklich ein sehr freundschaftliches Geschenk, das wir für die Bürger des Speisewagens zusammengesteuert hatten. Wanja weigerte sich, etwas anzunehmen, obwohl die ihm zugedachte Gabe wirklich freundschaftlich gemeint war. So boten die Stunden im Speisewagen trotz allem eine angenehme Abwechslung. Am wenigsten konnten wir uns an den Schmutz gewöhnen. Nach und nach wurde das Tischtuch so klebrig, daß es am Ärmel hängen blieb, wenn man sich mit dem Ellbogen aufstützte. Einige der Reisenden wischten die Schüsseln, Gabeln und Löffel zuvor mit der Serviette ab, aber meines Erachtens war diese nicht viel besser. Hier kam uns das Klosettpapier aus Schweden zugute. Jedesmal nahm ich ein paar Blätter mit und wischte erst unsere Teller und das Silber damit ab.

Natürlich drehte sich das Tischgespräch hauptsächlich um den Gesundheitszustand in Sowjetrußland. Keiner von uns wußte etwas Bestimmtes darüber – seit einigen Jahren waren keine Statistiken mehr herausgegeben worden, die eine zuverlässige, ja auch nur eine annähernd verläßliche Folgerung über Krankheiten und Gesundheitszustand, Geburten und Todesfälle in der Sowjetunion gestattet hätten. Freunde in Moskau, die die künftige Entwicklung des Landes noch immer ziemlich optimistisch beurteilten, waren überzeugt, daß der russische Ärztestand in der Lage sei, eventuelle Epidemien mit großem Erfolg zu bekämpfen. Aber fast alle ausländischen Ärzte, auch Dr. D., waren der Ansicht, daß dies in einem Land nicht möglich sei, wo keine einzige Stadt mit Trinkwasser versehen war, wo es überall an Seife mangelte, die Wohnungen überfüllt waren, keine Gesundheitsämter in den Städten existierten und die Mehrzahl der Häuser auf ebenem, undrainiertem Boden steht. Über die Ernährung wußten wir natürlich nichts Genaues. Im allgemeinen sahen die Menschen nicht unterernährt aus. Auch Brot scheint genügend und in guter Qualität vorhanden zu sein. Dafür fehlt es an vielen andern Nahrungsmitteln, was sich mit der Zeit katastrophal auswirkt. Während des letzten Winters konnte ein gewöhnlicher Mensch in Moskau außer Brot und Weißkohl, der 7 Rubel per Pfund kostete, keine andern Nahrungsmittel kaufen. Auch gibt es so wenig Kleidungsstücke, daß die Menschen im Winter gezwungen sind, alles übereinander anzuziehen, was sie besitzen. Von Waschen oder Wechseln kann keine Rede sein.

Alle Reisenden mußten sich in den Ankleideräumen, deren es an jedem Ende des Wagens einen gibt, waschen und die Zähne putzen. Morgens und abends standen wir in Pyjamas und Morgenröcken mit Schwammbeuteln und Handtüchern über dem Arm davor und warteten, bis wir an die Reihe kamen. Aber von Zeit zu Zeit war der Wasserbehälter des Wagens leer. Dann konnte es einige Stunden, einmal sogar einen ganzen Tag dauern, bevor wir eine Station erreichten, wo sich eine andere Lokomotive neben unsern Zug stellte und mittels eines langen Schlauches die Behälter wieder mit kochendem Wasser füllte. Die kleinen Waschräume zwischen den Abteilen wurden nie mit Wasser bedacht. Wanja sagte, irgend etwas sei dort verrostet. Glücklich diejenigen, die mit Waschen erst dann an die Reihe kamen, wenn das neu eingefüllte Wasser angenehm abgekühlt und nicht mehr kochend heiß war, daß man sich verbrannte.

Eines wurde mir auf dieser Reise durch Sowjetrußland klar: Es ist möglich, daß ein Volk *leben* und wenigstens ein Teil davon gesund und arbeitsfähig bleiben kann bei einem Lebensstandard, den wir in Skandinavien als sehr bedenklich ansehen würden.

Natürlich gibt es in einem Lande von 3, 4 oder 6 Millionen Einwohnern mancherlei Faktoren, die uns anspornen, all unsere Kraft zur Erhaltung der kostbaren Leben und zur Unterstützung der Volksgesundheit einzusetzen. Es ist keineswegs eine unmögliche Aufgabe, in einem kleinen Volk genügend aufgeklärte Menschen zu finden, die sich für die Volksgesundheit interessieren. Auf diese Weise entstanden die Privatorganisationen – zum Beispiel die norwegische Nationalgesellschaft zur Bekämpfung der Tuberkulose, die norwegische Pflegerinnenhilfe und das norwegische Rote Kreuz sowie einige weitere private Unternehmungen zum Schutze der Mütter und zur Verringerung der Kindersterblichkeit – die dann bald als staatliche Angelegenheiten galten. Der Staat bekümmert sich darum und übernimmt eine Anzahl dieser Betätigungsfelder, die von Privatorganisationen ins Leben gerufen worden waren. Dadurch ist es diesen Organisationen möglich, zu existieren und sich weiter auszudehnen, indem sie ihren Interessenkreis erweitern und für die Volkshygiene Pionierarbeit leisten. Theoretisch wenigstens haben die Bürger aller Demokratien Einfluß auf die Staatsführung – wenn nicht direkt, so doch indirekt. In einer *kleinen* Demokratie kann die Regierung auf die Dauer unmöglich das Wohl der Bevölkerung, auch der ärmsten Kreise, gänzlich außer acht lassen. Der Abstand zwischen Regierung und den Regierten ist zu unwesentlich. Die Klassenunterschiede sind nicht so groß und die Übergänge zu wenig ausgeprägt.

Vor der deutschen Invasion hatte Norwegen so gut wie die geringste Kindersterblichkeit der Welt, von Schweden ganz zu schweigen, wo der Geburtenrückgang bereits bedrohliche Formen annimmt und alles getan werden muß, um jedes neugeborene Kind am Leben und bei guter Gesundheit zu erhalten. Aber Rußland hatte viel höhere Geburtenziffern. Rußland kann es sich leisten, Kinder sterben zu lassen und eine große Zahl von Erwachsenen zu verlieren und hoffen, daß die Natur selbst sich auf diese Weise der schwachen Geschöpfe entledigt und dafür sorgt, daß die Kräftigen am Leben bleiben. Das heutige Deutschland brüstet sich offen mit seinem Hauptgrundsatz: Die Frauen müssen möglichst viele Kinder zur Welt bringen. Die Natur und die innern Verhältnisse des Landes sorgen dafür, daß nur die Kräftigsten und Zähesten aufwachsen und die ›Rasse‹ weiter fortpflanzen. Daß eine Mutter an den schwächsten und vor allem an bresthaften Kindern immer am meisten hängt, was gleichfalls einem ›Naturgesetz‹ entspricht, wird dort nicht berücksichtigt.

(…)

Die Bahnhöfe der Transsibirischen Bahn stammen alle aus der Zeit der Zaren. Man gewinnt den Eindruck, daß der russische Charakter etwas Grundlegendes in sich hat, das sich nie verändert und das Gesamtbild des Reiches beherrscht, sei es nun unter der Gewaltherrschaft eines Zaren oder einer Partei, die sich kommunistisch nennt.

Sämtliche Bahnhöfe haben eine lange, eindrucksvolle Front gegen den Bahnsteig zu, während auf der Rückseite der Fassade sozusagen nichts vorhanden ist als ein paar aufeinanderfolgende Räume, die kaum möbliert sind. Überall wo wir hinkamen, waren die Bahnhöfe von zerlumpten Menschen überfüllt, die auf Säcken und Bündeln, auf Streu oder auf dem nackten Fußboden saßen oder lagen – in Warteräumen, Gepäckschuppen, rund um die Bahnhofsmauer und weit draußen auf dem offenen Platz, der auf der Rückseite der meisten Bahnhöfe zu finden ist. Diese Menschen warten – manchmal tagelang –, bis sie in einem Zug Platz finden. Denn obschon diese Leute zusammengepfercht sind in den Wagen, in denen die gewöhnlichen Sowjetbürger ›hart‹ reisen – das heißt, sich samt ihrem Bettzeug, Eßpaketen und Teekochern auf übereinanderliegenden hölzernen Schlafstellen installieren und dort oft tage- und nächtelang liegen –, wird der Reiselust der Russen keine entsprechende Fahrterleichterung gewährt.

Dem in den Straßen sich vorwärtsbewegenden Menschenstrom entsprechen die riesigen russischen Massen in den Eisenbahnen. »Weshalb mögen sie wohl reisen?« »In der Hoffnung, anderswo in Rußland eine besser bezahlte Arbeit zu finden, mehr zu essen und vielleicht bessere Lebensbedingungen«, erklärte uns ein Mitreisender, der Russisch konnte und mit einigen von ihnen gesprochen hatte. Ganze Familien wanderten fort – Urgroßeltern mit Kindern und Enkeln bis zu den Neugeborenen, die im Gegensatz zu den Babies in Moskau oft jämmerlich aussahen. Auch für das gesündeste Baby muß die Hitze und die schlechte Bahnhofsluft unzuträglich sein.

Ohne die täglichen Regenschauer, die den Boden rund um den Bahnhof aufweichten, hätten es die draußen Wartenden erheblich besser gehabt als die Leute in den Warteräumen. Sogar für russische Verhältnisse war die Luft dort entsetzlich. Und zu allem kam noch der eigentümliche Gestank von Schuhwichse, trotzdem diese armen Teufel im Bahnhof ebensowenig Stiefel besaßen wie die übrigen Leute in Rußland. Weiter im Innern von Sibirien trugen viele Filzschuhe oder Schuhe aus geflochtener Birkenrinde, alte Leute vor allem. Aber auf allen Bahnhöfen wimmelte es von Soldaten, und diese hatten Lederstiefel an.

Und trotz allem fanden wir es amüsant, an den verschiedenen Stationen auszusteigen und uns unter die Volksmenge auf den Bahnsteigen zu mischen. Auf jeder Station liefen wir früh morgens in Nachtpantoffeln, Morgenröcken und Pyjamas herum und machten verzweifelte Versuche, Zigaretten zu bekommen.

Die Vorräte im Speisewagen waren bereits am dritten Tage aufgebraucht, und in ganz Sibirien konnten wir keine Zigarette kaufen bis erst kurz vor Wladiwostok.

Verschiedene Schilder, die ich jetzt lesen konnte, gaben bekannt, daß hier eine Bahnrestauration, dort ein Zeitungskiosk, drüben ein Lunchraum oder ein Geschäft mit Reiseandenken sei. Aber nirgends konnte man etwas kaufen, außer in den Geschäften für Souvenirs, die an verschiedenen größeren Stationen Spielsachen anboten – Teddybären, Stoffpuppen und höchst primitive Bilderbücher. Ob es im Fünfjahresplan mit inbegriffen ist, daß die Russen neben den wenigen Dingen, die zu haben sind, auch Spielzeug für ihre Kinder erhalten, ist mir nicht bekannt. Ich vermute eher, daß sie es einem Handelsabkommen mit dem deutschen Partner verdanken.

Auf allen Bahnhöfen Sowjetrußlands leuchteten einem ungeheure Plakate entgegen – grelle Schlagzeilen, riesige Bilder von Stalin, Molotow und andern Sowjetgrößen. Die hellgraue Statue Lenins – überall dieselbe – schmückte den kleinen Wiesenplatz vor dem Bahnhofsgebäude. Vor jedem großen Bahnhof sah man solch eine kleine Wiese mit Blumen, die keiner Pflege bedurften. Früher hieß es immer, die Russen hätten eine ganz besondere schöpferische Begabung, eine große Vorliebe für Farben und einen seltsam fremdartigen und verfeinerten Geschmack. Selbst ein Mensch, der wie ich vom russischen Handwerk, und von russischer Kunst nie besonders begeistert war, weiß, daß russische Produkte immer üppige Farben, bizarre Muster an sich hatten, etwas Schwelgerisches und seltsam Fremdartiges. Die Volkstrachten waren mit einer Art von hierarchischen Entwürfen reich verziert. Sie erinnerten an liturgische Gewänder eines fremden Kultes. Vielleicht besaß nur ein kleiner Teil der Landbevölkerung – die Bessergestellten – solche Trachten, und wahrscheinlich diente eine einzige ihrem Besitzer ein ganzes Leben lang und ging dann auf dessen Kinder über. Es ist nicht wahrscheinlich, daß die Erzeugnisse des russischen Handwerks Allgemeingut waren. Aber an einigen Orten Rußlands muß eine große Liebe für Pracht und grelle Farben vorhanden gewesen sein, eine dem Schönheitssinn des Volkes entsprechende Blütezeit der Kunst. Von all dem war jetzt nichts mehr zu erkennen.

Als wir tiefer nach Sibirien hinein kamen, begann das Bild allmählich weniger monoton zu werden. Die kleinen Städte lagen weniger einsam und verlassen da – da und dort sah man in den Dörfern kleine Gärten, in denen Bohnen und Kohl wuchsen – ein paar Johannisbeersträucher oder ein Apfelbaum vor der Hütte; ein angebundenes Kalb oder eine Ziege grasten in der Nähe der Haustüre. Manchmal sahen wir auch Häuser, deren geschnitzte Fensterrahmen erst kürzlich mit roter oder grüner Farbe neu gestrichen waren. Eines Morgens fuhren wir an einer Station vorbei, an der eine Frau warme Piroschki anbot. Und jedesmal wenn der Zug hielt, schwärmten Kinder und Frauen herein, die uns Heidelbeeren und Himbeeren verkauften.

Einmal frühmorgens, als wir in einem Bahnhof östlich des Baikal-Sees standen, fuhr auf dem Nebengeleise ein Zug ein, große, gepanzerte Wagen mit winzigen eisenvergitterten Fenstern. Hinter jedem stand ein Soldat mit aufgepflanztem Bajonett. »Ein Gefangenentransport«, wurde geflüstert. Im selben Augenblick, da der andere Zug hielt, setzte sich der unsrige in Bewegung. Gegen Abend kamen wir in die Taiga. Es war eine dunkle, feucht-schwüle Nacht. Nach dem glühend heißen Tag, der wie gewöhnlich mit einem heftigen Gewitter endete, waren wir völlig erschöpft. Auf dem Nebengeleise stand wieder ein Zug mit gepanzerten Wagen. Jetzt, in der Nacht, da die vergitterten Fenster von trüben Lichtern erhellt waren, konnten wir die Wache stehenden Soldaten in den engen Korridoren sehen. Hinter ihnen war wieder eine eiserne Wand. Die Soldaten rauchten und drückten sich eng an die Fenster, um, wenn irgend möglich, ein wenig frische Luft zu schöpfen.

Diesen gepanzerten Wagen folgten sechs oder sieben Viehwagen. Man hatte den Gefangenen erlaubt, die großen Schiebetüren ein wenig zu öffnen. In den kümmerlich erleuchteten Wagen saßen oder lagen Männer, Frauen und Kinder jeden Alters eng zusammengepfercht. Und die Bahnhofslampen beschienen die Wächter, die dem Zug entlang Wache standen. »Taiga bedeutet Wildnis, aus der weder Weg noch Pfad führt«, sagte Mr. G., der amerikanisch-russische Pelzhändler. »Früher bezog man die besten Pelze, Marder und Hermelin aus diesen Urwäldern der Taiga.«

Im Vergleich zu den andern Sowjetbürgern waren die Soldaten gut gekleidet. Sie hatten Stiefel, Mützen und Uniformen, die aus besserem Material – aus Abfallwolle mit viel Baumwolle gemischt – zu sein schienen, als das Tuch, das sich die Russen im allgemeinen kaufen konnten. Sie schienen viel Zigaretten zu haben, ein Artikel, der zur Zeit unserer Reise in Sibirien nicht zu haben war. Massen von Soldaten waren längs der Eisenbahnlinie aufgestellt. In allen größern und vielen kleinern Städten sahen wir Kasernen und Flugfelder, Flugzeuge standen am Boden oder flogen in der Luft. Viele der nach Westen fahrenden Züge, denen wir begegneten, transportierten Soldaten und Kriegsmaterial.

Am zweiten Sonntag, den wir in Sowjetrußland waren, fuhren wir an einigen weiter östlich gelegenen kleinen Städten vorbei. Ehe wir russischen Boden betreten hatten, war zur großen Freude des Volkes eben die Sieben-Tage-Woche wieder eingeführt worden. Der freie Tag wurde draußen auf Sportplätzen vor den Städtchen mit einer militärischen Parade gefeiert, zu der sich viele Zuschauer einfanden. Im allgemeinen lagen diese Sportplätze, die wir da und dort in Sibirien sahen, so leer und verödet da wie die Sümpfe in den Wäldern. Aber natürlich war die Temperatur der sportlichen Betätigung nicht gerade günstig.

(…)

Unser Zug fuhr auf die Minute pünktlich in Wladiwostok ein, trotz einiger Verzögerungen – wie am Tage vorher, als wir mehrere Stunden warten mußten, während ein paar Bahnarbeiter, meist Frauen, die Trümmer eines Eisenbahnunglücks forträumten. Die Überreste der ausgebrannten Wagen lagen in den Feldern und längs der Schienen, und die Böschungen zu beiden Seiten der Bahngeleise waren aufgerissen. Wir holten jedoch die verlorene Zeit auf und vollendeten unsere Reise pünktlich am neunten Tage.

Es dämmerte bereits. Wir standen auf dem schlecht erleuchteten Bahnhof, wo wir umherwanderten und möglicherweise mehrere Stunden zu warten hatten. Graataß erklärte, die von der ›Intourist‹ bestellten Autos seien nicht gekommen und das Hotel liege am andern Ende der Stadt. So gingen wir auf und ab. Ich warf einen Blick durch die Fenster der Wartesäle. Überall die gleichen, eng zusammengepferchten Menschenmassen, die still und geduldig auf ihrem Bettzeug saßen oder lagen – überall der gleiche ranzige Geruch. Aber direkt unter einem Fenster saß ein kleines Mädchen, von dem ich den Blick nicht abwenden konnte. Meine eigene Tochter war vom zweiten Jahr an krank gewesen, bis sie mit 23 Jahren starb. Und dieses kleine Russenmädchen glich ihr ganz merkwürdig. Unter dem eng um den Kopf geschlungenen Tuch blickten aus dem schmalen, wachsgelben Gesichtchen die weit offenen grauen Augen mit dem seltsam geduldigen Ausdruck eines Kindes, das an Leiden gewöhnt ist.

Schließlich bat ich die Frau des jüdischen Professors, mit dem Kinde zu sprechen. Es saß zusammengesunken auf seinem Bettzeug. Sein Vater stand neben ihm, ein großer Mensch mit rötlichem Gesicht und einem lockigen, dunklen Bart; er trug eine alte Uniform, die durch eine Schnur zusammengehalten wurde. Er war gerne bereit, mit uns über das Kind zu sprechen.

Sie hieße Oleha und sei zwölf Jahre alt. Sie habe Tuberkulose und sei sehr krank gewesen. Letztes Jahr habe sie verschiedene Male Blut gespuckt, aber jetzt würde sie bestimmt bald gesund werden, da sie in ein Volkssanatorium komme in die Krim. Er wolle sie bis nach Moskau bringen, und von dort würde Oleha nach dem Süden geschickt werden. Er habe gehört, daß alle Schwindsüchtigen dort geheilt würden.

Er dankte mir sehr erfreut, als ich ihm etwas Geld für Oleha gab. Weiß der Himmel, wie er es anstellen wollte, ›etwas Gutes‹ für sie für die Reise zu kaufen. Jedenfalls versprach er, an den Bahnhöfen Beeren für sie zu kaufen. Und Oleha gab mir ihre kalte, magere Hand – es war, als hielte man ein totes Hühnerbeinchen. Trotzdem der Abend schwül war, lag kalter Schweiß auf der Stirn des Kindes. Ich kann mir nicht denken, daß sie Moskau noch lebend erreichte – mit weiß Gott wie vielen Aufenthalten unterwegs in überfüllten Bahnhöfen, wo sie mit ihrem Vater auf einen Zug zu warten haben würde, in dem sie Platz fänden, um ihre Matratzen auf einem der Schlafbänke aufzurollen. Und unterdessen würde sie vielleicht so viele Mitreisende angesteckt haben, daß diese ein weiteres Sanatorium füllen könnten.

Schließlich erschien Graataß und trieb uns wie Schafe treppauf und treppab auf den Bahnhofsplatz hinaus. Die Autos der ›Intourist‹ waren gekommen; da sie aber nur je fünf Plätze halten, mußten sie mehrere Male fahren. Schließlich gelangten wir aber doch noch ins Hotel.

Ich freute mich auf ein warmes Bad. In Moskau hatte ich im Hotel gebadet, obwohl der Raum und die Wanne einen ekelhaften Eindruck machten. Ich hatte aber all meinen Mut zusammengenommen und auch Hans gezwungen, mutig zu sein. Ein Blick in den Baderaum des Hotels in Wladiwostok genügte jedoch: Lieber behielt ich meinen eigenen Schmutz von der Reise durch Sibirien, als ihn gegen anderer Leute Schmutz einzutauschen. In der Toilette waren sämtliche Wasserröhren durchgerostet.

Auch hier waren im Speisesaal wieder verblichene Goldwände und Spiegel – eine vergangene Pracht. Und inmitten dieses Verfalls standen in großen Kübeln ein paar Gummibäume, herrliche, gut gepflegte Exemplare, die schönsten, die ich je gesehen habe. Am nächsten Morgen sah ich eines der Mädchen die großen, glänzenden Blätter abwaschen – das einzige, was im ganzen Hause sauber gehalten wurde.

(…)

Dann hieß es, wir müßten noch eine zweite Nacht im Hotel bleiben, da die ›Harbin Maru‹ sich verspätet habe. Um uns zu trösten, schlug Graataß vor, eine Tagestour mit uns zu machen. Doch dann stellte sich heraus, daß keine Wagen aufzutreiben waren. Unter seiner Führung gingen wir dann zu Fuß. Die Stadt hatte ein Museum und den Hafen mit den Schiffen. Wahrscheinlich war es herzlos von uns, das Museum zu wählen – er war so gespannt, die Schiffe zu sehen. Jedenfalls gingen wir ins Museum.

Im Vergleich mit Wladiwostok waren Moskau, Omsk, Irkutsk, Chita und all die andern Sowjetstädte, die wir sahen, sauber und gut gehalten. Wladiwostok ist unbeschreiblich. Man muß es gesehen haben, um es zu glauben, und wenn man es gesehen hat, hält man es noch immer nicht für möglich und bildet sich ein, das Gedächtnis spiele einem einen bösen Streich.

Die Stadt hat eine Million Einwohner und zieht sich auf flachen Hügelketten rund um eine weite, prachtvolle Bucht. Fast der ganze Import aus den Vereinigten Staaten und Japan geht über Wladiwostok. Viele Male am Tage fahren endlose Güterzüge nach Westen. Auf den Piers, auf offenen Plätzen und längs der Straßen sind große Massen von Waren aufgestapelt. Es sah aus, als sollten sie dort liegen bleiben, bis sie verrotteten. Wir kamen an Bergen eiserner Ofenteile vorbei, wie sie in Europa früher verwendet wurden; sie waren verrostet und nur noch ein großer Schutthaufen von altem Eisen.

Zur Zeit der Zaren hatte die Stadt eine Universität gehabt. Diese war jetzt nach Swerdlowsk verlegt worden nahe an der Grenze des europäischen Rußlands. Das Museum war eine Erinnerung an die Universitätsära.

Es war dort ein kleines ›Revolutionsmuseum‹ mit Bildern der Männer von 1918, einige unkünstlerische Malereien von blutrünstigen Schlachten, ein paar Bilder von Arbeiterdemonstrationen und idyllischen Familien (im Stil der Sonntagsschulbilder). Und eine Serie gemeiner und humorloser Karikaturen von japanischen Soldaten.

Dann gab es eine Gemäldegalerie – einige hundert auffallend nichtssagende Bilder, die den Anschein erweckten, als seien sie aus ehemals reichen Häusern zusammengeholt worden, deren Besitzer mehr Wert auf den goldenen Rahmen als auf das Bild gelegt hatten. Und zwei gute, kleine Landschaften, aus denen man ersah, daß ihre Maler in den achtziger Jahren einmal in Paris studiert hatten. In einer dunklen Ecke des Treppenhauses hingen etliche Ikonen, die teilweise gut waren. Das naturhistorische Museum muß einst gut gewesen sein. Es war erheblich größer als die Sammlungen, die man gewöhnlich in den größeren Schulen Norwegens findet. Sie beschränkten sich ganz auf das Tierleben, die Fischerei und Vogelwelt Sibiriens. Es war in einem trostlosen Zustande – die Fische waren aufgerissen, so daß man die Füllung sah, die Vögel verloren ihre Federn, und Pelztiere waren von Motten zerfressen. Aber es war rührend zu sehen, wie die Russen – manchmal Vater, Mutter und drei oder vier Kinder – umhergingen und die zur Schau gestellten Gegenstände mit tiefem Interesse, beinahe mit Ehrfurcht betrachteten.

Die ethnographische Ausstellung war wie die naturhistorische klein und interessant, aber sehr schlecht erhalten. Sie brachte uns in Erinnerung, daß unzählige Mongolenstämme mit primitiver Kultur in Sibirien leben. Längs der Bahnlinien hatten wir kaum je ein mongolisches Gesicht gesehen, trotzdem wir zeitweise ganz nahe an der Grenze mongolischer Länder vorbeifuhren.

Endlich graute der Tag, an welchem wir das Sowjetparadies verlassen sollten. Er begann mit einem Regenschauer. Man sagt, in Wladiwostok regne es in 365 Tagen 360mal. Ich stand während einer Viertelstunde an meinem Fenster und sah auf die Menschenschlange hinab, die vor einem kleinen Laden gegenüber wartete. Am Morgen war er geöffnet worden, aber ich wußte nicht, was dort verkauft wurde. Es war eine Art von Feiertag in der Stadt, und die Menschen hatten sich so gut wie möglich angezogen. Manche Frauen schienen sogar ihr Haar gefärbt zu haben, denn das Wasser rann rotbraun von ihren unbewegten Köpfen über die armseligen nackten Rücken hinunter. Ich war gespannt, wie viele Regenschirme ich zählen könnte. Doch ich entdeckte nur einen einzigen bei einem alten Mann. Und dann war da ein kleines Mädchen, das mit einem rosaroten Sonnenschirm einherstolzierte – und wie stolz es war! Über 200 Leute standen Schlange und wurden so naß wie ertränkte Katzen.

Währenddessen kam der junge norwegische Pelzhändler ganz aufgeregt ins Zimmer. Auf dem Dache über seinem Fenster standen ein paar Leute, die offenbar dort waren, um es zu reparieren. Es war das erstemal, daß wir Zeuge waren, daß in Rußland etwas repariert wurde.

Dieses Dach war sehr reparaturbedürftig. Fetzen von Wellblech, Dachpappe und verfaulte Holzteile flatterten in Wind und Regen. Aber die Männer auf dem Dach hatten etwas anderes zu tun, als es zu reparieren; sie befestigten ein großes Schild: Ein Bild von jungen Bürgern, Männern und Frauen mit krampfhaftem Lächeln auf den Gesichtern, die einen Fünfjahresplan für die Elektrifizierung der Sowjetrepublik begrüßten. Dies sei das Fest, das sie heute feierten, erklärte Mr. G. Und ein Franzose im Hotel erzählte uns, ein Arbeiter habe ihn gefragt, ob man in Europa die Elektrizität schon kenne, die Lenin für das russische Proletariat erfunden habe. Ich war der Ansicht, ein Fünfjahresplan, der die Bevölkerung mit Regenschirmen versehen hätte, wäre in diesem Regenloch von Wladiwostok eher am Platz gewesen.

Dann kamen die Autos, die uns zur Paßstelle und aufs Zollamt bringen sollten. Die Wäsche, die ich auf der Reise von Moskau hierher getragen hatte, ließ ich in meinem Kleiderschrank zurück, da sicher keine Wäscherei der Welt diesen Sowjetgeruch wieder entfernen könnte.

Das Zollamt war einer der saubersten Räume, die ich in Rußland gesehen habe – glücklicherweise – denn wir mußten fast den ganzen Tag dort verbringen. Und als es schon auf fünf Uhr ging, bedauerten wir allmählich, daß wir Graataß' Rat nicht befolgt und unsern Lunch vom Hotel mitgebracht hatten. Jetzt, da wir abreisten, merkten wir, daß das russische Essen immerhin besser ist als gar keines.

Das Dokument der russischen Gesandtschaft wirkte auch hier wieder, so daß ich unsere Koffer nicht zu öffnen brauchte. Nur unsere Rubel mußten wir dalassen und erhielten dafür eine Quittung. Falls ich je nach Rußland zurückkehren sollte, würde ich sie wieder bekommen. Im ganzen besaß ich nur noch 80 Rubel und etwas Kleingeld. Nachträglich tat es mir leid, daß ich Oleha nicht alles gegeben hatte.

Für die andern Reisenden war die Zollrevision eine Tortur. Nicht ein Ding blieb im Koffer, sogar die Fadenrollen und Stopfgarn aus den Nähbeuteln der Damen wurden genau untersucht. Briefsachen, Bücher, überhaupt alles, was Papier war, wurde endlos durchgesehen. Zum Schluß nahm ein Zollbeamter, der Deutsch und sogar ein paar Worte Englisch sprach, alles an sich. Einige polnische Arbeiter, amerikanische Bürger, die nach einem Besuch in ihrem frühern Heimatland, das auf so tragische Weise untergegangen war, jetzt wieder nach den Vereinigten Staaten zurückkehrten, mußten ihre Gebetbücher und Rosenkränze abliefern. Eine Engländerin hatte ein Tagebuch geschrieben, das sie seit zwei oder drei Jahren geführt halte. Da auch Notizen über die Fahrt durch Sibirien darin waren, wurde es konfisziert.

Aber alles hat ein Ende. Schließlich wurden wir wieder in den Autos untergebracht und zum Dampfschiffsteg geführt.

Dies war unser letzter Eindruck von Sowjetrußland. Der hölzerne Landungssteg war so verfault, daß man ihn mit einem genialen System von Balken und Ketten hatte verankern müssen, die am Dach eines Hauses am Ufer befestigt waren. Von den Pfeilern, die den Steg zu tragen hatten, fehlten mehr als die Hälfte. Unwillkürlich dachte man an ein Gebiß mit faulen Zahnstümpfen. Das Schiff lag neben einer Pontonbrücke aus alten Booten, und um es zu erreichen, mußten wir über einen höchst gefährlich aussehenden alten Steg über kohlschwarzes, stinkendes Wasser balancieren. Meist pflegt das Wasser im Hafen einer Stadt schmutzig zu sein und übel zu riechen, aber das Hafenwasser von Wladiwostok erinnerte in höchstem Maße an eine Jauchegrube.

Schmuck und glänzend lag die ›Harbin Maru‹ vor dem Landungssteg. Japanische Matrosen in prall sitzenden hübschen Uniformen und Stewards in blendend weißen Jacken, in denen sie nachts nicht schliefen, standen oben am Geländer. Durch die Schiffsluken sahen wir in eine Schiffsküche, wo unter der Decke eine bezaubernde Reihe blitzender Teekannen hing.

Als wir die ›Harbin Maru‹ betraten, kamen wir uns vor wie in einem Zauberland. Saubere Kajüten mit saubern Betten, hell gekachelte Badezimmer mit unendlichen Mengen heißen Wassers, ein Speisesaal mit blendend weißen Tischtüchern, mit Porzellan und Silber, Früchte auf den Tischen. War es da ein Wunder, daß wir die Japaner nett fanden und uns einreden wollten, daß nicht das Volk, sondern sehr wahrscheinlich nur eine Clique für die Eroberungspolitik und den Krieg in China verantwortlich sei, für Japans Imperialismus und seine zynischen Ansprüche auf die Gebiete ostasiatischer Völker. Wenn man zwei Wochen lang nur russische Methoden erlebt hat und dann ein freundlich lächelnder Steward anklopft, um zu melden, daß das Bad bereit sei, ist man unwillkürlich zugunsten der Japaner voreingenommen.

Und dann kommt eine junge Schwedin herein, die mit ihrem Mann, einem österreichischen Juden, nach Peru reist. Sie weint und lacht ganz hysterisch vor Freude, weil ihr kleiner Junge eine Feige und eine Orange bekommen hatte und in seinem hübschen, saubern Bettchen so glücklich ist. Dieses Kind hatte während der ganzen vier Jahre, die es lebte, eine schwedische Nurse gehabt. Während der Reise durch Rußland war der Junge krank geworden, da er das saure Brot und die verdorbenen Eier nicht vertrug. Er konnte nicht begreifen, weshalb Mama ihm nicht Milch und Früchte gab, wie er es gewöhnt war. So hatte sie immer in Angst gelebt, auch ihn zu verlieren – »denn meine Eltern und Geschwister sehe ich wahrscheinlich nie mehr, da ich ja nicht weiß, ob wir je wieder nach Schweden zurückkehren können«. Jetzt schien wenigstens der Junge außer Gefahr.

Wladiwostok lag hinter uns, ein Hufeisen von Lichtern, die sich im kohlschwarzen Wasser spiegelten. Und die ›Harbin Maru‹ stahl sich behutsam durch das Minenfeld ins Meer hinaus.

Ryszard Kapuściński

Imperium. Sowjetische Streifzüge (1958)

Tschita – Ulan – Ude

Während ich aus dem Fenster des dahinjagenden Zuges blicke, denke ich: So also schaut Sibirien aus! Zum ersten Mal habe ich diesen Namen mit sieben Jahren gehört. Die strengen Mütter aus unserer Straße warnten: »Kinder, seid artig, sonst schleppen sie euch nach Sibirien!« (Sie sprachen es russisch aus – *Sibir*, das klang bedrohlicher, apokalyptischer.) Die sanften Mütter hingegen erregten sich: »Wie kann man Kinder nur so erschrecken!«

Man kann sich Sibirien eigentlich gar nicht vorstellen. Ein Schulkamerad zeigte mir in einem Buch eine Zeichnung: Durch dichtes Schneetreiben marschierte eine Kolonne abgerissener, gebückter Menschen. An Armen und Beinen trugen sie schwere Ketten mit eisernen Kugeln am Ende, die sie hinter sich herzogen.

Sibirien in seiner feindlichen, schrecklichen Form, das ist frostige, eisige Weite plus Diktatur.

Es gibt in vielen Staaten eisige Landstriche, Gebiete, die die meiste Zeit des Jahres vom Frost gefesselt, tot sind. So etwa die großen Weiten Kanadas. Oder das dänische Grönland, das amerikanische Alaska. Und doch würde es niemandem einfallen, ein Kind zu ängstigen: »Wasch dir die Hände, sonst kommst du nach Kanada!« Oder: »Spiel brav mit diesem kleinen Mädchen, sonst schicken sie dich nach Alaska!« In jenen Ländern herrscht keine Diktatur, keiner legt den anderen in Ketten, niemand sperrt die Menschen in Lager oder jagt sie in unmenschlicher Kälte zur Arbeit, in den sicheren Tod. Dort hat der Mensch nur einen Feind – die Kälte. Hier hat er gleich drei – die Kälte, den Hunger und die bewaffnete Gewalt.

Im Jahre 1842, in Paris, hielt Adam Mickiewicz im Collège de France zwei Vorlesungen über die Erinnerungen von General Kopec. Kopec hatte mit Kosciuszko bei Maciejowice gekämpft, dort wurde er von den Russen gefangengenommen und zur Verbannung nach Sibirien verurteilt. Kopec wurde 10 000 Kilometer durch das unwegsame Rußland und Sibirien getrieben – bis nach Kamtschatka.

Es war ein Weg durch die Hölle.

Er wurde, schreibt der General, in einer Kibitka transportiert, in einem primitiven Bretterwagen, »gebaut wie ein Koffer, rundherum mit Leder verkleidet und im Inneren mit Eisenblech beschlagen, auf der Seite ein winziges Fensterchen, um Wasser und Essen hineinzureichen…Dieser Koffer«, berichtet Kopec weiter, »war ohne jede Sitzgelegenheit, und da meine Wunden nicht verheilt waren, gab man mir einen Sack mit Stroh, und ich erhielt den Status eines geheimen Gefangenen, der nur eine Nummer hatte und keinen Namen. Das bezeichnet bei ihnen den gefährlichsten Häftling, mit dem unter Androhung strengster Bestrafung niemand ein Wort wechseln darf, auch seinen Namen oder den Grund für seine Verhaftung darf keiner erfahren.«

Eingeschlossen in dieser Kibitka wie in einem für Jahrhunderte versperrten Sarg, konnte er nur versuchen, nach den Geräuschen zu erraten, wo er sich gerade befand. Wenn er das Poltern der Räder auf Pflastersteinen vernahm, glaubte er zu wissen, daß sie in einer Stadt waren. »Am sechsten Tag hörte ich das Poltern von Pflastersteinen, das war Smolensk.« Aus der finsteren Kibitka wurde er geradewegs in eine ebenso dunkle Zelle geführt, so daß er nie wußte, ob es Tag war oder Nacht. »Es gab dort zwei Fenster mit eisernen Gittern, die mit schwarzen Brettern vernagelt waren, damit kein Tageslicht hereindringen konnte. Man mußte raten, ob es Tag oder Nacht war, denn die Wache wollte kein Wort mit mir sprechen.« Erschöpft von den Strapazen der Reise, fand Kopec dennoch keine Ruhe – die Station auf dem Weg in das tiefste Sibirien war ein Ort der Folter: »Ich konnte nicht schlafen: Aus den Mauern um mich herum schienen die Geräusche von Schlägen, Folterungen und klirrenden Ketten zu dringen.«

Sie schleppten den General zum Verhör . »Sie fragten Kopec«, schreibt Mickiewicz, »was der Grund für seine Auflehnung war. Die Liebe zum Vaterland, antwortete er. Die Kommission war über diese Antwort erbost und brach das Verhör ab, weil sie den Stolz des Gefangenen nicht ertragen konnte.«

Kopec wurde weiter nach Osten gebracht. »Zwischen Smolensk und Irkutsk«, schreibt der General in seinen Erinnerungen, »kamen drei Soldaten meiner Wachmannschaft ums Leben, andere brachen alle Glieder, weil sie von der Kibitka stürzten. Wenn sie betrunken oder aus Unachtsamkeit herunterfielen, kam es oft vor, daß die Pferde durchgingen und die Kibitka umstürzte und von den Pferden noch eine Viertelmeile dahingeschleift wurde, so daß ich, darin eingesperrt wie ein Hering in seinem Faß, beinahe zerquetscht wurde; weil ich aber in dem Sack mit Häcksel und Stroh steckte, blieb ich am Leben.«

Obwohl er eingesperrt in diese sargähnliche Kibitka transportiert wurde, wußte der General, daß er privilegiert war – er durfte fahren, andere wurden jahrelang zu Fuß dahingetrieben. »Unterwegs traf ich Hunderte von Menschen beiderlei Geschlechts, die mit einer ganz kleinen Wachmannschaft nach Irkutsk in die Verbannung geschickt wurden, sie wurden von Kolonie zu Kolonie getrieben und hatten am Ende des dritten Jahres noch nicht einmal den Weg von Europa nach Irkutsk zurückgelegt. An eine Flucht war nicht zu denken, weil es unterwegs nirgends Kolonien gab…Wenn sich jedoch einer der Gefangenen unterwegs im Wald versteckt hätte, dann wäre er von den wilden Tieren gefressen worden.«

Diese Reise des Verbannten bedeutete nicht nur eine örtliche und zeitliche Verlagerung. Sie ging Hand in Hand mit einer Entmenschlichung: Wer am Ende anlangte (falls er nicht unterwegs starb), hatte alles Menschliche eingebüßt. Er hatte keinen Namen mehr und wußte nicht, wo er sich befand und was mit ihm geschah. Er wurde der Sprache beraubt: Niemand redete mit ihm. Er war eine Postsendung, eine Sache, ein Spielball.

Dann nahm man dem General sogar seine Kibitka, und er wurde zu Fuß weitergetrieben. »Wir gingen von morgens bis abends, ohne Pause.«

Und er fügt hinzu: »Kein Weg, nur über schreckliche Berge und Schluchten.«

Ich habe davon geträumt, den Baikalsee zu sehen, doch es ist Nacht, ein schwarzer Fleck in dem mit Reif bedeckten Fenster. Erst am Morgen sehe ich Berge und Schluchten. Alles im Schnee.

Schnee und noch mehr Schnee.

Es ist Januar, der Höhepunkt des sibirischen Winters.

Hinter dem Fenster scheint alles vor Kälte erstarrt; sogar die Tannen, Kiefern und Fichten sehen aus wie große, versteinerte Zapfen, wie dunkelgrüne Stalagmiten, die aus dem Schnee ragen.

Die Reglosigkeit dieser Landschaft, als würde der Zug am selben Ort verharren, als wäre auch er ein Teil dieser Umgebung – ebenfalls reglos.

Und das Weiß – überall Weiß, blendend, unermeßlich, absolut. Ein Weiß, das anzieht, und wer sich davon verführen läßt, ihm in die Falle geht und sich weiter hinauswagt in die Tiefe dieses Weiß – der kommt um. Das Weiß vernichtet alle, die sich ihm zu nähern suchen, die sein Geheimnis ergründen wollen. Es stürzt sie von den Gipfeln der Berge, wirft sie erfroren in die verschneiten Ebenen. Die sibirischen Burjaten betrachten alle weißen Tiere als heilig, sie glauben, sie zu töten sei eine Sünde, die mit dem Tod bestraft wird. Sie sehen in dem weißen Sibirien einen Tempel, in dem Gott wohnt. Sie verneigen sich vor seinen Ebenen, bringen seinen Landschaften Huldigungen dar, immer in Angst, von dort, aus den weißen Weiten, könnte der Tod kommen.

Das Weiß wird oft in Verbindung gebracht mit der Endgültigkeit, dem Ende, dem Tod. In den Kulturen, in denen die Menschen in Angst vor dem Tod leben, kleiden sich die Trauernden schwarz, um den Tod zu verjagen, ihn auszugrenzen, auf die Verstorbenen zu beschränken. Dort jedoch, wo der Tod als eine andere Form, eine andere Gestalt der Existenz aufgefaßt wird, kleiden sich die Trauernden weiß, und auch der Tote wird weiß angezogen: Weiß ist hier die Farbe der Akzeptanz, des Übereinstimmens, des Annehmens des Schicksals.

Etwas an dieser sibirischen Landschaft im Januar nimmt uns alle Kraft, drückt uns nieder, erschreckt uns. Vor allem ihre Ungeheuerlichkeit, ihre Grenzenlosigkeit, ihre ozeanische Weite. Die Erde ist unendlich, die Welt ist unendlich. Der Mensch ist nicht geschaffen für eine solche Maßlosigkeit. Angenehm, begreiflich, erfaßbar ist für ihn die Größe seines Dorfes, seiner Felder, der Straße, des Hauses. Auf dem Meer ist dieses Maß die Größe des Schiffes. Der Mensch ist geschaffen für Weiten, die er auf einmal, mit einer Anstrengung durchmessen kann.

Krasnojarsk – Nowosibirsk

Hinter Krasnojarsk (schon der vierte Tag der Reise?) hellt es auf (um diese Jahreszeit ist es hier fast den ganzen Tag über dunkel). Ich trinke Tee und blicke aus dem Fenster. Dieselbe Schnee-Ebene wie gestern. Wie vorgestern (und vorschnell wollte ich schon hinzufügen: wie vor einem Jahr, wie vor Jahrhunderten). Dieselben Waldmassive. Dieselben Urwälder und Lichtungen, und in den offenen Weiten hohe Schneewächten, die der Wind zu den seltsamsten Gestalten geformt hat.

Plötzlich denke ich an Cendrars und seine ›Prosa vom Transsibirienexpreß und von der kleinen Jeanne de France‹. In diesem Gedicht, das noch vor dem Ersten Weltkrieg entstand, beschreibt Cendrars die Reise auf derselben Strecke, jedoch in entgegengesetzter Richtung – von Moskau nach Harbin. Der Refrain des Gedichts ist die ständig wiederholte Frage, die von der verängstigten Jeanne gestellt wird:»Sag, Blaise, sind wir sehr weit von Montmartre?«

Jeanne hat das Gefühl, das jeden erfaßt, der tiefer in die weiße Endlosigkeit Sibiriens eintaucht – das Gefühl, ins Nichts zu fallen, das Gefühl des *Verschwindens*.

Der Autor kann sie nicht trösten.»Wir sind weit, Jeanne, wir reisen seit sieben Tagen. / Du bist weit von Montmartre.«

Paris ist das Zentrum der Welt, der Ausgangspunkt. Wie kann man das *Gefühl* der Entfernung, des Abstands messen? Weit entfernt von wo, von welchem Ort? Wo ist der Punkt auf diesem Planeten, der den Menschen, wenn sie sich von ihm entfernen, das Gefühl gibt, daß sie sich immer mehr dem Ende der Welt nähern? Ist das ein Punkt von bloß emotionaler Bedeutung (mein Haus als Zentrum der Welt)? Oder von kultureller Bedeutung (zum Beispiel die griechische Zivilisation)? Oder von religiöser Bedeutung (zum Beispiel Mekka)? Die meisten Menschen antworten auf die Frage, ob sie Paris oder Mexiko-City als Zentrum der Welt ansehen: Paris. Warum? Mexiko-City ist schließlich größer als Paris, besitzt ebenfalls eine Metro, wunderbare Kunstwerke, großartige Bilder und herrliche Schriftsteller. Und doch sagen alle: Paris. Oder nehmen wir an, jemand würde Kairo zum Zentrum der Welt erklären. Es ist größer als Paris und hat

Kunstwerke und eine Universität und gute Maler vorzuweisen. Und doch werden nicht viele Menschen für Kairo stimmen. Es bleibt also bei Paris (blieb es auf jeden Fall damals, als die verängstigte Jeanne durch Sibirien reiste). Es bleibt bei Europa. Die europäische Zivilisation ist die einzige, die weltumgreifende Ambitionen hatte und diese auch (beinahe) verwirklichen konnte. Andere Zivilisationen konnten diese Ambitionen entweder aus technischen Gründen nicht umsetzen (etwa die Maya), oder sie waren daran gar nicht interessiert (zum Beispiel die Chinesen), weil sie überzeugt waren, daß sie ohnehin die ganze Welt ausmachten.

Nur die europäische Zivilisation erwies sich als fähig, ihren Ethnozentrismus zu überwinden. In ihrem Wirkungskreis erwachte der Wunsch, andere Zivilisationen kennenzulernen, und kam die Theorie auf (formuliert von Bronislaw Malinowski), daß die Weltkultur durch ein Zusammenwirken gleichwertiger Kulturen entsteht.

Nowosibirsk–Omsk

Tag, Nacht und wieder Tag.
Das monotone, ermüdende, immer schwerer zu ertragende Stampfen der Lokomotive. Am lautesten tönt es in der Nacht: Der Mensch ist in diesem Klopfen gefangen wie in einem rüttelnden, vibrierenden Käfig. Wir geraten in einen Sturm, plötzlich verklebt Schnee das Fenster, und das Pfeifen des Windes ist sogar im Abteil zu hören.
»Kein Weg, nur über schreckliche Berge und Schluchten.«

Omsk–Tscheljabinsk

Der sechste, vielleicht siebente Tag der Reise. In den riesigen, einförmigen Weiten verlieren sich alle Zeitmaße, haben keine Gültigkeit, keine Bedeutung mehr.
Die Stunden werden unförmig, formlos, zerdehnt wie die Uhren auf den Bildern Salvador Dalis. Zu allem Überfluß fährt der Zug durch verschiedene Zeitzonen, und man müßte immer wieder die Zeiger stellen, doch wozu, was würde man dadurch gewinnen? Hier wird das Gefühl der Veränderung (der wichtigste Maßstab der Zeit) schwächer, ja, sogar das Bedürfnis nach Veränderung, der Mensch lebt hier wie im Kollaps, in Erstarrung, in innerer Reglosigkeit. Jetzt, im Januar, sind die Nächte sehr lang. Sogar tagsüber herrscht meist dunkelgraue, unnachgiebige Dämmerung. Nur manchmal läßt sich die Sonne blicken: Dann wird die Welt hell, leuchtend, wie mit einem scharfen, entschlossen geführten

Stift gezeichnet. Doch die darauffolgende Dämmerung ist um so tiefer und dadurch allgegenwärtiger.

Was kann man auf einer Reise mit der Transsibirischen Eisenbahn von der Wirklichkeit des Landes sehen? Eigentlich nichts. Die meiste Zeit ist die Trasse im Finstern verborgen, doch auch am Tag sieht man nicht viel mehr als eine verschneite, unendliche Wüste. Irgendwelche kleinen Stationen, des Nachts einsame, fahle Lichter-Gespenster, die den durch Schneewolken jagenden Zug anstarren, der gleich wieder verschwindet, untertaucht, vom nächsten Wald verschluckt wird.

Ich habe ein Abteil für zwei Personen, in dem ich die ganze Zeit über allein reise. Quälende Einsamkeit. Man kann nicht lesen, weil der Waggon wild hin und her geschleudert wird; die Buchstaben hüpfen auf und ab, verschwimmen, und schon nach kurzer Zeit schmerzen die Augen. Man kann mit niemandem sprechen. Man kann in den Gang hinausgehen. Und was dann? Alle Abteile sind verschlossen, ich weiß nicht einmal, ob sie besetzt sind, weil es keine Fenster gibt, um hineinzuschauen.

»Ist jemand in diesen Abteilen?« frage ich den Schaffner.

»Je nachdem«, sagt er ausweichend und verschwindet.

Man kann einfach kein Gespräch anfangen. Die Menschen (wenn überhaupt welche auftauchen) machen sich gleich wieder aus dem Staub, und wenn ich sie fast am Ärmel festhalte, stoßen sie rasch irgend etwas hervor und sind schon wieder fort. Wenn sie eine Antwort geben, dann ist diese unklar, zweideutig, einsilbig, so daß nichts weiter daraus hervorgeht. Sie sagen: »Wir werden sehen«, oder sie sagen: »Na ja«, oder sie sagen: »Wer weiß«, oder auch: »Auf jeden Fall!« Am häufigsten jedoch sagen sie einen Satz, der darauf hindeuten könnte, daß sie schon längst alles verstanden haben, daß sie bereits bis ins Zentrum der Wahrheit vorgedrungen sind, sie sagen: »Ja, so ist das Leben.«

Wenn es so etwas gibt wie das Genie eines Volkes, dann findet das Genie des russischen Volkes in diesem Spruch seinen Ausdruck.

Ja, so ist das Leben.

Wer sich in diese Worte hineindenkt, hat schon viel begriffen. Ich möchte allerdings noch mehr begreifen – doch das ist unmöglich. Um mich herum ist es leer, um mich herum ist verbrannte Erde, um mich herum sind Wände. Der Grund dafür ist klar: Ich bin Ausländer. Ein Ausländer weckt gemischte Gefühle. Er weckt ein Gefühl der Neugierde (das unterdrückt werden muß!), ein Gefühl der Eifersucht (dem Ausländer geht es immer besser, man braucht nur zu sehen, wie gut er gekleidet ist), vor allem jedoch ein Gefühl der Angst. Eine der Säulen, auf die sich das System stützt, ist seine Abschottung von der Welt, der Ausländer aber untergräbt allein durch seine Existenz diese Säule. Stalin schickte Menschen nur wegen ihrer Kontakte mit Ausländern für fünf, zehn Jahre ins Lager oder ließ sie gleich erschießen, man darf sich daher nicht wundern, wenn die Menschen einen Ausländer fürchten wie der Teufel das Weihwasser.

Ich reise auch in einer Kibitka, nur daß diese unvergleichlich komfortabler ist als jene, in der General Kopec transportiert wurde. Und ich wurde nicht verurteilt, ich wurde nicht verbannt. Doch das Prinzip der Isolierung ist dasselbe geblieben. Diese Betonung, daß man hier fremd ist, anders, ein Eindringling, ein ungebetener Gast, ein Mißton, eine Plage. Und das im besten Fall! Denn ein Ausländer ist noch viel gefährlicher – er ist ein Saboteur und ein Spion! Was hat er so aus dem Fenster zu schauen, was will er dort sehen? Nichts sieht er! Die gesamte Trasse der Transsibirischen Eisenbahn ist von allem gereinigt, was das Interesse eines Spions erregen könnte. Der Zug saust wie in einem Folientunnel dahin – nur nackte Wände und wieder Wände: die Wand der Nacht, die Schneewand. Und warum will er dauernd alles erfragen? Warum interessiert ihn das? Warum will er das wissen? Hat er es notiert? Er hat es notiert. Was hat er notiert? Alles? Wo bewahrt er diese Notizen auf? Er trägt sie ständig bei sich? Das ist schlecht!

Was hat er gefragt? Er hat gefragt, wie weit es noch bis Sima ist. Bis Sima? In Sima halten wir doch gar nicht. Na eben. Aber das hat er gefragt. Und was haben Sie geantwortet? Ich? Ich habe nichts geantwortet. Was heißt das – nichts! Sie mußten doch etwas darauf sagen. Ich habe gesagt, daß es noch weit ist. Das ist schlecht! Sie hätten sagen sollen, daß wir Sima schon passiert haben, damit hätten Sie ihn in die Irre geführt.

Das ist es. Es ist besser, Fragen auszuweichen, weil man nie weiß, was man antworten soll. Allzu leicht rutscht eine Dummheit heraus. Das hat der Mensch so an sich, daß er selten die richtige Antwort findet. Am schlimmsten ist, daß derjenige, der einem Ausländer begegnet und mit ihm ein paar Worte wechselt, sich schon verdächtig gemacht hat, gebrandmarkt ist. Man muß so leben, so durch die Stadt gehen, durch die Straßen, durch die Gänge der Waggons, daß man dem ausweicht und sich kein Unglück zuzieht.

Tscheljabinsk–Kasan

Ich nähere mich immer mehr dem alten, ursprünglichen Rußland, obwohl es bis Moskau noch weit genug ist.

»Kein Weg, nur über schreckliche Berge und Schluchten.«

Noch während des Studiums habe ich ein altes Buch von Berdjajew gelesen, in dem er über den Einfluß schreibt, den die ungeheure Ausdehnung des Imperiums auf die russische Seele ausübt. Er hat recht: Woran denkt ein Russe am Ufer des Jenissej oder in der Tiefe der Taiga entlang des Amur? Jeder Weg, den er einschlägt, scheint endlos zu sein. Er kann ihm Tage und Monate folgen, und immer wird um ihn herum Rußland sein. Die Ebenen, die Wälder, die Flüsse wollen scheinbar kein Ende nehmen. Um eine solche endlose Weite beherrschen zu können, schreibt Berdjajew, war es nötig, einen grenzenlosen Staat ins Leben zu rufen. Damit aber stand der Russe vor einem Dilemma: Um die große Weite zu erhalten, muß er auch den riesigen Staat erhalten, auf die Erhaltung dieses Staates konzentriert er seine ganze Kraft, die für nichts anderes mehr reicht – für keine organisatorischen Fragen, wirtschaftlichen Belange usw. Doch der Russe gibt seine Kraft für einen Staat, der ihn unterdrückt und zum Sklaven macht.

Berdjajew ist der Ansicht, daß diese unermeßliche Größe, diese Grenzenlosigkeit Rußlands das Denken seiner Bewohner negativ beeinflußt. Rußland verlangt ihnen nämlich keine Anstrengungen ab, keine Anspannung der Kräfte, kein Sammeln der Energien und auch nicht die Schaffung einer dynamischen, kraftvollen Kultur. Alles verschwimmt, wird verwässert und versinkt in dieser unfaßbaren Unförmigkeit. Rußland – das ist Weite, einerseits unendlich groß, andererseits in ihrer Größe so bedrückend, daß sie den Atem raubt.

Kasan–Moskau

Müdigkeit, lähmende, niederdrückende, einschläfernde Müdigkeit, Klebrigkeit und Erstarrung. In den seltenen Augenblicken, da man ein wenig Energie verspürt – der Wunsch, aus dieser dahinjagenden, dahinrüttelnden Kiste zu springen. Meine Bewunderung gilt der Ausdauer des Generals Kopec und der vielen Tausende, die sein Schicksal teilten, meine Hochachtung ihrer Leidensfähigkeit.

Zuerst grüne, beschneite Wälder und Wälder, dann Wälder und Häuser, dann immer mehr Häuser, dann Häuser und Wohnblocks, schließlich nur mehr Wohnblocks, die immer höher und höher ragen.

Der Schaffner holt das Leintuch, das Kissen, zwei Decken und das Teeglas aus dem Abteil.

Der Gang füllt sich mit Menschen.

Moskau.

Siegfried Meissgeier und Günter Linde

Sibirien ohne Geheimnisse (1959)

An der Grenze Europa – Asien

Bergrücken, mit dichtem Tannenwald bedeckt, zwischen dessen Stämmen nur selten das helle Grün und Weiß der Birken aufleuchtet, mit Felsen, in denen Falken nisten, mit stillen Seen und verborgenen Waldwiesen, auf denen scheues Wild seine Nahrung sucht. Und darüber wölbt sich ein Himmel von unbeschreiblicher Ferne, über den wie Schiffe mit aufgeblähten Segeln kleine weiße Wolken dahinjagen.

Das ist der Ural. Seine Landschaft wirkt gar nicht fremdartig, eher vertraut, zuweilen glaubt man sich in das Erzgebirge oder in den Thüringer Wald versetzt. Und man vergißt dabei, daß irgendwo oben auf der Wasserscheide, in etwa siebenhundert Meter Höhe, unser Erdteil aufhört und Asien beginnt. Diese Grenze muß man gesehen haben. Deshalb bringt uns auch Wadim Danilow mit seinem Kraftwagen noch einmal, am letzten Tage unseres Aufenthaltes im Swerdlowsker Gebiet, hinauf in die Berge. Dorthin, wo die alte Sibirische Heerstraße – übrigens heute eine moderne Autobahn – nach vielen, immer enger werdenden Windungen den Kamm erreicht. Dorthin, wo einige Schritte abseits unter dunklen Tannen ein Denkmal besonderer Art steht, ein mit vielen Inschriften übersäter Obelisk aus hellem Uralstein. ›Europa‹ steht auf der einen Seite in großer kyrillischer Schrift zu lesen, und ›Asija‹ auf der anderen.

Nicht immer und nicht für jeden, der in alten Zeiten hier vorüberkam, gab es einen Weg aus dem Osten zurück. Im Osten lag damals die weite, noch völlig unerschlossene Wildnis Sibirien, die Strafkolonie der russischen Zaren, das berüchtigte Land der ›Katorga‹. Auf der Straße, die dicht an dem hohen grauweißen Grenzstein vorüberführt, zogen in zaristischer Zeit jährlich Zehntausende in die Verbannung. Hier oben an der Grenze nahmen sie Abschied von Europa, begruben sie oft ihre letzte Hoffnung. Viele schnitten in die Rinde der Bäume einen letzten Gruß. Was hatten sie in Sibirien zu erwarten?

Wer heute hier vorüberkommt, achtet wohl kaum noch auf den Grenzstein und wird sich nicht mehr der Tatsache bewußt, daß er einen Kontinent verlassen hat. Längst hat sich das Gesicht des Landes im Osten gewandelt. Wo einst unberührte Wildnis war, rauchen jetzt die Schornsteine großer Industriewerke und donnern Elektrozüge über die Gleisanlagen. Die alte Kolonie, mit der die Zaren dreihundert Jahre lang nichts Rechtes anzufangen wußten, wird in raschem Tempo erschlossen und immer mehr zum ›Goldenen Osten‹, zum Land der großen Träume, zum Zukunftsland Sibirien, das seine Menschen heute mit Stolz erfüllt.

Auf dem Rückweg nach Swerdlowsk frage ich Wadim:»Eure Stadt liegt also in Asien?«

Wadim blickt mich erstaunt an.»Ja, das stimmt. Und doch sind wir weder Europäer noch Asiaten.«

»Was seid ihr dann?« will ich wissen.

Er lacht:»Ganz einfach. Wir sind Uraler.«

In der Vorstellung seiner Bewohner ist der Ural so etwas wie ein Erdteil für sich, den die Natur mit einzigartigen Schönheiten und Reichtümern bedacht hat.

Swerdlowsk liegt ungefähr im Mittelpunkt dieser Schatzkammer. Eisen und Kohle, Gold und Mangan, Rubine, Smaragde, Malachit, Topas, Amethyst und Saphir werden hier gewonnen. Das Geologische Museum zeigt eine Auswahl dieser Schätze. Es ist märchenhaft, was man dort zu sehen bekommt. In einer Vitrine liegt ein sechzehn Kilogramm schwerer Goldklumpen, so, wie er aus der Erde gehoben wurde. Daneben sieht man Platinerz und in allen Farben leuchtende Edelsteine, die den Uraler Märchendichter Bashow zu seiner Erzählung ›Die Steinerne Blume‹ begeisterten.

Auch hier waren früher die Menschen bitter arm. Über die Bergdörfer, die wir auf dem Rückweg nach Swerdlowsk passieren, schrieb einmal vor zweihundert Jahren ein deutscher Reisender, der Tübinger Professor Johann Gmelin:»Es ist eine mit von den löblichen Anstalten des Herrn Demidow, daß alles, was nur arbeiten kann, zur Arbeit angehalten wird. In einer Drahtwerkstatt verrichten kleine Jungen von zehn bis fünfzehn Jahren die meiste Arbeit. In einer anderen Sawod habe ich sogar Jungen von sieben bis acht Jahren gesehen, die Tassen und allerlei Gefäße aus Messing ausschlagen. Sie werden nach dem Maß ihrer Arbeit bezahlt, zu der sie frühzeitig angehalten werden. Diese Kinder werden daher vom Müßiggang abgehalten…«

Der Sturmwind des Roten Oktober hat mit dem Zaren auch die Demidows im Ural hinweggefegt. Für die Nachkommen der jungen Schwerarbeiter, für die pausbäckigen Kinder, die gerade aus einer Dorfschule lärmend auf die Straße eilen, ist heute diese alte Zeit nicht mehr als ein Kapitel in dem Lehrbuch für Geschichte, das sie neben Heften und dem Rechenschieber in ihren Schulranzen haben.

Gerupfte und ungerupfte Hühner

Ratternd rollt der Transsibirienexpreß nach Osten. Die Höhenzüge des Uralge-
birges liegen nun schon weit hinter uns, und der Wald, der uns viele Stunden lang
begleitet hat, ist immer lichter geworden. Zu beiden Seiten des schnurgeraden
Schienenstranges erstreckt sich eine schier endlose Ebene. Wie Wellen eines
erstarrten Meeres läuft das Land nach allen Seiten in unabsehbare Fernen. Wiesen, Felder und Sümpfe, kleine, von Wildenten bevölkerte Seen, schüttere Birkenwäldchen und, im Grün versteckt, niedrige, aus rohen Stämmen gefügte Bauernhäuser mit geschnitzten Fensterläden, dann wieder Viehherden, Schuppen und
Getreidesilos.

Wir durchqueren die Westsibirische Tiefebene, einen der reichsten landwirtschaftlichen Bezirke der Sowjetunion.

In großen Abständen folgen kleine, unbekannte Stationen, die sich ziemlich
gleichen. Erst nach vierundzwanzigstündiger Fahrt erreichen wir eine erste
größere Station. Es ist Tjumen, die am Irtysch gelegene, heute 150 000 Einwohner zählende ›Butterstadt‹ Sibiriens, die übrigens zu den allerältesten
Städten im Land zählt. Sie existierte schon lange, bevor die ersten Kosaken
Jermaks den Irtysch überhaupt zu sehen bekamen, als eine befestigte Tataren-
siedlung.

Alles dreht sich hier um Ackerbau und Viehzucht. Das verraten die weißen
Butterkühlwagen auf den Abstellgleisen, die Güterzüge mit landwirtschaftlichen
Maschinen und die lange Reihe von Verkaufsständen auf dem Bahnsteig. Wem
die wirklich reichhaltige Verpflegung im Speisewagen des Zuges immer noch
nicht genügt, der kann sich hier zusätzlich mit jeder Menge Proviant versehen.
Ganze Berge von Tomaten, Gurken und Melonen, knusprige Bratenstücke, Eier,
Speck und Würste werden den Reisenden zum Kauf angeboten. Und an weißge-
deckten Tischen wird heißer Borstsch, die appetitliche russische Krautsuppe,
serviert.

Unwahrscheinlich, wie viele Brathühner hier verspeist werden. Wer auf dem
Bahnsteig promeniert, hält sein Hühnchen in der Hand. Und wer promeniert
nicht? Denn nach der langen Fahrt will sich jeder einmal die Füße vertreten. Dieser gesegnete Appetit muß irgendwie mit dem Klima zusammenhängen. Mehrere hundert Hühner wandern in die Abteile dieses einen Zuges. Wie viele Züge
aber gibt es auf dieser Strecke – alle zehn Minuten ein neuer Gegenzug – und wieviel mehr noch auf allen Strecken des heute schon weitverzweigten Eisenbahnnetzes hinter dem Ural. In den Bratpfannen aller sibirischen Bahnhöfe brutzeln
also täglich Tausende und aber Tausende von Hühnern. Das sind Millionen im
Jahr. Wie viele Hühner müssen da noch ungerupft und ungebraten in diesem
Lande herumlaufen?

Wo die Sonne nicht untergeht

Solche und ähnliche Überlegungen lassen einen während dieser Fahrt nicht mehr los. Man hätte einen Rechenschieber mitnehmen sollen, wie ihn auch die Wirtschaftsplaner in der Tasche haben. Denn wie anders läßt sich der ganze natürliche Reichtum eines Landes von so unvorstellbarer Weite überhaupt erfassen als in Zahlen?

Wir kommen während der langen Eisenbahnfahrt an Weizenfeldern vorbei, die keinen Anfang und kein Ende zu haben scheinen, und an riesigen Viehherden, von denen man sich daheim keinen rechten Begriff macht. Dieses Westsibirien ist eine einzige gigantische Pußta, auf der ganz Ungarn, Deutschland, England und alle anderen westeuropäischen Länder zusammen bequem Platz hätten.

»Wie spät ist es, Towaristsch?« fragt jemand.

»Nach Moskauer Zeit?«

»Nein, nach Ortszeit.«

Jeden Morgen müssen die Uhren um eine Stunde vorgestellt werden.

Manche tun es, manche nicht. So kommt es, daß fast jeder Reisende im Zug nach einer anderen Zeit lebt. Während der eine sich im Speisewagen gerade das Mittagessen servieren läßt, denkt der andere schon an das Abendbrot. Schon beträgt der Zeitunterschied zwischen der letzten Station und Moskau drei Stunden. Sieben Stunden werden es am Ziel unserer Reise sein. Den Bahnbetrieb kümmert all das wenig. Zugführer und Schaffner, ja überhaupt das Personal aller sibirischen Bahnhöfe, sie richten sich nicht nach dem Stand der Sonne, sondern nach den Zeigern der Moskauer Normaluhr. So machen sie buchstäblich die Nacht zum Tage, denn für sie wird es erst Abend, wenn ringsum in der Taiga des Ostens schon längst ein neuer Tag heraufdämmert. Wir fahren durch ein Land, über dem – im wahrsten Sinne des Wortes – die Sonne nie untergeht.

Das ›andere Amerika‹

Ob die russischen Zaren wohl wußten, was sie an Sibirien besaßen? Vielleicht haben sie es geahnt. Jedenfalls saßen sie knuteschwingend und hilflos zugleich auf dieser einzigartigen Schatzkammer, und das dreihundert Jahre lang, unfähig, deren Schätze zu heben. Und im gleichen Zeitraum wurde auf der anderen Seite unseres Erdballs ein Land mit ähnlichen Möglichkeiten von Millionen Menschen besiedelt, erschlossen und zur größten Industriemacht der Welt entwickelt: die USA.

Sibirien hat man einmal das ›andere Amerika‹ genannt. Weil es, wenn es ebenfalls erst einmal erschlossen ist, das Antlitz unserer Welt genauso, wenn nicht noch folgenreicher, verändern wird. In einem Baedeker aus dem Jahre 1912, den wir mit auf die Reise genommen haben, steht folgender Satz zu lesen: »Viele Ausländer hatten sich in Omsk niedergelassen und warteten hier auf die große Zukunft Sibiriens, in der es die amerikanische Entwicklung nehmen soll…«

Was die ausländischen Geschäftemacher damals erhofft haben, ist inzwischen eingetreten, anders allerdings, als sie es sich vorgestellt haben mögen. Die Entwicklung Sibiriens hat begonnen, doch nicht mit Hilfe kapitalistischer Spekulation, sondern auf der Grundlage sozialistischer Wirtschaftspläne und in einem Tempo, das sogar amerikanische Rekorde schlagen wird. Sibirien wird – nicht in drei Jahrhunderten, sondern in drei Jahrzehnten – zum größten Energiezentrum und zur größten Produktionsbasis der Welt werden.

Ein deutscher Sowjetbürger

»Sechs Millionen Menschen lebten hier in Sibirien zur Zeit der Oktoberrevolution«, meint unser Tischnachbar im Speisewagen, ein älterer Herr mit graumelierten Schläfen und randloser Brille, in fließendem Deutsch. »Jetzt mögen es zwischen vierzig und fünfzig Millionen sein. Das ist immer noch wenig. Platz und Lebensmöglichkeiten gibt es hier jedenfalls für sechshundert Millionen.« Und lächelnd fügt er hinzu: »Eine Bevölkerung so groß wie die Volkschinas könnte man zwischen dem Ural und dem Amur unterbringen.«

»Woher können Sie eigentlich so gut Deutsch?« fragten wir.

»Kunststück, ich bin Deutscher.«

Wir erfahren, daß er Karl Eduardowitsch Ritter heißt und gerade mit seiner Frau aus dem Schwarzmeerkurort Sotschi kommt, wo beide einen anderthalbmonatigen Urlaub verbracht haben.

»Ich lebe in der Nähe von Krasnojarsk am Jenissei, arbeite dort in einem großen Werk als Maschinenbauingenieur, verdiene gut und habe ein eigenes Haus mit einem Garten. Ja, und meine Tochter ist Lehrerin in Leningrad, und mein Jüngster studiert in Irkutsk im ersten Semester Medizin.«

Ritters Sprache verrät noch unverkennbar die Herkunft seiner Vorfahren, die einmal vor Jahrhunderten, dem Ruf der russischen Zarin Katharina folgend, aus Süddeutschland nach Rußland gekommen sind. Ritter ist ein bewußter Bürger der Sowjetunion, in der so viele Menschen verschiedener Nationalität friedlich zusammen leben. Er ist, wie er von sich sagt, ein Sowjetdeutscher und vor allem ein Sibirjak – ein Sibirier.

Ritter hat die letzte Nummer der Zeitung ›Neues Leben‹ auf dem Tisch liegen lassen. Es ist ein deutschsprachiges Organ, das in Moskau erscheint. Beim Durchblättern fallen mir Verse auf, die dem unermeßlichen Lande gelten, das wir durchqueren. Vielleicht sind sie sogar hier auf dem Schienenstrang durch Sibirien entstanden. Der Verfasser ist W. Eckert, ein Deutschsibirier.

Gedanken im Zug

Städte, Dörfer, Wälder, Auen,
hohe Berge, breite Flüsse,
und Getreidefelder wogen
ohne Ende, wie das blaue
hochgewölbte Himmelszelt.
Unermüdlich kann ich schauen,
dich mit Aug' und Herz begrüßen:
alles das ist meine Heimat,
das ist meine freie Welt!

Weiter stampft mein Zug nach Osten,
und die Bilder wechsen sichtlich:
Bauten, wieder Bauten, Felder
und der bunte Herbst der Wälder
bieten meinem Blick sich dar.
Alles atmet Frieden, Leben,
frohes Schaffen, Vorwärtsstreben...

»Lebwohl, Maria!«

Auf einer kleinen Station. Durch das hellerleuchtete Fenster kann man in das Innere eines Bauernhauses blicken. Unter der Lampe sitzt eine kinderreiche Familie rund um den Abendbrottisch, auf dem dampfende Schüsseln stehen. Hinter diesem Tisch sieht man einen riesigen Gummibaum, der mit seinem Blätterwerk fast das halbe Zimmer füllt. Nirgendwo gibt es wohl eine solche Liebe zu Blumen und Zimmerpflanzen wie hier. Wir hatten das ja schon in Swerdlowsk gesehen. Auch das liegt bestimmt am Klima. »Die Winter sind lang hier«, erklärt uns Karl Eduardowitsch, »und der Schnee liegt hoch. Daher fangen die Sibirier sich den Frühling ein und hegen und pflegen ihn innerhalb der vier Wände ihres Hauses.«

»Hol der Teufel den Schnee und den Frühlingsersatz«, mischt sich mit ange-heiterter Stimme vom Nebentisch her ein Matrose in unser Gespräch. Er ist von der immergrünen Krim zur Pazifikflotte versetzt worden und tröstet sich nun mit Wodka über den Abschiedsschmerz hinweg, wobei ihm ein junger, milch-gesichtiger Student eifrig Hilfestellung leistet. »Lebwohl, Maria!« sagt der in Fahrt gekommene Seemann nach jedem tiefen Seufzer, und dann kippen beide ihre Gläschen mit einer Akkuratesse wie Zimmerleute, wenn sie Nägel ein-schlagen.

Auf dem Tisch liegt ein großer, in Streifen geschnittener Fisch. »Langen Sie zu, das ist eine Delikatesse aus meiner Heimat.« Und schon werden auch für uns die Gläser gefüllt.

»Wenn Sie Ihren Bericht über diese Reise schreiben«, sagt uns zum Abschied der Student, »vergessen Sie nicht zu erwähnen, daß Sie heute mit Chruschtschow persönlich im Transsibirienexpreß Bekanntschaft geschlossen haben.« Schmun-zelnd zieht er seinen Ausweis aus der Rocktasche. Der Junge heißt tatsächlich Lew Chruschtschow, ist zweiundzwanzig Jahre alt und studiert am Nowosibir-sker Polytechnikum.

Berichte über Moosbeerbäume

»Und noch eins«, ruft er uns hinterher. »Schreiben Sie über Sibirien keinen Kljukwabericht.«

Die anderen lachen. Daraufhin wird uns folgende Anekdote erzählt: Einem Ausländer, der einmal – schon vor sehr langer Zeit – nach Rußland gekommen war, hatte es ein aus Kljukwa, aus Moosbeeren, bereiteter Trank besonders ange-tan. Ganz begeistert schrieb er nach Hause, man habe ihm das Getränk im Schat-ten eines majestätischen Kljukwabaumes serviert. Seitdem heißen schlecht infor-mierende, oberflächliche Berichte ›Kljukwaberichte‹.

Es wird lebendig im Zug. Viele Passagiere beginnen bereits die Koffer zu packen. Die Dörfer und Siedlungen an der Strecke verraten die Nähe einer größeren Stadt. Da packt mich auch schon jemand am Arm: »Schauen Sie, dort am Horizont!«

Fabrikschornsteine werden sichtbar, dann große Industrieanlagen. Kuppeln, Türme und viele neue Wohnblocks. Auf einer hohen Eisenbahnbrücke passieren wir den Irtysch, einen der großen sibirischen Ströme, der, aus dem Altai kom-mend, hier bereits eine Breite von siebenhundert Metern hat. Schleppkähne zie-hen stromabwärts, flinke weiße Passagierdampfer kommen ihnen entgegen. An den Ufern erheben sich riesige Getreidespeicher und Holzstapel, die einmal Wäl-der gewesen sind. Vor uns liegt die Großstadt Omsk.

Das grüne Gold

Hinter Nowosibirsk zeigt die Landschaft bald ein neues Bild. Die einzelnen Birkenwäldchen rücken immer dichter zusammen und bilden jetzt ein geschlossenes Waldgebiet. Hier endet die Steppe und beginnt allmählich die Taiga. Und hier beginnen auch die Berge. Der Moskau-Peking-Expreß, der uns weiter nach Osten bringt, keucht auf der ansteigenden Strecke, und in jeder Kurve gibt die Lokomotive langgezogene Seufzer von sich, als wollte sie sich über das Los beklagen, solche Last durch einen ganzen Kontinent schleppen zu müssen.

Sibirien, das ist nicht nur die Steppe. Das riesige Land hat viele Gesichter und ist von so verschiedenartiger Gestalt wie kaum ein anderes. Hier gibt es mit Wald bestandene Höhenzüge, die dem Harz oder Thüringen zu gleichen scheinen. Auch steile Felswände, Talschluchten und hohe Gebirge alpinen Charakters. Und es gibt Unterschiede des Klimas, dessen Skala von der eisigen Polarkälte an der Eismeerküste bis zu einem fast subtropischen Sommer in der Ussuri-Taiga reicht.

Die Natur hat zuweilen ihre Launen. Sie läßt auf den fernen Galápagos-Inseln Tiere aus arktischen und tropischen Regionen unter der Äquatorsonne am gleichen Strand zusammentreffen. Sie gestattet solche ungewöhnlichen Begegnungen auch in der Weite sibirischer Wälder. Hier kreuzen sich die Fährten des wilden Rens mit denen eines Tigers oder eines Kamels.

Früher kam aus dem Süden auch der Panther nach Sibirien. Er verschwand später wieder, ließ jedoch sein Abbild zurück. Auf dem alten Stadtwappen von Irkutsk ist das braungelb gefleckte Raubtier auf grünem Grund zu sehen, wie es im Maul einen gewürgten Zobel davonträgt.

Diese Kenntnis verdanke ich Aljoscha und Sergei, zwei aufgeweckten, fröhlichen Forststudenten aus Irkutsk, die uns im Zug Gesellschaft leisten.

An ihnen liegt es – und natürlich auch an dem Wald ringsum –, daß das Thema ›Taiga‹ zum Hauptgesprächsstoff dieser Reise wird. Und da sie allerhand davon verstehen, sind wir sehr gern ihre gelehrigen Schüler.

»Wollen Sie wissen, was Anton Tschechow über den sibirischen Wald geschrieben hat, als er im Jahre 1890 – also zu einer Zeit, als es hier noch keine Bahn gegeben hat – nach dem Fernen Osten reiste?« Sergei zieht ein Buch aus der Tasche und legt es vor mich hin: »Es ist sein sibirisches Reisetagebuch.«

»Die Macht und der Zauber der Taiga besteht nicht in riesigen Bäumen, nicht in der Totenstille, sondern darin, daß vielleicht nur die Zugvögel wissen, wo sie endet«, lese ich darin. »Am ersten Tag schenkt man ihr wenig Aufmerksamkeit, am zweiten und dritten Tag verwundert man sich, und am vierten und fünften ist einem zumute, als fände man sich nie wieder aus diesem Waldungeheuer heraus.«

Man steigt auf einen hohen Hügel, der mit Wald bedeckt ist, blickt nach Osten in Richtung der Straße und sieht unten Wald, dann einen Hügel, der wieder mit Wald bedeckt ist, hinter ihm einen anderen, ebenfalls mit Wald bedeckten Hügel, hinter ihm einen dritten und so ohne Ende. Nach einem Tag sieht man wieder von einem Hügel nach vorn – und wieder dasselbe Bild.«

»Gut, so sah es der Dichter. Und was sagen die Forstwissenschaftler?« fragen wir.

»Wußten Sie, daß von allen Bäumen, die es in der Welt gibt, fast jeder dritte in Sibirien steht?« Aljoscha beweist das mit Zahlen. Drei Milliarden Hektar Wald gibt es auf der Erde. Davon besitzt die Sowjetunion in ihren Ostgebieten allein 1,1 Milliarden, also ein gutes Drittel.

»Man hat ausgerechnet, daß man – ohne dem Waldbestand einen Schaden zuzufügen – allein in der Region Krasnojarsk jährlich so viel Holz schlagen könnte, daß für seinen Abtransport ein Eisenbahnzug von 32 Millionen Kilometer Länge notwendig wäre. Ein solcher Zug würde fast achthundertmal um den Äquator reichen. Der Holzreichtum Sibiriens ist also, wie Sie sehen, unerschöpflich!«

»Leider wird bis zum heutigen Tage dieser Reichtum kaum genutzt«, wirft Sergei ein. »Große Holzmengen verkommen noch in der Tiefe der Wälder, weil es einfach an Transportwegen fehlt. Schon im alten zaristischen Rußland wurden deshalb die Wälder der Ukraine und des Wolgagebietes gerodet. Auch heute noch deckt aus dem gleichen Grunde die Sowjetunion ihren Holzbedarf für die Industrie in den bequemer zu erreichenden Gebieten Kareliens und Nordrußlands.

Aber auch das wird anders werden. Die Fünfjahrpläne brachten Aufforstungen in einem Tempo, wie es kein kapitalistisches Land kennt. Im europäischen Teil. Und im asiatischen Teil der Sowjetunion wird genauso wie das weiße, schwarze und rote Gold von uns auch das grüne Gold in einem solchen Maße erschlossen werden, daß wir nicht nur unsere eigene Wirtschaft, sondern auch die aller anderen sozialistischen Länder damit versorgen können.«

»Ein Prosit auf das grüne Gold Sibiriens!« Wir haben uns im Speisewagen eine Flasche kaukasischen Weißwein bestellt, Marke ›Zinandali‹. Und vier Gläser dazu.

Warum Tomsk abseits liegt

Hinter dem Abteilfenster reißt die mit der Zeit doch recht eintönig werdende Waldkulisse nicht mehr ab. Nur noch selten entdeckt das Auge ein vereinzeltes Feld und eine kleine Ansiedlung, eingebettet in das Dickicht der Fichten, Birken und Lärchenstämme.

Südlich der Bahnlinie, dort, wo in weiter Ferne sich ab und zu am Horizont deutlich die Silhouetten hoher Berge abzeichnen, gibt es einen Naturschutzpark, der mit rund einer Million Hektar zu den größten Parks dieser Art in der ganzen Welt zählen dürfte. Auf seinem Territorium findet man schneebedeckte Berggipfel, Zedernwälder und eine unberührte Wildnis, die ein Paradies für die Tierwelt ist. Bären und Wisente gibt es dort. Elche, wilde Rentiere und den Zobel, dessen flauschiges Fell unter allen Pelzen seit allen Zeiten ebensoviel gilt wie der Brillant unter den Edelsteinen.

Schon kurze Zeit nachdem die Kosaken Sibirien den Zaren erobert hatten, wurden jährlich über 200 000 Zobelfelle als Tribut nach Moskau geschickt. Später lieferte Sibirien jährlich nicht weniger als fünfzehn Millionen Tierfelle. In den dreihundert Jahren seit der Vereinigung Sibiriens mit Rußland wurde der Pelztierbestand ungeheuer dezimiert.

Deswegen wurde eigentlich der Naturschutzpark vor zwanzig Jahren geschaffen. Seitdem hat sich auch der Zobel, der damals fast ausgerottet war, wieder stark vermehrt. Es gibt ihn wieder in ganz Sibirien, denn jedes Jahr werden Tiere aus Gegenden mit reichen Beständen in neuen Gebieten angesiedelt.

Über einsame Stationen erreicht unser Zug das Ufer eines Flusses, dessen Wasseroberfläche mit unzähligen Holzstämmen bedeckt ist, die langsam von der Strömung flußabwärts getrieben werden. Es ist der Tom, an dem eine Stadt liegt, die nach ihm benannt ist: Tomsk. Von der Station Taiga aus führt eine Zweigbahn dorthin. Tomsk wurde beim Bau der Transsibirischen Bahn in den neunziger Jahren des vorigen Jahrhunderts einfach übergangen und liegt heute fast hundert Kilometer abseits der Hauptstrecke.

In ganz Sibirien erzählt man sich schmunzelnd eine Geschichte, weshalb es damals dazu gekommen sein soll. »Die Tomsker Stadtväter waren zu geizig«, meint Aljoscha. »Mit Schmiergeldern nämlich für die Tschinowniks, die zaristischen Beamten, die immer eine offene Hand hatten.«

Welche Gründe es für das Zurückbleiben der Stadt in der zaristischen Zeit auch immer gegeben haben mag, zu einer der führenden Großstädte des Landes ist Tomsk jedenfalls erst unter der Sowjetmacht geworden. Ihre Universität ist weltberühmt, in ihrer Bibliothek findet man seltene Sanskrit-Handschriften und die vielleicht vollständigste Sammlung an Weltliteratur über Sibirien und Zentralasien. Auch die Eisenbahnverwaltung Westsibiriens hat eigentümlicherweise in Tomsk ihren Sitz; es scheint fast, als habe man die Stadt für ihre abseitige Lage von der Transsibirischen Bahn wenigstens entschädigen wollen. Die Zukunft von Tomsk wird ganz durch die Nähe des Kusnezkbeckens bestimmt und durch neue gewaltige Erzvorkommen, die erst kürzlich nördlich der Transsibirien-Magistrale entdeckt worden sind. Das Typische von Tomsk aber sind die Universität, die Hochschulen und ihre Professoren und Studenten. Heute nennt man Tomsk im Ausland das ›Oxford von Sibirien‹.

Sibirisches Kronstadt

Fast hätten wir es verschlafen. Sergei kam und weckte uns, als der Zug in früher Morgenstunde die große Brücke über den Jenissei passierte. Krasnojarsk muß man wenigstens gesehen haben, auch wenn einem das Reiseprogramm nur einen Blick durch das Abteilfenster und eine halbstündige Promenade auf dem Bahnsteig gestattet.

Während wir unsere Nasen gegen die Fensterscheiben drücken und hinunter auf den Fluß schauen, der einer Meeresströmung gleicht, zitiert Sergei erneut aus Tschechows Reisetagebuch. »In meinem Leben sah ich keinen herrlicheren Fluß als den Jenissei. Er ist ein mächtiger, ungestümer Recke, der seine Kraft und Jugend nicht zu bändigen weiß… Was für ein kluges und kühnes Leben wird mit der Zeit diese Ufer erhellen.« Sergei ist ein guter Rezitator.

Krasnojarsk, das heute über vierhunderttausend Einwohner zählt, hat eine herrliche Lage am Fuße roter Granitfelsen, die ihm seinen Namen gegeben haben. Von Kosaken im Jahre 1607 gegründet, wuchs der Ort sehr rasch zu einem wichtigen Handelsplatz heran, denn der Jenissei ist eine vielbefahrene Schiffahrtsstraße. Heute wird der moderne Flußhafen mit seinen Schwimmkränen und Förderbändern in der Sowjetunion höchstens von dem in Moskau übertroffen. In Asien sucht dieser Binnenhafen sicher seinesgleichen.

Die Stadt ist Verwaltungszentrum eines Gebietes, das mit seiner Fläche nach Jakutien und Kasachstan an dritter Stelle in der UdSSR steht. Bis hoch hinauf in die Arktis reicht der ›Krai‹ – so nennt man hier die Verwaltungseinheit –, die dem Krasnojarsker Volkswirtschaftsrat untersteht. In der Stadt selbst gibt es große Industriebetriebe, Maschinenfabriken, die Brückenkräne und Ausrüstungen für die neue sibirische Erdölindustrie liefern, Flußwerften, Eisenbahnreparaturwerkstätten und ein neues, noch im Bau befindliches Aluminiumwerk.

»Wissen Sie, warum diese Stadt das ›sibirische Kronstadt‹ genannt wird?« Wir wußten es zwar nicht. Aber nach allem, was wir über Krasnojarsk schon in Nowosibirsk gehört hatten, konnten wir es uns fast denken.

»Krasnojarsk ist eine alte Arbeiterstadt und berühmt wegen seiner kampferfüllten revolutionären Vergangenheit«, erzählt uns Sergei. »Im Jahre 1905 wurde hier vom Sowjet der Arbeiter und Soldaten – nach dem Vorbild der Pariser Kommune – eine Krasnojarsker Republik errichtet, die heldenhaft kämpfend unterging. Aus diesem Grunde wird die Stadt ›sibirisches Kronstadt‹ genannt. In der Stadt erinnert übrigens vieles an das Leben und Wirken Lenins. In den Jahren 1897 –

1900 verbrachte er hier und in dem Dorf Schuschenskoje, vierhundert Kilometer flußaufwärts, seine Verbannung.«

Aus der Literatur war uns Schuschenskoje natürlich bekannt. Wir freuten uns, nunmehr auch Sergei etwas von unseren Kenntnissen zum besten geben zu können. Wir hatten sogar Literatur über Schuschenskoje bei uns.

»Ein großes Dorf mit einigen ziemlich schmutzigen, staubigen Straßen«, so schrieb Lenin in einem Brief aus der Verbannung. »Umgeben ist das Dorf von Mist, der nicht auf die Felder gefahren, sondern einfach hinter das Dorf geworfen wird, so daß man fast immer, um aus dem Dorf hinauszukommen, durch Mist waten muß.«

In diesem verschlafenen Nest betrieb er eifrig theoretische Studien. Er schrieb oder übersetzte aus fremden Sprachen. Hier schuf er viele seiner Arbeiten und vollendete sein berühmtes Werk ›Die Entwicklung des Kapitalismus in Rußland‹. Und in dem Hause, in dem er damals mit seiner Lebensgefährtin Nadjeshda Krupskaja lebte, hat der Ort Schuschenskoje, der längst den Anschluß an die neue Zeit gefunden hat, gegenwärtig ein Lenin-Museum eingerichtet. Schuschenskoje ist heute ein modernes sozialistisches Städtchen.

Ausflug in die Steinzeit

Wenn man viele Tage und Nächte auf rollenden Rädern zubringt, hat man das Bedürfnis, sich endlich einmal die Beine zu vertreten. Wir nutzen daher die dreißig Minuten Aufenthalt auf dem Bahnhof von Krasnojarsk, zumal die Sonne scheint und das Wetter zwar frisch, aber recht angenehm ist. Wenn die in Berlin wüßten, so sagen wir uns, daß wir hier in Sibirien im Oktober noch ohne Mantel spazierengehen können! Frau und Schwiegermutter hatten mir noch einen dicken Pelz und einen Vorrat an Wollsamen eingepackt, als sollte es für ein paar Jahre in die Arktis gehen. Sollte uns in den nächsten Jahren noch einmal der Weg nach Sibirien führen, was wir sehr hoffen, werden wir noch weniger in die Koffer tun. Wozu auch? Alles, was man braucht, bekommt man unterwegs. Hinter dem Ural gibt es ebensolche Hotels wie bei uns, mit Wäschereien, mit Bädern, Friseursalons und mit Küchen, die sich mit ihren Künsten sehen lassen können.

Und das Wetter? Für die strengen Fröste im Winter werden die Sibirier mit einem wunderschönen Sommer und einem langen sonnigen Herbst entschädigt. Städte wie Nowosibirsk und Krasnojarsk haben im Jahr dreihundert Sonnentage, ebensoviel wie die Badeorte an der Adria oder am Schwarzen Meer. Und das Klima ist so gesund und die Luft so rein, daß in der Sowjetunion Lungenkranke oft ihren Wohnsitz nach hier verlegen.

Hinter Krasnojarsk gesellen sich übrigens zwei weitere Reisegefährten zu uns. Wir machen beim Frühstück die Bekanntschaft von Jelena Nekrassowa, einer jungen Geologin, die nach Jakutien will, um sich dort an der Suche nach neuen Diamantenvorkommen zu beteiligen. Für sie ist das Gespräch mit meinem Kollegen eine willkommene Gelegenheit, ihre eigenen Deutschkenntnisse aufzufrischen, und mich legt ein burjatischer Hochschullehrer aus Ulan-Ude mit Beschlag, der von einem wissenschaftlichen Kongreß heimkehrt.

Wie wir das Problem der deutschen Wiedervereinigung gegenwärtig beurteilen, will er wissen. Wie man in Berlin lebe und wie man bei uns über dies und jenes denke. Geduldig beantworte ich alle seine Fragen, bis die Gelegenheit kommt, ebenfalls Fragen zu stellen. Denn er ist Historiker und kennt sich vor allem in der alten Geschichte seiner Heimat aus.

»Stimmt es, daß man beim Bau des Bratsker Staudammes wertvolle archäologische Funde gemacht hat?«

»Ja, schon bevor man mit dem Bau begann. Leider werden einige dieser Fundstätten wieder überflutet werden. Ebenso noch kaum erforschte Inseln im Strombett der Angara, auf denen es uralte steinzeitliche Siedlungen gegeben hat. Was man dort in den letzten Jahren fand, widerlegt die alte Auffassung, daß Sibirien ein unbesiedelter und geschichtsloser Raum gewesen sein soll. Man fand Waffen, Geräte und Schmuck aus einer Zeit vor zwölf- bis fünfzehntausend Jahren. Die Menschen, die sie fertigten, waren Jäger und Fischer. Das wissen wir aus den vielen Felszeichnungen, die sie an den Wänden ihrer Höhlen hinterlassen haben.«

»Hatte Sibirien damals schon das gleiche Klima wie heute?«

»Nein. Die Steinzeitmenschen an der Angara jagten noch Mammute und Nashörner, die heute längst ausgestorben sind. Die Menschen paßten sich jedoch der Klimaveränderung an. Nach der Steinzeit gab es an der Angara auch eine Bronze- und eine Eisenzeit, wie überall auf der Welt. Als Plinius in Rom seine Chroniken schrieb, begannen die Schmieden am Baikalsee mit der Eisenbearbeitung.

Im übrigen hat es immer Beziehungen zu anderen Teilen der Erde gegeben.

In den Königsgräbern Mesopotamiens hat man Schmuckreifen aus Nephrit gefunden, die vor viertausend Jahren hier an der Angara hergestellt worden sind. Von Menschenhänden, die eine hohe Kunstfertigkeit besessen haben müssen. Sibirien lag zwar abseits der großen Verkehrsstraßen, unterhielt jedoch Handelsbeziehungen über Tausende Kilometer hinweg mit den Zentren anderer Kulturreiche.

Münzfunde in anderen Teilen Sibiriens zeigen, daß schon Araber und Griechen, später dann Hanseaten und Nowgoroder als Handelsleute bis in die Taiga vorstießen. Sie alle lockte das edle Pelzwerk und die begehrte ›serische Seide‹ aus Kambaluk, dem heutigen Peking, das man damals allerdings irgendwo am Ufer des Ob vermutete. Genauere Kenntnis über das Land hinter dem Ural erhielt

Europa jedoch erst durch reitende Boten des Papstes, die dieser an den Hof Dschingis-Khans entsandte, in der irrigen Hoffnung, diesen zum gemeinsamen Kampf gegen die Türken überreden zu können. Einer, der nach langen Jahren der Gefangenschaft am Mongolenhof nach Europa zurückkam, berichtete dort zum Beispiel: Es sei Gewohnheit bei den Heiden, daß dort etliche Herren in dem Land mit ihrem Vieh umherziehen.

Trotzdem blieb natürlich Sibirien für die meisten Menschen in Europa bis in die Gegenwart ein so gut wie unbekanntes Land«, schloß Sodkom, unser neuer Bekannter.

Abschied von Jelena

Taischet. Früher eine kleine Station, die sich von vielen anderen an der Strecke der Transsibirischen Bahn in nichts unterschied. Heute ein wichtiger Umsteigebahnhof und morgen das Zentrum einer bedeutenden Hüttenindustrie. Schon werden dafür die ersten Fundamente gelegt. Von hier zweigt die neue Bahnlinie ab, die das Kraftwerk Bratsk an der Angara mit dem großen Verkehrsnetz verbindet und von dort nach Ust-Kut, einem Industrieort am Oberlauf der Lena, weiterführt.

Für Jelena, die auf ›Komandirowka‹ nach Jakutien fährt, heißt es hier Abschied nehmen. Auf die kleine Geologin wartet eine schöne Aufgabe, um die man sie beneiden möchte. Diamanten wird sie suchen. 1943 wurde der erste sibirische Diamant gefunden, 1955 das erste große Vorkommen entdeckt. Heute weiß man, daß im südwestlichen Teil der Jakutischen Autonomen Republik die größten Diamantvorkommen der Welt ihrer Erschließung harren.

Sie sind noch reichhaltiger als die Afrikas, das bisher der kapitalistischen Welt den größten Teil der Weltausbeute an Diamanten lieferte. Auch die Qualität der Steine soll denen der südafrikanischen Vorkommen überlegen sein.

Hinter Taischet gleicht die Landschaft einem riesigen Bauplatz. Schachtanlagen und Grubengebäude werden an der Strecke sichtbar. Vom Zug aus kann man riesige Schreitbagger arbeiten sehen. Wir sind im Kohlenrevier von Tscheremchowo. Hier also wird im Laufe des Siebenjahrplanes bis zum Jahre 1965 die dritte schwerindustrielle Basis der Sowjetunion entstehen. An der Bahnstrecke von hier nach Irkutsk reiht sich nunmehr Ortschaft an Ortschaft. Diese Gegend ist heute schon verhältnismäßig dicht besiedelt.

Wenig später erreichen wir das Ufer der Angara, deren Strombett hier eine Breite von fast einem Kilometer hat. Und dann werden auch die Kuppeln und Türme einer großen Stadt sichtbar. Wir nähern uns unserem nächsten Reiseziel, Irkutsk, der Metropole an der Angara.

Paul Theroux

Abenteuer Eisenbahn (1965)

Der *Rossija*-Expreß hatte keinerlei Ähnlichkeit mit dem Wostok: Er war neu. Die Schlafwagen aus der DDR glichen Stahlgeschossen, die man mit einer grauen Plastikschicht isoliert hatte; beheizt wurden sie durch Kohleöfen, an die Zentralheizung und Samowar angeschlossen waren. Der Vorderteil eines jeden Waggons sah dadurch aus wie eine Atomzertrümmerungsanlage in einem Comicstrip. Der Prowodnik vergaß des öfteren, den Ofen zu schüren, und dann breitete sich eine Kälte in den Wagen aus, die mir einerseits Alpträume bereitete, mich aber andererseits auch am Schlafen hinderte. Die anderen Reisenden in der ›Weichen Klasse‹ waren entweder mißtrauisch, betrunken oder unfreundlich: ein Goldi mit seiner Frau, einer Weißrussin, und ihrem Kind mit lederartiger Haut, die in einem Nest aus Stiefeln und Wolldecken hockten, zwei trübselige Kanadier, die sich den beiden australischen Bibliothekarinnen gegenüber den Mund über die Unverschämtheit des *Prowodnik* zerrissen; eine ältere Russin, welche die ganze Fahrt über nicht aus ihrem rüschenbesetzten Nachthemd herauskam, ein Georgier, der aussah, als erwarteten ihn am Ziel seiner Reise große Probleme, und ein paar Trunkenbolde, die lärmend beim Kartenspiel hockten oder im Pyjama Domino spielten. Sich unterhalten zu wollen war hoffnungslos, aus dem Schlaf fuhr man immer wieder hoch, und so verrückt, wie die Uhren hier gingen, verschlug es mir jeden Appetit. Am ersten Tag schrieb ich in mein Tagebuch: *Verzweiflung macht mich hungrig.*

Der Speisewagen war gerammelt voll. Jeder löffelte Borschtsch und aß hinterher ein Wiener Schnitzel, dessen Panierung praktisch ein Omelett war. Zwei Kellnerinnen servierten: eine enorm dicke Person, die die Reisenden ständig herumkommandierte, und ein hübsches schwarzhaariges Mädchen, das in der Küche aushalf und aussah, als würde es bei der nächsten besten Gelegenheit vom Zug springen. Ich aß, und die drei Russen an meinem Tisch versuchten, Zigaretten von mir zu schnorren. Da ich keine hatte, versuchten wir, miteinander ins Gespräch zu kommen: Sie führen nach Omsk – ich sei Amerikaner. Zu mehr reichte es nicht, und sie verließen den Speisewagen. Ich ärgerte mich, in Tokio keinen russischen Sprachführer gekauft zu haben.

Ein Mann setzte sich zu mir. Seine Hände zitterten. Er bestellte. Zwanzig Minuten später stellte die Dicke eine Karaffe mit gelbem Wein vor ihn hin, den er in sein Glas plätschern ließ, mit zwei Zügen trank er es leer. Er hatte eine Wunde am Daumen, an der er herumkaute, während er sich besorgt im Wagen umblickte.

Die Dicke klopfte ihm auf die Schulter, und er schob wieder ab, das heißt: Er verschwand beschwipst und auf unsicheren Beinen in Richtung ›Harte Klasse‹. Mich jedoch ließ die Dicke in Ruhe. Ich blieb im Speisewagen sitzen, schlürfte den klebrigen Wein und sah zu, wie sich draußen die flachen verschneiten Felder in Hügel verwandelten – die ersten seit Nachodka. Das Licht der sinkenden Sonne hüllte sie in einen warmen Goldschimmer, und ich hoffte immer wieder, Menschen in den Wäldern zu entdecken. Ich starrte eine Stunde lang zum Fenster hinaus, entdeckte jedoch keine Menschenseele.

Es gelang mir auch nicht, festzustellen, wo wir eigentlich waren. Meine japanische Karte der Sowjetunion half mir nicht weiter, erst am Abend erfuhr ich, daß wir die an der chinesischen Grenze gelegene Stadt Poschkowo passiert hatten, was nur dazu beitrug, meine Hilflosigkeit zu vergrößern: Ich wußte selten, wo wir waren, nie genau, wie spät es war, und nachgerade haßte ich die drei Tiefkühltruhen, an denen ich vorbei mußte, um in den Speisewagen zu gelangen.

Die Dicke hieß Anna Fedorowna. So sehr sie ihre Landsleute auch schurigelte – mir gegenüber war sie die Liebenswürdigkeit selbst. Sie forderte mich sogar auf, sie Anuschka zu nennen – was ich auch tat, um mir eine Extraportion kalter Kartoffeln mit Huhn zu sichern: dunkles, sehniges Fleisch, bei dem man das Gefühl hatte, auf einem dicken Gewebe herumzukauen. Anuschka sah mir beim Essen zu. Über ihre Teetasse hinweg (in die sie Brot tunkte, das sie dann auslutschte) zwinkerte sie mir zu und beschimpfte dann einen Krüppel, der an meinem Tisch Platz genommen hatte. Zuletzt knallte sie aber doch einen Stahlteller mit Kartoffeln und fettem Fleisch vor ihn hin.

Der Krüppel aß sehr langsam, er zog die Mahlzeit in die Länge, indem er äußerst vorsichtig an dem Fleisch herumsäbelte. Ein Kellner ging vorbei, und es krachte. Der Kellner hatte eine leere Karaffe auf unseren Tisch fallen lassen, wobei das Glas des Krüppels in Scherben ging. Mit weltmännischem Gleichmut fuhr der Krüppel fort zu essen und achtete überhaupt nicht auf den Kellner, der Entschuldigungen murmelte, als er die Glasscherben vom Tisch auflas. Erst als er einen gewaltigen Glassplitter aus dem Kartoffelbrei des Krüppels zog, fing dieser an zu würgen und schob den Teller von sich. Der Kellner brachte ihm einen neuen.

»*Sprechen Sie deutsch?*« fragte der Krüppel.

»Ja, aber nur sehr schlecht.«

»Ich spreche ein wenig«, sagte er auf deutsch. »Das habe ich in Berlin gelernt. Woher kommen Sie?«

Ich sagte es ihm, woraufhin er fragte: »Wie finden Sie das Essen hier?«

»Nicht schlecht, aber auch nicht gut.«

»Ich finde es hundsmiserabel«, sagte er. »Wie ist das Essen in Amerika?«

»Phantastisch«, sagte ich.

Er sagte: »Kapitalist! Sie sind ein Kapitalist!«

»*Quatsch!*« sagte ich auf englisch, und dann auf deutsch: »Meinen Sie?«

»In Amerika bringen die Menschen sich mit Pistolen um.«

»Ich habe keine Pistole.«

»Und was ist mit den Negern? Den Schwarzen?«

»Was soll mit ihnen sein?«

»Ihr bringt sie um!«

»Woher haben Sie das?«

»Aus der Zeitung. Ich habe es selbst gelesen. Außerdem hört man es dauernd im Radio.«

»Im Sowjetradio«, sagte ich.

»Sowjetradio gutes Radio«, sagte er.

Das Radio im Speisewagen spielte gerade leicht verjazzte Orgelmusik. Es war den ganzen Tag in Betrieb, und selbst in den Abteilen – jedes hatte seinen eigenen Lautsprecher – konnte man ihm nicht ganz entfliehen, weil die Lautsprecher sich nicht richtig abstellen ließen. Mit dem Daumen zeigte ich auf den Lautsprecher und sagte:

»Sowjetradio zu laut.«

Er lachte schallend und sagte dann: »Ich bin Kriegsversehrter. Sehen Sie – kein Fuß mehr, nur noch Bein. Kein Fuß, kein Fuß.«

Er hob seinen Filzstiefel und drückte die Kappe mit der Spitze seines Stokkes ein. Er sagte: »Ich war während des Krieges in Kiew und habe gegen die Deutschen gekämpft. Sie schossen – Peng! Peng! – so. Ich sprang ins Wasser und fing an zu schwimmen. Es war Winter – das Wasser war kalt – sehr kalt! Sie haben mir den Fuß abgeschossen, aber ich hörte nicht auf zu schwimmen. Und ein anderes Mal sagte mein Hauptmann zu mir: ›Schau, noch mehr Deutsche…‹ und im tiefen Schnee…«

In dieser Nacht schlief ich besonders schlecht in meiner Koje, die schmal war wie eine Bank. Im Traum sah ich Deutsche im Stechschritt marschieren, Mistgabeln über der Schulter und auf dem Kopf Helme, die aussahen wie die Borschtschüsseln im *Rossija*. Sie zwangen mich in den eiskalten Fluß. Ich wachte auf. Meine Füße lagen frei und im Luftzug, der vom kalten Fenster herüberkam; die Wolldecke war heruntergerutscht, und das in blaues Nachtlicht getauchte Abteil erinnerte mich an einen Operationssaal. Ich schluckte ein Aspirin und schlief, bis es draußen auf dem Gang hell genug war, um das Klo zu finden. An diesem Tag hielten wir gegen Mittag in Skoworodino. Der Prowodnik, mein Gefängniswärter, wies einen bärtigen jungen Mann in mein Abteil ein. Er hieß Wladimir und wollte nach Irkutsk, das noch zwei Tagesreisen weit entfernt war. Den ganzen Nachmittag über sprach Wladimir kein Wort mehr. Er las russische Taschenbücher mit patriotischen Bildern auf den Umschlägen, und ich sah zum Fenster hinaus. Vor noch nicht langer Zeit hatte ich im Zugfenster eine Möglichkeit gesehen, ungestört und in Ruhe die Welt an mir vorüberziehen zu lassen; jetzt war mir, als wollte das Zugfenster mich einengen, ja einkerkern, zuweilen wurde es so undurchsichtig wie eine Zellenwand.

In einer Kurve kurz vor Skoworodino sah ich, daß wir von einer gewaltigen Dampflokomotive gezogen wurden. Um etwas Abwechslung zu haben, versuchte ich (wiewohl Wladimir mißbilligend mit der Zunge schnalzte), eine Aufnahme von ihr zu machen, wie sie in der Kurve lag und seitlich kleine Rauchwolken ausstieß. Der Rauch quoll neben dem Zug empor und trieb dann langsam durch die Wälder aus Birken und sibirischen Zedern. Weit und breit war keine Menschenseele zu sehen. Die Landschaft blieb auf diesem Teil der Fahrt so unverändert gleich, daß sie genausogut ein Bild hätte sein können, das man ans Fenster geklebt hatte. Jedenfalls wirkte sie einschläfernd auf mich, und ich schlief auch tatsächlich ein. Ich träumte von einem ganz bestimmten Kellerraum in der *Medford High School*, wachte dann auf und hätte fast angefangen zu heulen. Wladimir hatte aufgehört zu lesen. Er lehnte sich mit dem Rücken gegen die Wand und zeichnete mit Farbstiften Telephonmasten auf einen Zeichenblock. Ich schlich auf den Gang hinaus. Einer der Kanadier starrte auf die sich unendlich dehnende Schneewüste hinaus.

Er sagte: »Gott sei Dank, daß wir das bald hinter uns haben. Wie weit fahren Sie?«

»Bis Moskau, und von dort mit dem Zug nach London.«

»Schöne Scheiße!«

»Kann man wohl sagen.«

Er sagte: »Ich weiß nicht mal, was für einen Tag wir heute haben. Es muß bald Weihnachten sein. Sagen Sie mal, haben Sie vorhin das brennende Haus gesehen?«

»Nein.«

Gestern hatte er gesagt: »Haben Sie vorhin den Lastwagen gesehen, der über den Fluß fuhr und dann im Eis eingebrochen ist? Zumindest mit den Hinterrädern?« Ich überlegte, ob er sich das aus den Fingern gesogen hatte. Jedenfalls sah er ständig Katastrophen und Sensationen. Wenn ich zum Fenster hinausblickte, entdeckte ich stets nur mein eigenes sorgenerfülltes Gesicht.

Ich kehrte in mein Abteil zurück und machte mich wieder an die Lektüre der *New Grub Street*, doch die Verbindung von schlechtem Licht und Schneetreiben mit dem Abstieg des armen Edwin Reardon war so bedrückend, daß ich fast zusammengebrochen wäre. Ich schlief und träumte. Ich war in einem Blockhaus im Gebirge zusammen mit meiner Frau und meinen Kindern. Es lag Schnee, und das Fenster war ein schwarzer Spiegel. Ich war unruhig: Bekannten von uns, die ein ganzes Stück von uns weg wohnten, mußte eine traurige Nachricht überbracht werden. Obgleich mir die Füße froren, erklärte ich mich einverstanden hinzufahren. Ich suchte im Schrank nach brauchbaren Stiefeln und sagte: »Und was ist mit dir, Anne? Kommst du nicht mit?«

Anne sagte: »Es ist so kalt draußen. Und außerdem lese ich – ich glaube, ich bleibe lieber hier.«

Woraufhin ich mich an Anuschka, die Gorgo aus dem Speisewagen, wandte, die zufällig in einer Ecke der Blockhütte saß und Tee trank. »Siehst du? *Siehst du?* Immer sagt sie, sie kommt mit, aber wenn es soweit ist, kommt sie doch nicht.«

Anne, meine Frau, sagte: »Du schiebst es doch nur auf die lange Bank! Wenn du gehen willst, geh – sonst mach die Tür zu und hör auf, darüber zu reden.«

Ich hielt die Tür der Blockhütte auf. Draußen war nichts als Leere. Der kalte Wind fegte in die Hütte herein, fuhr unters Tischtuch und rüttelte an den Lampenschirmen. Schnee trieb über den Fußboden. Ich sagte: »Wenn's sonst keiner tut, gehe ich eben.«

»Darf ich mitkommen, Daddy?« Ich schaute in das blasse Gesicht meines kleinen Sohnes. Seine Augen blickten mich flehentlich an, und seine Schulterhaltung hatte etwas Rührendes.

»Nein«, erklärte ich. »Ich muß allein gehen.«

»Mach die Tür zu!«

Ich erwachte. Meine Füße waren eiskalt. Das Abteilfenster war schwarz, und der Wagen rumpelte. (Nur die Wagen der Transsibirischen Eisenbahn rumpeln, weil die Schienen nicht versetzt angeordnet sind, sondern gerade aufeinander treffen.) Der Traum ließ erkennen, daß sich Panik in mir ausbreitete, des Reisens wegen bedrückten mich Schuldgefühle, und ich litt unter einer Einsamkeit, die noch größer wurde, als ich versuchte, sie zu Papier zu bringen und mir darüber klarzuwerden.

Wladimir hatte aufgehört zu zeichnen. Er blickte auf und fragte: »*Tschai?*«

Ich verstand. Auf Kisuaheli heißt Tee gleichfalls *Tschai*. Er rief laut nach dem Prowodnik. Bei Tee und Gebäck bekam ich meine erste Russischstunde – das heißt, ich schrieb die Wörter phonetisch auf eine Seite in meinem Notizbuch; eine ziemlich langweilige Beschäftigung, die allerdings den Vorteil hatte, daß dabei die Zeit verging, und man nicht Gefahr lief, vor sich hinzudösen und Alpträume zu haben.

An diesem Abend war der Speisewagen leer und sehr kalt. Die Fensterscheiben waren vereist, und die Luft im Wagen derartig eisig, daß die streitenden Köche, Kellner und Serviererinnen weißen Dampf auszustoßen schienen. Wassilij Prokofiewitsch, der Oberkellner, machte seine Abrechnungen und ließ die Kugeln seiner Rechenmaschine hin und her schnellen. Ich war mittlerweile oft genug im Speisewagen gewesen, um zu wissen, daß Wassilij, ein untersetzter

Mann mit vernarbtem Gesicht, am späten Nachmittag immer betrunken war. Er sprang auf und ließ mich seinen Atem sehen – nach Wodka riechenden Dampf –, holte dann eine Kiste Bier hervor und zeigte mir, daß das Bier in den Flaschen gefroren war. Er rollte eine Flasche zwischen den Handflächen hin und her und rieb daran, um es aufzutauen, und brüllte dann Nina, die Brünette, an. Nina brachte mir einen Teller mit Räucherlachs und ein paar Scheiben Brot. Wassilij deutete auf den Lachs und sagte: »*Kita.*«

Ich sagte: »*Eto karascho kita.*«

Wassilij war entzückt und sagte Nina, sie solle mir noch eine Portion bringen.

Ich klopfte an die vereiste Fensterscheibe und sagte: »*Eto ochnor.*«

»*Da, da.*« Wassilij lachte, schenkte sich noch einen Wodka ein und kippte ihn. Mir spendierte er drei Finger hoch in einem Wasserglas. Ich trank und sah, daß Anuschka wie üblich an ihrem Platz saß, ihr Brot in den schwarzen Tee tunkte und es lutschte.

Ich zeigte auf ihren Tee und sagte: »*Eto schudki tschai.*«

»*Da, da.*« Wassilij lachte und schenkte mir wieder ein.

Ich zeigte ihm meine Gissing-Ausgabe und sagte: »*Eto ganjiga.*«

»*Da, da*«, sagte Wassilij. Nina trat mit dem Teller Lachs herzu. »*Eto Nina*«, sagte Wassilij, packte das Mädchen und: »und dies« – ich übersetzte seine Gesten – »sind Ninas Titten.«

Morgens war es jetzt dunkler – noch ein Streich, den die Zeit mir auf dieser Strecke spielte, die mich immer mehr in den Wahnsinn zu treiben schien. Nach acht Stunden Schlaf wachte ich auf – es war Nacht. Die Landschaft lag im fahlen Schimmer des Dezembermonds, einer dünnen Sichel, kahl und nackt da – keine Bäume, kein Schnee. Und kein Wind. Es war unheimlich, wie die Dämmerung heraufkroch (nach meiner Uhr um halb zehn), die Dörfer am Ufer der Schilka und der Ingoda, kleine Ansammlungen altersbrauner Holzhütten mit steil aufsteigendem Rauch; ich mußte unwillkürlich an altmodische, mit Holzfeuer betriebene Dampfmaschinen denken, die hier an diesen öden Steppen gestrandet waren. Nach stundenlanger Fahrt durch diese Trostlosigkeit kamen wir nach Tschita, einer satanischen Stadt rauchausstoßender Schornsteine und großer Halden noch schwelender Asche, die man neben den Schienen aufgetürmt hatte. Außerhalb von Tschita lag ein zugefrorener See mit Eisfischern; sie hockten darauf wie die fetten schwarzen Krähen mit ihrem aufgeplusterten Gefieder, die sich bei den Lärchen am Ufersaum niedergelassen hatten.

Ich sagte: »*Worona.*«

»*Njet*«, sagte Wladimir und erklärte, es handle sich um Fischer.

»*Worona.*« Ich blieb eigensinnig bei meinem Krähenvergleich, bis ihm aufging, was ich eigentlich sagen wollte. Lange Zeit brauchte er allerdings nicht dazu, denn der gefühlsmäßige Fanatismus, den ich bei den Russen entdeckt hatte, scheint mir im Grunde eine Flucht vor ihrer eigenen Sucht, immer alles wörtlich zu nehmen. Wladimir hatte die Angewohnheit, lange Perioden zu rezitieren – nicht einfach zu reden, sondern zu rezitieren – und hinterher »Puschkin« oder »Majakowskij« zu brummeln. Dieses zwanghafte Verhalten gilt in der Sowjetunion als selbstverständlich; wenn ich mir jedoch vorstelle, ich führe mit der alten *Boston and Maine* und plötzlich finge jemand an, »Jungfräulich, unberührt – der Urwald…« zu zitieren – ich glaube, ich würde mir schleunigst einen anderen Platz suchen.

Wladimir kaufte eine Flasche ungarischen Wein, und wir spielten Schach. Er spielte sehr aggressiv, hockte mit gebeugtem Nacken überm Brett und ließ seine Figuren wie beim Damespiel vorwärtsmarschieren. Zwischen den Zügen knackte er mit seinen Fingerknöcheln. Ich machte meine Züge nicht, um zu gewinnen – ich wußte, daß das hoffnungslos war –, sondern um seinen Schwung zu dämpfen. Er stieß seine Figuren voran, der Zug stieß vorwärts in den Wind hinein. Draußen lag wieder Schnee, und ich sah, daß wir jetzt zwei Landschaften pro Tag vorgesetzt bekamen. Die flachen mongolischen Berge am Rande der Wüste Gobi waren mit Zedern bedeckt, die genauso zart wirkten wie tropische Farne, und gegen vier Uhr, als wir uns langsam dem Mittelsibirischen Bergland näherten, trieb Schnee am Fenster vorbei, winzige Flocken im vorüberziehenden Rauch. Ein Schneesturm in der Ferne wirkte wie Nebel, überzog die Gobi mit einem Weiß, das mit dem Weiß der Birkenstämme verschmolz und die Zedern ganz besonders filigranhaft erscheinen ließ. Sibirien bestand aus Holz und Schnee – selbst die Bahnhofsgebäude schienen aus dem Wald gewachsen; alle waren sie aus Holz, sorgsam aus rohen Brettern gezimmert, vom Frost überzogen.

Mein Partner spielte immer schlechter, doch solange der Wein reichte, spielten wir weiter. Nach weiteren zwei Spielen war auch der Wodka zu Ende, und es schien keinen Sinn mehr zu haben weiterzuspielen. Nur hatten wir noch einen ganzen Abend vor uns. Meine Nickerchen teilten den Tag in mehrere Teile, von denen jeder mir so lang vorkam wie ein ganzer Tag, die Zeit zog sich qualvoll in die Länge, ein Phänomen, das Kranken mit hohem Fieber vertraut ist, die nur selten Besuch bekommen. Gelegentlich wurde dieses Gefühl sich endlos hinziehender Genesung auf der Transsibirischen Eisenbahn schlicht zur Langeweile; dann kam ich mir vor wie in meinem Traum, eingeschneit in einer Berghütte. Es war kalt, die Beleuchtung schlecht; im Zug auf- und abzugehen war schwierig, da die meisten Reisenden aus den überfüllten Abteilen es vorzogen, auf dem Gang herumzustehen. Wohin hätte man sonst auch gehen sollen?

Ich holte einen Bogen Papier hervor und brachte Wladimir das Tick-tack-toe bei, das er, wie er sagte, sehr interessant fand – das russische Wort klingt sehr ähnlich. Er fand bald heraus, wie er mich auch hierin schlagen konnte. Daraufhin machte er mich mit einem unendlich komplizierten russischen Spiel zum Zeittot-

schlagen bekannt. Das ging folgendermaßen: Auf Papier mit Rechenkaros zeichnet man zehn geometrische Figuren von leicht unterschiedlicher Größe. Je unregelmäßiger die Figur, desto mehr Punkte bekam man – vielleicht ging es aber auch darum, möglichst wenig Punkte zu bekommen – ich bin nicht dahintergekommen. Zuletzt gab Wladimir es auf und fing wieder an zu zeichnen. Ich überredete ihn, mir seinen Zeichenblock zu zeigen, der zu meinem größten Erstaunen mit Zeichnungen von Telephonmasten, Hochspannungsleitungen, Maschendrahtzäunen und skelettähnlichen Apparaten gefüllt war. Das war sein Hobby: vertikale Monstrositäten zu zeichnen; er hätte aber auch ein Spion sein können. Er zeigte mir, wie man einen Telephonmast zeichnet. Für mich war das uninteressant, deshalb mußte ich Interesse heucheln; schließlich rief er den Prowodnik und bestellte Wein. Zwei weitere Flaschen ungarischen Weins kamen – der Prowodnik wollte nicht gehen, ehe er nicht ein Glas abbekommen hatte – und Wladimir zeichnete eine schwarze Hütte in einer schwarzbraunen Landschaft, eine niedrig hängende, orangefarbene Sonne und einen Himmel voller Spinnen. Das ganze nannte er ›Sibirien‹. Dann zeichnete er hochragende Türme und große Gebäude, einen blauen Himmel an einem sonnigen Tag.

»Leningrad?«

»Njet«, sagte er. »London.« Er schrieb ›London‹ unter das Bild. Er zeichnete noch ein zweites Londonbild: eine Hafenszene mit einem Schoner, vor Anker liegenden Schiffen und Sonnenschein. Er zeichnete New York – Wolkenkratzer, Sonnenschein. Aber es waren Phantasiebilder. Wladimir war nie aus der Sowjetunion herausgekommen.

Da er darauf bestand, den Wein zu bezahlen, machte ich meine Zigarrenkiste auf. Wladimir rauchte fünf Zigarren – paffte sie hastig wie Zigaretten, und der Wein, die Zigarren und das Bewußtsein, daß wir jetzt am Ufer des Baikalsees entlangfuhren, bewirkten, daß Wladimir wieder zu seiner eigenen Sprache zurückkehrte. Er ging im Abteil auf und ab, wedelte den Rauch fort, erzählte mir, was für ein tiefer *ozero* der Baikal sei, steckte schließlich die Hand in die Jacke, stieß eine große Rauchwolke aus und sprach, obgleich er zwischendurch hustete, mit der schleppenden, getragenen Stimme, die alle Russen haben, wenn sie etwas aufsagen:

»I djim otetschestwa nam sladok i prijaten!«

und hob dabei die Augen gen Himmel.

Ich machte: »Eh?«

»Puschkin«, sagte er. »*Eugen Onegin!*«

(Monate später zeigte ich die Niederschrift der Zeile, nach Gehör notiert, in London einem russisch sprechenden Bekannten; er bestätigte mir, daß es sich in der Tat um Puschkin handle und sinngemäß etwa folgendes bedeute: »Selbst der Rauch unserer Heimat ist uns süß und angenehm.«)

Am nächsten Morgen hockten die australischen Bibliothekarinnen und das kanadische Ehepaar draußen auf dem Gang auf ihren Koffern. Irkutsk war noch zwei Stunden entfernt, doch hätten sie, wie sie sagten, Angst, zu verschlafen und das Aussteigen zu verpassen. Damals wie heute konnte ich mir nicht vorstellen, daß Irkutsk verpassen für irgendeinen Menschen eine Tragödie sein kann. Es war immer noch dunkel, als die flammenden Fabrikschlote der Stadt über den weit verstreuten flachen Häusern mit Teerpappdächern auftauchten. Weder die Stahlzäune noch die hohen Zellenblöcke verleihen diesen russischen Städten das Aussehen von Konzentrationslagern; das liegt vielmehr an dem grellen Licht – Scheinwerfer und starke Lampen an hohen Pfählen –, ein Licht, in dem die vermummten Gestalten winzig wirken wie Gefangene in einem Gefängnishof. Wladimir nahm gefühlvoll Abschied von mir und schüttelte mir die Hand. Ich war gerührt und dachte voller Mitleid daran, daß der arme Kerl sein Leben lang in Irkutsk verbringen mußte – bis ich in mein Abteil zurückkehrte und feststellte, daß er meine Kiste Zigarren hatte mitgehen lassen.

Der Prowodnik betrat das Abteil, raffte Wladimirs Wolldecken zusammen und warf frisch gewaschene auf die Liege. Ihm folgte ein großer, blasser Mann, der – obgleich es noch Vormittag war – sogleich Schlafanzug und Bademantel anzog, sich hinsetzte und auf einem Block komplizierte Gleichungen löste. Der Mann redete kein Wort, bis er später, an einem kleinen Bahnhof, den Mund aufmachte und zwei Worte sprach: »Hier – Salz.«

Darauf beschränkte sich sein Beitrag zur Unterhaltung: Er wollte darauf hinweisen, daß es hier ein Salzbergwerk gäbe. Immerhin machte er damit eines deutlich: Wir waren im eigentlichen Sibirien. Bis jetzt war die Reise durch den entlegenen Ostteil der Sowjetunion gegangen – dreitausend Kilometer durch namenloses Gebiet an der Grenze zu China und zur Mongolei. Von jetzt an wurde der sibirische Wald, die *Taiga*, dichter, verschwammen die fernen Hügel unter einer Decke von Sträuchern und Bäumen, in denen sich die Siedlungen verbargen, die so viele verbannte Russen verschluckt hatten. Gelegentlich verschwand zwanzig, dreißig Kilometer lang der dichte Wald – dann fuhren wir durch die *Tundra*, flaches Land, das mit einer makellosen Schneedecke bedeckt war; Reihen von Leitungsmasten setzten sich ins Unendliche fort und wurden immer kleiner, bis der letzte nur noch ein Punkt war – ein Musterbeispiel an Perspektive. Die Weite Rußlands war überwältigend für mich. Jetzt fuhr ich bereits seit fünf Tagen durch dieses Land, und noch immer lag mehr als die Hälfte der Strecke vor mir. Am Fenster suchte ich nach neuen Eindrücken, Einzelheiten, die darauf hinwiesen, daß wir uns Moskau näherten. Aber die Unterschiede von einem Tag zum anderen waren geringfügig; der Schnee nahm und nahm kein Ende, der Zug hielt jeweils nur kurz, und die Sonne, die auf der *Taiga* so hell leuchtete, wurde von den Städten, durch die wir hindurchfuhren, jedesmal verdunkelt. Eine undurchdringliche Dunstglocke über jeder Stadt ließ die Sonne nicht durchkommen. Bei den kleinen Dörfern war das anders; sie lagen im Sonnenlicht, zwischen Schienenstrang und *Taiga*, und das Schweigen über ihnen war geradezu greifbar.

Ich war mittlerweile der einzige Nichtrusse im Zug und kam mir vor wie der Letzte der Mohikaner. Jeder angenehmen Unterhaltung und – meiner schlechten Träume wegen – auch des Schlafs beraubt, irritiert durch den schweigenden Mann, der im Schlafanzug über seinen Gleichungen hockte, der fetten Eintöpfe im Speisewagen wegen von Magenkrämpfen und wegen meiner viermonatigen Abwesenheit von Schuldgefühlen meiner Familie gegenüber geplagt, bestach ich Wassilij, mir eine Flasche Wodka zu besorgen (er behauptete, der sei alle, doch für zwei Rubel entdeckte er dann doch noch eine) und verbrachte einen ganzen Tag damit, sie auszutrinken. An diesem Tag lernte ich einen jungen Mann kennen, der mir in gebrochenem Deutsch erzählte, daß er seinen kranken Vater in ein Krankenhaus nach Swerdlowsk bringe.

Ich sagte: »Ist es sehr ernst?«

Er sagte: »*Sehr schlimm!*« Der junge Mann kaufte eine Flasche Sekt und nahm sie mit in sein Abteil, das in meinem Schlafwagen lag. Er lud mich zu einem Glas ein. Wir setzten uns; in der Koje gegenüber lag der alte Mann, bis zum Kinn in Wolldecken gehüllt, und schlief: Sein Gesicht war fahl, wächsern und hager; er sah aus, als würge er an der Kröte des Todes; jedenfalls war es wohl keine Einbildung von mir, daß es im Abteil nach Tod roch – ein feuchter Geruch wie in einer Gruft. Der junge Mann schnalzte mit der Zunge, schenkte sich Sekt ein und trank. Er wollte auch mir noch mehr einschenken, doch ich fand das Ganze abstoßend – der sterbende Mann auf seiner schmalen Liege, sein Sohn daneben, der ein Glas Sekt nach dem anderen trank, und vorm Fenster die verschneiten Wälder Zentralrußlands.

Ich begab mich daher in mein eigenes Abteil, trank meinen Wodka und fand in meiner einsamen Tätigkeit etwas von der Schwermut der russischen Seele wieder. Tatsächlich war das Trinken ihre einzige Beschäftigung. Sie tranken immer, und sie tranken alles – Cognac, der wie Haarwasser schmeckte, saures, wäßriges Bier, Rotwein, den man von Hustensaft nicht unterscheiden konnte, Neun-Dollar-Sekt und öligen Wodka. In dieser Beziehung brachte jeder Tag etwas Neues: Zuerst ging der Wodka aus, dann das Bier, dann der Cognac, und nach Irkutsk sah ich ein paar täppische Männer, die zusammengelegt und eine Flasche Sekt erstanden hatten, die sie zwischen sich kreisen ließen wie Penner in einem Hauseingang. Zwischen dem Trinken schliefen sie, und an der Art, wie sie gekleidet waren, lernte ich nachgerade die echten Alkoholiker unter ihnen erkennen: Sie trugen Pelzmützen und Pelzgamaschen, weil ihr Kreislauf so schlecht war; ihre Hände und ihr Mund waren immer blau. Bei den meisten Streitigkeiten und Raufereien, die ich mitbekam, handelte es sich um Folgen der Trunkenheit. Nach dem

Mittagessen kam es in der Harten Klasse für gewöhnlich zu einer Keilerei, und Wassilij brach bei jedem Essen einen Streit vom Zaun. War der Mann, mit dem er sich anlegte, zufällig nüchtern, verlangte dieser für gewöhnlich nach dem Beschwerdebuch und schrieb erbost etwas hinein.

»*Towaritsch!*« pflegte der Betreffende zu schreien, wenn er nach dem Beschwerdebuch verlangte. Ich hörte das Wort nie anders als in sarkastischem Ton.

In Sima kam es zu einer scheußlichen Schlägerei. Zwei junge Männer – einer in Armeeuniform – knurrten den Schaffner auf dem Bahnsteig an. Der machte in seiner schwarzen Uniform einen ziemlich hartgesottenen Eindruck, reagierte aber nicht sofort, doch als die beiden einstiegen, lief er hinter ihnen her, sprang sie von hinten an und drosch auf beide ein. Zuschauer bildeten einen Halbkreis um sie, Einer von den beiden rief: »Ich bin Soldat! Ich bin Soldat!«, woraufhin einer der Umstehenden halblaut sagte: »Schöner Soldat!« Der Schaffner schlug sie im Vorraum der Harten Klasse zusammen. Interessant daran war nicht, daß etwa die beiden jungen Männer betrunken gewesen wären und der Schaffner nüchtern, sondern daß sie alle drei betrunken waren.

Noch ein Tag, noch eine Nacht, anderthalbtausend Kilometer; der Schnee lag höher, und wir waren in Nowosibirsk, Dort steigen Ausländer für gewöhnlich aus, um zu übernachten, doch ich blieb im Zug. Zwar würde ich Weihnachten nicht, wie ich versprochen hatte, zu Hause sein, aber wenn es mit den Zuganschlüssen einigermaßen klappte, schaffte ich es vielleicht noch vor Neujahr.

Hugo Portisch

So sah ich Sibirien (1967)

Fahrt mit der ›Trans-Sib‹

Mit einem langgezogenen Pfiff schiebt sich die schwere Elektrolok in den Bahnhof von Chabarowsk. Sie zieht eine Garnitur blitzblanker, rotgestrichener Waggons mit der Aufschrift ›Wostok‹ – ›Osten‹. Die Farbe der Waggons wie der Name des Zuges zeigen an, daß hier ein Abschnitt der Transsibirischen Eisenbahn – von allen kurz ›Trans-Sib‹ genannt – endet und ein neuer beginnt.

Denn zwischen Moskau und Chabarowsk ist Grün die Standardfarbe der Transsibirischen Bahn. Grün mit gelben Streifen. Auch der Moskau-Peking-Expreß hat diese Farbe. Zwischen Chabarowsk und Nachodka aber – dem 80 Kilometer östlich von Wladiwostok gelegenen Passagier- und Handelshafen – läßt man die transsibirische Bahnstrecke mit einem Sonderzug befahren. Die meisten Ausländer nämlich, die von Tokio über die nördliche Route nach Moskau und von dort weiter nach Westen wollen, legen die erste Strecke dieses Weges per Schiff von Yokohama nach Nachodka (man fährt nur einen halben Tag und eine Nacht), dann mit dem Zug von Nachodka nach Chabarowsk zurück, wo sie meist vom Bahnhof direkt zum Flughafen gebracht und nach Moskau geflogen werden. Umgekehrt geht es so von Moskau nach Japan.

Dieser interessante, aber umständliche Weg ist notwendig, weil die Sowjets auch den Flughafen von Wladiwostok, ebenso wie den Schiffshafen und die Stadt selbst, für Ausländer und sogar für die meisten Sowjetbürger gesperrt haben. Die große Flottenbasis Wladiwostok soll gerade jetzt kein Unberufener zu Gesicht bekommen. Ist doch anzunehmen, daß von diesem Hafen aus ein Teil des russischen Nachschubs nach Nordvietnam abgeht, Nordkorea von hier aus versorgt wird und wegen der Nähe der chinesischen Grenze in Wladiwostok auch sonst einiges vor sich geht.

Nachodka aber besitzt noch keinen Flughafen. Deshalb wird das Stück Eisenbahnstrecke zwischen Nachodka und Chabarowsk eingeschoben. Und um diesen besonderen Reiseverkehr zu bewältigen, führt man den Zug ›Wostok‹.

In seiner Inneneinrichtung unterscheidet er sich kaum von den anderen Zügen der Transsibirischen Eisenbahn, er ist nur etwas neuer. Jedes Abteil dieser Züge ist von vornherein als Schlafwagenabteil eingerichtet, und zwar sehr geräumig, muß es doch vier Fahrgästen als Tagesaufenthalt und als Nachtquartier dienen. Auf jeder Seite des Abteils sind zwei Betten übereinander angelegt.

In der Mitte des Abteils ein fixierter Tisch mit Stehlampe und propagandistischer Reiselektüre: Auszüge aus Lenins Werken, Berichte über den letzten Parteikongreß der KPdSU, viel Lob für sowjetische Einrichtungen, aber auch deutliche Hinweise auf den chinesisch-sowjetischen Konflikt.

In der Tat, man findet hier das exakte Gegenstück zu jenen Broschüren, die dem Ausländer in China auf Schritt und Tritt in die Hand gedrückt werden. Behaupten diese chinesischen Schriften, daß die Sowjetunion ein revisionistisches Land geworden sei, daß sie dem Kapitalismus die Tür öffne, daß die sowjetischen Politiker die Sache des Weltkommunismus verraten hätten, daß Moskau ein Verbündeter des Imperialismus und der Neokolonialisten wäre, so kann man hier in der Transsibirischen Eisenbahn fast präzise das Gegenteil lesen: etwa eine Warnung Lenins vor den Linksabweichungen im Kommunismus, wobei Lenins Worte heute eindeutig gegen die Politik der chinesischen Führung gebraucht werden, oder eine Darlegung der ›antiimperialistischen Ziele der sowjetischen Außenpolitik‹ und eine sowjetische Erklärung über ›die Notwendigkeit und Gerechtigkeit des Kampfes der Entwicklungsvölker gegen den Neokolonialismus‹.

Und was Revisionismus und Kapitalismus in der Sowjetunion betrifft, so gibt man auch darauf eine Antwort: ›Unsere privilegierte Klasse‹ steht auf einer der Broschüren, Schlägt man sie auf, so heißt es auf der nächsten Seite: ›Unsere Kinder‹.

Der Propagandakrieg läuft hier also auf vollen Touren.

Unter den Broschüren befindet sich auch eine mit chinesischen Schriftzeichen. Gleich auf der ersten Seite dieses Heftchens prangt das Bild des chinesischen Nationalrevolutionärs Sun Yat-sen, auf den sich bekanntlich nicht nur die chinesischen Kommunisten, sondern auch Tschiang Kai-schek als Vater ihrer Revolutionen berufen. Der Titel dieser Broschüre, auf der letzten Seite auch im Russischen wiedergegeben, spricht Bände: ›Sun Yat-sen – ein Freund des sowjetischen Volkes.‹ Eine zweite Broschüre in chinesischer Sprache heißt ›Ein treuer Verbündeter im Kampf gegen den Imperialismus‹ – dieser Verbündete ist natürlich die Sowjetunion. Und das dritte Heftchen in chinesisch: ›Wie Lenin mit den Linksabweichlern abgerechnet hat.‹

Die Tendenz aller drei Broschüren ist völlig klar: Sie sind Antworten auf die antisowjetischen Kampfparolen der chinesischen Kommunisten. Keine einzige dieser Broschüren enthält auch nur ein Bild von einem der früheren oder jetzigen kommunistischen Führer Chinas. Was wohl bedeuten soll, daß die Sowjetunion zwar die nationalistische Revolution in China bis 1927 für richtig hält, die Herrschaft Mao Tse-tungs jedoch für eine Linksabweichung.

Immerhin scheint man aber hier auf der Transsibirischen Eisenbahn noch immer mit chinesischen Reisenden zu rechnen, sonst hätte man diese Broschüren in chinesischer Sprache nicht so zahlreich aufgelegt.

Die meisten Broschüren, Zeitschriften und Illustrierten in den Zugabteilen aber sind in japanischer Sprache verfaßt. Denn Japaner haben auf dieser Strecke den größten Anteil am ausländischen Reiseverkehr.

Dennoch sind mehr als die Hälfte der Passagiere Russen. Sie richten es sich in den Abteilen auch gleich sehr wohnlich ein. Die Schuhe werden ausgezogen, die Röcke abgelegt, die Kinder losgelassen. Pro Wagen sind zwei Schaffnerinnen zugeteilt, im Westen würden wir sagen Stewardessen, in braunen Uniformen, Uniformblusen und mit Krawatten.

Schon vor der Abfahrt haben sie alle Hände voll zu tun. Die Betten in den Zugabteilen werden hergerichtet, mit Leintüchern überzogen, Kopfpolstern ausgestattet. In der gepolsterten (ersten) Klasse wird dieses Bettzeug samt einem Handtuch kostenlos beigesteuert, in der (zweiten) Klasse muß man dafür einen Rubel Miete zahlen. Die meisten Reisenden der zweiten Klasse leisten sich das, aber es gibt welche, die sich auch diesen Betrag sparen wollen.

Während die Schaffnerinnen aber noch bemüht sind, dieses Bettzeug auszuteilen, die Leihgebühr einzukassieren und die Passagiere in die Abteile zu weisen, rufen schon viele nach Schachspielen und nach Tee. In jedem Waggon wird eine Anzahl dieses in Rußland so beliebten Brettspieles mitgeführt, und es gilt auch als selbstverständlich, daß die Schaffnerinnen die Reisenden laufend mit Tee versorgen.

Die Bereitung des Tees ist gar keine so einfache Prozedur. Denn die ›Trans-Sib‹ ist nur teilweise elektrifiziert und wird über Strecken noch immer von Diesel- und Dampfloks gezogen. Das mag die Ursache dafür sein, daß die großen russischen Samowars, die in jedem Waggon stehen, nicht elektrisch, sondern mit Holzkohle geheizt werden. Es gibt also große Aufregung wegen der Anheizung des Samowars, die ungeduldigen Passagiere geben den Schaffnerinnen gute und schlechte Ratschläge, es raucht aus allen Löchern des Gerätes, und jeder versucht ein Stück Holzkohle nachzuschieben.

»Das ist noch gar nichts«, erzählt mir später eine der Schaffnerinnen, »da sollten Sie erst im Hochsommer hier reisen. Unseren Russen ist es in den Abteilen viel zu heiß. Da stehen sie vor den Waschräumen Schlange, ziehen die Leintücher von den Betten ab, tränken sie mit Wasser und legen sie sich um die Schultern oder breiten sie auf dem Boden aus, damit die Kinder auf ihnen spielen können.«

Aber all das geht in russischer Gemütlichkeit vor sich, jeder redet, jeder weiß es besser, keiner nimmt etwas ernst, und alles wird mehr oder weniger im Kollektiv getan. Das Zugpersonal aber versucht mit Strenge, soviel Disziplin wie möglich aufrechtzuerhalten.

Das ist nicht immer leicht. Besonders in der zweiten Klasse behandeln die Passagiere das Zugabteil bald als einen Privatraum, als einen Teil ihres Zuhauses. Der Inhalt der Koffer und Bündel wird ausgebreitet, die mitgebrachten Lebensmittel ausgepackt, und bald türmen sich nicht nur auf dem kleinen Tischchen, sondern auch auf den Bänken Brot, Wurst, Speck, Zwiebeln und anderer Proviant. Nicht alle Passagiere sehen dabei auf Sauberkeit. Papiere werden zu Boden geworfen, brennende Zigaretten nicht auf den Aschenbecher, sondern auf den Tisch gelegt. Und fordert die Schaffnerin, daß diese Zigaretten abgetötet werden, drücken manche – offenbar aus Gewohnheit – diese Zigaretten an der Glasscheibe des Fensters aus und versuchen, die Stummel zu Boden zu werfen. Da gilt es für die Schaffnerinnen hart durchzugreifen, ein Geschäft, das sie gut verstehen, und so mancher der Passagiere muß sich eine donnernde Strafpredigt gefallen lassen.

Für jene Reisenden aber, die sich auf der langen Reise nicht selbst versorgen wollen, stehen in jedem Transsibirischen Zug zwei große Restaurantwagen zur Verfügung. Man kann sie allerdings nicht aufsuchen, wann man will: »Das würde eine schöne Drängerei geben.« In jedem Waggon wird zwei Stunden vorher angesagt, wann die Passagiere dieses Wagens im Restaurant erwartet werden. Sie haben sich pünktlich dort einzufinden.

Sitzt man aber einmal im Restaurantwagen, so wird einem auch hier Zeit gelassen: Ein Essen darf bis zu zwei Stunden dauern. Kaviar und Krabben, Krim-Sekt und Kognak aus Aserbaidschan werden angeboten. Daneben Batterien von Wodkaflaschen. Hier gibt es auch das in den Städten Ostsibiriens so seltene und daher meist ausverkaufte fernöstliche Bier, vielleicht das beste Bier, das man in der Sowjetunion erhalten kann.

Auf der Speisekarte allerdings findet man auch auf der ›Trans-Sib‹ die gleichen Standardgerichte, die es in allen Hotels der Sowjetunion gibt (sie benützen auch von Moskau bis Nachodka die gleiche vorgedruckte Speisekarte): Beef Stroganow, Beefsteak, Huhn a la Kiew, Stör in Aspik oder gebraten. Das scheint auf den ersten Blick ausreichend zu sein, wenn man jedoch mehrere Wochen stets diese gleichen Speisen vorgesetzt bekommt und sie von Moskau bis Nachodka auch in der Zubereitung nicht variieren, wird das Essen langweilig.

In den Restaurantwaggons der Transsibirischen Eisenbahn aber ist höchstens das Essen langweilig, die Gäste sind es wirklich nicht. Schnell kommt man hier mit seinen Nachbarn oder seinem Gegenüber ins Gespräch, gerne auch tauschen sie während oder nach dem Essen ihre Plätze, um neue Nachbarn kennenzulernen, und jeder ist bereit, zwar nicht immer seine Lebensgeschichte, aber doch die Geschichte seiner jetzigen Reise zu erzählen. Woher er kommt, wohin er fährt und zu welchem Zweck.

Diese Erzählungen sind sehr verschieden. Manche kommen aus Europa, um sich hier niederzulassen, sind also Siedler im wahrsten Sinne des Wortes. Andere sind auf einer Geschäftsreise, haben ihre ›Komandirowka‹ in der Tasche, jenes Papier, das Betriebe und Ämter ausstellen und das einen Reisenden befugt, in den verhältnismäßig wenigen Hotels entlang der Strecke ein Zimmer anzufordern, und ihm das Reisen erleichtert. Es ist so eine Art ziviler Marschbefehl.

Erstmals reisen in diesem Zug weder Soldaten noch Matrosen. Sie werden mit anderen Zügen befördert, die von Chabarowsk nicht an Wladiwostok vorbei, sondern direkt in diese Stadt geführt werden. Dafür aber haben wir diesmal ein Symphonieorchester aus Moskau an Bord. Die Musiker werden in Japan Gastspiele absolvieren und sind entsprechend aufgeregt. Das ist eine lange Reise, von Moskau über Chabarowsk und Nachodka nach Japan.

Sie wissen auch, daß sie sich zwar heute noch auf gewohntem sowjetischen Boden befinden, der sich vom europäischen Rußland kaum unterscheidet, morgen aber in einer völlig anderen, unbekannten, exotischen Welt sein werden. Sie haben schon viel von Japan gehört, aber keiner von ihnen war je dort.

Keiner von ihnen hatte bisher auch den Ostblock je verlassen. Am weitesten waren jene gekommen, die einmal in Budapest zu Gast waren. Heute noch schwärmen sie von diesem Budapest und hoffen, daß Tokio »doch wenigstens so aufregend sein werde wie die Donaumetropole«. Denn wie es außerhalb des Ostblocks wirklich aussieht, das haben sie bisher nur in sowjetischen Korrespondentenberichten gelesen und ein bißchen aus ausländischen Filmen erahnt.

Um so mehr werden jetzt die japanischen Reisenden befragt. Aber ist schon das Englisch oder Deutsch der meisten Russen nicht sehr gut, so sind die Japaner schon gar keine Sprachtalente. Es wird also mehr gelacht als verstanden. Schließlich einigt man sich auf ein stilles Zutrinken mit Wodka. Die Freundschaft zwischen den Völkern möge leben, der Friede soll erhalten bleiben: Die immer wiederkehrenden Schlagworte von den Plakaten werden hier in eine Sprache von Mensch zu Mensch umgesetzt.

Wenn dann die Schaffnerinnen zur Räumung des Speisewagens rufen, weil die Passagiere anderer Waggons die ihnen zugeteilte Zeit reklamieren, werden noch schnell einige Flaschen Sekt und Wodka erstanden und mit in die Waggons genommen. Auf so einer Reise ist man eben großzügig, auch mit sich selbst. Und in den Abteilen geht es dann noch munter weiter, ja, die Partner aus dem Speisewagen werden jetzt gesucht und besucht.

Russische Gastfreundschaft ist etwas, dem sich niemand entziehen darf, und wer versucht, sie abzulehnen, der beleidigt. Im Westen wird heute schon ganz gut verstanden, wenn jemand etwa Alkohol zurückweist und lieber bei Mineralwasser bleibt. In Rußland wird derartiges nicht zugelassen. Das bis zur Neige gekippte Wodkaglas, das oft die Größe eines ausgewachsenen Wasserglases hat, ist hier der einzig gültige Beweis für gute Absichten.

In der ›Trans-Sib‹ gibt es ebenso wie in den chinesischen Eisenbahnzügen die für westliche Menschen nervenaufreibende Einrichtung der ständig eingestellten Lautsprecher. Von 8 Uhr morgens bis 22.30 Uhr (in China von 6 bis 24 Uhr) gibt es Musik, Nachrichten, Erzählungen, Propaganda und Werbung.

Ja, auch Werbung, vor allem in englischer und französischer Sprache. Denn ab und zu schaltet man die Radioübertragungen aus Wladiwostok oder Chabarowsk aus und legt ein Tonband in diesen Sprachen ein. Die touristischen Schönheiten der Sowjetunion werden gepriesen, den Ausländern wird empfohlen, Moskau, Leningrad und Kiew zu besuchen, an das Schwarze Meer oder in den Kaukasus zu fahren.

Diese Modernisierung des Reisens auf der Transsibirischen Eisenbahn – welch ein Gegensatz etwa zu den Reisebeschreibungen Pasternaks in ›Doktor Schiwago‹! – hat natürlich viel von der Romantik dieser längsten Bahnstrecke der Welt genommen. Es ist auch die Reisedauer von Moskau bis Wladiwostok beziehungsweise Nachodka von seinerzeit drei Wochen auf runde fünf Tage zusammengeschmolzen. Aber immerhin: Fünf Tage in einem Eisenbahncoupé sind auch heute noch recht aufregend und interessant.

Zuerst sieht man gespannt und erwartungsvoll aus dem Fenster. Die Taiga – sie ist und bleibt ein großes Erlebnis. Aber wenn Stunde um Stunde die dunkle Wand des Waldes, nur durchbrochen vom Weiß der Birken, an diesen Fenstern vorbeizieht, wird dies langsam zur Selbstverständlichkeit. Auch die russischen Dörfer, meist Holzhäuser, weiß oder blau gestrichen, später auch viele Blockhäuser mit ihren schweren, grob behauenen Balken, werden zum gewohnten Bild.

Allerdings bleibt die Landschaft draußen vor dem Fenster nur scheinbar gleich. In Abständen von sechs, acht oder zehn Stunden wechseln die Bodenformationen schon, wechselt auch die Art des Waldes und damit die Landschaft selbst. Manchmal ist es die Steppe, die die Wälder ablöst, dann wieder treten die Nadelbäume zurück, und die Taiga wird zu einem Gestrüpp von niedrigem Knieholz und dünnen Birkenstämmen. Die Bahnstrecke führt keineswegs nur durch Ebenen. Oft erklettert sie Hügel und sogar steile Berge, fährt in lange Tunnels ein, und im Schein der Waggonbeleuchtung erkennt man Tausende Eiskristalle und sogar lange Eiszapfen an den Wänden dieser Tunnels. Hier inmitten der Berge herrscht natürlich auch – selbst im heißen sibirischen Sommer – ständiger Frost, die Wände der Tunnels tauen nie auf.

Als Westeuropäer erwartet man immer wieder, daß die sibirische Landschaft irgendwo einen ganz eigenartigen, eben rein sibirischen Charakter annehmen würde. Statt dessen ertappt man sich dabei, daß man alles, was sich dem Auge vom Zugabteil darbietet, mit bekannten Landschaftsbildern Europas vergleicht. Einmal glaubt man sich in einer typischen Alpenlandschaft, dann im Schwarzwald, in der Parklandschaft Englands, in den Nadelwäldern Skandinaviens, aber nicht selten auch im Appenin oder in den Pyrenäen zu befinden. Nur eines glaubt man nie – in Asien zu sein. Mit einer Ausnahme, die man aber auch auf der Bahnstrecke zwischen Chabarowsk und Nachodka nicht zu Gesicht bekommt: der Ussuri-Taiga. Sie ist, wie schon erwähnt, den Urwäldern Südostasiens ähnlicher als irgendeinem europäischen Landschaftsbild. Die Bahnstrecke im Ussurigebiet führt jedoch nirgends durch diese dichte Taiga, und was sich draußen vor dem Fenster ausbreitet, sind eher niedrige, spärlich bewachsene Birken- und Eichenhaine, meist aber Sumpflandschaft mit interessanten, merkwürdigen schwarzen Bodenformationen.

Wenn dann auch noch Reiher und andere seltene Vögel in diesen Sümpfen stehen, so möchte der Ausländer nur allzugern zur Kamera greifen. Er kann es nur, wenn er vor der Schaffnerin sicher ist und keine allzu gehorsamen russischen Mitreisenden im Abteil hat: Denn das Photographieren aus sowjetischen Zügen ist verboten, ebenso wie aus sowjetischen Flugzeugen. Die Schaffnerin kann allerdings Ausnahmen bewilligen.

Weshalb das so ist und so bleiben muß, gehört zu jenen sowjetischen Phänomenen, die der Ausländer wahrscheinlich nie verstehen wird. Denn zu photographieren gibt es entlang der gesamten Transsibirischen Bahn wohl nichts, was die sowjetischen Behörden tatsächlich vor ausländischen Blicken verbergen wollen.

Mit dem Abstellen der Lautsprecher um 22 Uhr 30 tritt in der Transsibirischen Eisenbahn die Nachtruhe ein. Nur einige Unentwegte leisten den beiden Schaffnerinnen noch Gesellschaft, denn diese haben auch in der Nacht Dienst zu machen. An Bord des Zuges befindet sich auch ein Feldscher, und er macht um diese Zeit seinen letzten Durchgang, da man Rundgang nicht gut sagen kann. Höflich erkundigt er sich in jedem Abteil, ob er gebraucht würde, das Stethoskop griffbereit und wohl auch zum Zeichen seiner Funktion um den Hals gelegt.

Im übrigen kennt man in der Sowjetunion ebenso wie in China keine Einteilung der Passagiere nach Geschlechtern. So wie die Passagiere ihre Fahrkarten erstehen, werden sie den einzelnen Schlafabteilen zugeteilt, Männlein und Weiblein durcheinander.

Was übrigens die beiden Wagenklassen betrifft, die sogenannte harte und die gepolsterte, so sind sie zwar beide gepolstert, aber die eine besser als die andere. Im Raum besteht nur ein kleiner Unterschied. Die Abteile beider Klassen sind fast gleich groß, haben vier Betten und werden vier Passagieren zugeteilt.

Der Morgen auf der Transsibirischen Eisenbahn beginnt so, wie der Abend endete: mit dem Lautsprecher, mit der Aufforderung, den Speisewagen zu benützen, und mit dem freundlichen Gruß der Nachbarn: »Dobroje utro – wie haben Sie geschlafen?«

Vorstoß an das Gelbe Meer

Wer heute mit der Transsibirischen Eisenbahn von Europa bis nahezu vor die Küsten Japans reist, kann sich einem dominierenden Eindruck nicht entziehen: Entlang der 10 000 Kilometer langen Strecke wechselt zwar die Landschaft, aber der Charakter der Dörfer und Städte, der Passagiere, die zusteigen, er wechselt nicht. Die Grenze zwischen Europa und Asien überquert man irgendwo am Ural, ohne das Ereignis zur Kenntnis zu nehmen. Es ist eine künstlich festgelegte Grenze, sie trennt die Kontinente nicht und hat auch keinerlei Bedeutung für das Land selbst, durch das sie verläuft.

In Moskau befindet man sich in der Russischen Sozialistischen Föderativen Sowjetrepublik, und es ist von hier nur ein Katzensprung etwa in die Litauische Sowjetrepublik oder in die Sowjetrepublik Ukraine. Selbst Georgien oder Aserbaidschan sind nicht gar so weit von Moskau entfernt. Aber man kann fünf Tage lang ununterbrochen mit der Transsibirischen Eisenbahn nach dem Osten fahren, und man befindet sich noch immer noch in der Russischen Sowjetrepublik, die innerhalb der Sowjetunion ein Riese unter Zwergen ist. Denn zur Russischen Sowjetrepublik gehört der Ural ebenso wie ganz Sibirien, in dieser Republik befinden sich nicht nur Moskau und Leningrad, sondern auch Nowosibirsk, Irkutsk, Jakutsk, Chabarowsk, Wladiwostok und selbst Petropawlowsk auf Kamtschatka. Auch die Insel Sachalin gehört noch zur Russischen Sowjetrepublik.

Und russisch ist sie in ihrer ganzen Länge und Breite. Russisch sind ihre Dörfer, russisch sind ihre Städte, russisch sind selbst ihre Einwohner, auch wenn sie aus allen Teilen der europäischen Sowjetunion kommen oder Nachfahren sibirischer Eingeborener sind. Denn im kolonisierten Sibirien spricht oder lernt jeder so Russisch, wie es etwa für die Einwanderer in den USA oder Australien selbstverständlich ist, Englisch zu lernen.

Daß Sibirien einmal ein verhältnismäßig dicht besiedeltes und hauptsächlich von Russen bewohntes Gebiet sein wird, lag vor hundert Jahren keineswegs auf der Hand. Nach Sibirien durften die Kosaken, um zu kämpfen und zu erobern, vor allem aber, um den Pelztribut für den Zaren einzuholen. Nach Sibirien durften auch die Kaufleute, ebenfalls um Pelze aufzukaufen und auch, um kleine Handelsstationen einzurichten. Nach Sibirien mußten Staatsbeamte, und noch mehr mußten dies politische Gefangene, die man von den Nervenzentren des Reichs in Europa weit entfernt wissen wollte.

Im 19. Jahrhundert durften nach Sibirien auch Goldsucher, und als sie außer Gold auch noch andere Metalle fanden, da mußten beamtete Industrielle nach Sibirien, um für Zar und Reich diese Bergwerke zu betreiben. In die Bergwerke selbst sandte man erneut Gefangene oder Leibeigene. Aber Sibirien blieb gesperrt für das russische Volk, blieb vor allem gesperrt für die russischen Bauern.

Das lag nicht so sehr im Interesse des Zaren als der adeligen Großgrundbesitzer. Ihr Reichtum wurde nach dem Ausmaß ihres Besitzes und nach der Zahl ihrer Leibeigenen, der sogenannten ›Seelen‹, gemessen. Sie waren nicht geneigt, auch nur einen Teil dieses Reichtums herzugeben oder freizulassen. Sie setzten es immer wieder durch, daß es den leibeigenen Bauern verboten wurde, abzuwandern oder gar nach Sibirien zu gehen.

Die Siedler, die etwa im Gefolge eines Murawjew Amurskjj nach Osten vorstießen, setzten sich aus jenen wenigen Menschen zusammen, die den Mut und das Glück hatten, Rußland trotz aller Verbote zu verlassen, aber meistens waren auch sie entlassene Deportierte oder deren Nachkommen. Während im 18. und 19. Jahrhundert viele Millionen Europäer nach Nord- und Südamerika aufbrachen, wachte der russische Staat darüber, daß Sibirien möglichst unbesiedelt bliebe. Nicht weil man Sibirien nicht besiedeln wollte, sondern weil man das Eigentum Mensch nicht hergeben wollte, weil man auch nicht zulassen konnte, daß sich in Sibirien freie Bauernsiedlungen bildeten, während im europäischen Rußland die Leibeigenschaft herrschte.

Für diese Leibeigenen schien Sibirien trotz seiner Entfernung und seiner Härte ein ersehnenswertes Paradies: Dort konnte man sich den Boden nehmen, konnte freier Bauer auf eigener Scholle sein. Mit der Erschließung von Transbaikalien, der Amurprovinz und schließlich des Ussurigebiets gab es dort Land genug, und es war auch fruchtbar.

(…)

Die Jahrhundertwende erst stieß das Tor nach Sibirien endgültig auf.

Die Bauernunruhen in Rußland, das sich formierende Bauern- und Arbeiterproletariat, die Unfähigkeit, Grund und Boden halbwegs gerecht zu verteilen, all das trug dazu bei, daß man den Bauern Rußlands und der Ukraine die Auswanderung nach Sibirien gestattete. Die in Rußland immer wiederkehrenden Hungersnöte beschleunigten diesen Prozeß noch.

Jetzt endlich wurde auch dem Zaren und der Regierung in Petersburg klar, daß man dieses riesige Land jenseits des Urals bisher gröblichst vernachlässigt hatte. Es gab noch keine einzige Eisenbahn, die nach Sibirien führte! Zu Lande gab es nur die Wladimirka, jene Staubstraße, auf der die Strafgefangenen und Deportierten den Weg in die sibirische Verbannung antreten mußten. Hätte jeder, der auf dieser Straße sein Leben aushauchte, ein Kreuz auf seinem Grabhügel erhalten, sie wäre von Kreuzen gezäunt gewesen.

(…)

Der Bau der Transsibirischen Eisenbahn wurde an fünf Abschnitten zugleich begonnen, Schiffe brachten die Maschinen, die Schienen, die Waggons und Lokomotiven über das Eismeer in die sibirischen Flüsse und von dort an Ort und Stelle. Dennoch galt es mit dem Bahnbau selbst die Taiga zu erobern, die Berge zu bezwingen, die breiten Flüsse zu überbrücken und riesige Sümpfe zu durchqueren. Zehntausende Arbeiter, gestern noch landlose Bauern, und noch viel mehr Sträflinge und Deportierte hatten diese ungeheure Arbeit zu bewältigen. Auch entlang dieses Bahnstranges wuchsen die Gräber, standen die Kreuze.

1898 schon erreichte man Irkutsk, und von Wladiwostok aus stieß der Bahnstrang bis nach Chabarowsk vor. Hier – im Amurgebiet – ergaben sich große Schwierigkeiten, und man beschloß, den Bauabschnitt zwischen Chabarowsk und Sretensk vorläufig stillzulegen. Der Transport zwischen diesen beiden Enden der Transsibirischen Bahn sollte über die Flüsse Schilka und Amur bewältigt werden.

Damals war dieser Entschluß bedeutend besser zu verstehen, als er es heute wäre. Denn in Petersburg waren die Würfel gefallen: Der Weg nach Wladiwostok sollte in Zukunft nicht über Chabarowsk führen. Wladiwostok selbst, das doch den stolzen Namen ›Beherrsche den Osten‹ trug (›Wladej Wostokom‹), schien für Petersburg nicht mehr gar so wichtig, Rußland hatte sich entschlossen, einen viel kürzeren und ertragreicheren Weg zum Pazifik zu finden: durch die Mandschurei, durch China!

In Petersburg hatte man seit jeher China als einen sehr wichtigen und auch gefährlichen Nachbarn Rußlands betrachtet. An Japan dachte man kaum. Man hatte auch keine Ahnung davon, daß es weder die Chinesen noch die Amerikaner waren, die den Vormarsch Rußlands im Nordpazifik und seinen Vorstoß nach Wladiwostok und Sachalin mit Mißtrauen betrachteten, sondern daß jede russische Bewegung in diesem Raum fast ausschließlich die Japaner beunruhigte.

Als die Russen nun begannen, ihre Eisenbahn quer durch Sibirien nach dem Osten zu bauen, beschloß man in Japan, dem russischen Griff nach dem Pazifik zuvorzukommen. Für die Russen völlig überraschend landeten die Japaner 1894 in Korea, das zu China gehörte, schlugen die chinesische Armee, besetzten die Halbinsel Liaotung und eroberten Port Arthur.

Jetzt erst begann man in Petersburg langsam zu verstehen: Der japanische Vormarsch war weniger gegen China als gegen Rußland gerichtet. Aber noch wurde die Welt von den europäischen Mächten beherrscht. Und so gelang es Rußland mit Hilfe der Franzosen und Deutschen, die Japaner zu zwingen, die Liaotung-Halbinsel wieder zu räumen.

Jede dieser drei europäischen Mächte hatte natürlich ihre eigenen Ziele im Auge. Den Russen ging es darum, den japanischen Vormarsch nach dem Norden zu stoppen. Noch nicht, weil man vor Japan Angst hatte – die Japaner wurden in Petersburg nach wie vor stark unterschätzt –, wohl aber, weil man selbst genau dorthin wollte, wo die Japaner nun waren.

Die Deutschen waren in dieser Zeit gerade erst dabei, sich ein Kolonialreich zu schaffen, aber die Welt war zum größten Teil schon verteilt. China schien noch ein

Hoffnungsgebiet zu sein, in Berlin wollte man den – wie man meinte – ›fetten Brocken‹ nicht allein den Engländern, Franzosen, Russen und Japanern überlassen. Also suchte man nach einer Gelegenheit, sich selbst in China festsetzen zu können. Die Franzosen schließlich waren bestrebt, ihre Geschäftsinteressen in China auszuweiten.

So knüpften die drei Mächte an ihre Intervention gegen den japanischen Vormarsch entsprechende Bedingungen, die die Chinesen zu akzeptieren hatten: Die Deutschen forderten eine Enklave, also eine Kolonie auf chinesischem Boden, die Franzosen zwangen die Chinesen, ihr Eisenbahnnetz und ihre Bergwerke unter französische Geschäftskontrolle zu stellen, Rußland aber nahm nicht nur, sondern bot noch mehr: einen Freundschafts- und Militärpakt, in dem sich Petersburg verpflichtete, China künftig gegen alle Eindringlinge zu verteidigen.

Um dies tun zu können, so argumentierten die Russen, müßten sie jedoch das Durchzugsrecht durch die Mandschurei und die Erlaubnis erhalten, eine Eisenbahn durch dieses Gebiet zu bauen. Die Chinesen akzeptierten die Bedingungen aller drei Mächte, hofften jedoch, der deutsche Anspruch auf eine Enklave werde nicht honoriert werden müssen.

Mit den Russen wurde nicht nur der Militärpakt abgeschlossen, sondern auch ein Pachtvertrag: Die Transsibirische Bahn konnte nun direkt durch die Mandschurei nach Wladiwostok gebaut werden, das dazu nötige Territorium wurde in einer Breite von 25 Kilometern von den Chinesen an die Russen verpachtet, wobei die Russen auch noch das Recht erhielten, in diesem Korridor Truppen zum Schutz der Bahnlinie zu stationieren. Das Eisenbahnstück zwischen Chabarowsk und Sretensk mußte also – wie man in Petersburg richtig überlegt hatte – nicht mehr gebaut werden. Man konnte jetzt quer durch die Mandschurei auf einem viel kürzeren und für den Bau der Bahn viel geeigneteren Weg nach Wladiwostok vorstoßen.

Kaum aber hatte man dies erreicht, hoffte man in Petersburg schon darauf, die Bahn auch nach Süden vortreiben zu können. Wladiwostok war schön und gut, aber ein Hafen direkt an der Chinesischen See bot dem russischen Handel wie der russischen Kriegsmarine viel größere Möglichkeiten als Wladiwostok, das noch immer kein absolut eisfreier Hafen war. Im Winter fror die Bucht von Wladiwostok oft zu. Auch diesen russischen Absichten kam die rasche politische Entwicklung entgegen.

Die Deutschen, die ihren Anteil für die Schutzaktion zugunsten Chinas noch nicht erhalten hatten, entsandten ein Flottengeschwader in die Gelbe See, und im November 1897 landeten deutsche Marineinfanteristen in Kiao-Tschou, der späteren deutschen Kolonie Tsingtao.

Jetzt hätte Rußland eigentlich China verteidigen müssen. Der deutsche Kaiser wurde vom Zaren prompt gebeten, die Aktion rückgängig zu machen, um Rußland nicht zu Schutzaktionen für China zu zwingen. Aber die Deutschen dachten nicht an Rückzug. Die Russen wieder dachten nicht an Krieg mit Deutschland. Und so entschloß man sich in Petersburg, sich dem deutschen Chinafeldzug einfach anzuschließen.

›Zum Schutz Chinas‹ fuhr am 15. Dezember 1897 ein russisches Flottengeschwader in Port Arthur ein, und gleichzeitig forderte Petersburg von Peking die Erlaubnis, die mandschurischen Eisenbahnen bis zu diesem Hafen ausdehnen zu können. Port Arthur, viel südlicher und an der Gelben See gelegen, schien bedeutend wertvoller als Wladiwostok.

Doch man sah auf Formen: Wie das Territorium für die mandschurischen Eisenbahnen, so wurde auch Port Arthur nur an Rußland verpachtet, zunächst auf 25 Jahre. Und blitzschnell, auch hier mit Hilfe Tausender chinesischer Kulis, wurde dieser Ableger der Transsibirischen Eisenbahn nach Port Arthur vorgejagt.

Zwei schicksalsschwere Folgen hatte dieses russische Vorgehen: Japan war mehr denn je entschlossen, den russischen Vorstoß zurückzuweisen und während man in Petersburg noch nichts ahnte, lief die japanische Rüstungsindustrie bereits auf Hochtouren, um sich auf den Krieg vorzubereiten. Für Rußland folgenschwerer, auch noch für die heutige Zeit, war die Tatsache, daß der Bau der mandschurischen Eisenbahn zuerst Hunderttausende, dann Millionen Chinesen in die bis dahin nur schwach besiedelte Mandschurei brachte, ja diese für China erst richtig erschloß.

Man dachte damals in Petersburg jedoch noch nicht in den Kategorien, in denen man heute in Moskau zu denken gezwungen ist. China als nationale Bedrohung für Rußland, für Sibirien, das kam den Russen damals nicht mehr in den Sinn. Man hielt es auch für selbstverständlich, daß sich die Menschen in den asiatischen Gebieten völlig frei von Land zu Land bewegen, dem Handel, der Jagd und dem Geschäft nachgehen konnten. Die Verhältnisse waren ja im damaligen Europa nicht viel anders. Ja man freute sich sogar darüber, daß mit der Transsibirischen Bahn nun auch viele chinesische Händler, Arbeiter und Landwirte in die Amurprovinz kamen, was auch den russischen Handel belebte und zur rascheren Erschließung dieser Gebiete beitrug. Daß viele Chinesen nun in Rußland bleiben würden, daß sie bereits in wenigen Jahren ein Problem darstellen sollten, daß es bald auch zu Reibereien zwischen Russen und Chinesen kommen konnte, wurde im ersten Augenblick des fernöstlichen Eisenbahntriumphes zunächst übersehen.

1903 war das Unglaubliche vollbracht: Petersburg war ohne Unterbrechung durch einen Schienenstrang mit Port Arthur und mit Wladiwostok verbunden, die Transsibirische Eisenbahn war gebaut. Man beeilte sich jetzt, auch beide Häfen zu befestigen. Aber Japan war nicht geneigt, dies abzuwarten.

Am 6. Februar 1904 verließen der japanische Konsul und die Angehörigen der japanischen Kolonie in aller Stille Port Arthur. Den Russen fiel das nicht weiter auf. Am 9. Februar lud Admiral Alexejew, Generalgouverneur des Zaren für den Fernen Osten, die Offiziere der Festung und des Kriegshafens Port Arthur zu einem Fest ein. Im Hafen lag das russische Fernost-Geschwader, hell beleuchtet und ohne Offiziere.

Ohne jede Behinderung, ja ohne bemerkt zu werden, drang eine japanische Flottille in den Hafen ein, eröffnete das Feuer und zerstörte den Stolz Rußlands am Pazifik. Das war die erste Quittung der Japaner für den Bau der Transsibirischen Bahn.

Übrigens: Fast der gleiche Coup gelang den Japanern im Jahre 1941 in Pearl Harbour gegenüber den USA.

Der Russisch-Japanische Krieg begann also ohne Kriegserklärung. Port Arthur, auf das Rußland so stolz war, wurde von den Japanern belagert und bestürmt.

An einen Entsatz auf dem Landweg war nicht mehr zu denken. So entschloß man sich in Petersburg, fast die gesamte russische Flotte, die man in der Ostsee konzentriert hatte, nach dem Fernen Osten zu entsenden. In den europäischen Hauptstädten hielt man diesen Plan zuerst für eine ›typisch russische‹ Wahnidee. Doch als diese Flotte – insgesamt 43 Kriegsschiffe, darunter viele Schlachtschiffe und Kreuzer – am 14. Oktober 1904 in die See stach, war man überzeugt, daß das Unternehmen mit einer Katastrophe enden müßte. Die europäischen Mächte erklärten sich im Konflikt zwischen Rußland und Japan ›strikt neutral‹.

Das aber hieß für das russische Hauptgeschwader, daß es auf seinem Weg nach dem Fernen Osten den von England kontrollierten Suezkanal nicht passieren konnte. Zum erstenmal in der Geschichte lernten die Russen den großen strategischen Wert des Suezkanals kennen. Die Erfahrung von damals hat man in Moskau bis heute nicht vergessen. Sie mögen 1967 zu dem starken sowjetischen Engagement im Nahen Osten und besonders in Ägypten beigetragen haben. Auch heute ist es für die sowjetische Marine wichtig, von der Ostsee und vom Schwarzen Meer notfalls rasch nach Südostasien oder dem Fernen Osten zu gelangen.

Damals aber, am Ende des Jahres 1904, mußte das große russische Flottengeschwader auf seinem Weg von Europa nach dem Fernen Osten rund um Afrika dampfen. Und nicht nur das: Es konnte auch auf diesem Weg fast nirgends anlegen, fast nirgends Kohlen und Proviant aufnehmen, da ja alle größeren Seehäfen entlang der Strecke bereits in den Händen der Engländer, Franzosen und Deutschen waren. Nur da und dort drückte, ein Hafenkommandant einmal beide Augen zu: in Dakar und in der deutschen Lüderitzbucht in Südwestafrika. Auch vor dem französischen Madagaskar konnte sich das russische Geschwader etwas ausruhen, aber auf der gesamten Strecke von Afrika bis ins Gelbe Meer stand ihm kein einziger Stützpunkt mehr offen. Kohlen und Proviant mußten auf offener See übernommen werden.

Acht Monate war das russische Geschwader rund um die Erde unterwegs. Dabei waren viele der russischen ›Matrosen‹ keine Seeleute, sondern rasch rekrutierte Bauernburschen, das Meer nicht gewohnt, dauernd seekrank und bald leichte Opfer des Skorbuts und der Pest. Aber die russische Flotte stampfte tapfer weiter und gab die Hoffnung nicht auf, Port Arthur noch rechtzeitig entsetzen zu können. Es war ein schwerer Schlag für die Admiräle dieser Flotte, als sie erfahren mußten, daß Port Arthur am 2. Jänner 1905 nach fast einjähriger heldenmütiger Verteidigung gefallen war.

Die Nachricht wirkte demoralisierend, aber die russische Flotte setzte ihren Weg fort. Erst fünf Monate nach dem Fall von Port Arthur lief sie in die Straße von Tsuschima ein. Mehr als 20 000 Seemeilen von ihrem Heimathafen entfernt, nahm sie die Schlacht mit einer modernen, erst in den letzten Jahren entstandenen japanischen Flotte auf, deren Kriegsschiffe schneller und besser bestückt waren, deren Geschütze weiter trugen und die nur wenige Kilometer vor ihrem Heimathafen zu operieren hatte.

Aber die Russen kämpften ohne Rücksicht auf Verluste, und auch die Japaner bezeugten, daß von den im Meer versinkenden russischen Schlachtschiffen und Kreuzern noch geschossen wurde, als die Geschütztürme schon im Wasser standen.

Admiral Roschestwenskij, der das russische Geschwader befehligte, wurde, schwer verwundet, von einem untergehenden Schiff auf das nächste transportiert, und erst am dritten Tag der Schlacht, als von den insgesamt 43 russischen Kriegsschiffen nur noch wenige, schwer beschädigt und in Flammen, auf dem Wasser trieben, ließ Admiral Nebogatow die weiße Fahne hissen.

Jetzt zum erstenmal erntete Rußland die Früchte seiner freundschaftlichen Politik gegenüber Amerika. Der Verkauf Alaskas und das dadurch erfolgte Disengagement zwischen Rußland und den Vereinigten Staaten im Pazifik wurde von den Amerikanern honoriert. Die USA, schon damals die größte pazifische Macht, schalteten sich nun in den russisch-japanischen Konflikt ein, und der damalige amerikanische Präsident Theodore Roosevelt bot seine guten Dienste zur Vermittlung eines Friedens an.

Diesem amerikanischen Einsatz war es zu verdanken, daß Rußland im Fernen Osten nicht noch mehr verlor. Aber seine Verluste waren groß genug. Port Arthur mußte an Japan abgetreten werden, ein Teil der mandschurischen Eisenbahnen ebenfalls, und nur die Strecke nach Wladiwostok blieb noch in der Hand der Russen.

Alles, was Rußland damals an Japan verlor, holte es sich nach dem zweiten Weltkrieg im Jahre 1945 wieder zurück, und das China Tschiang Kai-scheks bestätigte die russischen Rechte in der Mandschurei. Aber zehn Jahre später, 1955, mußten die Sowjets Port Arthur und die mandschurischen Eisenbahnen kampf- und entschädigungslos an den kommunistischen Bruder Mao Tse-tung abgeben. Das kommunistische China duldete keine russischen Enklaven und Unternehmen mehr auf seinem Boden.

Der verlorene Krieg von 1905 aber bewog die Russen damals, die Transsibirische Bahn nun auf russischem Territorium auszubauen. Er brachte Petersburg auch die Versäumnisse der Vergangenheit klar zu Bewußtsein. Man hatte sich auf die Mandschurei gestürzt, das Amurgebiet und die Ussuriprovinz dafür vernachlässigt. Auch die Tatsache, daß man Port Arthur nicht von Sibirien aus verteidigen konnte, ließ die Russen zu einem neuen sibirischen Konzept kommen: Das Amur- und das Ussurigebiet mußten raschest besiedelt werden, das russische Verteidigungspotential im Fernen Osten war zu stärken, und Sibirien mußte in die Lage versetzt werden, sich notfalls selbständig verteidigen zu können. Die Tatsache, daß Rußland von einer asiatischen Macht besiegt worden war, ließ die Russen nun auch wieder gegenüber dem anderen, größeren asiatischen Nachbarn, China, mißtrauisch werden.

Eine Welle von Siedlern ergoß sich nun in das Amur- und Ussurigebiet. Die neuen Teilstücke der Transsibirischen Bahn wurden auch nicht entlang der chinesischen Grenze geführt, sondern ziemlich tief im Inneren des Landes, um ihre Verteidigung künftig zu ermöglichen.

Wenn man heute auf der Transsibirischen Bahn fährt, merkt man, welche Opfer dies Rußland gekostet haben muß, denn das Gebiet unmittelbar an der Grenze hätte sich für den Bahnbau viel besser geeignet. Aber man nahm es auf sich, die Bahnstrecke durch große Sumpfgebiete zu legen, diese Sümpfe zu entwässern und den festen Boden für den Bahnbau erst zu schaffen. Die heutigen russischen Siedler im Amur- und Ussurigebiet profitieren davon: Viele, wenn auch nicht alle der Sümpfe, die man zunächst nur für die Bahn trockenlegte, wurden dadurch zu gutem Ackerland umgewandelt.

So hat der Bahnbau bei der Besiedlungspolitik mitgeholfen. Und wenn man heute aus den Abteilfenstern der Transsibirischen Bahn blickt, ziehen Hunderte, Tausende niedrige russische Bauernhäuser an einem vorüber, ein eindeutiges Zeichen dafür, daß Rußland seine sibirische Grenze erfolgreich besiedelt hat. Als Abwehrreaktion gegen Japan gedacht, hat die Vollendung des transsibirischen Bahnbaus auf russischem Territorium und die dichte Besiedlung dieses Gebiets die Sowjetunion in die Lage versetzt, heute der chinesischen Bedrohung zu trotzen.

Vittorio Lojacono

Die Straße der Gefahr (1969)

»Die Transsibirische Bahn fährt durch jene Gegend; sie fährt sogar am Ussuri entlang«, schlage ich vor.

»Versuch es«, antwortet mir der Redakteur. So beginnt eine ›Reportage‹. Ein paar Worte und ein »Los!«, das mich – zusammen mit dem Fotografen Evaristo Fusar – mitten ins Herz des russischen Kontinentes befördert.

Zuerst scheint es nur ein schrulliger Einfall zu sein, ohne allzu viel Überzeugung vorgebracht: heimlich nach Sibirien zu gehen, und dies noch in der Transsib, die sicherlich sehr streng kontrolliert wird. Doch es klappt. Die Transsib ermöglicht es, das Hindernis zu umgehen, denn ein russisches Gesetz erklärt eine Zone im Umkreis von rund vierzig Kilometern rund um Moskau für Journalisten als tabu – bei Zuwiderhandlung steht Ausweisung fest.

Der Ussuri aber, an welchem Russen und Chinesen aufeinander schießen, ist Tausende von Kilometern von dort entfernt, am Ende der Welt. Wenn es schon keinen Sinn hat, bei den Russen ein Visum für eine Reise dorthin zu beantragen, dann ist es geradezu absurd, die Chinesen, die Macht auf der anderen Seite, um eine Einreisegenehmigung zu bitten. Den Ussuri entlang fährt aber die Transsib.

Dort, wo der schon riesige Ussuri in den noch mächtigeren Amur mündet, liegt Chabarowsk. Und in dieser Stadt kann sich kein Tourist – und schon gar kein Journalist – länger als achtundvierzig Stunden aufhalten. Sie ist, wie der ganze Ferne Osten, für Journalisten tabu.

»Man steigt aus der Transsib aus und wartet, bis der nächste Zug durchfährt«, erklärt man mir. Chabarowsk liegt ungefähr hundert Kilometer von der kleinen Insel Damanski mitten im Ussuri entfernt. Bei dieser kleinen Insel hat sich der Zwischenfall ereignet. Und hier geschieht noch mehr. Man hat beobachtet, wie Chinesen zum Zeichen höchster Verachtung ihre Hosen heruntergelassen und den russischen Wachen auf der anderen Seite die blanke Rückseite gezeigt haben.

Russen und Chinesen streiten sich schon aus Prinzip um Damanski. Die Auseinandersetzung hat aber noch andere Ursachen: Für die Chinesen geht es um halb Sibirien, das die Russen an sie zurückgeben müßten. Die Insel Damanski mit den unfeinen Gesten und mit den Schießereien, deren Opfer kein Mensch gezählt hat, ist der Funke. Schon aus geringerem Anlaß sind Kriege ausgebrochen, in die ganze Völker und Kontinente hineingezogen worden sind. Dorthin, zu dieser ›heißen Grenze‹ muß man kommen – trotz aller Verbote –, wenn man über dieses

Ereignis berichten will. Und zwar möglichst schnell; und ohne den Verdacht der Russen zu erregen.

Wir erkundigen uns – als ›Bankangestellte‹ –, ob wir von Osten nach Westen, von Sibirien her nach Moskau reisen könnten, mit der Transsibirischen. Drei Europäer – Vittorio Rastelli, ein zweiter Fotograf auf der Jagd nach Kriegsreportagen, ist noch zu uns gestoßen –, die aus Japan kommen und aus finanziellen Gründen mit der Eisenbahn nach Europa zurückkehren wollen, erwecken offensichtlich keinen Verdacht. Das Visum wird wirklich ausgestellt. Und ohne allzu intensive Nachforschungen.

Erste Vorsichtsmaßnahme: Um allzu vielen Fragen, vielleicht sogar peinlichen Fragen, auszuweichen, haben wir das Visum im Konsulat von Paris eingeholt. In Rom hätte irgendein kleiner Beamter die Namen überprüfen und dabei entdecken können, daß nicht einer von uns jemals einen Fuß hinter den Schaltertisch einer Bank gesetzt hat. Eine solche Feststellung hätte sofort ihr Mißtrauen erregt. Im günstigsten Fall hätten sie unsere Reise verhindert. Vielleicht – und diese Möglichkeit ist nicht von der Hand zu weisen – hätten sie uns aber auch einreisen lassen, uns verfolgt und dann bei der Abreise aus der UdSSR wegen Spionage festgenommen.

Die Vorsicht hat sich gelohnt: Niemand kontrolliert, wir erhalten das Visum. Abenteuer dieser Art wollen vorbereitet sein, denn es genügt nicht, sich nur auf sein Glück zu verlassen. Und dann kommt das menschliche Problem hinzu: Das Verständnis mit den Fotografen – mit denen man ja im gleichen ›Boot‹ sitzt – ist von elementarer Bedeutung.

Auch die Reise nach Sibirien bedarf gewisser Vorbereitungen. Wir sind ›Bankangestellte‹, Kassiere, um genau zu sein. Mit einem neuen Paß ohne Visa, die über frühere Reisen Aufschluß geben könnten. Vorsichtsmaßnahmen, um doch eine gewisse Chance zu haben, Sibirien wieder verlassen zu können. Hineinkommen mag vielleicht kein Problem sein, aber die Ausreise kann bis zum letzten Augenblick eine unbekannte Größe sein. Wir lassen alles zu Hause, was auf unsern Beruf als Journalisten hinweisen könnte: Dokumente, Ausweise, Adressen, Telefonnummern. Eine ›Tarnung‹, die an gewisse Filmszenen erinnert, in denen sich der Hauptdarsteller darauf vorbereitet, mit einem Fallschirm über Feindesland abzuspringen. Und sich für etwas auszugeben, was er gar nicht ist.

Als kleinen Beweis für unsere Täuschung haben wir einen Brief der ›Abteilung Reisen‹ der CRAL bei uns, jener nicht existierenden Bank, deren ›Angestellte‹ wir sind. Die Bank bittet die sowjetischen Behörden vollkommen unbefangen um Beistand für ihre drei ›Kassiere‹, die aus Abenteuerlust eine derartige Reise mit der Transsib unternehmen wollen.

In Tokio überprüfen wir ein letztes Mal unsere Siebensachen; in Nachodka, in der UdSSR, lassen wir die ersten russischen Kontrollen über uns ergehen. Die

Transsib fährt ab, in Nachodka, denn Wladiwostok – Basis der Pazifikflotte – ist Sperrzone.

Und dort steht der Zug am kleinen Bahnsteig im Hafen. Es ist schon fast Nacht – ich erinnere mich, es war an einem Donnerstag um neunzehn Uhr –, und der Zug soll in fünf Minuten abfahren. Das heißt um 12.05 Uhr; und die Sonne ist schon untergegangen.

Ein Stationsvorstand – eine imposante Frauengestalt mit langen schwarzen Zöpfen – schwenkt die Signalkelle, und der Zug setzt sich in Bewegung. Mit einer Dampflokomotive. Ist es nun 19.05, wie die Sonne anzeigt, oder 12.05, so spät wie auf der Uhr neben dem Geleise? Das Rätsel ist bald gelöst: Auf dem ganzen russischen Eisenbahnnetz gilt Moskauer Zeit. Um die Sache nicht zu komplizieren, haben die Behörden (und nicht etwa die kommunistischen, denn dies war schon zur Zeit der Zaren so) bestimmt, daß die Eisenbahnen sich nicht um die verschiedenen Zeitzonen kümmern sollten. Wenn die Uhr ›draußen‹ auf dem Platz von Nachodka 19.05 Uhr zeigt, ist es ›drinnen‹ in der Station, auf den Geleisen, 12.05 Uhr, also sieben Stunden früher, genau wie in Moskau. Während der achttägigen Reise von Osten nach Westen holt der Zug die ›Verspätung‹ allmählich auf, und kurz vor Moskau ist die ›Zugzeit‹ schließlich wieder mit der ›Ortszeit‹ identisch.

Da ist sie nun, diese legendäre Eisenbahn. In der Zarenzeit war sie die Eisenbahn der Großherzoge, aber auch der Deportierten. Nach der Revolution war sie die Eisenbahn der Pioniere, die singend dem neuen Land entgegenfuhren. Aber es war nach wie vor auch die Eisenbahn der Deportierten. Die Lieder – traurige Elegien, die auch im Westen sehr bekannt sind – sind auch heute noch die gleichen geblieben. Die Pioniere singen sie, die auch heute noch nach Osten geschickt werden; die Deportierten singen sie, die nach wie vor in die Zwangsarbeitslager Sibiriens gebracht werden; und die Soldaten singen sie, die die Sowjetunion schon seit Jahren entlang der 8000 Kilometer langen ›heißen Grenze‹, der Grenze zum riesengroßen China, in Bereitschaft hält.

Diese Bahnlinie ist der Lebensnerv des sowjetischen Giganten. Nach wirtschaftlichen Überlegungen müßte sie eigentlich viermal so groß sein. Die Reichtümer Sibiriens und des weiten Ostens fahren über diese Geleise. Hunderttausende von jungen Leuten – für die der Staat auf diese Weise das Problem ihrer ersten Anstellung gelöst hat – besteigen diese Züge, um in die sibirischen Städte zu fahren – die für sie gebaut worden sind, alle neu, und alle gleich; und hie und da genießen sie die seltenen Freifahrten zurück in die europäische Sowjetunion, wo sie ihre Eltern und Freunde zurückgelassen haben. Touristen kann man an den Fingern abzählen; man zeigt auf sie und bestaunt sie wie Wesen aus einer andern, beneidenswerten Welt. Soldaten auf Urlaub: jung und blond, bartlos, aber auch Mongolen und Tataren, Menschen aus den südlichen Republiken,

aus Kasachstan, Usbekistan und Turkmenistan, die mit ihren Regimentern an die chinesische Grenze gekommen sind.

Die Frequenz des andern Verkehrs, der Güterzüge nämlich, ist erstaunlich. Niemand hat je offizielle Angaben erhalten: Alles ist streng geheim, von einem mysteriösen Nebel eingehüllt. Zur Zeit dieses Reiseabenteuers, vor zehn Jahren also, kam uns auf dem andern Gleis alle zwanzig Minuten ein Güterzug in voller Fahrt entgegen. Vier Couchettes pro Abteil; ein Abteil ist für den Zugführer, der auf seinem stets brennenden kleinen Ofen in einem Samowar Tee für alle Reisenden in seinem Wagen bereitet. Auch das Heizen gehört zu seinen Pflichten. Vorne im Waggon befinden sich der Ofen und ein kleines Kohlelager. Die Frau Zugführerin, eine schmächtige, blauäugige Blondine mit im Nacken verknotetem Haar, ist nicht nur Heizerin in ›ihrem‹ Wagen, sondern auch Garderobiere, Wächterin und Marketenderin. Sie ist die ›Hausfrau‹ dieses fahrenden Hauses mit seinen Problemen des Lebens, der Moral, des Zusammenlebens und der ›Sicherheit‹. Im Zug vertritt sie den Staat in erster Instanz. Aber es sind auch Polizisten da. Sie überwachen und sind sofort zur Stelle, wenn die blonde Wagenchefin ihnen zu verstehen gibt, daß irgendwo ›etwas nicht in Ordnung ist‹.

Die Vielfalt der Aufgaben, die sie in diesem Zug zu erfüllen hat, hält sie aber nicht davon ab, sich an den Schachturnieren der Reisenden zu beteiligen und die Lieder mitzusingen, die unversehens da und dort von einigen Passagieren angestimmt und sofort vom ganzen Wagen aufgenommen werden. Ich erinnere mich an ein Erlebnis in irgendeiner kleinen einsamen Station: In einem Wagen unseres Zuges stimmte jemand ein Lied an, und sofort sangen Hunderte von Soldaten mit, die in einem Zug auf dem Nebengeleise auf die Weiterfahrt warteten. Soldaten, die nach Osten an die chinesische Grenze fuhren.

Die erste Überraschung – nicht sehr ermutigend für unsere ›Reportage‹: Die Fenster lassen sich weder nach oben noch nach unten schieben. Und es sind Doppelscheiben; angesichts der Außentemperaturen von −30 °C eine durchaus gerechtfertigte Maßnahme. Eine bittere Enttäuschung aber für alle, die wie wir gehofft hatten, aus dem fahrenden Zug Aufnahmen machen zu können. Zwischen den Scheiben hat sich infolge des Temperaturunterschiedes – drinnen warm, draußen kalt – eine Dampfschicht entwickelt. Die Konturen draußen sind unklar, verschwommen. Nur der oberste Teil des Fensters läßt sich nach innen öffnen, um etwas frische Luft hereinzulassen. Um wenigstens dort fotografieren zu können, muß diese kleine Fensterklappe losgeschraubt werden; dann kann man sie etwas weiter herunterlassen, und der Fotograf kann sein Objektiv dort hineinstecken und nach draußen ›sehen‹. Man muß stehend von der Sitzbank aus fotografieren, das Gesicht in der Kälte, und jemand muß die Rückendeckung übernehmen, draußen im Gang Zeichen geben, wenn sich die Frau Zugführerin oder jemand anders dem Abteil nähert.

Draußen Birken, so weit das Auge reicht. In diesem Zug ist der Speisewagen das Zentrum der Wagenstadt. Einmal alle vierundzwanzig Stunden läßt der Güterverkehr, der auf diesem Lebensnerv der Sowjetunion absoluten Vorrang hat, einen Personenzug durch. Sechzehn Züge befinden sich gleichzeitig auf der Strecke – acht in der einen, acht in der andern Richtung. Sonst sind alles Güterzüge mit einem phantastischen Durchschnitt von drei Kompositionen pro Stunde. Alles, was Sibirien hervorbringt, kommt hier vorbei. Alles, was dieses unendlich weite Land östlich von Moskau benötigt, wird per Zug über diese Geleise gebracht. Die Russen biwakieren im Speisewagen. Sie tragen alle Trainingsanzüge und Sandalen (offenbar die ›Uniform‹ in der Transsib) und verbringen die Stunden bei Schach, Dame oder irgendwelchen komplizierten Kartenspielen. Die Zeit zwischen den Mahlzeiten überbrücken sie mit üppigen Trinkgelagen.

Ohne große Umschweife werden Freundschaften geschlossen. Es ist sinnlos, sich verstecken zu wollen: Sie alle kommen uns suchen, um mit den ›Fremden‹ ein paar Worte zu plaudern. Es gibt einen Verkaufswagen, in dem die Lebensmittelvorräte dieser fahrenden Stadt mitgeführt werden. In ihm erhält man Aufschluß über die kärglichen Lebensbedingungen und das Alltagsleben in den kleinen Ortschaften, in denen der Zug anhält.

Diese kleinen Bahnhöfe sind fast ausschließlich kleine, dunkelbraune Holzgebäude. Hier stürmt die wartende Menge den Verkaufswagen der Transsib. Die Bauern kaufen alles, was angeboten wird: Zigaretten, Bonbons, Biskuits. Und auch Kaugummi. Offenbar handelt es sich um Waren – Zigaretten inbegriffen –, die es hier nur gibt, wenn das System dran denkt, sie hierherzuschicken. Und weit von der Eisenbahn weg? Wer lebt hundert – oder tausend Kilometer von diesem Zug entfernt – und wie? Lauter Fragen, auf die es keine Antwort gibt.

Gleichzeitig entsteht aber auch draußen auf dem Bahnsteig ein Gedränge. Die Reisenden stürzen sich auf die armseligen Verkaufsstände, wo vollbusige Bäuerinnen mit Kopftüchern Würstchen und frische Eier anbieten. Würstchen, eine Gelegenheit, die man nicht verpassen sollte. Worauf man aber in diesen kleinen und kleinsten Bahnhöfen ohne weiteres verzichten kann, ist ein Besuch in den öffentlichen Toiletten. Sie haben nichts mit den uns vertrauten Toiletten zu tun, wo der Putz von den Wänden abblättert. Hier handelt es sich lediglich um kleine, gepflasterte Kammern mit leicht schrägem Boden. Sie sind nicht nach Geschlecht getrennt und wer sie benützt, achtet nicht besonders auf Reinlichkeit.

Am Abend – so erzählt man mir – kommt ein Angestellter mit Besen und Wasserschlauch und reinigt die Anlage für den Ansturm der Passagiere von morgen. Auf dem Nebengeleis, wo es keine Kolchosenstände gibt, verkaufen Bauern ihre Waren direkt an die Passagiere: unten an den Fenstern stehend, in den paar Minuten, die der Aufenthalt dauert. Ich erinnere mich an eine alte Frau, die beinahe verzweifelte, weil der Zug abfahren sollte und der Mann, der schon acht Eier erhalten hatte, offenbar kein Kleingeld fand, um sie zu bezahlen. Die Angelegenheit wurde zu einem echten Problem, als sich der Zug endgültig in Bewegung setzte. Der Passagier konnte die Eier ja nicht zurückgeben, weil sie beim Hinauswerfen kaputtgegangen wären, aber das kleine Drama fand ein sehr sympathisches Ende: Alle andern Passagiere suchten in aller Eile ihr Kleingeld zusammen, und warfen es hinaus. Am Boden prügelten sich die kleinen Jungen um die Münzen. Aber nicht etwa, um sie für sich zu behalten, sondern um sie der Alten zu geben. Im Zug drin lud der Mann, der die acht Eier gekauft hatte, den ganzen Wagen zu einem großen gemeinsamen Eieressen ein. Kein Problem, denn zu den acht kamen noch rund zwanzig weitere Eier aus den Vorräten der Mitreisenden hinzu.

Achtundvierzig Stunden in Chabarowsk. Nach dem Plan, den das russische Reisebüro Intourist für die drei ›Bankangestellten‹ ausgearbeitet hat, verlassen wir hier die Transsib, um auf den nächsten Zug zu warten, der nach zwei Tagen in die gleiche Richtung fährt. Sehr wenig Zeit für einen Versuch, an den Ussuri zu gelangen, wo ›irgendetwas‹ zwischen China und der Sowjetunion im Gange ist. Catai – so wird China hier genannt – liegt hinter einem Berg. Und erst weit hinter diesem Berg wird der Ussuri zum Grenzfluß. Hier unterhalb von Chabarowsk mündet der Ussuri unter einem eindrucksvollen Eiskonzert in den Amur. Mit einem merkwürdigen Geräusch bersten die vom einen Fluß herangeführten Eisschollen, wenn sie auf das Eisgeschiebe des andern Flusses stoßen. Während der ungefähr zwanzig Tage dauernden Tauzeit schwillt dieses Getöse zu einem ununterbrochenen Grollen an, das über die ganze Ebene hinweg zu hören ist.

Wir werden den zu unserer Aufsicht abgeordneten Dolmetscher los, indem wir einen ausgiebigen Erholungsschlaf vortäuschen, und verabreden uns frühestens für den Nachmittag. Den Morgen werden wir brauchen, um an den Ussuri zu gelangen, dort wo er die Grenze bildet. Danach werden wir all das anschauen, was er uns zeigen will: das Stadion, das große Kaufhaus und die drei Monumente. Es ist unmöglich, eine Landkarte zu erstehen. Sie sind verboten. Nach dem Punkt, an dem die Sonne aufgeht, und dem Punkt, wo Ussuri und Amur zusammenfließen, kann China nur in einer ›ganz bestimmten‹ Richtung liegen. In aller Eile organisieren wir für den folgenden Morgen eine Taxifahrt, wenn der Dolmetscher uns noch in den Betten wähnt. Nach einer einstündigen Fahrt zwischen Kolonnen von Militärlastwagen und einem spontanen Umweg, als wüßten wir nicht, wo wir anhalten wollen, um ein Erinnerungsfoto aufzunehmen, befinden wir uns am Ufer eines Flusses, der bestimmt dreimal so breit wie der Po ist. Es ist der Ussuri mit seinen Problemen. Auf dieser Seite Soldaten, die sich nicht um uns kümmern, auf der andern Seite kleine Punkte, zweifellos die chinesischen Wachen. Die beiden Armeen stehen sich gegenüber, ohne zu schießen. Die Russen tragen aber ihre Helme, als ob der Grenz›zwischenfall‹ – denn als solchen haben sie das mehrtägige Gefecht schon bezeichnet – jeden Augenblick wieder aufflammen könnte. Der Wind trägt chinesische Wörter zu uns herüber; sie sind an die Russen gewandt. Meist sind es Schimpfwörter und Beleidigungen.

Hinter dem ›Zwischenfall‹ verbirgt sich ein Problem von ungeheuren Dimensionen. Hier an der ›Grenze‹ scheint man den ideologischen Bruch weniger zu spüren als eine andere, düster drohende Realität: China erklärt das riesige Territorium des Amur-Ussuri-Beckens zu seinem Besitz und die Verträge für ungültig, die die Chinesen nach dem Vordringen der zaristischen Kosaken unterzeichnen mußten. Chabarow, ein wilder Freischärler (Chabarowsk ist nach ihm benannt worden), drang mit seinen Kosakenhorden bis hierher vor und verwickelte die Chinesen in einen Krieg, von dem niemand in Petersburg etwas wußte. Nicht einmal der Zar selbst. Nach vollendeter Tat meldete man ihm allerdings den Sieg. Der Gouverneur jener fernen Länder, General Graf Murawjow (den der Zar dorthin abgeschoben hatte, um ihn für gewisse Machenschaften am Hof zu bestrafen), sandte einen Boten nach Petersburg, einen ›Kurier des Zaren‹. Dieser überbrachte dem Zaren die Nachricht vom Sieg und von den Ländereien, die Murawjow und Chabarow ihm zum Geschenk machten. Dies war im Jahr 1858.

Mit den mächtigen Kosakenverbänden im Rücken zwang Rußland China zur Unterzeichnung von Verträgen, welche die Dreistigkeit dieser Truppen noch belohnten und China umfangreiche Ländereien kosteten. Die Daten sind Geschichte: Vertrag von Aihun 1858, Vertrag von Beijing (Peking) 1860, Vertrag von Ili (Kuldja) 1881, Verträge von Lissabon 1887. Das zaristische Rußland gelangte so in den Besitz von Reichtümern, deren Ausmaß kein Mensch am Kaiserhof auch nur erahnen konnte. Allerdings auch kein Mensch in China, das sie abtreten mußte.

Obwohl diese Gebiete in allen Verträgen für russisch erklärt werden, hat China stets deren Rückgabe gefordert. Nicht einmal in den Jahren der russisch-chinesischen Idylle im Schatten der kommunistischen roten Flagge hat China diese Grenzen anerkannt. Als sich die Beziehungen wieder verschlechterten, war das sibirische Eldorado erneut chinesisches Territorium, das die Russen zurückgeben mußten. Mehr als je zuvor. Der Streit der beiden kommunistischen Großmächte an jenem Ussuri, der – nach Ansicht der Chinesen zu Unrecht – die Grenze bildet, dreht sich um das, was unter diesen Gebieten verborgen liegt.

Wir reisen über märchenhafte Reichtümer. Allein in der Region von Bogotol, Itat und Ircha hat man ein 1700 Quadratkilometer großes Braunkohlelager entdeckt; ungefähr 100 Milliarden Tonnen Kohle, die nur darauf warten, abgebaut zu werden. Und sehr oft kann dies im Tagbau geschehen, wo eine Tonne hundert Mal billiger ist als an andern Orten, wo sie unterirdisch abgebaut werden muß. An der Lena gibt es einen Eisenberg, ganz in der Nähe der Stadt Schelesnogorsk. Vier Fünftel der Einwohner dieser Stadt sind jungverheiratete Ehepaare unter 25 Jahren. Im gleichen Gebiet an der Lena liegen die ergiebigsten Goldminen der UdSSR. Früher arbeiteten dort die von den Zaren Deportierten, danach die von Stalin Deportierten. Heute sind es Freiwillige der staatlichen Jugendorganisation Komsomol.

Im Seitengang jagen sich Kinder. Zu unseren Ehren stimmt jemand ›Santa Lucia‹ an. In einem kleinen Ort stellt sich eine Lokomotive neben uns und füllt den Tank jedes Waggons mit schmutzigem Wasser. Umstände werden keine gemacht. Die Reisenden werden begossen, und die ganze Angelegenheit ist eine Abwechslung.

Draußen, vor dem Fenster, sehe ich Russen, die in diesem Pionierland wie Filmgestalten aus Hollywood leben. Nur hat noch niemand das Epos dieses Volkes aus dem Fernen Osten auf die Leinwand gebracht: Seine Lebensbedingungen sind mindestens ebenso rauh wie diejenigen jener Pioniere, die in Tausenden von Wildwestfilmen verherrlicht worden sind.

Birken, nichts als Birken. Der Zug fährt durch endlose Weiten, die der Frost in ein Meer von runden Schollen verwandelt hat. In wenigen Wochen werden hier die Sonnenblumen blühen. Auf Tausenden von Kilometern nur Birken und Sonnenblumen.

Eric Newby

Auf der großen roten Bahn (1977)

Durch die Barabinsk-Steppe

(…)

Der *Rossiya* fuhr nun nach Osten auf die Barabinsk-Steppe zu, die das ausfüllt, was ansonsten ein ziemlich großes Loch zwischen dem 53. und dem 57. nördlichen Längengrad sowie zwischen dem Irtisch und dem Ob wäre.

Seit der Abfahrt von Omsk reisten wir auf dem zweiten Abschnitt der Eisenbahn, der von der europäischen Seite her gebaut worden war. Die Strecke, der der *Rossiya* durch den Ural nach Omsk gefolgt war, war eine sehr viel jüngere Erweiterung gewesen, die man weit nördlich der ursprünglichen Strecke durch Cheljabinsk in den östlichen Ausläufern des Südurals gebaut hatte. Am 19. Juli 1892 begann die Arbeit an dieser westsibirischen Eisenbahn. Diese sollte die Verbindung zwischen Cheljabinsk und der damaligen kleinen Siedlung am rechten Ufer des Ob herstellen, die sich selbst Gusevka nannte und jetzt die Stadt Novosibirsk in 900 Meilen östlicher Entfernung war. Die Arbeit am Ussuri-Abschnitt der Verbindung von Wladiwostok her hatte im Mai 1891 begonnen, kurz nach der Einweihung des Baus in Wladiwostok.

Geld war knapp im zaristischen Rußland, wo auffallende Verschwendung mit einem ebenso auffallenden Mangel an den nötigen Mitteln einherging, sobald es darauf ankam, etwas halbwegs Nützliches mit dem Geld anzufangen. Daher hatte man beschlossen, eine eingleisige Bahnlinie mit der russischen Breite von fünf Fuß zu bauen – dreieinhalb Zoll breiter als die europäische Standardbreite von vier Fuß und achtzehneinhalb Zoll – sowie leichte Schienen von der Sorte zu verwenden, die höchstens für Nebenstrecken taugten, jedoch sicher nicht für eine transkontinentale Eisenbahn. Außerdem hatte man entschieden, an Rangiergleisen und Verschiebebahnhöfen zu sparen und die Schienen auf ein weit weniger solides Fundament zu legen, als es westlich des Urals zulässig gewesen wäre.

Tatsächlich lautete der Befehl, die Eisenbahn so billig wie möglich zu bauen, eine Entscheidung, wie sie nur ein Haufen Leute ohne jegliche Ahnung von der Natur des Landes treffen konnte, das die Eisenbahn würde durchqueren müssen. Die Torheit dieser Einsparungen wurde bald nach Fertigstellung der verschiedenen Abschnitte offenbar, als diese zum großen Teil neu gebaut werden mußten. Noch offensichtlicher wurde sie, als 1904 der Russisch-Japanische Krieg ausbrach und die russische Verstärkung zwischen fünf und sechs Wochen brauchte, um in den Fernen Osten zu gelangen, was zum Teil an den fehlenden Weichen und Rangiergleisen entlang der Strecke lag, zum anderen Teil daran, daß es rund um den Baikalsee keine Zugverbindungen gab. Andererseits hätte ohne die Eisenbahn vermutlich gar kein Krieg stattgefunden.

Für die Eisenbahnerbauer war die westsibirische Steppe ein schwieriges Gelände. Wenn im Frühling der Schnee schmolz, waren Überschwemmungen wahrscheinlich, und aus diesem Grund hatte man die gesamte Strecke auf eine fünf Fuß hohe Böschung verlegt. Obwohl es Wasser im Überfluß gab, war nichts davon trinkbar, und so mußten künstliche Brunnen angelegt werden; doch selbst dieses Wasser war ohne die Anlage von Filteranlagen ungenießbar. Abgesehen von einem Wald am Tobol-Fluß gab es nirgends in den Steppen zwischen Cheljabinsk und dem Ob Holz, das man zum Bau von Brücken oder auch nur von Schlafbaracken hätte gebrauchen können. Die wenigen vorhandenen Bäume waren zu klein. Alles Bauholz für die Brücken und Schlafbaracken (das ausnahmslos vor Ort von Zweiergruppen mit der Kreissäge zugeschnitten werden mußte) kam aus Ufa, fast 300 Meilen westlich von Cheljabinsk. Des weiteren gab es hier keine Steine, mit denen man Stützen, Streben und Pfeiler für die großen Brücken über den Tobol, den Ishim und den Irtisch bauen oder auch nur Schotter hätte produzieren können. Die nächsten Steinbrüche befanden sich im Ural und in sechshundert Meilen Entfernung südlich der Eisenbahnstrecke am Irtisch. Außerdem mangelte es an allen Arten von Transportmitteln – von Pferdewagen bis hin zu Schleppkähnen.

Nur etwa ein Drittel aller Arbeitskräfte bestand aus Sibiriern, und die meisten von ihnen verschwanden im Frühling und im Herbst, um ihre Felder zu bestellen. Die anderen kamen aus dem europäischen Rußland, aus Persien, der Türkei und aus Italien. Die Italiener arbeiteten hauptsächlich als Steinmetze und bauten Streben und Brückenpfeiler. Das Leben dieser Eisenbahnarbeiter war sehr hart, doch nicht halb so hart oder schmutzig wie das der Sklaven, die vor und während des letzten Krieges an der BAM, der großen Baikal-Amur-Eisenbahnstrecke, arbeiteten, in den späten dreißiger Jahren an der zweigleisigen transsibirischen Eisenbahn oder an der südsibirischen Strecke zwischen Pavlodar am Irtisch und Tselinograd in der unberührten Landschaft von Kasachstan, die bis 1953 nicht fertiggestellt wurde.

Die Arbeiter der Zeit vor der Revolution, die den ersten Teil der westsibirischen Strecke durch die Steppe erbauten, schliefen während des Sommers im Freien. Nur während etwa 120 Tagen im Jahr zwischen April und September war es möglich, an der Bahnstrecke zu arbeiten, denn in der Winterzeit gefror der Boden und wurde steinhart. Im Winter, wenn die Arbeit an der Bahnlinie unmöglich war, lebten sie entweder in Wohnwagen oder in Schlafbaracken, die sie mit Erde bedeckten. In dieser Jahreszeit baute man Bahnhofshäuschen und Brücken und schaffte per Schlitten Vorräte herbei, denn es war leichter, das Rohmaterial über das Eis zu transportieren als im Sommer mit den Wagen, wenn sich ein Großteil des Landes in Morast verwandelte. Die Baukolonnen, die hoch oben auf den Pfeilern der großen Stahlbrücken über den Flüssen östlich von Cheljabinsk arbeiteten, hatten am meisten zu erdulden. Oft wurden die Nieter von der Kälte übermannt und verunglückten tödlich auf dem Eis tief unter ihnen. Es war selten, daß eine der großen Brücken ohne mehrere tödliche Unfälle gebaut werden konnte.

Das Werkzeug war äußerst primitiv. Die Schaufeln der Bauarbeiter bestanden ganz aus Holz und besaßen nicht einmal eine metallene Spitze. Eine Reihe amerikanischer Bagger, die mit Pferdekraft betrieben wurden, waren die einzigen mechanischen Hilfen. Die Felsen, aus denen man groben Schotter herstellte, wurden zunächst gesprengt und dann mit Hammer und Spitzhacke zerkleinert.

Die Löhne lagen zwischen 45 Kopeken und 2 Rubel pro Tag, wenn auch einige Facharbeiter wie Steinmetze, von denen die meisten Italiener waren, bis zu hundert Rubel im Monat verdienten. (Zu jener Zeit entsprach ein Rubel 2 Schilling und 1 $1/4$ Pence oder 51 $1/4$ amerikanischen Cents.) Im Sommer wurden die Arbeiter fast bei lebendigem Leibe von den Insekten gefressen (bis zur Arbeit jenseits des Irtisch tief im Inneren der Barabinsk-Steppe besaßen sie keine Moskitonetze, um ihre Gesichter zu schützen). Dennoch brachten sie es beim Schienenverlegen häufig bis auf eine Geschwindigkeit von bis zu zweieinhalb Meilen pro Tag und dank dieses Tempos stellten sie am 11. September 1894 den Abschnitt zwischen Cheljabinsk und dem Westufer des Irtisch fertig. In nur etwas mehr als zwei Jahren hatten sie fast fünfhundert Meilen Schienen verlegt. Achtzehn Monate später, im März 1896, war der Irtisch endlich überbrückt, und von diesem Zeitpunkt an stand ganz Westsibirien von Cheljabinsk bis zum Westufer des Ob dem Verkehr offen (die Strecke zwischen dem Irtisch und dem Ob war bereits fertig).

Um etwa acht Uhr morgens (und elf Uhr Ortszeit) fuhr der *Rossiya* durch die Barabinsk-Steppe, eine riesige Grasfläche, in der Russen, Esten, Letten, Deutsche und gleich jenseits des nördlichen Horizonts einige Chuvash lebten. Bis weit in die zweite Hälfte des 19. Jahrhunderts hinein bildete das, was einmal die Strecke der transsibirischen Eisenbahn in Westsibirien werden sollte, die Grenze zwischen den russischen Kolonisten, die als Bauern lebten, und den nomadisierenden Kirgisen im Süden. Die Kirgisen lebten in *Kibitkas*, einer Art Jurte: runde Zelte aus grauem Filz mit einem Holzgerüst. Ihr Vieh war für sie weit wertvoller als ihre Frauen. Eine Frau entsprach im Wert vier Schafen oder einer sehr minderwertigen Kuh. Der Brauch forderte, daß ein Besucher ihrer Lager in der waldfreien Steppe sich zuallererst nach der Gesundheit der Tiere erkundigte. Das Leben der kirgisischen Männer war unbeschwert. Sie tranken ungeheure Mengen

Kumiss, vergorene Stutenmilch, von der jeder Gast ein mindestens eineinhalb Liter fassendes Glas, gefolgt von einem zweiten, leeren mußte; und sie liebten den Ringkampf.

Um die Kirgisen von der nördlichen Steppe fernzuhalten, errichtete die russische Regierung an dieser Grenze eine künstliche Kolonie tausender bewaffneter Kosaken und ihrer Familien. Doch diese Maßnahmen hatten nicht immer Erfolg; viele Kirgisen ließen sich entlang der Grenze nieder, und einige von ihnen vermischten sich mit den Kolonisten. Alexander Mitchell, ein schottischer Kaufmann, der im Jahre 1863 die beschwerliche Reise von Peking nach St. Petersburg auf sich nahm, schrieb, daß die »Frauen der Kirgisen den Russen ihrer Klasse in körperlicher Hinsicht überlegen sind – sie sind sauberer, besser gekleidet und schöner. Im Gegensatz zu den Kalmücken und Mongolen haben sie in vielen Fällen blaue Augen und eine helle Haut. Was die Mentalität anbelangt, sind sie heiterer als die Russen.«

Hier, hinter Kalachinskaya, wo die Strecke dicht neben dem Trakt verlief, war die Steppe eine großartige offene Grasebene voller Butterblumen, in der Birken, Pappeln und Weiden wuchsen. Einige dieser Birken waren so klein, daß ich sie zunächst für eine Art Gebüsch hielt. Manchmal bildeten sie große Haine; dazwischen lagen herrliche, weite Ebenen mit grünem Gras und Mädesüß, die hin zu anderen Hainen und Ebenen führten, so bezaubernd gruppiert, als hätte ein Landschaftsgärtner des 18. Jahrhunderts sie im Park eines Adelsmannes angelegt – nur daß sich diese Ebenen normalerweise über Hunderte von Meilen erstreckten. Überall gab es große Herden schwarzweißer und brauner Rinder, entweder auf dem Gemeindeland am Rande der Dörfer oder draußen in der Steppe selbst; doch wo sie auch waren, es gab immer einen Hirten oder eine Hirtin, die sie hüteten.

Dies war es, was ich aus dem Fenster von der Barabinsk-Steppe sah – *wenn* ich es sah. Wir befanden uns nun auf dem Abschnitt der transsibirischen Eisenbahn zwischen dem Ural und dem Kuznetsk-Kohlebecken östlich von Novosibirsk, wo es nicht nur mehr Güterverkehr als auf jeder anderen Strecke in der UdSSR gibt, sondern sogar mehr als auf jeder anderen Eisenbahnstrecke der Welt. Den ganzen Sonntag hindurch fuhren die Güterzüge so zahlreich – schätzungsweise alle zwei Minuten ein Zug, von denen jeder etwa fünfzig Sekunden brauchte, um den Rossiya zu überholen – daß sie die meiste Zeit über alles, was nördlich der Schienen lag, verdeckten.

Nachdem wir den 75. Meridian überquert hatten, fuhren wir um etwa halb zehn Uhr morgens durch Tatarsk, eine kleine Stadt aus niedrigen Häusern, die viel älter aussahen, als sie wahrscheinlich waren. Es gab keine Spur mehr von dem, was nach einem Foto des Reichsbahn-Reiseführers von 1900 die recht hübsche Holzkirche gewesen war. Man hatte sie 1897 zu Ehren von Archistragus Michael in der Nähe des Bahnhofs erbaut und mit dem Fond Alexanders III.

bezahlt, der Geld für den Bau von Dutzenden ähnlicher Kirchen entlang der Strecke bereitgestellt hatte. Wahrscheinlich war sie von den Soldaten, den Tschechoslowaken, Weißrussen und Bolschewiken verheizt worden, die kurz nach der Revolution auf der Strecke hin und herfuhren. Ehemals befanden sich bis zu zehntausend Tschechoslowaken in Sibirien. Die Erklärung dessen, was sie dort taten, wäre an dieser Stelle zu kompliziert. Es muß daher genügen, daß sie auf dem Höhepunkt des Bürgerkrieges, in dem sie eine wichtige Rolle spielten, einige Monate lang die transsibirische Eisenbahn großenteils kontrollierten, wenn nicht sogar besaßen.

Tatarsk lag in einer Sumpfebene, und was wie eine Birkenpflanzung aussah, die sich jenseits der Stadt nach Osten und Westen hin erstreckte, war natürliche Vegetation. Draußen in dieser Einöde bewegte sich langsam eine große Pferdeherde vorwärts, die von einem Reiter hoch zu Roß beaufsichtigt wurde; während wir vorüberfuhren, wandte er uns, in den Steigbügeln stehend, den Rücken zu. Züge interessierten ihn nicht. Der russischen Eisenbahnkarte zufolge durchquerten wir nun die vierte Zeitzone nach Moskau. Die Sonne stand hoch, denn es war 13.45 Uhr Ortszeit, und das Licht war blendend hell, fast gleißend, obwohl von unserer Warte aus das Frühstück gerade erst vorbei war. In diesem Moment kam Elena in unsere Abteil hineingerauscht, bewaffnet mit ihrem alten Staubsauger, der ewig brauchte, bevor er irgendetwas einsaugte, und begann mit ihrem täglichen Ritual: Sie saugte Brotkrumen und Honigkeksbrösel auf, während wir unsere Füße in die Luft streckten und dümmliche Witze machten, die sie nicht verstehen konnte.

Aus der Steppe wurde nun immer mehr ein Sumpf, und es gab hier viele Seen. In einem Ort namens Chany wohnten die Arbeiter einer nahegelegenen Baustelle auf einem Abstellplatz in etwas, das wie ein Passagierwaggon aus der Zeit vor der Revolution aussah, den man in einem seltsamen, beißenden Grünton gestrichen hatte. Südlich der Bahngleise lag irgendwo in der Nähe der Chanysee, der sich über etwa tausend Quadratmeter erstreckte und von Fischen wimmelte. Was wir nun durchquerten, war mehr eine Wasserlandschaft als eine Landschaft; Bauernhäuser und ganze Dörfer waren manchmal fast vollständig von Wasser umgeben: ein Landstrich, der eine riesige Menge Gänse und Enten hervorbrachte. Selbst das Grasland, auf dem die Rinder grasten – unbeeindruckt von den Luftspiegelungen, die man gerade bewundern konnte – war voll von einer Art Wassertrichter, und in manchen von ihnen sprudelten Quellen. In der Tat befindet sich unter der Barabinsk-Steppe in einer Tiefe von zwischen dreitausend bis zehntausend Fuß ein gewaltiger heißer See, dessen Wasser an manchen Stellen den Siedepunkt erreicht.

Zeitweise ließen die Luftspiegelungen selbst die Seen mit ihren gelben Grassäumen wie ein Trugbild erscheinen; doch die atemberaubendsten optischen Täuschungen waren weit draußen am Horizont zu sehen, der wie Gelee zitterte. Dort hingen vielleicht ein oder zwei Meilen entfernt ganze Reihen von Weiden und Pappeln verkehrt herum über den Wipfeln ihrer wirklichen Entsprechungen, so daß jeder Baum aussah, als hätte man ihn in der Mitte durchgeschnitten, beide Teile an der Spitze zusammengeheftet und dann wie ein Kinderspielzeug oder ein Buch auseinandergeklappt.

Der Bau der Eisenbahn durch diesen sonderbaren Landstrich von Omsk zum Fluß Ob begann im Mai 1893. Die Süßwasserseen zogen damals wie heute Hunderttausende von Fluggänsen, Enten und anderen Wasservögeln an, doch für den Bau einer Eisenbahn war es die Hölle. Viele der Seen waren entweder brackig oder sauer. Mancherorts waren sie völlig verdunstet und hatten Salzmarschen hinterlassen, an deren Rand die verrottete Vegetation einen schrecklichen Gestank nach Schwefelwasserstoff verströmte. Im Sommer wurde alles von bis zu acht Fuß hohen Brennesseln überwuchert, und die Arbeiter mußten sich ihren Weg hindurchkämpfen. Fieberseuchen suchten das Land heim, und wie überall in Sibirien wimmelte es von Insekten.

Es dauerte 27 Monate, bevor die Schienen über die Barabinsk-Steppe bis zum linken Ufer des Ob reichten, was schließlich im August 1895 gelang. Die siebenspännige Bogenbrücke über den Ob wurde erst zwei Jahre später fertig. Die Kosten jedoch beliefen sich einschließlich der Brücken nur auf etwa vier Millionen Pfund, was sehr viel weniger war, als man zuvor geschätzt hatte.

Von da an war die Reise zwischen Omsk und Ob, die einst per *Tarantasse* drei Tage und den größten Teil dreier Nächte gedauert hatte, während derer man mehr oder weniger ununterbrochen am Trakt entlang fuhr, zu einer vierundzwanzigstündigen Reise im Expreßzug und mit Aufenthalten auf 15 Bahnhöfen geworden. Heutzutage braucht man für die 391 Meilen von Omsk nach Novosibirsk etwa neun Stunden.

Etwa zu dieser Zeit, während die Luftspiegelung fantastische optische Täuschungen hervorbrachte, fiel mir auf, daß ich Wanda eine Zeitlang nicht gesehen hatte. Gerade als ich daran dachte, den Funktechniker um ein SOS-Signal zu bitten, kam sie mit leicht scheinheiliger Miene zurück.

»Wo bist du gewesen?« fragte ich. »Ich dachte schon, du wärst irgendwo ausgestiegen.«

»Hab' mich mit der Schaffnerin unterhalten, mit der Mischa gestern Krach hatte. Sie ist wirklich sehr nett. Sie hat mich Fotos von den Leuten in ihren offenen Waggons machen lassen.«

»Hatten sie nichts dagegen?«

»Nein, es hat ihnen gefallen. Ich habe auch von ihr ein Foto gemacht.«

»Wie hast du das geschafft?« Ich bemühte mich, unbeteiligt zu klingen, doch es war schwer, den Neid in meiner Stimme zu unterdrücken.

»Ich habe ihr die Ausgabe zum 25. Jubiläum der Vogue mit all den Fotos von der königlichen Familie geliehen, habe gesagt, daß sie mich an Königin Victoria erinnert, und ihr eine Hose geschenkt.«

»Doch nicht Königin Victoria zu ihrem 25. Jubiläum?«

»Nein, als sie noch jünger war.«

»Ich habe eine Idee«, meinte ich. »Warum schlägst du Mischa nicht vor, er soll sich wieder mit ihr versöhnen, indem er ihr erzählt, sie erinnere ihn an Chrustschow, als *der* noch jünger war.«

»Schlag du das Mischa vor«, erwiderte sie. »Dich mag er besonders.«

Zur Mittagszeit nach der Zeitmessung im Zug und um vier Uhr nachmittags in der Steppe erreichten wir Barabinsk, eine Stadt auf etwa halbem Weg zwischen Omsk und Novosibirsk, die ursprünglich ein Exil polnischer Juden war und nun dem sowjetischen Atlas zufolge ein großes Molkerei- und Fischereizentrum an der Erdölpipeline zwischen Omsk und Novosibirsk ist. Der Bahnhof war ein erfreulicher Aufenthaltsort. Es gab dort ein altmodisches Bahnhofshäuschen aus Holz, und auf dem Bahnsteig standen drei Obstbäume in voller Blüte. Ich wollte gerade aus dem Fenster heraus ein Paar mittleren Alters fotografieren, in schwarzweiß und mit einer 300-mm-Linse, weil sie so weit weg waren – sie hielten Händchen und wirkten zumindest glücklich – als Mischa, von dem ich gedacht hatte, er habe den Sonntag frei genommen, in der Tür erschien. »Bitte fotografieren Sie nicht den Bahnhof«, sagte er.

»Warum nicht?«

»Er ist zu alt.«

»Und was ist mit Omsk? Omsk war gar nicht so alt!«

»Der Bahnhof von Omsk war noch nicht zum Fotografieren freigegeben.«

»Egal«, sagte ich, »ich fotografiere nicht den Bahnhof, ich fotografiere ein glücklich aussehendes Paar mittleren Alters, das unter einem Baum Händchen hält.«

»Tut mir leid, ich muß Sie bitten, dieses Foto nicht zu machen«, sagte er und eilte davon, um Otto ebenfalls vom Fotografieren abzuhalten.

Also verzichtete ich.

Das Mittagessen, das wir um 16.30 Uhr Ortszeit zu uns nahmen, war nicht so berauschend. Tatsächlich war es kalt, und wir mußten die Wurst fortwerfen. Seit wir sie zuletzt gesehen hatten, war sie grün geworden; also begnügten wir uns mit Brot und Käse. Der Schnaps war schon lange vorher ausgegangen. Wenn wir nicht bald Novosibirsk erreichten, die sagenumwobene Stadt und das Chicago von Sibirien, was auch immer das bedeuten mochte (vermutlich Massaker am Valentinstag und Fusel, den man in Badewannen herstellte), würde es uns wie Magellans Männern ergehen, die das Leder von der Rah schnitten und daraus Mittagessen kochten. Mit Sicherheit würden wir beide einiges an Gewicht verlieren.

Nach diesem Bankett versuchte ich zu schlafen; doch es war unmöglich. Die Barabinsk-Steppe hypnotisierte mich. Den Rest dieses inzwischen goldenen Nachmittags starrte ich aus dem Fenster – nach links während der zwei Minuten zwischen den Güterzügen, nach rechts für die fünfzig Sekunden, die diese zum Überholen brauchten, wie gebannt von den verzauberten Birkenhainen. Wie wunderbar wäre es, dachte ich, langsam dort hineinzugehen, immer weiter und weiter nach Norden, von einer träumerischen Lichtung zur nächsten, bis ich mein erstes Rentier sehen würde und wüßte, daß es Zeit zum Umkehren wäre.

Nicht nur für mich war es ein wunderbarer Nachmittag: Auch für die Einwohner genossen den schönen Tag in diesen kurzen Wochen, bevor die Insekten auf der Bildfläche erscheinen würden.

Am Rande eines Dorfes badete offenbar die Mehrzahl der Einwohner außer den Alten – Männer, Frauen und Kinder – zusammen in einem kleinen Fluß an der Stelle, wo sich dieser durch Wiesen und unter einem hölzernen Steg hindurchschlängelte. In einem anderen trieben die Leute eine Herde Pferde in langsamem Galopp über die Hauptstraße nach Hause und holten Wasser aus einigen Brunnen; doch statt an Seilwinden zogen sie die Eimer mit dem ältesten Hilfsmittel hoch, das dem Menschen abgesehen vom Wasserschöpfen mit einer halben Kokosnuß bekannt ist: mittels Schwingeimer mit Gegengewicht, in diesem Fall bestehend aus einer langen Stange, durch die eine Achse verlief und mit einem Eimer an einem Ende und einem Gegengewicht auf der anderen Seite, die sie mit einem Seil am oberen Ende in den Brunnen hinabließen. Von diesen Vorrichtungen gab es dort ein halbes Dutzend, deren Eimer abwechselnd ins Wasser tauchten und wieder hochzogen, und aus der Entfernung wirkten sie wie eine Herde langbeiniger Vögel an der Tränke. Wie schön war die Steppe an diesem langen Abend! Mein Eindruck der Steppe war ein wenig anders als der von Lenin, den dieser im Winter 1897 auf seinem Weg ins Exil beschrieb:

»Die Landschaft entlang der Straße durch Westsibirien, die ich gerade von einem Ende bis zum anderen bereist habe (drei Tage und eintausenddreihundert Werst von Cheljabinsk bis nach Krivoshchenkova) ist außerordentlich eintönig« – er schrieb, während er auf dem Bahnhof in Novosibirsk wartete, das damals Novonikolaevsk hieß – »eine nackte und leere Steppe, Schnee und Himmel… Nicht ein Haus, nicht eine Stadt: gelegentlich ein Dorf, mitunter ein Stück Wald, doch großenteils Steppe.«

Bald zeichnete sich am weiten Horizont im Norden undeutlich eine Fabrik ab, und genau wie ein anderes Flugzeug es diesen Morgen westlich von Omsk getan hatte, das jetzt unendlich weit weg zu sein schien, landete lautstark ein Jet auf dem Flughafen von Novosibirsk. Doch trotz des Einbruchs der modernen Zeit befanden wir uns immer noch tief im ländlichen Rußland.

In den Dörfern, wo die Bahngleise neben dem Trakt verliefen, gingen kleine Gruppen junger Männer mit weißen Hemden und Mädchen in Baumwollkleidern langsam zusammen heimwärts, einige von ihnen Hand in Hand und mit Wildblumensträußen, die sie in der Steppe gepflückt hatten. Im Westen hätten sie im selben Aufzug das gleiche getan – damals in den zwanziger Jahren.

Dann war die Steppe unvermittelt zu Ende, und der *Rossiya* ratterte einen steilen Hang hinunter, an Datschen und Fabriken mit großen Schornsteinen vorbei zur Brücke über den Ob, die im Jahre 1897 eine Million Dollar gekostet hatte und mit Stahl aus dem Ural erbaut worden war, auf Stahlträgern aus Polen und aus steinernen Streben und Pfeilern, die man mit Zement aus St. Petersburg zusammengesetzt hatte. Dann kam sie im größten Bahnhof der größten Stadt Sibiriens zum Stillstand, 2089 Meilen von Moskau und 2721 Meilen von Wladiwostok entfernt. Es war 17.06 Uhr nach Moskauer Zeit, 21.06 Uhr in Novosibirsk.

Hans-Otto Meissner

Eisenbahn-Safari (1979)

Bald kommt der Prowodnik mit heißem Tee in einem großen Glas, das sich in einer Halterung aus Blech mit Henkelgriff befindet. Er spricht ein paar Worte Deutsch, und ich frage, ob es allen Ernstes ganz unmöglich sei, ein gutes ›Wässerchen‹ oder sonst etwas in angedeuteter Richtung zu bekommen. Was sich nicht klar ausdrücken läßt, wird durch Augenzwinkern begreiflich. Doch der pflichtbewußte Mann bedauert lebhaft, leider ist jeder Verkauf von hochprozentigen Alkoholika in den Zügen und auf Bahnhöfen verboten. Ich will das nicht recht glauben, aber er bleibt bei seiner Aussage.

»Auf gute Freundschaft«, sage ich und nehme mir die Freiheit, ihm fünf Rubelchen in die Tasche seiner Jacke zu schieben. Fast erschrocken weicht er zurück, protestiert energisch, überwindet sich aber doch und lächelt zufrieden.

Vieles muß man wissen, um sich im Transsibexpreß zu verhalten, wie es den Gepflogenheiten entspricht. Nicht alles steht in dem Merkblatt, das ausländische Reisende zusammen mit Fahrkarten, Bettkarten, Wäschegutscheinen und so weiter von Intourist erhalten. Wenn schon die Sonne sinkt, aber die Bahnhofsuhr noch den frühen Nachmittag anzeigt, geht das ganz in Ordnung, denn der gesamte Eisenbahnverkehr in der riesengroßen Sowjetunion richtet sich stets und ständig nach der Moskauer Zeit. Für Ausländer, die daran nicht gewöhnt sind, kann das verwirrend sein. Der Zeitunterschied zwischen Chabarowsk am Ufer des Amur und der sowjetischen Hauptstadt beträgt volle sieben Stunden, nicht aber für Bahnreisende im Zug und im Bereich des Bahngeländes. Für sie besteht kein Anlaß, die Uhr umzustellen. Jedenfalls bleibt es dabei, daß ohne Benützung eines Flugzeuges die Reisezeit zwischen Berlin und Yokohama 280 Stunden beträgt.

Zweimal wird während der langen Reise die Bettwäsche ausgewechselt, wozu der Reisende zwei Gutscheine erhält, die er schon am ersten Tag der Schaffnerin übergibt. Wo diese fleißige Frau mit ihrem Kollegen gemeinsam wohnt, schläft und auf Abruf wartet, befindet sich auch der Kipjatok. Das ist ein eiserner, mit Kohle beheizter Ofen, der erstens den ganzen Tag wärmt, zweitens dem Prowodnik und der Prowodnika zur Bereitung ihrer Mahlzeiten dient, drittens aber vor allem das Teewasser am Kochen hält. Immer kann der Fahrgast dampfend heißen, süß gezuckerten ›Tschai‹ bekommen, der auf Verlangen oder unverlangt in die Abteile gebracht wird. Dazu gibt es ganz gute, süßlich schmeckende und kalorienreiche Waffeln, deren Name ›Rotfront‹ bedeutet. Nicht jedes Mal, sondern am

Ende der Reise zahlt man einen geringen Gesamtbetrag. Wer statt dessen gutes Trinkgeld gibt, braucht für Tee und ›Rotfront‹ gar nichts zu geben.

Welche Dienstvorschriften für den täglichen Bettenbau bestehen, war nicht zu erfahren. Ich nehme an, wenn man einen der Prowodniks darum bittet, wird er (oder sie) den Wunsch erfüllen, vielleicht aber auch nicht. Die Einheimischen, so scheint mir, machen ihre Betten selber und richten sich dabei nicht nach den Tageszeiten. Sehr eifrig dagegen sind Schaffner oder Schaffnerin mit dem Staubsauger beschäftigt. Mehrmals täglich säubern sie den Gang und die Abteile. Im allgemeinen werden auch Waschräume und Toiletten saubergehalten.

In jedem Abteil, auch in den meisten Gängen befinden sich Lautsprecher, die Musik von Tonbändern abspielen und auch Nachrichten durchgeben. Früher wurde beklagt, daß man diese Unterhaltung nicht abstellen könne. Besonders die pausenlose Berieselung mit politischer Propaganda, der man sich nur durch Verstopfen der Gehörgänge entziehen konnte, hat seinerzeit die Ausländer gestört. Jetzt funktionieren im ›Rossija‹ die Abschaltknöpfe. Propaganda kam mir nicht zu Ohren, jedenfalls nicht in einer für mich verständlichen Sprache. Statt dessen steckten in Fächern des Seitenganges buntbebilderte Broschüren, angefüllt mit Lobgesängen auf die fabelhaften Leistungen und bewiesene Friedensliebe der Sowjetunion. Glücklich seien alle Menschen, wurde in englischer, deutscher, französischer, italienischer und japanischer und anderen Sprachen behauptet, überaus glücklich seien all die Menschen, denen das Schicksal erlaube, in der UdSSR zu leben.

Der Sibirien-Expreß hält sehr oft. Die Zahl der Stationen zwischen Moskau und Nachodka am Ochotskischen Meer liegt nicht fest, sondern hängt vom Bedarf ab. In Reiseberichten schwanken die Angaben zwischen 75 und 150 meist nur kurzen Aufenthalten während der gesamten Fahrtzeit von rund 163 Stunden. Man reist in dieser einen Woche 9330 Kilometer, wobei die Durchschnittsgeschwindigkeit 62,6 Stundenkilometer beträgt. Auf Teilstrecken soll die Höchstgeschwindigkeit 120, sogar 140 Stundenkilometer erreichen. Mir aber kam es nicht so vor, als hätten wir jemals 120 übertroffen. Von Moskau bis Irkutsk ist die Strecke durchgehend elektrifiziert. Von Irkutsk weiter nach Osten sind noch Diesellokomotiven im Einsatz. Wo die Transsib starke Höhenunterschiede überwinden muß, in den Gebirgen nahe dem Amur wie auch in der Gegend des Baikal-Sees, hilft eine zweite Lok, gelegentlich noch eine dritte, die von hinten schiebt. Erst Mitte der 30er Jahre hatte man begonnen, die ursprünglich eingleisige Strecke zweigleisig auszubauen. Bei Ausbruch des Zweiten Weltkrieges war es noch immer nicht fertig. Man verdoppelte die Anstrengungen, und bevor 1945 das Ende kam, hatte das zweite Gleis den Hafen Wladiwostok erreicht.

Leider bin ich kein Kenner von Lokomotiven, die auf Breitspur laufen. Ich kann deshalb nur wiederholen, was mitreisende Experten sagten oder was ich sachbezogenen Zeitschriften entnehmen konnte. Demnach stammen die Lokomotiven der Transsib entweder aus den tschechischen Tatrawerken oder sind russischen Ursprungs. Die Typen BO-BO und CO-CO sollen in der Mehrzahl sein und werden von Deutschen gebaut, und zwar in Ammendorf in der DDR. Nur sechsmal auf der fast 10 000 Kilometer langen Strecke werden die Loks gewechselt.

Weil es verboten ist, auf Bahnhöfen zu fotografieren und ein Merkblatt für Touristen deutlich auf das Fotoverbot hinweist, habe ich es nicht getan. Hinterher stellte sich heraus, daß andere Passagiere keineswegs so zurückhaltend waren. Sie haben auch die Loks von allen Seiten aufgenommen, ohne seitdem im Kerker zu schmachten. Schlimmstenfalls mußten sie die Filme aus der Kamera nehmen und abgeben. Auch bei nächtlichen Aufenthalten sind einige der passionierten Eisenbahnfreunde aus dem Bett gestiegen, um keinen Maschinenwechsel zu verpassen. Sie haben folgende Typen notiert, unter denen sich vielleicht einige Leser etwas vorstellen können. CS 2, WL 60/P 1847, FD und FL FR 37, FR 05, EL/WL, TE 3/6034, L/3176, P 36 mit Ölfeuerung sowie eine SU 212/38. Zu den unterwegs gesichteten Dampfloks gehörten BR-P-36 sowie die 1 C 1 der Reihe SU, außerdem die Dampflok SU-252-55 (1C1).

Mit dem Sibirien-Expreß kann jeder fahren. Auch Westler sind willkommen, allein schon wegen ihrer hochgeschätzten Devisen. Entgegen landläufiger Ansicht macht die Reservierung der Fahrkarten, Bettkarten und Gutscheine keine Schwierigkeiten. Ebenso unkompliziert erhalten Besucher aus Staaten mit ›anderen Gesellschaftssystemen‹ ihr Visum für die Sowjetunion. Man wende sich an die nächstbeste Vertretung von Intourist oder an eines der amtlichen Reisebüros in der BRD, dann erhält man eine Menge Informationsmaterial, Fragebögen und vor allem die Fahrpläne. Aus ihnen ist zu ersehen, daß es gut ein Dutzend verschiedene Möglichkeiten gibt, um via Sibirien in den Fernsten Osten zu gelangen. Dazu gehört beispielsweise die Unterbrechung der Bahnfahrt in Nowosibirsk, um von dort im Bus oder Taxi eine Besichtigungsfahrt zu unternehmen. All das und noch mehr wird von Intourist organisiert. Man kann bis Irkutsk fliegen und den Rest der Sibirienreise auf Schienen zurücklegen. Nur in Nachodka darf niemand bleiben, und total verboten ist der Besuch von Wladiwostok. Zu viel ist angeblich dort zu sehen, was Westler nicht sehen sollen.

Während die Zimmerpreise in sowjetischen Hotels trotz schlechtem Service und technischen Mängeln nicht selten höher liegen als bei uns, muß man gerechterweise die Kosten der Sibirienfahrt wie auch die anschließende Schiffsreise nach Japan als preiswert, ja ausgesprochen billig bezeichnen. In meinen Reiseberichten nenne ich jedoch nur ungern Preise, weil sie sich allzu oft ändern.

Will man die Bahnfahrt unterbrechen, was Übernachtungen in einem Hotel Erster Klasse erfordert, wird sogleich der Gesamtpreis des Unternehmens wesentlich höher. Intourist steht überall zur Betreuung und zur Führung der fremden Besucher bereit. Niemand kann verlorengehen, niemand auf Abwege geraten, von seltenen Ausnahmen abgesehen. Heutzutage ist seitens der Polizei die Kontrolle so diskret, daß sie der Reisende kaum oder gar nicht bemerkt.

Der normale Aufenthalt unseres Fernostzuges in Großstädten wie Swerdlowsk, Omsk, Tomsk, Nowosibirsk usw. beträgt zwischen einer halben bis dreiviertel Stunde. Was nicht nur einen Bummel auf dem Bahnsteig gestattet, sondern auch einen flotten Gang durch eine oder zwei nahe dem Bahnhof gelegenen Straßenzüge. Irgendwelche Sperren gibt es nicht. Die meisten Menschen im Zug begeben sich auch bei kurzen Aufenthalten hinaus, bleiben jedoch im unmittelbaren Bahnbereich.

Wichtig ist der rasche Einkauf von Lebensmitteln, die entweder in Kiosken, mehr noch von Bauersfrauen direkt neben dem Zug angeboten werden. Es gehören dazu Bratkartoffeln, gekochtes Gemüse, warme Fleischklöße, häufig auch harte Eier und gebratene Hühner, manchmal sogar Kuchen und Kekse. Je nach Jahreszeit fehlt es nicht an frischem Obst. Weil Tüten oder Plastikbeutel fehlen, wird alles in Zeitungspapier gewickelt. Daß Druckerschwärze ihre Spuren an den Speisen hinterläßt, stört niemanden.

Es handelt sich um Produkte aus dem eigenen Garten, dessen private Bewirtschaftung erlaubt ist. Dies muß jedoch während der Freizeit geschehen und darf keinesfalls einen Werktätigen von der Erfüllung seiner hauptberuflichen Pflicht abhalten. Alsdann kann der Erzeuger ohne Preisbindung seine Produkte auf dem freien Markt verkaufen. Billig aber sind solche Angebote nicht, denn groß und dringend ist die Nachfrage. Trotz der relativ hohen Preise auf dem freien Markt sollen die privaten Gartenerzeuger bis zwanzig Prozent des gesamtrussischen Bedarfes decken!

Im Zug, sowohl im Speisewagen wie in den Schlafwagen und den Gängen geben sich die Passagiere zwanglos. So ist es üblich, den Schlafanzug auch am Tag zu tragen. Mit Pantoffeln an den Füßen und einem Mantel darüber begibt man sich bei kurzen Aufenthalten auf den Bahnsteig, sogar in die Bahnhofshalle. Die meisten der russischen Fahrgäste in den Abteilen für vier oder sechs Personen lassen die Betten in Schlafstellung. Sie liegen dort lang hingestreckt und genießen die Ruhe. Sie lesen, schauen hinaus, bummeln durch den Gang oder besuchen Freunde in anderen Coupés. Weil die Russen von Natur aus gastfreie Menschen sind, bittet einer den anderen, sich am Verzehr seiner Speisen zu beteiligen, und so manche Pulle macht die Runde. Auch unter den Ausländern, wo allerdings die Betten in Bänke verwandelt werden, entwickelt sich geselliges Leben.

Eben kommt der Prowodnik zurück, präsentiert mir auf dem Blechtablett ein dampfendes Getränk und versichert, es handle sich um besonders guten Tee!

Seine Miene verheißt Gutes. Was sich im dampfenden Glas befindet, enthält zwar Tee und heißes Wasser, aber zum größten Teil hochprozentigen Rum!

Je mehr Zeit auf der wochenlangen Bahnreise durch Sibirien vergeht, desto intensiver erlebe ich jede Stunde, und auch kleine Vorkommnisse gewinnen an Bedeutung. Je länger ich in meinen Büchern über Sibirien, vor allem über den Sibirien-Expreß lese, um so stärker wächst die Überzeugung, daß an der Transsib nichts bewegender und interessanter ist als die Geschichte ihrer Entstehung.

Um die Mitte des vorigen Jahrhunderts war Sibirien noch eine unbekannte Größe. Selbst die Regierung des allmächtigen Zaren wußte nicht, wo seine Grenzen lagen. Unbekannt war vor allem die Ausdehnung der Landmasse nach Norden hin, wo die meist schneebedeckte Küste ins Eismeer übergeht. Was andererseits im südlichen Grenzgebiet der Kaiser von China für sein ›Reich der Mitte‹ beanspruchte, darüber gingen die Meinungen auseinander. Viele tausend, vielleicht hunderttausend Quadratmeilen waren praktisch herrenlos. Wenn auch Alaska mit seinem noch längst nicht erforschten Hinterland unbestritten zum russischen Riesenreich gehörte, hatte man dennoch in St. Petersburg, heute Leningrad, von seiner Lage keine richtige Vorstellung, weil nur wenige Küstenstriche nebst einigen vorgelagerten Inseln korrekt auf der ziemlich leeren Landkarte eingetragen waren. Über den wirklichen Verlauf des mächtigen Amurstromes, über die geographischen Verhältnisse an seiner Mündung wußte man nur wenig, und meist war das wenige falsch. Beispielsweise wußte man nicht, ob Sachalin eine Insel oder eine Halbinsel war.

Dabei hatten ebenso kühne wie raubgierige Kosaken schon in der ersten Hälfte des 17. Jahrhunderts das Kap Deschnjew, die Beringstraße und Kamtschatka, mit anderen Worten das östliche Ende Sibiriens erreicht. Sogar das Ochotskische Meer hatten sie schon in klobigen Booten mit Ledersegeln befahren. Aber zweifelhaft dürfte sein, ob den kühnen Männern bekannt war, daß dieses Meer mit dem so schwierig auszusprechenden Namen eine riesengroße, fast ganz von Land umfaßte Bucht war, die zum Pazifischen Ozean gehörte. Bis vor 150 Jahren war Sibirien nur sehr dünn besiedelt. Eine Vielzahl von meist mongolischen Völkerschaften lebte auf urtümliche Weise vom Sammeln eßbarer Kräuter, vom Fischfang und von der Jagd, teilweise auch von Rentierzucht. Pelztierfang ermöglichte den Tauschhandel und so auf vielen Umwegen die Beschaffung von Schußwaffen, von Pulver und Blei. Die Mehrzahl der Stämme und Stammesgruppen befand sich in den Wäldern, der Tundra und Steppe auf ewiger Wanderschaft. Sie glaubten an Naturgeister und fürchteten sich vor Dämonen.

Hinter Palisaden hatten sich russische Händler in Sibiriens einsamen Siedlungen niedergelassen. Rauhe und rohe Kosaken, geldgierige, todesmutige Goldsucher, entlaufene Sträflinge und verschiedenste Abenteurer durchzogen die nordischen Urwälder. Früher oder später gingen die meisten auf der von Stürmen gepeitschten Steppe zugrunde. Auch in den Schluchten namenloser Gebirge hatten sich freie Bauern an einigen festen Punkten angesiedelt, hinzu kamen aus politischen und religiösen Gründen Verbannte. Wirkliche oder vermeintliche Kriminelle durften auch nach Verbüßung ihrer Strafzeit nicht zurück in die Heimat. Noch andere, unkontrollierte Gemeinwesen gab es in der weglosen Wildnis, angelegt von ehemaligen Knechten großer Grundherren, die den Mut gefunden hatten, aus unmenschlicher Leibeigenschaft in die Weite Sibiriens zu fliehen. Demgemäß beschränkte sich der Machtbereich des fernen Zaren auf eine nur verschwindend geringe Zahl von Beamten, Offizieren und Soldaten in den ›Ostrog‹ genannten Stützpunkten. Nicht mehr als ein knappes Dutzend kleiner und kleinster Städte existierte in der unendlichen Weite. So lag denn Sibirien mit seinen ungeahnten Möglichkeiten in tiefem Schlaf, in einer Zeit, als schon in Europa und Nordamerika die Schornsteine der ersten Industriewerke rauchten und Dampfschiffe die großen Ströme befuhren.

Der Wandel begann im Jahre 1847 mit der Ernennung des Nikolaj Nikolajewitsch Murawjew zum Generalgouverneur. Zwar stammte er aus altadliger und vornehmer, aber ausgesprochen armer Familie. Schon sein Vater hatte bei den damals führenden Kreisen Mißfallen wie auch Mißtrauen erregt, weil er – kaum ist es zu glauben – absolut unbestechlich war. Obgleich Vater Murawjew Jahrzehnte hindurch das einflußreiche Amt eines Chefs der Privatkanzlei des Zaren inne hatte, hinterließ er weder Vermögen noch konnte er seine Söhne standesgemäß erziehen lassen. Zeitweilig gehörte Nikolaj Nikolajewitsch zum Pagenkorps am kaiserlichen Hof, beteiligte sich am russisch-türkischen Krieg, wurde verwundet, ausgezeichnet und ins Erste Garderegiment übernommen. Jedoch fehlten ihm die Mittel fürs Gesellschaftsleben im Kameradenkreis. Außerdem erreichte Murawjew nicht das Gardemaß, weshalb er bei Paraden vom Dienst befreit war. Ein Mann von seinem Selbstbewußtsein und Tatendrang gehörte auf einen Außenposten, wo kein direkter Vorgesetzter über ihm stand.

Wissen muß man, daß Nikolaj Nikolajewitsch für damalige Begriffe fast ein Revolutionär war. Jedenfalls hielt er liberale Reformen im Zarenreich für dringend notwendig, vor allem die Befreiung der leibeigenen Bauern. Sein Vetter war kein anderer als Michael Bakunin (1814–1876), ein glühender russischer Revolutionär, Anarchist und Verfasser weitverbreiteter Hetzschriften gegen das herrschende Regime. Dennoch löste Murawjew nicht die Verbindung mit ihm, auch nicht mit dem französischen Frühsozialisten Proudhon (von ihm stammt das Schlagwort ›Eigentum ist Diebstahl‹). Beides konnte der zaristischen Geheimpolizei, der berüchtigten Ochrana, kaum entgangen sein.

Trotzdem wurde Nikolaj Murawjew zum Gouverneur von Tula und kurz danach, erst 38 Jahre alt, vom Zaren persönlich zum Generalgouverneur von Ostsibirien bestimmt. Ganz offenbar ließ sich Nikolaus I., Selbstherrscher aller Reussen, von Murawjews Liberalität nicht stören.

Der Energie, der Intelligenz und Weitsicht Murawjews gelang in den Jahrzehnten seines Wirkens, Sibirien mit pulsierendem Leben zu erfüllen. Murawjew sandte eine Expedition nach der anderen aus, um die Geographie des Landes zu erkunden und Rohstoffe zu finden. Er sorgte für die Erkundung bestmöglicher Transportwege und konnte auch die Verbindung mit bisher kaum bekannten Völkerschaften herstellen. Die russisch-chinesischen Verträge von Aihun (1858) brachten die Abtretung der Ussuri-Gebiete an das Russische Reich. Murawjew gründete neue Städte, darunter Wladiwostok. Er ließ in Teile zerlegte Dampfschiffe an den Baikal-See schaffen, dann sogar bis an den Oberlauf des Amur. So konnte auf diesen Gewässern ein relativ moderner Verkehr beginnen. Viele tausend politisch Verbannte entließ Murawjew in begrenzte Freiheit, begnadigte auch kriminelle Schwerverbrecher und verhinderte, daß entlaufene Leibeigene bis nach Sibirien verfolgt wurden. Er förderte mit allen Mitteln die freiwillige Einwanderung, Niederlassung und Entwicklung von Bauern aus dem europäischen Rußland. Nach und nach gelangen ihm zumindest teilweise jene Reformen, die ihm für ganz Rußland vorschwebten. Für seinen radikal revolutionären Vetter Michael Bakunin war der nach wie vor dem Zaren treu ergebene Murawjew ›einer der besten und nützlichsten Menschen in Rußland‹. Dagegen war er den im europäischen Rußland herrschenden Kreisen verhaßt, und sie bekämpften ihn mit allen Mitteln.

Murajew konnte sich nur halten, weil Nikolaus I. weiter in die Zukunft sah als die Mehrheit der Feudalherren. Alle gegen den Generalgouverneur Sibiriens geführten Angriffe glitten ab. Der Zar verlieh ihm sogar den ehrenden Beinamen ›Amurskij‹ und erhob ihn in den Grafenstand. 1881 starb Graf Nikolaj Nikolajewitsch Murawjew Amurskij während eines Besuches in Paris. Auf dem Friedhof Montmartre wurde er beigesetzt, und bis heute blieb sein Grab erhalten. Nach dem Sieg der Roten Revolution wurde Murawjew keineswegs totgeschwiegen, vielmehr sein Andenken gebührend gepflegt. Wer sich nach Irkutsk begibt, sieht sein Denkmal in gut gepflegtem Zustand.

Murawjew wäre kaum ›Amurskij‹ gewesen, hätte er nicht schon in seiner Zeit an eine Bahnlinie vom europäischen Rußland bis ans Ende von Sibirien gedacht. Schon vor der Mitte des Jahrhunderts, als man noch nicht von Moskau bis Kiew oder Petersburg mit der Bahn reisen konnte, veranlaßte er den Pionierhauptmann Romanow, Pläne zu entwerfen, für die es längst noch keine technischen Möglichkeiten gab. Phantastisch war sein Vorschlag, eine Pferdebahn von der Moskwa bis zur Mündung des Amur! Eine Reihe von Wagen, darunter auch heizbare Wagen für Passagiere, sollte die Flüsse auf Flößen und die Bergpässe mit doppeltem und dreifachem Vorspann überqueren. Abgesehen von allen sonstigen

Problemen hätte die Fahrzeit solcher ›Expreßzüge‹ sechs bis zehn Wochen in Anspruch genommen.

Dennoch behielten Nikolaus I. und sein Nachfolger Alexander II. den Bau einer Transsib im Auge. Was aus praktischen wie technischen Gründen zu Lebzeiten des ›Amurskij‹ unmöglich zu realisieren war, rückte von Jahr zu Jahr näher an die Verwirklichung heran.

Aber erst mußten die siebziger Jahre vergehen und die achtziger beginnen, als zu den wirtschaftlichen Überlegungen noch militärische hinzukamen. Die Großmächte waren im Begriff, die noch nicht von ihnen beherrschte Welt unter sich zu verteilen. England, Frankreich, Holland, Belgien, Italien, Spanien und Portugal, später noch Deutschland und die Vereinigten Staaten sammelten, besetzten und eroberten Kolonien. Sogar China wurde in sogenannte Interessengebiete aufgeteilt. Selbst Japan begann im letzten Viertel des vorigen Jahrhunderts, sich auszudehnen. Wer konnte unter solchen Umständen eine Großmacht daran hindern, womöglich auch sibirische Territorien zu verlangen, vielleicht gar zu besetzen. Es bestand Gefahr, daß die Hintertüre Rußlands, der Ausgang ins Ochotskische Meer und damit in den Pazifischen Ozean, verschlossen wurde. Demgemäß brauchte das Zarenreich die Transsib allein schon zur Verteidigung seiner fernöstlichen Region.

Beschlossen wurde der Bahnbau 1884 durch einen Ukas Alexander III., aber wirklich begonnen erst, als am 29. März 1891 ein streng gefaßter Befehl erging.

Indessen war Japan so stark geworden, daß Alexander III. seinen Sohn, den Thronfolger Nikolaus, zum Staatsbesuch entsandte. Dort entging der erst 23jährige Zarensohn nur mit knapper Not einem Attentat.

Was Murajew Amurskij für die Entwicklung Sibiriens getan hatte, geschah anschließend auf fast ebenso tatkräftige, weitschauende und erfindungsreiche Weise durch Sergej Juljewitsch Witte (1849–1915). Auch sonst erinnerte Witte in vielem an Murawjew. Wie schon sein Name vermuten läßt, war Witte väterlicherseits deutscher Abstammung. Wenn ihm das beim Hochadel als Makel angelastet wurde, so ließ sich gegen seine Mutter nichts sagen, ganz im Gegenteil. Sie war eine Prinzessin Dolgorukij und verwandt mit dem Zarenhaus. Ähnlich wie Murawjews Vater hatte sich keiner der Anverwandten Sergej Juljewitsch Wittes in hohen Staatsstellungen bereichert, eine äußerst seltene Ausnahme im Rußland jener Zeit. Zwar konnte Sergej Juljewitsch studieren, mußte aber danach, um sich sein täglich Brot zu verdienen, hinter einem Fahrkartenschalter sitzen. Ebenso energisch wie intelligent brachte es aber der kaum 22jährige zum Stationsvorsteher, war kurz danach Leiter der Bahntarifkommission und schrieb darüber umfangreiche Handbücher. Während des russisch-türkischen Krieges 1877 bis 1878 erweckte Wittes perfekte Organisation des Nachschubs für die kämpfende Truppe das Interesse des Zaren. So ging Wittes Aufstieg weiter. Er wurde Chef der Südwestbahn und nicht lange danach Generaldirektor der Eisenbahnverwaltung, wo es ihm gelang, den Bahnverkehr des Russischen Reiches aus den roten Zahlen zu führen und sogar Gewinne zu erzielen. Im Februar 1892 war Witte Verkehrsminister, und noch im gleichen Jahr sehen wir ihn als Finanzminister des Russischen Reichs. Ihn beauftragte Alexander III., den Bahnbau voranzutreiben.

Während es oft schwierig ist, für entscheidende oder nur verantwortungsvolle Aufgaben die ›richtigen Leute‹ zu finden, besaß Witte so geniale Menschenkenntnis, daß er sagen konnte:»Stets habe ich ausgesprochen tüchtige Menschen für solche Posten gefunden. Was ich auch wollte und wo ich war, stets standen mir begabte Mitarbeiter zur Verfügung.«

An fünf Stellen zugleich begann der Bau, das zu jener Zeit weitaus größte Bauvorhaben der Welt. Um rasch vorwärts zu kommen, hatte man sich für eine eingleisige Strecke entschlossen, aber natürlich waren Ausweichen an allen Stationen vorgesehen, so daß Züge aus entgegengesetzter Richtung einander passieren konnten. Hatte ein Zug Verspätung, mußte natürlich der andere warten. Sofern der Schienenstrang durch bewohnte Gegenden führte, über flaches Gelände oder dem Ufer schiffbarer Flüsse folgte, waren die Schwierigkeiten nicht größer als sonst beim Bau einer Bahnstrecke. Schneller als gedacht wurde der Abschnitt von Tscheljabinsk an den Ob fertig. Dennoch, ja gerade deshalb eine gewaltige, höchst bewundernswerte Arbeit. Allein schon der Transport von Sand und Steinen, an deren natürlichen Vorkommen es in weiten Abschnitten gefehlt hat, war eine Glanzleistung der Organisation und der Arbeitskräfte. Über 1000 Kilometer mußte mitunter das Material herangebracht werden. Großenteils kam das Rundholz für die Eisenbahnschwellen aus dem europäischen Rußland. Wenn andererseits die Taiga Holz im Überfluß lieferte, lag gerade dort über ein halbes Jahr lang meterhoher Schnee. Wenn im späten Mai, vielleicht erst im Juni die Wärme des Frühjahrs einsetzte, überfluteten Ströme von Schmelzwasser die Arbeitsstellen. Es gab Strecken, an denen auch bei bestem Willen vier bis fünf Monate hindurch keine Arbeit möglich war. Da halfen auch nicht doppelter Tageslohn und Sonderprämien. Der tiefgefrorene Boden, vor allem der sogenannte Perma-Frost, machte Erdarbeiten ganz unmöglich.

Je ferner die Abschnitte im Osten lagen, desto größer waren die Höhenunterschiede. Nicht nur felsige Berge galt es zu überqueren oder Tunnel durchzubohren, es mußten zahlreiche Brücken über Sibiriens große, breite und reißende Ströme gebaut werden. Wie sich von selbst versteht, wurden die Stahlträger, die Eisenplatten und Drahtseile über viele tausend Kilometer aus dem westlichen Rußland zu den fernöstlichen Baustellen gebracht. Eine gigantische Aufgabe, gewiß das großartigste Unternehmen am Ende des vorigen Jahrhunderts, in Rekordzeit durchgeführt mit technischen Mitteln und Möglichkeiten, die für heutige Begriffe primitiv erscheinen.

Was in unseren Tagen Maschinen und klug durchdachte Apparate leisten, was mit Hilfe von Computern gesteuert und berechnet wird, mußte in der Hauptsache von Menschen getan und von Ingenieuren geleitet werden. Heute übernehmen Hubschrauber auch schwere Transporte, Funksprechgeräte erleichtern die Kommunikation, im Flugzeug werden Arbeitskräfte rasch von der einen zur anderen Stelle befördert. Beim Bau der Transsib kamen jedoch alle Facharbeiter, die Werkmeister wie auch die meisten der ungelernten Arbeiter aus dem europäischen Rußland. In den Fernen Osten des Russischen Reiches wurden sie auf dem umständlichen Schiffsweg durch den Suez-Kanal vorbei an China und Japan befördert. Weil sodann in Sibirien noch riesig weite Strecken ohne Bahnverkehr zwischen den Baustellen lagen, mußten die Männer zu Fuß gehen oder in rumpelnden Wagen, auf Flußbooten oder im Schlitten ans Ziel gelangen. Alle waren monatelang unterwegs.

Weil unter diesen Umständen sehr viel mehr Menschen gebraucht wurden als man für die etwa gleiche Aufgabe in heutiger Zeit benötigt, entstand das gewaltige Problem, rund 30 000 Arbeitskräfte zu beherbergen, zu verpflegen, für ihre Gesundheit und für friedliche Verhältnisse zu sorgen. Es gab Zeiten, da stieg die Gesamtzahl der am und für den Bahnbau Beschäftigten bis auf 70 000.

Minister Witte holte bedenkenlos Zuchthäusler und politisch Verbannte zu den Baustellen. Unglaublich für jene Zeit war, daß sie ebenso bezahlt und verpflegt wurden wie freie Arbeiter, natürlich wurden sie auch viel besser behandelt als in den Straflagern. Praktisch konnte jeder in die Wildnis fliehen, der wollte, aber nur wenige forderten auf solche Weise das Schicksal heraus. All diesen Männern hatte Witte zugesagt, nach dem Ende des Bahnbaus ihre restliche Strafzeit um etwa die Hälfte zu kürzen.

Mitunter fiel das Thermometer bis auf 50 Grad unter Null, dann wieder überfielen im Sommer unglaublich dichte Mückenschwärme die Arbeitskolonnen. Ein Wolkenbruch zerstörte am Schilkafluß ungefähr 100 Kilometer der schon fertigen Strecke, alle Brücken und Bahnstationen mußten neu gebaut werden.

Trotz der enormen Schwierigkeiten, trotz vieler Rückschläge und Naturkatastrophen übertraf das Tempo die kühnsten Hoffnungen. Hatte man geplant, die 3247 Kilometer lange Strecke von Tscheljabinsk nach Irkutsk im Sommer 1900 zu eröffnen, so rollte der Verkehr schon zwei Jahre früher. Die äußerst schwierige, mehr als 1100 Kilometer lange Trasse vom Baikal nach Strelensk wurde in weniger als vier Jahren gebaut. Schon konnte man von Moskau dorthin in durchgehenden Wagen reisen, obwohl der Schienenweg um den großen See noch nicht fertig war. Daher rollten die Züge auf zwei Eisenbahnfähren über den See und an seinem anderen Ufer wieder auf Schienen.

Weiter und weiter kroch der Stahlwurm durch die Wälder Sibiriens, stieg über Berge, folgte großen Strömen und erreichte den Ussuri. Als das 19. Jahrhundert zu Ende ging, als das 20. Jahrhundert begann, war die Transsib fertig. Wenn man ihre Länge bedenkt, ein gutes Viertel des Erdumfangs, kann die nur zwölfjährige Bauzeit als Weltrekord gelten, für damalige Zeit auf jeden Fall. Hatten doch die Amerikaner für die Schienendurchquerung ihres Kontinents fast doppelt so lange gebraucht!

Damit nicht genug, hatten die Russen schon vor der Jahrhundertwende mit dem Bau der ›Ostchinesischen Bahn‹ begonnen. Sie trennte sich schon bald hinter Tschita von der sibirischen Strecke, um bei Mandschuli die chinesische Grenze zu überschreiten. Geschickte, wenn auch keineswegs gerechte Verträge zwischen Peking und Petersburg hatten es ermöglicht, daß die Russen den Bau und Betrieb der ›Ostchinesischen Eisenbahn‹ auf fremdem Boden ebenso bestimmen konnten wie im eigenen Land. Die Bahn gehörte den Russen und stand unter russischer Verwaltung. Ebenso von Russen verwaltet wurde meilenweit alles Gelände beiderseits des Schienenstrangs, ebenso die wenigen schon vorhandenen oder erst von den Russen gegründeten Ortschaften. Rasch entstanden infolge des Bahnbaus und des damit verbundenen Anschlusses an den Weltverkehr blühende Städte wie Harbin und Mukden, schließlich auch der Kriegshafen Port Arthur und die Hafenstadt Dalny, später Dairen genannt.

Weil die ›Ostchinesische Bahn‹ meistens durch flaches Gelände führt und die chinesischen Arbeitskräfte fleißig am Werk waren, wurde ihre Verbindungslinie früher fertiggestellt als die Abschnitte der Transsib durch die Amurberge ans fernöstliche Ziel. So bediente man sich, um Wladiwostok zu erreichen, bis auf weiteres des Schienenweges der ›Ostchinesischen Bahn‹, durchgehend von Moskau aus, ebenso in direkten Wagen von St. Petersburg. Durchgehende Züge rollten von Tschita über Mandschuli, Tsitsihar und Harbin bis am Ende nach Wladiwostok. Mit der Strecke ganz auf russischem Boden ans gleiche Ziel ließ man sich Zeit. Erst kurz vor Beginn des Ersten Weltkrieges konnte man für die direkte Reise von der Ostsee zum Pazifischen Ozean auf die ›Ostchinesische Bahn‹ verzichten.

Minister Witte hatte in jenen zwölf Jahren Bahnbau eine wahrhaft unmenschliche Energie entwickelt. Bedenkenlos machte er sich Feinde im europäischen Rußland, sowohl beim Hochadel und den großen Grundherren wie bei den Kapitalgesellschaften und Industriellen. Allein die starke Hand Alexander III. und sodann des letzten Zaren Nikolaus II. konnten ihn vor dem Sturz bewahren.

Letzten Endes waren in den Augen der Staatsführung seine Erfolge zu großartig, als daß man sie ins Gegenteil verkehren konnte.

Schon während des Bahnbaus, der einen großen wirtschaftlichen Aufschwung Sibiriens erwarten ließ, nahm die Einwanderung in ständig steigendem Tempo zu. Hatte man vordem nur mit einem ›halben Menschen pro Quadratkilometer‹ gerechnet, erhöhte sich die Einwohnerzahl während der Jahre 1891 bis 1900 um fast das Fünffache! Unbegreiflich war für seine Zeitgenossen, wie souverän sich Witte die ungeheuren Summen für den Bahnbau beschaffte. Er bekam sie von Pierpont Morgan in Amerika, von Rothschild in Paris, von Großbankiers in London und auch von deutschen Finanzkönigen wie Mendelsohn und Bleichröder. Kenner, Könner und Beherrscher der weltweiten Hochfinanz verstanden die Bedeutung der Transsib, nämlich die Erschließung des an Rohstoffen wie Siedlungsland unvorstellbar reichen Sibirien. Ganz Rußland staunte, daß Witte immer noch mehr Kredite erhielt. Aber so gut waren tatsächlich die Aussichten, daß weder er noch seine Geldgeber sich wegen der Verzinsung oder Rückzahlung Sorgen machten.

Als 1904 der russisch-japanische Krieg begann, einerseits ausgelöst durch das Vordringen des Zarenreichs in Ostasien, andererseits durch die schrittweise sich vollziehende japanische Annexion Koreas, da mußte die Transsib und ihre Fortsetzung, die ›Ostchinesische Bahn‹, den gesamten Transport von Truppen, Kriegsmaterial, Nachschub und Verpflegung übernehmen. Wie man weiß, endete dieser Feldzug mit der völligen Vernichtung der aus europäischen Gewässern herangeführten russischen Flotte in der Seeschlacht von Tsushima, während auf dem Festland Port Arthur den anstürmenden Japanern in die Hände fiel und sich die Landarmee nach ihrer Niederlage bei Mukden zurückziehen mußte. Trotz der damals völlig unerwarteten Niederlage des Zarenreichs war die ›Ostchinesische Bahn‹ noch mehrere Jahre nach dem Ende des Ersten Weltkrieges in russischer, genauer gesagt weißrussischer Hand. Bis zum Ausbruch der Roten Revolution verkehrten noch durchgehende Züge von Moskau und St. Petersburg nach Wladiwostok, ebenso nach Harbin und Dalny am Chinesischen Meer. Da sich weißrussische Truppen noch bis 1922 im fernöstlichen Sibirien halten konnten, kam im Fernen Osten das Ende für die alte Transsib erst im Jahre 1922.

Indessen hat unser Expreß die modern wirkende Stadt Kirow hinter sich gebracht und wird bald Perm erreichen. Die flache Landschaft scheint für unsere Begriffe nur dünn besiedelt. Ortschaften sind selten, nur viermal oder fünfmal kann von Kleinstädten die Rede sein. Dann bleibt für wenige Minuten unser Transsib stehen. Was im westlichen Rußland kaum noch zu sehen ist, taucht hier öfter und immer öfter auf, Holzhäuser altrussischen Stils, gedeckt mit Schindeln und geschmückt mit Schnitzereien um die Fenster. Manche Behausungen sind im Lauf der langen Zeit im weichen Boden eingesunken. Weil das nicht gleichmäßig geschah, stehen die meisten etwas schief und wirken baufällig, aber in Wirklichkeit sind sie das nicht. Ein ziemlich großer, solide eingezäunter, meist gut gepflegter Garten umgibt fast jedes Haus. Unerhört wichtig ist das private Grundstück, wie schon zuvor erwähnt. Kann doch unter günstigen Umständen intensive Nutzung, das heißt der freie Verkauf seiner Erzeugnisse das Einkommen der

Familie verdoppeln. Außerdem zehrt man selbst von dem, was der fleißig bebaute Garten gibt.

Fichtenwälder und Birkenstämme, wohin das Auge blickt. Strohgelbes Gras und blattloses Gebüsch, hier und dort hat sich der über Nacht gefallene Schnee erhalten. Offen gesagt ist die Mitte des Oktobers zu spät für eine Reise durch Sibirien, zu spät für den Genuß der Landschaft. Seit fast drei Wochen schon sind die schönen Herbstfarben im Laubwald am Rande der Flüsse, an den Berghängen, ebenso in der weiten Steppe verschwunden. Kahl die meisten Bäume, strohgelb nun das Steppengras und blumenleer die kleinen Gärten.

Im Abteil neben mir ein besonders nettes russisches Paar mittleren Alters. Beide bürgerlich gekleidet und von ruhigem, selbstsicherem Betragen. Als wir gemeinsam durchs Fenster auf die vorübergleitende Landschaft blicken, kommt eine Unterhaltung in Gang. Sowohl der Mann wie seine Frau sprechen gut deutsch, zwar langsam und oft nach Worten suchend, aber einwandfrei zu verstehen. So können wir uns über vieles, über fast alles verständigen. Der Nachbar kennt den Namen eines jeden Bahnhofs und weiß Bescheid über den Lebenserwerb der Menschen. Die Motorisierung, sagt er, vor allem die Versorgung mit landwirtschaftlichen Maschinen läßt noch zu wünschen übrig. Deshalb sieht man fern von Moskau noch so viele von Pferden gezogene Wagen. Da sind die Anschaffungskosten ebenso gering wie der Unterhalt. Außerdem können Pferdewagen die nach langen Regenfällen und Tauwetter grundlosen Wege leichter befahren als Motorfahrzeuge.

»Autos machen keine kleinen Autos, aber von Pferden bekommt man kleine Pferde«, sagt die Frau mit durchaus ernsthafter Miene.

Ich werde zum Tee mit einigen Tropfen Kognak aus privatem Vorrat ins Abteil des Ehepaares geladen. Dort werden mir, wie es sich gehört, die Fotos der offenbar wohlgeratenen Kinder gezeigt. Weil ich meinerseits keine Familienbilder mitführe, kann ich nur mit Farbfotos von Seefahrten im südlichen Pazifik und Jagdreisen in subarktischen Gebieten aufwarten. Auch mein Gastgeber versteht sich aufs Waidwerk, so daß unser Dreiergespräch immer lebhafter wird. Gemeinsam essen wir im Speisewagen, wo die Bedienung noch aufmerksamer und rascher ist als zuvor. Von der gut informierten Dame an meiner Seite erfahre ich manch wissenswerte Zahl über die Einkommensverhältnisse, auch über die Arbeitsbedingungen des Bahnpersonals. Der Chef des Speisewagens, der eine sehr begehrte, hochangesehene Stellung innehat, bringt pro Monat umgerechnet 800 Mark nach Hause, wobei man berücksichtigen muß, daß in der Sowjetunion die Miete wie auch manches andere spottbillig ist. Für eine Dreizimmerwohnung zahlt man im Schnitt nicht mehr als 30 Mark. Dagegen sind gute Kleidung, bessere Lebensmittel, Kameras und dergleichen viel teurer als bei uns, erst recht Motorräder und vielleicht gar private Autos. Es muß aber auch der russische Krösus jahrelang auf die Zuteilung seines Wagens warten. Das Zugpersonal, wozu man auch Köche und Kellner des Speisewagens zählt, fährt einmal im Monat von Moskau bis Wladiwostok und wieder zurück. Also sind die Leute 15 bis 16 Tage hintereinander im Dienst. Danach aber stehen ihnen ebenso viele freie Tage zur Verfügung. Die Prowodniks, die Wagenschaffner, erhalten umgerechnet monatlich kaum 500 Mark, was dem durchschnittlichen sowjetischen Einkommen entspricht. Das reicht für eine bescheidene Lebensführung, reicht sogar recht gut, wenn eine Familie, zu der drei oder vier Verdiener gehören, im gleichen Haushalt beisammen ist. Was man sich aber nur ausnahmsweise leisten kann, sind die relativ teuren, privatwirtschaftlich erzeugten Lebensmittel. Schwarzarbeit kann das Einkommen wesentlich aufbessern, besonders wenn man so viele freie Tage genießt wie beispielsweise die Angestellten der Eisenbahn. Offenbar wird Schwarzarbeit stillschweigend geduldet oder schlimmstenfalls nicht streng bestraft, denn Russen sprechen ohne weiteres sogar mit Ausländern darüber.

Unser Zug, sagt mein rundliches Gegenüber, sei, von wenigen Plätzen abgesehen, voll besetzt. Die Transsib habe zur Zeit 650 Passagiere an Bord. Weil es nur reservierte Plätze gibt, herrscht kein Gedränge. Etwa die Hälfte aller Wagen fährt durch bis Wladiwostok, aber nur Russen dürfen dorthin. Ausländer verlassen den Rossija in Chabarowsk, um für den Rest der Reise in den sogenannten Fernost-Expreß zu steigen. Was die Entfernung von Moskau betrifft, ist es bis Nachodka ungefähr ebenso weit wie bis Wladiwostok. Beide Städte liegen an derselben Meeresbucht, man könnte binnen 30 Minuten flott von der einen zur anderen Seite gelangen.

Der Chef unseres Speisewagens trägt am Hals ein ziemlich großes, für jedermann sichtbares Christenkreuz, dem Anschein nach aus Gold. Als ich frage, warum, versichert mir der Herr des rollenden Restaurants, er trage das Kreuz nicht als Dekoration, er sei vielmehr orthodoxer Christ, wolle sich auch äußerlich dazu bekennen. Es scheint niemanden zu stören. Der eifrige Mann, dessen Deutsch nicht viel zu wünschen übrig läßt, schreibt mir seine Moskauer Adresse auf und bittet um meinen Besuch bei der Rückreise. Vieles könne er mir besorgen und beschaffen, was sonst nicht einfach zu bekommen ist, unverkennbar eine Aufforderung zum Schwarzhandel, was auch die Russin an meiner Seite so versteht und erklärt. Offenbar nimmt das sowjetische Ehepaar keinen Anstoß, ganz allgemein scheint der dunkle Handel üblich zu sein.

Als ich um die Rechnung bitte, bemüht der Zahlkellner eine Rechenmaschine, wie ich sie bei uns seit meinem ersten Schuljahr nicht mehr gesehen habe, aber in Japan, auch im übrigen Ostasien wird in Ladengeschäften der sogenannte Abakus noch eifrig benützt. Die beiden Russen erklären mir den Gebrauch, und tatsächlich ist er relativ einfach und leicht zu handhaben. Man kann alle Rechenaufgaben erledigen, niemand außer mir im Wagen wundert sich darüber.

Weil wir so gute Gäste sind und ich wieder ein Rubelscheinchen unter den Teller schiebe, werden wir mit gutem, angenehm herbem Weißwein verwöhnt. Das Getränk kommt aus der Gegend von Tula. Flüsternd bemerkt noch der Kellner, daß er, falls wir großen Wert darauf legen, für den Abend eine Flasche Krimsekt organisieren könne.

Wieder zurück in unserem Wagen, meint der russische Nachbar, daß er sich für den bevorstehenden halbstündigen Aufenthalt in Perm richtig anziehen werde. Als wir in der Ein-Millionen-Stadt ankommen, hat sich der Mann von nebenan in einen Oberst der Sowjetarmee verwandelt. Seine goldbetreßte, mit breiten Schulterklappen versehene Uniform ist vortrefflich geschnitten und sitzt ausgezeichnet. Entweder stehen allen sowjetischen Stabsoffizieren erstklassige Maßschneider zur Verfügung, oder man hält für jede nur mögliche Figur die passende Ausgehuniform bereit. So viel Luxus kann sich unsere Bundeswehr nicht erlauben. Die nun zur Schau getragene Würde vermag die bisher bewiesenen freundlichen Umgangsformen des Herrn Oberst nicht zu verändern. Auch seine Frau sieht mit einem Mal anders aus, denn sie trägt einen dunklen Pelzmantel mit gefütterten Stulpenstiefeln, dazu einen hübschen Hut. Draußen schlägt der Oberst vor, daß wir durch die säulengeschmückte Bahnhofshalle auf den Vorplatz gehen. So geschieht es, und ich sehe in der Halle, vor der Halle, auch in den Anlagen gegenüber eine beachtliche Menge von Skulpturen. Alle haben mit jeweils drei bis vier Metern die gleiche Größe. Jede ist von Kopf bis Fuß, auch der Sockel inbegriffen, mit schimmernder Silberbronze übermalt. Solchen und sehr ähnliche Statuen begegnet man in der UdSSR sehr oft, viel zu oft. Abgesehen vom stets vorhandenen Lenin-Denkmal handelt es sich bei den sonst dargestellten Symbolfiguren entweder um Arbeiter mit dem Hammer in der Faust, um Landarbeiterinnen mit der Sichel in der Hand sowie um großartige Sportler beiderlei Geschlechts. Auch glückstrahlende Familienmütter, die ein Kind auf dem Arm tragen, sind häufig zu sehen, des öfteren mit zwei bis drei ihnen nachfolgenden Kindern. Bei allen Figuren sind ohne jede Ausnahme die Gesichter von Lebensfreude erfüllt. Geradezu hingerissen stürmen, eilen sie als glückliche Sowjetmenschen ihrer vielversprechenden Zukunft entgegen. Wer viel in der UdSSR herumkommt, weiß natürlich, daß es sich bei den weitverbreiteten Bildwerken um Massenproduktionen handelt. Es sind ja immer die gleichen Darstellungen.

Gerade zur rechten Zeit sind wir zurück an unserem Wohnwagen, als sich der Zug ohne Warnung in Bewegung setzt. Nun werden wir von zwei Lokomotiven gezogen, sagt mir der Oberst, denn bis auf 900 Meter müsse der Zug hinauf. Das Waldgebirge, in dem sich unser Rossija bewegt, ist nicht mehr als ein Mittelgebirge. Dennoch sagt schon sein Name, wie bedeutend der Gebirgszug ist, handelt es sich doch um den Ural. Das sehr lange, gar nicht breite und auch nicht hohe, von Nord nach Süd verlaufende Gebirge ist, wie allgemein bekannt, die geographische Trennungslinie zwischen Europa und Asien, keine echte, von der Natur geschaffene Trennungslinie, wie ein Blick auf die Karte zeigt. Die Menschen haben sie dazu gemacht, aus wenig überzeugenden Gründen. Hätte mich der Oberst nicht darauf hingewiesen, wäre mir völlig entgangen, daß wir eben jetzt den Scheitelpunkt erreichen. Genau dort, wo Europa aufhört und Asien anfängt, steht ein altertümliches, aus starken Rundholzstämmen gebautes Fort. Vor wenigen Jahren erst wurde es renoviert, um als historische Markierung zu dienen. Eine wichtige Etappe auf dem Weg nach Osten ist die Festung früher gewesen, ein Bollwerk gegen wilde Völkerschaften. Von hier aus haben seinerzeit die Kosaken, haben die Russen mit der Erforschung, mit der Eroberung des sibirischen Raumes begonnen.

Danach sehen wir für lange Zeit beiderseits nur lockeren Wald, bestehend aus Föhren, Fichten und Birken, Erlen, Espen und Weidengestrüpp. An schattigen Stellen liegt Schnee. Graue Wolken ziehen über den Ural dahin. Telefonmaste und Drähte beiderseits der Bahn stören das Bild.

Alsdann erreichen wir Swerdlowsk, ein Name, der nur wenigen von uns im Gedächtnis haftet. Vor der Revolution aber hieß diese erste Stadt hinter dem Ural Jekaterinenburg.

Hier wurde am 17. Juli des Jahres 1918 der letzte Zar Nikolaus II. mit seiner Frau, mit vier Töchtern, dem schwerkranken Zarewitsch und einigen Getreuen ermordet. Heute beherbergt die bald danach umgetaufte Stadt mehr als eine Million Menschen, hat sich industriell stark entwickelt und läßt zahlreiche Hochhäuser emporsteigen.

Mit dem Oberst, seiner Frau und dem Schweizer Ehepaar essen wir im Speisewagen, wo der schon mittags zugesagte Krimsekt serviert wird. Nach unserem Geld sind dafür 18 Mark zu bezahlen, für russische Begriffe ein enormer Betrag.

Mit rauhem Griff wird während der Nacht die Tür meines Abteils aufgerissen. Eine korpulente, in Pelze gehüllte Frau schiebt sich mit drei oder vier Koffern resolut herein. Ohne weiteres okkupiert sie das zweite Bett im Coupé. Dagegen ist nichts zu machen, denn es handelt sich um ein Zwei-Bett-Abteil, und in russischen Bahnen ist es allgemein üblich, Frauen und Männer im gleichen Abteil zu befördern. Auch verschiedene Paare reisen zusammen im sechsschläfrigen Liegewagen. Aber mein Prowodnik will die Frau neben mir nicht dulden. So beginnt zwischen den beiden ein lautstarkes Streitgespräch, das mit dem Abzug des weiblichen, tiefempörten Fahrgastes endet. Mehrere Stunden verbringt die bedauernswerte Dame auf dem Klappsitz im Gang, wo sie ihre Proteste fortsetzt, auf die aber niemand antwortet. Mir tut sie leid, weil ihr ganz offenbar bitteres Unrecht geschieht. Alsdann entdeckt aber doch der Schaffner irgendwo ein freies Bett, wo die rasch beruhigte Dame mitsamt ihrem Gepäck einziehen kann. Am folgenden Morgen stellt sich heraus, daß sie Professor an der Universität in Omsk ist und sehr gut deutsch wie auch englisch spricht. Als ich mein Bedauern über ihr nächtliches Mißgeschick zum Ausdruck bringe, gibt die Professorin lächelnd zu, daß sie erst in letzter Minute auf dem Bahnhof erschienen, ohne Bettkarte, sogar ohne Fahrkarte eingestiegen sei. Inzwischen ist alles aufs beste geregelt.

Wir erreichen Omsk, die Hauptstadt von Westsibirien. 40 Minuten Aufenthalt stehen zur Verfügung. Der Oberst mit seiner Gattin wird von anderen Offizieren erwartet. Man muß die formvollendete Begrüßung gesehen haben, um zu glauben, welch geschliffene Umgangsformen heute in der Sowjetunion selbstverständlich sind. Dem Oberst entbietet man den militärischen Gruß, komplett mit Hackenklapp und strammer Haltung. Höflicher Handkuß der Frau Gemahlin, die mit gewinnendem Lächeln dankt. Natürlich tragen die Herren weiße Handschuhe, haben auch Blumen mitgebracht, die vor dem Überreichen aus dem Papier gewickelt werden. Kein Zweifel besteht, wer rechts oder links von der Dame zu gehen hat und wer dahinter folgt. Alles haargenau wie bei uns in lange vergangenen Zeiten. Übrigens ein Vorgang, der sich später in Nowosibirsk wie auch in Krasnojarsk und mit noch weit größerer Beteiligung bei der Ankunft des Obristenpaares in Irkutsk wiederholt. Immer häufiger halten wir auf Stationen, zu denen keine große Ortschaft gehört, jedenfalls können wir keine erblicken. Die aus Holz gebauten Bahnhöfe sehen aus, als wären sie zur Zarenzeit gebaut. Manche könnten als Kulisse für die Verfilmung von Tolstois ›Anna Karenina‹ dienen. Unsere Eisenbahnfans sind begeistert von einigen gewiß uralten, mit Staub und Rost bedeckten Dampflokomotiven, die gewiß schon seit Jahrzehnten hier abgestellt sind. Obwohl es verboten ist, auf Bahnsteigen zu fotografieren, erst recht maschinelle Einrichtungen, wird niemand am Gebrauch seiner Kamera gehindert. Natürlich sind die alten Dampfloks das am meisten begehrte Objekt der Fotografen.

Wie ländlich es zugeht zwischen den Bahnsteigen, zwischen den alten und neuen Loks, beweisen hier wie auf anderen Stationen drei oder vier Bahnhofsziegen. Langhaarige, großäugige, furchtlose Ziegen bewegen sich meckernd durchs Bahngelände. Zutraulich betteln sie die Passagiere an. Unsere russischen Fahrgäste sind an Ziegen auf sibirischen Stationen gewöhnt und füttern die Viecher, gewiß kluge Tiere, die den durchfahrenden Zügen und rangierenden Wagen ausweichen.

Mehrmals rollen unendlich lange Gegenzüge vorbei. Einmal versuche ich zu zählen, muß aber nach dem 50. Wagen aufhören, weil es zu rasch geht. Es handelt sich bei den kilometerlangen Wagenkolonnen um Güterzüge, die nicht nur zwei Lokomotiven für ihre Fortbewegung brauchen, sondern noch eine dritte oder vierte in der Mitte.

Am schönsten sind in der Landschaft die Lärchen im Goldflimmer ihrer schon winterlich gefärbten Nadeln. Dünner Schnee bedeckt den Boden. Die Teiche und stehenden Gewässer sind gefroren. Keine feste Straße gibt es, kein motorisiertes Fahrzeug ist zu sehen. Nur Pferdefuhrwerke sind unterwegs, manchmal Menschen auf dem Fahrrad und gelegentlich ein Traktor. Schwarzes Vieh einer mir unbekannten Rasse wandert über ein schneebedecktes Feld.

Kleine Siedlungen, geduckte Holzhäuser ohne elektrischen Draht. Vermutlich beleuchten die Menschen ihre Behausung noch mit Petroleum. Große Mengen schwarzer Vögel sind unterwegs, ob Krähen oder Elstern, vermag ich nicht zu erkennen. Wild habe ich nie gesehen, nicht einen Hasen auf der ganzen langen Strecke!

Als wir Nowosibirsk erreichen, hält uns gegenüber ein langer, von Militärpolizei bewachter Zug. In jedem Abteil sechs, in manchen sogar acht junge Männer mit kahlgeschorenem Schädel. Sie dürfen und können den Wagen nicht verlassen, denn an beiden Ausgängen wachen zwei Mann der Militärpolizei mit Maschinenpistolen. Der neben mir stehende Stuttgarter Staatsanwalt und auch ich vermuten, daß es sich um Sträflinge handelt. Auch das Schweizer Ehepaar ist gleicher Meinung. Der Oberst hinter uns hat die Vermutung gehört und stellt sie richtig:»Nein. Wo denken Sie hin! Das sind doch keine Sträflinge. Rekruten sind's, die zur Ableistung ihres Wehrdienstes nach Fernost gebracht werden.«

Aber sie seien doch kahlgeschoren, sagt einer von uns.

»Natürlich, das wird immer gemacht, bevor die Rekruten ihren Dienst antreten, wegen der Läuse!«

Richtig ist, daß die jungen Männer recht vergnügt aussehen, zu uns herüberwinken und uns auffordern, sie zu fotografieren. Ich denke, es sei aufs strengste verboten, die Kamera auf Soldaten oder gar Militärtransporte zu richten, aber nicht wenige Ausländer knipsen und filmen ohne Bedenken. Der Oberst läßt es geschehen, auch unser Schaffner denkt sich nichts dabei.

Wieder vergeht eine ruhige Nacht. Die Moskau-Zeit im Zug wirkt verwirrend auf manche der Mitreisenden. Man frühstückt, während es draußen noch dunkel ist, Dämmerlicht beim Mittagessen, Sonnenschein gegen Abend. Da kommt man ganz schön durcheinander.

Lange vor Krasnojarsk rechts und links ländliche Siedlungen, die sich über 10, 20 und 30 Kilometer erstrecken. Holzhäuser, sogenannte Datschen, eine neben der anderen, im Abstand von etwa 30 Metern, kaum eine scheint ständig bewohnt. Vermutlich gehören sie werktätigen Menschen aus Krasnojarsk. Erst vor kurzem, erklärte die Gattin des Oberst, hat man diese Grundstücke an Interessenten verteilt. Die Größe beträgt nach meiner Schätzung zwischen 800 und 1000 Quadratmeter. Dem Anschein nach wurde den Leuten kein Baumaterial zugeteilt, sie mußten sich alles Notwendige selbst beschaffen. Deshalb sehen die einzelnen Datschen so ganz verschieden aus, je nachdem, was ihre Erbauer an brauchbarem Material finden konnten. Manche Hütten, die als ebenerdige Unterkünfte gedacht waren, hat man mit Hilfe später gefundener Bretter aufgestockt. So wirken die meisten wie Notunterkünfte nach einem Erdbeben oder Bombenkrieg. Darauf käme es nicht an, meint die Obristin, wichtig seien vor allem frisches Obst und Gemüse aus dem Garten.

Auf dem Abstellgleis eines nur bescheidenen Bahnhofs, den wir mit herabgesetzter Geschwindigkeit passieren, sehe ich zwei, drei Schlafwagen und einen Speisewagen ehrwürdigen Alters. Es handelt sich, wie mir die Schaffnerin Ludmilla erklärt, um rollendes Material der Compagnie Internationale des Wagons-Lits. Vor der Revolution seien die ausrangierten Wagen über die gleiche Strecke wie jetzt unser Rossija gerollt und sogar noch weiter, vom heutigen Leningrad über Mukden nach Port Arthur und Dalny. Manche der einst sehr luxuriös ausgestatteten Wagen wurden noch während und sogar nach der Russischen Revolution im Transsib mitgeführt. Wer nahe herangeht, sagt mir ein russischer Mitreisender, kann immer noch Reste der blauen Farbe, auch der goldbronzenen Beschriftung unter Schichten von Staub, Schmutz und Abnutzung erkennen.

Meine Uhr zeigt kurz vor 2, als mich durch lautes Pochen der Prowodnik weckt. Draußen ist längst heller Tag, und wir werden binnen einer knappen Stunde Irkutsk erreichen. Also stehe ich in aller Ruhe auf, packe meine Sachen, denn hier werde ich den gastlichen Wagen Nummer 10 verlassen. Aber nicht für immer, nur vorübergehend.

Wolfgang Seidl

Ins rote Reich des gelben Drachen (1984)

Gobi oder Schamo

Fast unmerklich ging die Steppe in Wüste über. Dieses flach gewellte, pflanzen-
und wasserarme Land nennen die Mongolen ›Gobi‹, die Chinesen ›Schamo‹, das
heißt Sandwüste. Seit Stunden kein Haus, Jurte oder Baum, so weit das Auge sah.
Der Bewuchs wurde immer geringer. Bald standen die einzelnen niederen Gras-
büschel meterweit voneinander entfernt. Die Silhouette der Landschaft änderte
sich kaum: Weithinziehende Höhenlinien und versprengte, abgeflachte Kuppen
in stetig nach Südost fallendem Gelände. Kein Wasser weit und breit. Die Bahn
begleitete nur das Auf und Ab der schwingenden Telegraphenleitungen.

Aber die Farben änderten sich in der für Wüsten so typischen, faszinierenden
Art. Der ganze Regenbogen vom Bahngleis bis zum Horizont und vom Horizont
bis zum Zenit. Die Sonne spielte mit Licht und Schatten und zeigte, daß sie mehr
konnte als Rembrandt und Gauguin zusammen. Die Hügel und Lehnen wechselten vom hellen Gelb zum gebrannten Siena, vom lichten Grün zum blutigen Rot.
Der Himmel changierte vom seidigen Blau zum satten Violett, und dann wieder
lief alles umgekehrt ab, weil eine Kurve des Zuges die Sonne über einer Hügelli-
nie aufflammen ließ und die Erde vor ihr schwarz wurde.

Immer wieder werden die Menschen vom Erlebnis Wüste gefesselt; und es
gibt nicht wenige, die völlig von ihr in den Bann geschlagen werden und ihr ver-
fallen. Die Formen und Farben, die Spiele von Licht und Wind, das totale Natur-
erlebnis mag heute manchen Zivilisationsmüden in Sahara-Camps und Gobi-
Jurtenlager locken. Schon lange vorher haben Philosophen und Gottsucher die
Wüste und ihre Einsamkeit, ihre Unendlichkeit, ihre Öde oder Stille gesucht, um
Erkenntnisse zu gewinnen, die ihnen – vielleicht – in reicheren, üppigeren
Gegenden verwehrt wurden.

Ihnen allen aber war und ist die Wüste Ziel. An uns glitt sie leider vorüber wie
ein Film. Im Peking Express durch die Gobi sitzt man zwar bequem im Coupé
und läßt diese Bilder vorüberlaufen. Man muß sich nicht mehr schinden wie die
ersten Entdecker, aber man hat leider auch nicht die Muße, um eine Szene ›einzufangen‹ und sie festzuhalten. Die Weite des Blicks hinterläßt ein ständiges
Bedauern. Der Zug erlaubt eben nicht das ›Verweile doch, du bist so schön‹. Auf
heutige Weise bereichert das Reisen eben nur, es befriedigt so selten.

Faustkeile aus Jaspis

Und dann hatten wir doch noch einen Halt in der tiefen Gobi. In Sayn Shand machte unser Zug 15 Minuten Station, und im eisigen Wind konnte man auf sauberen Plattenwegen über den Bahnsteig und um das neue Bahnhofsgelände wandern. Hinter dem mindestens 200 Meter breiten unbefestigten Vorplatz schaute man zur kleinen Siedlung hinüber, die sich mit ihren Hofmauern unter der Abendsonne und dem schneidenden Wind duckte. Mühsam schien man zu versuchen, kleine Hecken entlang dem Vorplatz zu kultivieren. Die Pflänzchen waren mit kleinen Erdwällen eingefaßt für die künstliche Bewässerung.

Es ist fast unvorstellbar, daß in dieser Gegend schon im Paläolithikum, in der Altsteinzeit, Urmenschen Faustkeil-›Werkstätten‹ betrieben. Aber dem ist doch so. Nur wenig westlich von diesen windzerzausten Pflänzchen fand der russische Archäologe A. P. Okladnikow 1969 auf einer aus dem Sand der Wüste heraustretenden Gesteinsader einen leuchtend gelben Jaspis und daneben die ›Werkstätte‹ des Urmenschen mit Faustkeilen des klassischen Acheuleen-Typs von ovaler und dreieckiger Form, wie man sie eben aus Frankreich kennt. Ja, sogar Kernsteine, wie jene aus Levallois, hier aus gelbem Jaspis, lagen zu Dutzenden in dieser Urlandschaft, und sie und ähnliche Funde bei Mandal Gobi, dreihundert Kilometer westlich von Sayn Shand, lassen Okladnikow annehmen, daß in der Riß- oder Vorrißeiszeit, das heißt vor circa 230 000 Jahren, Menschen mit ›europäischer Faustkeiltechnik‹ bis hierher vorgedrungen waren. Die autochthone ›Geröllkultur‹, oder die ›Südostasiatische Kultur‹ verwendete anstelle dieses hier gefundenen ›europäisch-afrikanischen Faustkeils‹ den ›Chopper‹. Die Arbeitsseite des englisch bezeichneten ›Chopper‹ ist breit und rund zugeschlagen, sozusagen mehr zum Schaben geeignet als der zum Schlagen und Bohren gefertigte Faustkeil.

Bald aber riefen die Schaffner wieder, und wir rollten, begleitet von unserem immer länger werdenden Zugschatten, immer tiefer in die ›Serir‹, die Steinwüste der Gobi – und in den unbeschreiblichen Sonnenuntergang hinein. Mit klassischer Musik von Kassetten und Rotwein vom mitgebrachten Vorrat kam man in eine Stimmung – die brutaler nicht beendet werden konnte, als es an der mongolisch-chinesischen Grenze geschah.

Die Photosünde des jungen Schweden im Speisewagen war offensichtlich vorausgemeldet worden, und die mit der Kalaschnikow im Anschlag auf dem Bahnsteig stehenden Mongolen ballten sich um den Nachbar-Waggon Nr. 2, in dem die Schweden und leider auch einige von unserer Gruppe reisten. Filme, belichtete und unbelichtete, wurden konfisziert; Kameras schien das gleiche Schicksal zu drohen, und Aufregung war allgemein und Tränen nicht selten. Reiseleiter debattierten mit Verantwortlichen und Machthabern, versuchten zu ret-

ten, was zu retten war und zu beruhigen, wer zu beruhigen war. Unser Waggon
Nr. 3 war wohl als brav erachtet worden, und die hastig zurück- oder vorgespul-
ten Filme blieben ungeprüft – und manchmal verdorben – den Besitzern. Die
Paßkontrolle war korrekt, die übrige Gepäckkontrolle gleich Null.

Das I-Tüpfelchen auf dieser ganzen machtdemonstrierenden Säbelrasselei
war jedoch ein weiblicher Kontrolloffizier. Die atemberaubend schöne Mongolin
im elegantesten Uniformkostüm, mit Krawatte und blitzenden Reitstiefeln, hatte
Augen wie Achat und schien kalt wie ein Todesengel. Eine Mischung aus Domi-
na, Vamp, Dschingis Khan und Miss World, stand sie, wortlos die Kontrollen
beobachtend, im Waggongang, und es gab wohl keinen, dem nicht bei ihrem
Anblick ein Kribbeln den Nacken herunterlief.

China lächelt

Nach einer Stunde war alles überstanden. Der Zug ruckte an, und ein Aufatmen
ging durch den Zug. Am meisten schienen unsere chinesischen Schaffner aufzu-
atmen. Sie, die man bisher wohl freundlich, aber doch ziemlich zurückhaltend
erlebt hatte, wurden heiter, fröhlich, ja fast ausgelassen, als wir in den chinesischen Grenzbahnhof von Erlian einliefen.

Es war kurz vor Mitternacht; das Bahnhofsgelände mit bunten Glühbirnen
über und über illuminiert. Chinesische Musik aus Lautsprechern empfing uns und
auf dem von großen Bäumen und dichten Hecken gesäumten Bahnsteig standen
Hunderte von freundlich lachenden Chinesen. Vor jeder Waggontür bauten sich
15 bis 20 Männlein und Weiblein gemischt, in Reih und Glied auf, in Uniform,
Stoffschuhen und Ballonmützen, aber ohne jegliche Waffen; die Hände in weißen
Handschuhen, und erwarteten uns. Als der Zug hielt, schien ihre Aufgabe erfüllt
und sie zerstreuten sich. Die ganze Szene war so gekonnt auf freundlich und zivil
getrimmt, daß der Unterschied zur mongolischen Verabschiedung nicht eklatan-
ter hätte sein können.

Die Paß- und Gepäckabfertigung konnte man fast schon als familiär bezeich-
nen, und keine zehn Minuten nach Ankunft bewegten wir uns schon frei auf dem
Bahnhof. Die meisten wechselten Geld am Bankschalter im Bahnhofsgebäude.
Für 200,– DM erhielt man etwa 170,– Yüan. Ein Yüan hat 100 Fen.

Einen Postschalter oder besser -zimmer gab's ebenfalls im Bahnhof und alsbald kauften viele mit den eingewechselten Yüan Postkarten und Briefmarken –
die übrigens auch von Nichtsammlern als sehr hübsch empfunden wurden –, als
ob sie Sorge hätten, in ganz China nie wieder welche zu Gesicht zu bekommen.
Eine Luftpostkarte nach Deutschland muß mit 70 Fen frankiert werden. Auch
einen ›Freundschaftsladen‹ fanden wir in dem sauberen und großzügigen Zweck-

bau. Es war der erste von vielen, die wir in China besuchten und in denen die Volksrepublik sich bemüht, die eben eingewechselten ›Touristen-Yüan‹ wieder einzukassieren. Das Angebot in diesem Laden jedoch war dürftig. Jeder gewöhnliche ›China-Shop‹ in Europa ist besser assortiert.

Was das eingewechselte Geld anlangt, merkt man erst viel später – und manche in einer geführten Reisegruppe bekommen es wohl nie mit –, daß unser Yüan nicht der Yüan des normalen Chinesen ist. Nicht nur in Orten abseits der großen Touristenströme musterten Kuchen-, Getränke- oder Haushaltswarenverkäufer unsere kleinen Scheine mißtrauisch, bis oft aus den Umstehenden ein Wissender – woher er nur immer so schnell kam? – dem Zweifelnden mit Autorität erklärte, daß mit dem Geld ›des weißen Langnasen‹ alles in Ordnung sei. Der Touristen-Yüan ist also so etwas ähnliches wie der grüne ›Script-Dollar‹ der US-Besatzungstruppen in Übersee nach dem Kriege.

Eine derartige Separat-Währung gibt dem Staat die Möglichkeit, den Geldfluß von außen zu kontrollieren und zu reglementieren. So eine gespaltene Währung hat auf die Dauer jedoch auch große Nachteile. Kann man nämlich mit dem Sondergeld begehrte oder bessere Waren – womöglich auch noch in ›Inter-Shops‹, wie in der DDR – kaufen, untergräbt die Regierung den Wert ihrer eigenen ›ordinären‹ Währung. Korruption und jede Art von Unterschleif und Nebenmarkt beginnen folgerichtig zu blühen. Neueste Reiseberichte sprechen bereits davon, daß der Touristen-Yüan von chinesischen Schwarzhändlern mit Aufpreis von Touristen gekauft wird.

Wir Geldwechsler jedoch traten auf den Bahnsteig hinaus – und unser Zug war weg. Ein paar hundert Meter weiter die Gleise entlang jedoch war viel Bewegung und Lichterschwenken. Die im Zug Sitzengebliebenen erzählten später, wie es ist, wenn von der russisch-mongolischen Breitspur auf die 9 cm schmalere europäische Normalspur, auf der heute in ganz China gefahren wird, umgestellt wird. Es geht ganz schnell und sehr bequem für die Reisenden, die einfach im Waggon bleiben. Der ganze Zug wird nach dem Lösen einiger Bolzen hydraulisch hochgebockt und die kompletten Breitspurradsätze herausgezogen. Dann werden Normalspurradsätze auf den doppelt darunterliegenden Gleisen untergeschoben, die Waggons abgesenkt und erneut verbolzt, und fertig ist die Umspurung in einer Dreiviertelstunde.

Da die Luft um Mitternacht in Erlian an der Grenze von der Äußeren zur Inneren Mongolei sehr kühl war, suchten wir einen auf den Gleisen abgestellten Speisewagen auf, dessen Bedienung sich freute, uns zu dieser Stunde zu sehr zivilen Preisen komplette chinesische Menüs sowie heißen Tee, Tsingtau-Bier oder einen Schnaps anzubieten, gegen den jeder doppelt gebrannte Gebirgsenzian wie Limonade erschien. War es nun wegen der kalten Luft, wegen der Freundlichkeit der Chinesen nach dem überstandenen Schrecken der mongolischen Grenzabfertigung? Einige wenige von uns unterschätzten diesen Stoff jedenfalls gewaltig und boten alsbald den Chinesen jene Bilder, die ihnen als die lächerlichsten und verachtenswertesten gelten: Betrunkene. Für einen Chinesen hat ein Betrunkener sein Gesicht verloren, und auch ein kommunistischer Chinese kennt kaum etwas Schmachvolleres. Glücklicherweise rollte bald unser umgespurter Zug wieder in den Bahnhof und wir konnten endlich schlafen gehen und uns durch die Innere Mongolei rollen lassen.

Löß – die gute Erde Chinas

Landschaftskonturen in Pastellfarben begrüßten uns am frühen Morgen vor Tsining. Wir hatten die chinesische Gobi, die Schamo durchquert, befanden uns noch in der Provinz Innere Mongolei, östlich der Gegend, wo der Huang-Ho nach Süden wieder umbiegt. Ein malvenfarbiger, seidiger Himmel begrenzte fahlgelbe Lößberge, die sanft in weite Täler abfielen. Vielgeäderte Flüsse wanden sich eisgesäumt durch die Hügel. Pappelreihen noch mit allen Blättern begleiteten Flußufer, Trampelpfade und Straßen. Das Land schien bebaut von unten bis oben. Acker reihte sich an Äckerchen, durch Lößwände oder Wälle getrennt. Tiefe Gruben, wohl ausgehoben um Baumaterial zu gewinnen, waren am Boden wieder als Acker angebaut. Es scheint wirklich so zu sein: Fällt eine Lößmauer um, geht alsbald wieder der Pflug über sie hinweg und macht sie erneut zum Acker.

Dörfer, Siedlungen allüberall. Alle ähnlich, alle aus Löß. Alles schien aus Löß. Auch Mensch und Tier wirkten wie aus Löß, fahlgelb; vielleicht auch nur in der Dämmerung.

Löß – das ›Manna Chinas‹ – gibt es ja nicht nur in China. Der Wein am Kaiserstuhl und der Hopfen der Holledau wachsen auch auf Löß. Aber in China erreicht er Mächtigkeiten von über 400 Metern, während er in Europa zehn Meter Dicke selten überschreitet. Löß muß auch nicht immer fruchtbar sein. Als ›Molkenboden‹ oder ›Sols lessivés‹ ist er nahezu unfruchtbar. Aber im Schwarzerdegebiet der Ukraine, am Kaiserstuhl oder in der Holledau und besonders in China ist dieses leicht zerreibbare, mehlartige, ungeschichtete Sediment von ockergelber bis gelblich-grauer Farbe aus Quarz, Tonerdesilikaten wie Feldspat und Glimmer, aus Kalk und den organischen Zerfallsprodukten der Fauna und Flora seiner Steppenheimat so fruchtbar, daß Fachleute staunen und Laien sich wundern.

Der große deutsche Asienforscher F. von Richthofen nannte ihn einen ›primär äolischen‹ Boden, der auch heute noch im Nordwesten Chinas, also hier bei Tsining, von den trockenkalten Wintermonsunen aus den innerasiatischen Wüsten herangeweht wird und sich wie ein fruchtbares Leichentuch über Berge und

Täler, über Wasserscheiden und Meeresarme legt. Hier im Nordwesten Chinas ist der Löß also angeweht. In der großen chinesischen Ebene dagegen ist er durch den Huang-Ho und den Yangtse-kiang angeschwemmt. Dies nannte v. Richthofen ›secundär äolisch‹, denn er war ein gebildeter Mann, der wußte, was er den Windgöttern schuldig war – aber heutige Geographen und Bodenkundler streiten darüber.

Die typische chinesische Lößlandschaft wird bestimmt durch die Eigenschaft des Lößes, die ihm seinen alemannischen Namen gab: Löß = ›Lösch‹ = lose, locker. Er wird durch Regen abgeschwemmt, ausgespült, erodiert. Die Lößlagen, in sich standfest, erlauben zwar sogar die Anlage von Höhlenwohnungen, aber die ihn aufgrund seiner Konsistenz senkrecht durchziehenden Haarröhrchen lassen ihn bei starkem Regen oder anschwellenden Flußläufen in steilen Wandteilen abbrechen, so daß Schluchten und tiefe Hohlwege entstehen, die immer wieder faszinierende Muster bilden. Kleine Bächlein schon graben tiefe Runsen in V-Form mit krümeligen Wänden und zerbröselnden Pfeilern. Terrassen, heute hier – sind morgen weg und der zurückgebliebene Boden metertief unter dem vorigen Niveau so fruchtbar wie vorher. Lößlandschaften müssen für Landvermesser und Katasterbeamte – je nach Standpunkt – die Hölle oder der Himmel sein. Ein schwerer Monsunregen – und alle Besitztitel sind neu zu regeln.

Wir überquerten zwei glitzernde Flüsse, die nach der Karte in abflußlosen Seen enden, und dann rollten wir durch Tsining, eine Lößstadt. Flache Häuser, alles fahl graugelb, pappelgesäumt, und wieder ging's hinaus in die Landschaft, die man von so vielen Bildern kennt und die doch so unwahrscheinlich, so fremd wirkt, wenn man sie durchfährt.

Südlich der Großen Mauer – Datong

Hinter Feng-Chen passiert man auf dieser Route die Große Mauer, aber aus irgendeinem Grunde sahen wir sie nicht. So verließen wir das Land der Mongolen, die Innere Mongolei, und kamen ins eigentliche China, in die Provinz Shansi.

Die Provinz Shansi, ungefähr $^2/_3$ so groß wie die Bundesrepublik Deutschland, ist ein bergiges Land, dessen Westgrenze der hinter Paot-Ou circa 700 Kilometer nach Süden fließende Huang-Ho ist. Westlich des Stroms liegt die Nachbarprovinz Schensi. Hinter dem Huang-Ho-Knie ist der nun nach Osten fließende Strom auch die Südgrenze dieser Provinz. Der südliche Nachbar ist die Seidenprovinz Honan. Im Osten ist die Gebirgskante des Tai-Hang-Shan zum Tiefland zu die Grenze zur östlichen Nachbarprovinz Hopei, in der Peking liegt. Die Provinz Shansi selbst wird von Nordost nach Südwest vom Fluß Fen-Ho durchflossen, der südlich des Drachentores, in dem der Huang-Ho das Gebirge durchbricht, in den großen Gelben Fluß sich ergießt. Damit hat die heutige Provinz Schansi Anteil an dem alten Kerngebiet der Chinesen, das sich um das Huang-Ho-Knie konzentriert. Der Unterlauf des Fen-Ho ist sogar das Kerngebiet der ersten geschichtlichen Dynastie überhaupt: der Shang. Ihre Hauptstadt Keng lag am Einfluß des Fen-Ho in den Huang-Ho.

Unser Ziel war die Stadt Datong, auch Tatung geschrieben, was übersetzt ›Große Harmonie‹ heißt und damit ein Beispiel ist für chinesische Finesse. Denn die Stadt, gleich südlich der Großen Mauer, war jahrhundertelang zentrale Garnisonsstadt und Zentrum des Handels des ›Han-Volkes‹ mit den nördlichen ›wilden‹ Nomadenvölkern, den Hunnen, Mongolen und Turk-Völkern. Datong war gleichsam der ›Freundschaftsladen‹ vergangener Zeiten. Ganz klappte die Propaganda aber scheinbar auch schon damals nicht, denn das nichtchinesische Kriegervolk der Toba, deren Ursprung unsicher, vielleicht turktibetischer Abstammung ist, gründete hier in Datong, der ›Großen Harmonie‹, die Dynastie der ›nördlichen‹ Wei und machte die Stadt zu ihrer Kapitale. Die Toba-Wei hielten sich über 100 Jahre – bis auch sie aufgingen in der größeren Harmonie Chinas.

Es war 8 Uhr morgens, als wir auf dem sauberen überdachten Bahnhof ankamen und unsere chinesischen Schaffner zum letzten Mal ihre Wagen waschen sahen. Ein chinesischer Führer namens Wang, das heißt ›König‹ und sein Name ist in China so häufig wie bei uns der Name ›Meier‹, erwartete uns, sorgte für unser Gepäck und führte die Gruppe durch Fußgängerunterführungen auf den sauberen Bahnhofsvorplatz zum wartenden Bus. Platz und Straße waren sauber asphaltiert, Fußwege aus Löß mit jungen Kiefern gesäumt. Die ersten Häuser standen einfach, ebenerdig, unverputzt, aber sauber am Straßenrand. Die ersten Chinesen in den bekannten blauen Anzügen schauten interessiert, aber zurückhaltend. Ein begrüßendes Lächeln jedoch wurde sofort erwidert. Der Bus selbst war japanisch, das heißt in den Sitzen eng für mitteleuropäische Wohlstandsbürger, aber sehr sauber. Die Zahl seiner Sitzplätze entsprach genau unserer Kopfzahl, und trotzdem wurde unserer Bitte nach einem größeren, bequemeren Bus, in dem man nicht wie die Sardinen sitzen mußte und auch eventuell die Kameras auf dem Nebensitz ablegen konnte, nach unserer Ankunft im Hotel sofort entsprochen. Ohne Zweifel, man bemühte sich, den Wünschen der geehrten Gäste entgegenzukommen. Was keine Kleinigkeit in einem Land ist, das doch noch viel aufzuholen hat. Und über allem lag eine goldene Spätsommersonne, so daß die Meinung allgemein war, es sei ein gelungener Anfang.

Auf einer breiten Straße ging's dann nach Süden hinein in die Stadt. Der Kraftfahrzeug-Verkehr war gering, dafür aber Hunderte, Tausende, ja Zehntausende von Radfahrern. Man kennt diese Bilder ja, aber wenn man erlebt, wie ein Bus

von Radfahrern eingekeilt wird, beginnt man zu fühlen, wie ein Löwe sich fühlen muß, wenn ihn eine Springbockherde auf der Flucht in die Mitte nimmt und
man später von ihm kein Stück mehr unter Trittsiegelgröße findet. Panik und
Platzangst kann den Europäer angesichts asiatischer Menschenmassen befallen,
auch wenn alle ganz gelassen dahinradeln und ihre Klingeln nur scheinbar zum
spielerischen Dauerkonzert benutzen. Denn das Tempo des Geschehens auf den
Straßen bestimmen sie, auch in der ›nur‹ 2-Millionen-Stadt Datong.

Unser Bus schwamm also mit in dieser blauweißen Radlerflut, und man hatte
Muße, die Radelnden zu betrachten, die Vielfalt der Gesichtsformen, die Gelassenheit in den Augen, das dichte schwarze Haar. Viele Frauen trugen dicke
geflochtene Zöpfe und blaue Stoffschuhe mit schwarzen Sohlen.

Verkehrspolizei in Weiß

Auf den breiten Fußgängerwegen lagerten riesige Haufen von Kohl, Zucchini,
Zwiebeln, grünem Knoblauch und Auberginen zum Verkauf. An einer großen
ampelbewehrten Kreuzung mußten wir und alle Radler warten. Der Querverkehr
war genauso stark wie unserer. Zusätzlich zu den Ampeln standen etwa 20 bis 30
weiß uniformierte und bemützte Polizisten an dieser Kreuzung im Einsatz. Hinter einem sechsstöckigen großen Warenhaus mit breiten Freitreppen herrschte auf
einem großen Platz Marktgewühl. Die Rückseite des Platzes bildete ein großes
Gebäude mit Uhrturm: Die Post, wie uns unser chinesischer Führer erklärte. Über
niedrigen Dächern ragte etwas weiter entfernt ein breit geschwungenes Tempel-
dach in den Himmel.

Weiter ging's einige Kilometer im Strom der Radler. An der dritten Ampel,
wieder mit zusätzlicher Polizeiunterstützung in halber Kompaniestärke, bogen
wir nach links und gleich darauf durch ein Tor in der uns dauernd auf beiden
Straßenseiten begleitenden Backsteinmauer. Ein weiträumiger Park nahm uns
auf, durch den eine breite Zufahrt mit abschließendem Rondell zu einem breit-
gelagerten fünfstöckigen Gebäude mit Freitreppe führte: das Datong-Hotel. Den
China-Neuling erinnert es ein bißchen an altenglischen Kolonialstil mit Porti-
kus, riesiger Empfangshalle – mit Spucknäpfen – und Zimmern von mindestens
vier Metern Höhe. Es sah stark gebraucht aus und die Badezimmer harrten dringend eines Anstrichs und zum Teil neuer Armaturen. Die Badewanne und das
Waschbecken hätten unbedingt eines Gummipropfens bedurft. Aber heißes Wasser in Thermosflaschen stand bereit und Deckeltassen und grüner Tee in der
Blechdose, so daß man dankbar die Ferse in den Wannenablauf bohrte, um sich
nach der langen Bahnfahrt einmal warm zu baden, denn die Dusche ging nicht.
Es kostet allerdings schon einige Selbstbeherrschung, die Ferse im Auslauf drin

zu lassen, wenn brühendheißes Wasser dem Hahn darüber entströmt und sich partout nicht mit kaltem Wasser mischen will, soviel man auch an den Hähnen dreht.

Das Frühstück jedoch war perfekt. Kaffee, zwei Eier, Kuchen und so weiter. Aufmerksam serviert an runden großen Tischen, in einem Speisesaal, so groß und nüchtern wie eine Bahnhofswartehalle. Wir erfuhren, daß unser Hotel gar nicht aus ›echten‹ Kolonialzeiten stammte, sondern erst in jüngerer Zeit errichtet worden war, um den sowjetischen Technikern Unterkunft zu bieten, die den Chinesen hier halfen, die großen Kohle- und Sodavorkommen der Gegend zu erschließen.

Nach dem Frühstück stand der gewünschte größere Bus bereit, um uns zur Stadtrundfahrt und zurück zum schon gesehenen großen ›freien‹ Markt zu bringen. Der Besuch des großen Kaufhauses stand auf dem Programm, und abgesehen von dem Menschengewimmel beeindruckte sehr das doch recht reichhaltige Angebot. Unter anderem waren zum Beispiel vier verschiedene Sorten von Taschenlampenbirnen vorrätig, und eine paßte glücklicherweise in meine vorsorglich mitgenommene Handleuchte, deren Birne auf der Fahrt ausgebrannt war.

Das Kaufhaus ähnelte völlig einem großen Kaufhaus in unseren Landen, und das Sortiment reichte von Kinderspielsachen über Wollsteppdecken, Haushaltswaren bis zu Werkzeugen. Das Gum in Moskau war jedenfalls weit spärlicher assortiert als dieser Supermarkt in einer mittleren Grenzstadt im Reich der Mitte.

In einer Lokomotivfabrik

(...)

Dann aber mußten auch wir unseren gesellschaftspolitischen Tribut dem heutigen Reich der Mitte zollen. Es ist ja schon fast ein Ritual: der Besuch einer Lokomotivfabrik und der eines Kindergartens. Und obwohl man dergleichen ja von so manchen Beschreibungen schon kennt, wurden die Besuche doch interessanter als angenommen.

Datong ist, aufgrund der hier gefundenen Kohle und anderer Rohstoffe, ein schwerindustrielles Zentrum Chinas. Das Lokomotivwerk spielt dabei sicher eine bedeutsame Rolle, So fuhren wir hinaus aus der Stadt. In den Vorortbezirken sahen wir die ersten Felder und bogen dann ein in die zur Fabrik gehörende Arbeitersiedlung: Breite Straßen mit jungen Pappeln bestanden, von einstöckigen Häusern gesäumt. Auf den unbefestigten, überbreiten Bürgersteigen saßen auf Stühlen sich unterhaltende Alte und beaufsichtigten dabei ihre spielenden Enkel. Die wärmende Vormittagssonne lud ein, es ihnen gleichzutun. Aber wir mußten ein

großes Tor mit rotem Spruchband passieren, ein paar mehrstöckige Verwaltungs-
gebäude umkurven und in den ersten Stock eines der hinteren Häuser in den Kon-
ferenzsaal gehen, hinter einem U-förmigen Tisch auf Stühlen Platz nehmen, die
nicht alle westdeutschen Wohlstandsbürger aushielten – es war sofort Ersatz da
–, aus bereitstehenden Deckeltassen dünnsten Jasmintee trinken und uns mit den
uns begrüßenden fünf Herren der Verwaltung des Werkes im Händeklatschen vereinigen.

Und dann gab's Zahlen. 8000 Mitarbeiter zählt das Werk, das die Chinesen zur
Gänze ohne jede fremde Hilfe aus eigener Kraft erstellten. Die Fabrik ist die
größte Dampflokomotivproduktionsstätte ganz Chinas. 150 Lokomotiven verlassen jedes Jahr das Werk – ›alles selbstgemacht‹. Man wiederholte sich. Es wird
in Schichten gearbeitet. Frauen und Männer sind gleichberechtigt. Es gibt acht
Gehaltsstufen. Sie reichen von 35 bis 120 Yüan im Monat. Man arbeitet täglich
acht Stunden, sechs Tage die Woche. Das Rentenalter beträgt 55–60 Jahre, je
nach der Schwere der Arbeit. Frauen gehen generell mit 55 in Rente.

Weil alles so vollkommen human und problemlos war, vereinigten wir uns
wieder im Händeklatschen und wanderten anschließend durch die riesigen
Betriebshallen, in denen es rauchig, rostig aussah, wie überall, wo mit Eisen und
Stahl gearbeitet wird. Tonnenschwere Werkstücke lagen auf dem zum Teil unbefestigten Boden. Laufkräne surrten, Schweißgeräte zischten, schwere Hammer-
schläge wummerten, Winkelschleifer und Bohrmaschinen kreischten. Kurz: Es
war wie in Vulcans Vorhof zur Hölle.

Aber – seine chinesischen Diener schienen nicht düster oder dumpf. Man lachte, wenn wir kamen und so taten, als verstünden wir nichts oder alles von dieser
Arbeit. Im übrigen schienen die ›Brigaden‹ übersetzt. Meist war es wie auf
unseren Baustellen, einer arbeitete und zwei schauten zu. Zum Schluß kamen wir
an der Lok vorbei, die kurz vor der Fertigstellung stand. Alles an ihr war noch
rostig und roh, und wenn hier alle zwei bis drei Tage eine ausgeliefert werden
soll, – bei 150 Exemplaren pro Jahr – dann weiß ich nicht, wie die Maler und
Lackierer das bis übermorgen noch schaffen wollten.

Hinten, vor der Halle jedoch wartete unter Dampf und pfeifend, lackschwarz
und rotgerädert die neueste und ›So-und-so-viel‹-Sechstausendste Lokomotive,
und jeder Nostalgiker, der wollte, konnte auf ihrem Führerstand 100 Meter vor
und zurück fahren und sehen, daß aus chinesisch beschrifteten Ventilen der gleiche Dampf wie bei uns fauchte, die Manometerfinger vor arabischen Zahlen und
chinesischen Zeichen zitterten und es nach Kohle und Kraft roch, wenn man hinter dem gutmütigen Testheizer und neben dem Feuerloch stand.

Trotzdem war es ein Erlebnis, und gutgelaunt kletterten wir in unseren schon
bereitstehenden Bus – organisatorische Pannen gab es auf der ganzen Reise nicht
– und rollten zurück zum Tor, durch die Siedlung ans andere Ende, wo uns die

immer wieder entzückenden kleinen schwarzhaarigen Wuzzerln im Lokomotiv-werk-Kindergarten mit Gesang und Winken begrüßten.

Im Kindergarten

Man weiß ja, daß hier eine politische Demonstration durchgeführt wird, und trotzdem – man kann nicht anders – man findet die Kleinen süß, inklusive ihrer kitschigen, grellen Haarschleifen und der eindressierten Eifrigkeit. So klatschten wir wieder am Schluß eifrig mit und folgten dann den Führern in die einzelnen Klassen, denn erstens handelt es sich um einen anscheinend riesigen Kindergarten mit 500 Kindern, die in Jahrgangsstufen mit Unterrichts-, Spiel- und Schlaf-räumen eingeteilt sind, und zweitens hatte man für uns ein volles Programm vor-bereitet. So sangen und pantomimten die Dreijährigen, die Vierjährigen, die Fünfjährigen vor uns in gemischten Klassen und bunten Kittelchen. So sahen wir die Spielzimmer und die Schlafräume. Die Bettchen standen mit militärisch exakt gelegten Decken und Kissen in Reih und Glied, und man war ständig hin- und hergerissen von dieser geballten Ladung an natürlichem kindlichem Charme und der offensichtlich kadettenhaften Disziplin.

Zum Abschluß versammelten wir uns alle in einem kleinen Vorführraum, wo bereits ein kleines Lehrerorchester mit fremdartigen Saiten- und Blasinstrumen-ten auf uns wartete. Es schien sich um eine Art Hackbrett und Gitarren zu han-deln, und alsbald hob die für unsere Ohren etwas piepsige Musik an, die aber gleichwohl sehr melodisch sein kann, und die kleinen Künstler sangen, tanzten und rezitierten, daß sich besonders einige Damen unserer Gruppe nicht genug tun konnten. Es zeigte sich, daß unter den kleinen Akteuren echte Showbegabungen waren. Besonders die kleine Conferencière wird sicher später Karriere machen. Hoffentlich muß sie nicht enden wie der Kopf der bösen Viererbande, Maos Witwe, die ehemalige Schauspielerin Tschiang Tsching, von der Deng-Xiao-ping, der derzeitige große Steuermann in seinen jüngst veröffentlichten ›Ausge-wählten Werken‹ sagt:»Sie ist eine sehr, sehr böse Frau. Sie ist so böse, daß jedes Böse, das man über sie sagt, nicht böse genug ist!«

Wer Maos Witwe Tschiang Tsching bei ihrem Schauprozeß im Fernsehen sah, muß ihr attestieren, daß Furcht oder Verzagtheit nicht ihre Sache war. Da kämpfte eine Frau, die mal Kaiserin von China war und der alles darunter kaum lebenswert erscheinen muß. Wer so hoch gestiegen ist, mißt wohl mit anderem Maß. Ihre sich selbst beschuldigenden Mitangeklagten wirkten dagegen wie Würmer.

Unsere kleine Kindergarten-Conferencière jedenfalls hatte auch keine Angst und keine Hemmungen – und noch ein ganzes Leben vor sich. Zum Mittagessen waren wir wieder im Hotel. Es war gut, aber natürlich bei weitem nicht so gut wie das Abendessen vorher. (…)

Schlafwagen ersetzen Hotelbetten

Nach dem erneut guten Abendessen im Hotel Abfahrt um 21.30 Uhr zum Bahnhof zur Nachtfahrt nach Peking. Wir mußten überhaupt häufig auf dieser Reise nachts fahren. Der Ablauf der Reise wird gänzlich vom chinesischen staatlichen Reisebüro Lüxingche organisiert und ist nicht in der Planungsgewalt der westlichen Reiseveranstalter – Wünsche der Gäste werden jedoch nach Möglichkeit berücksichtigt. Wir erfuhren auch den Grund dafür: Die Bettenkapazität Chinas reicht für den Touristenansturm bei weitem nicht aus. So wird jedes Bett optimal genutzt. Die Schlafwagen der Eisenbahn dienen sozusagen als rollende Hotels, und so wird deutlich, daß die Organisation der das Land kreuz und quer durcheilenden ausländischen Reisegruppen schon ein kleines strategisches Meisterstück ist. Man kann sich richtig Eisenbahner und Reisemanager vor riesigen Chinakarten vorstellen: Fahrpläne, Zeittafeln, Hotelbetten, Schlafwagen, Bettwäsche, Tischreservierungen, Gepäckträger, Busse und Reisegruppen managend, koordinierend und verschiebend – daß jeder militärische Logistiker seine Freude hätte. Generalquartiermeister von Moltke läßt grüßen. Daß bei dieser Generalstabsarbeit manchmal die Bettwäsche nicht rechtzeitig gewechselt wurde – sie wurde dann doch noch –, stört höchstens Berliner Ärzte, deren eigenes soziales Verhalten von profundem Egoismus geprägt ist.

Am Bahnhof, das große Gepäck wurde gesondert befördert, wurden wir an langen diszipliniert wartenden Schlangen junger Soldaten vorbeigeführt, die es ohne zu murren geschehen ließen, daß wir die für uns reservierten Erster-Klasse-Waggons bestiegen und uns in den Vier-Betten-Abteilen für die etwa zehnstündige Fahrt häuslich einrichteten. Alles war wie aus dem Transsib-Expreß gewohnt: Decken, Lämpchen, chinesische Musik aus dem Coupé-Lautsprecher – abstellbar –, und so verabschiedeten wir uns von unserem Datonger Stadtführer Herrn Wang. Er war ein engagierter, auch an der Geschichte seines eigenen Landes interessierter Mann. In erträglichem Deutsch vermittelte er uns die Sehenswürdigkeiten seiner Stadt, vergaß auch nicht die Schändlichkeit der Vierer-Bande zu erwähnen, aber beim Versuch, die Köstlichkeiten des chinesischen Essens in Worte zu fassen, paßte er. Vielleicht waren die Speisen, die uns so gut schmeckten, ganz fürchterliche Dinge, die er so taktvoll verschwieg. In Kanton jedenfalls erfuhren wir, daß Chinesen auch Ratten zubereiten, »aber nur solche vom Lande, die Getreide fressen, keine Stadtratten!«

Für Europäer: Kaninchen sind Ratten sehr nahe verwandt. Sie sollen sich sogar freiwillig miteinander kreuzen.

Für drei von unserer Gruppe gab es keinen Platz im 1.-Klasse-Waggon – ein kleiner sozialistischer Engpaß im Plan – und drei Tapfere bezogen ihre Dreistock-Kojen in der niedrigeren Kategorie. Wir Glücklicheren besuchten sie sofort in ihrem Massenquartier. Eine Gelegenheit, den einheimischen Reisestil zu beobachten. Der Großraumwagen bot das ›Nachtlager von Granada‹ auf chinesisch. Zwischenwände ohne jede Türen dienten als Halt für die offenen Dreistockpritschen, auf denen vor aller Augen schnarchende, essende, sich unterhaltende Söhne und Töchter des Reiches der Mitte in Unterwäsche oder sonst irgendwie in allen Lagen und Positionen ungeniert Peking entgegenreisten. Der Mensch als animal sociale. Schlafende Menschen haben wirklich keinerlei Fassade.

Hardy Krüger

Sibirienfahrt (1984)

Chabarowsk – 6. Juli. Mittwoch
Mosaik der ersten Stunden

Das Hotel *Intourist* steht nah am Fluß. Der Tag hat eben erst begonnen, aber er schickt schon ziemlich warme Luft durchs Fenster. Der Hafen ist seit langem wach. Schlepper dampfen hinter langen Kähnen her. Sie bugsieren die tief beladenen Schiffe nicht den Strom hinauf, wie das auf anderen Flüssen geht. Auf dem Amur schieben Schlepper ihre Lasten vor sich her.

Unser Zimmer ist mit Sperrholzmöbeln eingerichtet, mit diesen Einheitssachen für Hotels aus Finnland. Im Badezimmer fehlen eine Menge Kacheln. Luv dreht die Dusche ab. Ich denke an die Regentränen von Niigata und sehe zu, wie sie dem Mädchen über den Körper laufen.

»Boy o Boy«, sagt sie. »Wenn du bloß wüßtest, wie sehr ich kalte Duschen hasse…«

»Vielleicht sind in Sibirien alle Duschen immer kalt«, sage ich. »Gestern abend war das ja schon so. Aber dafür ist das Bier schön warm gewesen.«

Ein wahrer Kampf ist das geworden. Gestern abend. Um das Bier. Wer hier was haben will, muß kämpfen. Weil du ein Individualist bist. So haben sie dich genannt. Wer nicht in einer Gruppe reist, ist ein Individualist. Und bekommt auch kein Bier. Außer gegen Dollars. Saures russisches Bier gegen Dollars! »Sie irren sich«, hast du gesagt. »Ein Individualist ist einer, der seine Rechte über die der Allgemeinheit stellt. Ich hingegen bin ein Individuum. Wirklich wahr! Eine Einzelperson. Und alle Individuen haben ein Recht auf Bier. Sie können mir das glauben!« Aber sie haben nicht gelacht, und ihre Gesichter sind wie aus Eis gewesen. Allerdings, die Aufpasserin da draußen auf dem Flur, die Schlüsselfrau, die hat ein Herz gezeigt für dich, den Einzelnen. Gelächelt hat sie und ist losgegangen und hat Bier geholt. Für Rubel. Du hast ein paar mehr von diesen kleinen Scheinen liegen lassen, und die Dicke hat den Kopf geschüttelt: Nein, kein Geld für Freundlichkeit, nicht bei uns, nicht hier in unserem Land. Und gelächelt hat sie. Und das Geld verschwinden lassen. Scheu. Flink. Und ihre Zähne sehen lassen, die aus Aluminium sind. Vier Zähne. Mitte unten. Bei ihrem Lächeln hast du die Zähne blitzen sehen.

»Wenn du denkst«, sagt Luv, »so ein Zimmer hier. Und hundert Dollar täglich! Für hundert Dollar wohnst du leicht im Ritz. Im Atlantic. Oder in der Colombe d'Or.«

»Ja«, sage ich. »Und noch dazu lassen sie dich vorausbezahlen. Wenn du nicht im voraus zahlst, und in westlicher Währung, darfst du gar nicht rein in dieses Land.«

»Was so ein Sowjetbürger für so'n Zimmer wohl bezahlen muß?« Luv schüttelt ihre nassen Haare. »Verlaß dich drauf, das hier wird 'ne Reise wie'n Hundert-Dollar-Täglich-Mißverständnis. Ohne Gegenleistung. Und ohne warme Duschen.«

An der Straße zum Hotel wartet ein Mädchen. Schüchtern. Freundlich. In einem Leinenkleid, das nach Rasenbleiche duftet. Sie sagt, daß sie Tamara heißt. Und daß sie uns durch die Stadt spazieren führen soll. Dann läuft sie fort und sucht das Auto mit dem Fahrer von Intourist. »Ist die auch vom KGB?« flüstert Luv.

»Anzunehmen. Wer mit Ausländern zusammenkommen darf, hat das Vertrauen der Partei.«

Als Tamara wieder vor uns steht, läßt sie ihre Schultern hängen. Weil sie das Auto nirgends finden kann.

»Machen Sie sich nichts draus«, sage ich. »Das ist schon immer so gewesen. In Moskau habe ich mal einen Fahrer gehabt, der kam jeden Tag zu spät. Zwanzig Minuten. Manchmal vierzig. Im Studio haben sie auf mich gewartet, aber das hat dem Mann nichts ausgemacht. Sascha war sein Name. Zwei Monate später haben sie ihn nach Tiflis versetzt. Das muß wohl so 'ne Art von Strafe sein, Tiflis.«

Tamara schweigt. Wir laufen durch die Straßen. Tamara sagt, daß es einmal einen Entdecker gegeben hat, einen Ataman, und der hieß Chabarow, und er hat die kriegerischen Mongolenstämme in der Gegend hier befriedet, im Auftrag des Zaren, und deshalb hat man zweihundert Jahre später auch die Stadt nach ihm benannt: Chabarowsk.

Luv bleibt stehen. »Du hast mir das gestern aber anders erzählt.«

»Ja«, sage ich. »Such dir die Wahrheit aus.«

Tamara zeigt uns Errungenschaften: Krankenhaus. Theater. Leninplatz. Haus der Komsomolzen. Ein Park für Kinder. Haus der Arbeit. Ich entdecke Nebenstraßen wieder, die wie aus meiner Jugend sind, in den dreißiger Jahren, am Stadtrand von Berlin: Straßen aus Lehm. Oder Kopfsteinpflaster. Hohes Gras vor allen Mietskasernen. Wäscheleinen. Kleine Jungs auf Bollerwagen. Farbe blättert von den Fensterkreuzen. Und die Häuser sind so grau.

»Warum?« fragt Luv, und ich sage, daß es wohl am Funktionellen liegt. Alles hat hier funktionell zu sein: Häuser, Autos, Computer, Frigidaires, alles. An Schönheit, an gefälliges Design denkt in diesem Lande niemand. Da kommt wieder ihr »Warum?« Nun, Mädchen, weil's für die Russen vieles aufzubauen gab. Nach dem Krieg. Und auch schon früher, nach der Revolution. Denk an Wohnungen. An das Mechanisieren der Landwirtschaft. Später, weil die Menschen stöhnen, ein paar Konsumgüter. Hauptsächlich aber Eisenbahnen. Endlos lange

Straßen. Schulen. Und so gut wie alles andere auch. Nimm nur die Raumfahrt. Oder die Rüstung. Und bau das mal alles auf. Unter dem Druck des Staates. Ohne die Initiative des Privaten. Da bleibt für Schönheit keine Zeit. Für Unnützes. Für Spaßiges. Für so eine herrliche Dekadenz.

»Weißt du«, sage ich zu ihr, »manchmal denke ich, daß hinter Reagans Aufrüstung eine Absicht steckt: Wenn die Staaten rüsten, und zwar mehr als wirklich nötig ist, und den Weltraum für sich erobern, dann müssen die Russen mitziehen. Sie fühlen sich bedroht, verstehst du? Ständig. Und von jedem. Es liegt in ihrer Geschichte begründet. Wenn sie nun aber dieses Wettrüsten mitmachen, dann gibt's da auch kein Luftholen in der Sowjetunion. Und der Lebensstandard der Bevölkerung bleibt noch auf Jahre unten. Und das, siehst du, schafft Unzufriedenheit.«

»Verrückt«, sagt Luv.

»Ja«, sage ich. »Verrückt. Aber möglich auch, daß es so ist.«

»Doppelt verrückt, weil so ein Wettrüsten ja auch die Leute in den Staaten unzufrieden macht, denn wir bezahlen das alles mit unseren Steuerdollars, verstehst du, und mit diesem unverantwortlichen Defizit.«

Tamara tut, als hätte sie von allem nichts gehört.

Der Bahnhof

Das helle Haus vor den Schienen sieht klassizistisch aus. An einem Baumstamm wehen Blätter aus Papier im Wind, mit Reißnägeln an der Rinde festgedrückt.

»Was ist das, Tamara?«

»Eine Art von Kleinanzeigen«, sagt Tamara. »Denn Annoncen, wie bei Ihnen in den Zeitungen, gibt es nicht bei uns. Wäre das nicht lustig, wenn in der *Prawda* zu lesen stünde: ›Studentin sucht noch zwei Kommilitoninnen für Wohngemeinschaft‹?«

»Doch«, sagt Luv, »das wäre ganz toll lustig.«

»Sehen Sie«, sagt Tamara. »Unten sind Zettelchen eingeschnitten. Da stehen die Telefonnummern drauf. Man reißt sich so ein Zettelchen ab und ruft an.«

»Weil's keine Telefonbücher gibt«, sage ich. »In der Sowjetunion.«

»Ist das wahr?« fragt Luv.

Tamara lächelt. Und geht weiter.

Zwei Züge stehen unter freiem Himmel. Sie sehen nicht nach Abenteuer aus. Es fällt mir schwer, die Farbe der Waggons zu schätzen. Die Entfernungen sind hier zu groß. Warum sich auch die Arbeit machen, so einen Zug zu waschen? Der Staub des Fernen Ostens deckt ja schon nach Stunden alle Mühen wieder zu.

Menschen zwängen sich die vier engen Stufen hoch, laden mit ihren Leibern die breiten Wagen voll. Auf den Perrons stehen geduldig die anderen, die noch nicht an der Reihe sind. Frauen mit schwarzen Kopftüchern. Alte Männer mit Ordensspangen an den Joppen. Matrosen. Kinder. Und Soldaten. Offiziere. Überall. Fast, als wäre Krieg. Die Soldaten schieben alte Koffer durch die Fenster nach. Pappkartons. Deckenbündel. Kochtöpfe. Holzkisten mit Brot und Tomaten, Knoblauch, Wodka.

Aus vielen Lautsprechern hallt eine Frauenstimme. Metallisch. Läuft über uns hinweg. Springt in den hohen Himmel.

»Tamara, was ist?«

»Der *Rossija Eins* hat zwanzig Minuten Verspätung.«

An der Wand über uns hängt eine Bahnhofsuhr. Ich sehe lange hin. Weil die Uhr drei Zeiger hat. Zwei schwarze. Und einen roten.

»Tamara, warum?«

Sie tupft sich den Schweiß von ihrem schmalen Hals. »Die schwarzen Finger geben die Lokalzeit an. Der rote die von Moskau.«

»Von Moskau?«

Das Mädchen nickt geduldig. »Auf jedem Bahnhof ist das so. Weil die Züge sich nach der Zeit von Moskau richten. Der Fahrplan zeigt die Zeit von Moskau an, verstehen Sie? Denn, bedenken Sie, von hier bis Moskau fahren Sie durch sieben Zeitzonen, jeden Tag durch eine neue Zone, und da Sie nach Westen fahren, müssen Sie logischerweise Ihre Uhr jeden Tag eine Stunde zurückstellen.«

Tamara trägt vor, wie groß Sibirien ist: Die Vereinigten Staaten passen in die Fläche spielend rein. Und auch noch halb Kanada dazu.

»Und, Tamara, wie viele Menschen leben in diesem riesigen Gebiet?«

»Es heißt, wir seien 27 Millionen Menschen in Sibirien.«

Ich pfeife durch die Zähne. Das Mädchen sieht mir dabei zu. Dann geht ihr Vortrag weiter: »Die Transsib ist die längste Eisenbahnstrecke der Welt. An die 10 000 Kilometer, von Wladiwostok bis nach Moskau.«

»Da wär'n wir gerne eingestiegen, in Wladiwostok. Aber das ist eine verbotene Stadt. Für Ausländer verboten.«

»Ich weiß«, sagt das Mädchen.

»Wegen der Kriegsschiffe«, sage ich. »Vermutlich ist es deswegen.«

Das Mädchen sieht zu dem verwaschenen Himmel hin. »Wollen Sie mich weiter anhören?« Sie wartet nicht auf unser Nicken. »Von Chabarowsk bis Moskau sind es genau 8577 Kilometer. Die Transsib, diese historische technische Errungenschaft, wurde 1891 begonnen und ist 12 Jahre später beendet worden, mit Ausnahme einer Strecke um den Baikalsee herum. In den strengen sibirischen Wintern war es ein Leichtes, die Schienen vorübergehend über das Eis des Sees zu verlegen. In den Sommern, die bei uns ja leider nur sehr kurz sind, hat man die

Waggons auf Schiffen zur Anschlußstelle gebracht. Seit 1938 gibt es die Strecke zweigleisig, und seit 1955 ist sie voll elektrifiziert. Der Zug, den Sie im Westen unter dem Namen Transsibirische Eisenbahn kennen, heißt bei uns *Rossija*. Der von Wladiwostok nach Moskau ist *Rossija Eins*, und der Gegenzug trägt die Bezeichnung *Rossija Zwei*.«

»Danke, Tamara. Ihr Mund muß jetzt vom vielen Reden ausgetrocknet sein. Gibt's auf diesem Bahnhof auch 'nen Brunnen?«

An der Tür des Wartesaals greift sie nach meinem Arm. Schüttelt den Kopf. Klemmt wie mit einer Wäscheklammer ihre Nase zu. Ein alter Mann stolpert durch die Tür. Er bringt eine Wolke mit sich. Schweiß. Fusel. Tabak. Urin. Knoblauch.

Tamara geht schnell weiter. Ein Trupp Soldaten trennt uns von ihr. Erst nach einigem Suchen finden wir sie wieder. Den Wartesaal für besondere Leute haben sie in eine andere Welt gebaut. Hohe Decken. Helle Möbel. Linoleumboden, bis zum Sichdrinspiegeln hochpoliert. Wir gehen rüber zur Bar, sehen die vielen Flaschen an, lassen die Beine von den Hockern baumeln, wollen uns schon freuen, aber Tamara schüttelt den Kopf. »Verboten.«

»Was ist verboten?«

»Alkohol. Der wird erst ab 17 Uhr ausgeschenkt.«

»Moskauer Zeit?«

Sie überhört mich mit Geduld. »Die Männer trinken sonst zu viel.«

»Das ist wahr«, sage ich. »Und nach 17 Uhr müssen sich die armen Kerle mit dem Schlucken dann so fürchterlich beeilen.«

Weiter hinten an der Bar setzt sich ein Mann mit grauen Haaren neben eine junge Frau. Ich höre ihn auf Russisch etwas sagen. Der Kellner nickt, und ich sage zu Tamara: »Gleich geh ich auf die Barrikaden.«

»Warum?«

»Dem Mann wird Sekt serviert. Vor 17 Uhr. Sekt und eine Schachtel Pralinen.«

Tamara sieht hin und läßt die Schultern schmaler werden. Wie Angst haben sieht das bei ihr aus.

Der Grauhaarige hebt den Kopf. »Sie sprechen Englisch«, ruft er. »Mit einer amerikanischen Färbung im Akzent. Das hört man bei uns kaum mehr, heutzutage. Darf ich mich zu Ihnen setzen? Ihre Sprache zu sprechen, ist für mich ein ganz seltenes Vergnügen.«

Er kommt rüber und bringt das Mädchen mit. Er sagt, daß sie Anja heißt. Seine Tochter Anja. Und daß er Professor ist. Hier in Chabarowsk. Am Institut für Pharmazeutik. Ich sehe mir Tamara an, und als ich eine Spur von Furcht in ihren Augen finde, glaube ich dem Mann kein Wort. Dann schiebt er die Pralinen hin zu Luv. »Ihr Mr. Reagan…Ein imposanter Mann…Gut aussehend…Zweiund-

siebzig schon und doch so jung...So voller Energie...Sie sind sicher mächtig stolz auf ihn.«

»Nein«, sagt Luv. »Ich habe Reagan nicht gewählt.«

Er nickt. »Immer wieder verblüffend, Ihre Offenheit. Wie die Kinder, diese Amerikaner...Wissen Sie, wen wir von Ihren Präsidenten hier am meisten geschätzt haben? John F. Kennedy. Ein großer Mann. Ebenso wie unser Stalin.«

Jetzt sitzt der Mann mitten drin in unserem Schweigen.

»Sie sollten sich nichts anderes einreden lassen«, sagt er dann. »Josef Stalin ist noch immer sehr beliebt in unserem Volk. Weil er so bescheiden war. Ein echter Russe. Alles, was er sein eigen nannte, als er starb, war sein alter Militärmantel. Und ein paar Schuhe.«

Das Gesicht von Luv ist so, daß der Mann nicht darin lesen kann. Ich halte jede Wette, daß sie jetzt an die Säuberungen denkt. An die zwanzig Millionen Menschen, die Stalin hat ermorden lassen.

»Wenn Sie bedenken...Nur einen Mantel«, wiederholt der Mann.

»Aber hören Sie mal zu«, sagt Luv. »Wenn Sie genau hinsehen, hat Stalin doch das ganze Land besessen. Was so ein Diktator haben will, geben ihm die Leute, ohne erst noch lange drum herum zu reden.«

Das Gesicht des anderen zeigt ein mildes Lächeln. »Einmal hat das Volk ihm eine Datscha schenken wollen«, sagt er leise. »Ungefragt. Aus freiem Willen. Stalin hat sich die Datscha angesehen und gesagt, daß sie sich vorzüglich eignet...als Herberge für Junge Pioniere.«

»Wirklich?« sagt Luv. »Wie schön.«

Der Zug

Als wir uns hinter bündeltragenden Menschen durch einen stinkigen Tunnel schieben und über Betontreppen wieder an die Sommerluft hinaufsteigen, will Luv wissen, was der Professor wohl im Sinn gehabt hat mit dieser Stalinsache.

»Er hat dich provozieren wollen, Mädchen. Weil er alles andere als ein Professor ist. Von mir hat er kaum eine Reaktion gewollt. Weil das nicht nötig ist. Mich kennen sie schon. Über mich gibt's in ihren Schubladen ein Aktenbündel. Aber du bist neu in diesem Land, verstehst du? Und da haben sie eben mal wissen wollen, in welchem Grad wir zu überwachen sind auf dieser Reise.«

Oben steht der Zug schon an dem Bahnsteig. In dem dunklen Rot der Wagen hängen Wappen aus Bronze. Hammer und Sichel vor einer Weltkugel. Eingerahmt von Ährenbündeln. Mit den Namen der Sowjetrepubliken eingemeißelt. Darunter Hammer und Schraubenschlüssel. Gekreuzt. Und oben drüber der Sowjetstern.

»Da«, sagt Luv. »Da hast du dein großes Abenteuer.« Sie zeigt auf ein Emailleschild an dem roten Waggon. In kyrillischen Buchstaben, aber lesbar: *Wladiwostok – Moskau.*

Der Zug scheint endlos lang. So an die zwanzig Wagen. Die Waggons sind breit. Und aus schwerem Stahl. Unser Wagen trägt die Nummer 10. Zwei Frauen stehen unter der aufgeklappten Tür. Jung. Ernst. Schwarze Uniformen. Wichtige Gesichter. Sie wollen, daß du sie wichtig nimmst.

Durch das Gewühl von Menschenleibern schiebt sich ein Soldat. Der junge Kerl schleppt schwer an seinem Deckenbündel. Wenn die Decke verrutscht, können alle auf dem Bahnsteig sehen, daß es ein Fernseher ist, den er da schleppt, und der Soldat stellt das schwere Ding verlegen ab und wickelt die Decke neu zurecht. Der Mann, der vor ihm bei den schwarzen Mädchen sein Billet abgibt, ist sein General. Der General ist sehr dick, und sein Hemd ist auf dem Rücken durchgeschwitzt. Beim Klettern, die vier steilen Stufen hoch, hat der Mann es schwer. Sein Bursche stellt den Fernseher ab und schiebt von hinten nach.

Die Sonne scheint jetzt steil vom Himmel, und als der Nächste vor die Schaffnerinnen tritt, leuchtet seine Plastikspange mit den Orden in dem blendendhellen Licht. Ich frage mich, warum in diesem Land die alten Männer ihre Orden an den Jacken tragen, wo es doch schon lange nicht mehr Uniformen sind. Hellgraue, etwas abgetragene bürgerliche Röcke sind es nun, und die Ordensspangen sehen aus, als dürften sie nicht mit dem Mann zusammen alt geworden sein. Weil er sie tragen will, so, wie sie damals waren. Frisch errungen. Heldisch. Weithin leuchtend. Denn das ist wohl alles, was dem Mann aus seiner großen Zeit geblieben ist. Damals hat man vor ihm Respekt gezeigt. Und deshalb trägt er auch seine Orden heute fast wie eine Frage: Wollt ihr mir denn die Achtung, die ich für meine letzten Jahre mehr als alles andere nötig habe, wirklich nicht erweisen?

»Hör auf zu träumen«, sagt Luv. »Wir sind jetzt an der Reihe.«

»Wetten, Luv?« Ich deute auf die Schaffnerin, die dunkle Haare hat. »Wetten, daß sie Aluminiumzähne hat?«

»Laß sehn…Wie viele?«

»Stücker zwei. Wenn nicht noch mehr.«

Luv stellt sich mit unserem Fahrscheinbündel vor sie hin. »Dobre Dan…Guten Tag.«

Die Dunkle nickt. »Dobre Dan. Wo sind Ihre Pässe?« Und ihre Zähne blitzen.

»Nicht nur zwei«, sagt Luv. »Fünf. Du hast gewonnen.«

Tamara klettert vor uns die Stufen hoch in den Waggon. »Hier ist das WC«, sagt sie. »Und in dem Abteil daneben schlafen die beiden Schaffnerinnen.«

»Sag noch mal«, meint Luv. »Hab nicht verstanden.«

»Aluzahn schläft da«, antworte ich. »Und das andere Mädchen.«

Hinter einer Tür beginnt der Korridor. Luv bleibt vor einer Nische stehen und zeigt auf einen kleinen Badeofen. »Tamara, ist das der Boiler für die Duschen?« Die Frage scheint für das Mädchen neu zu sein. »Duschen? Aber nein. In der Eisenbahn gibt's doch keine Duschen!«

»Na, das wird ja was«, murmelt Luv. »Wochenlang im Zug und keine Duschen. Ich sage dir, die Reise ist ein Hundert-Dollar-Täglich-Mißverständnis.«

Tamara streichelt den gelben Boiler in der Nische. »Haben Sie es wirklich nicht erkannt? Ein Samowar ist das…Da können Sie sich Tee holen. Tag und Nacht. Und unentgeltlich.«

Vor allen Abteilen stehen Männer an die Wand des Korridors gelehnt. Sie haben es sich bequem gemacht auf der Fahrt vom Stillen Ozean bis hier: Die Männer tragen Schlafanzüge. Und Pantoffeln an den Füßen. Wie zu Hause.

»Hallo«, sage ich. »Dobre Dan«, und die Männer nicken.

Dann stehen wir zu dritt im Abteil. Unser rollendes Zuhause für die nächste Zeit.

»Schön, finden Sie nicht?« Tamara streicht mit flacher Hand über die hellen Wände. »Formika. Aus Deutschland übrigens.« Der Blick des Mädchens kommt nur flüchtig zu mir her. »Die Waggons für den *Rossija* werden in der DDR gebaut.«

Wir sitzen auf den roten Polsterbänken und wissen nicht mehr, was es noch zu sagen gibt. An beiden Wänden steht so ein schmales Bett. Die Decken dazu liegen weiter oben, aufgerollt, über der Tür, in einer Nische. Kariert und ausgeblichen. Pferdedecken gleich. Die Leintücher sind löchrig. Sicher schon seit langer Zeit. Und ein wenig braun vom vielen Waschen ohne rechte Seife. Von der Decke hängt eine runde Lampe. Und an den Stirnseiten der Betten sind Leselampen angebracht. Auf dem Klapptisch unter dem Fenster stehen Gläser in zisilierten Silberbechern.

»Für den Tee«, sagt Tamara. »Die Becher sind zisiliert, wie in früheren Zeiten. Und sind doch neu. Sehen Sie nur, wie von Hand in das Metall getrieben: Gagarins erste Fahrt in den Raum…Und hier der Kampf um Wolgograd…«

Aus einem Lautsprecher in der Wand kommt ziemlich laut Musik. Chöre. Hunderte von Stimmen. Wie ein ganzes Volk, das singt.

»Wenn man das Radio mal abschalten will, Tamara, wo ist der Knopf dazu?«

»Abschalten geht nicht. Höchstens leiser drehen.«

Luv lehnt den Kopf zurück und atmet tief und langsam ein. In dem engen Raum ist die Hitze jetzt zu spüren.

»Wie das wohl mit so einer Waschgelegenheit ist? Hier im Abteil?« fragt Luv, und Tamara lächelt ihre Art von Nein. Leider. Weil Waschbecken doch im WC zu finden sind. Schöne Becken. Aus einem Stahl, wie nennt man ihn doch gleich, der nicht rostet. Tamara, sag, wie das wohl werden soll, mit einem einzigen Waschbecken, noch dazu auf dem Klo, für zwanzig, dreißig Leute, aber das Mädchen antwortet nicht, geht lieber die gelben Vorhänge an dem Fenster öffnen.

»Lassen Sie's sein, Tamara. Lassen Sie das lieber sein.«

»Warum?«

»Weil zu wenig Platz hier drinnen ist. Wenn Sie die Sonne reinlassen ins Abteil, muß einer von uns nach draußen auf den Korridor.«

Jetzt lacht sie endlich mal. Und später, als der Zug allmählich, ächzend, aus dem Bahnhof rollt, winkt sie uns noch lange nach.

Viele Menschen winken da auf dem Perron. Eine alte Frau läuft noch mit, solange es geht. Am Fenster neben uns lehnt ein Mädchen. Sie preßt die Stirn gegen das harte Glas. Und weint. Still. Das Kind in ihrem Arm freut sich an der Alten, die da draußen winkend über den Bahnsteig hastet. Ihre kleine Hand patscht gegen die Fensterscheibe: »Babuschka!« Glücklich, immer wieder: »Babuschka!«

Ich will dem Kind das Fenster öffnen, hänge mich mit meinem ganzen Gewicht an den Griff, aber es gelingt mir nicht.

»Verriegelt.«

Keiner der Männer im Gang hat das Fenster offen.

»Alle Fenster sind hier wohl verriegelt.«

»Muß ja so sein«, sagt Luv. »Damit so 'ne Amerikanerin wie ich um Gottes willen nicht auf die Idee kommt, in die Sowjetunion zu flüchten.«

Tag Eins im Zug

Hinter den letzten Häusern der Stadt beginnt das viele Grün. Um die Mittagszeit gibt es hier keine Schatten.

Eine Straße aus Lehm läuft noch ein ganzes Stück neben den Schienen her. Dann endet sie unverhofft in der Steppe. Wo die Straße aufhört, geht ein Fußweg zu einem kleinen Friedhof hin. Hellgestrichene Gitter rahmen enge Gräber ein. Auf den Gräbern gibt es keine Blumen. Hölzerne Kreuze mit diesen orthodoxen Doppelbalken neigen sich schief den Gräsern zu. Und dann beginnt der Wald. Fichten und Lärchen. Nicht sehr hoch. Vielleicht so zehn Meter oder fünfzehn, und das Gehölz ist dicht zusammengewachsen. Wenn du genau hinsiehst, kannst du Wildpfade ausmachen, die in das Dickicht führen. Wölfe sollen da drin leben. Und Bären. Menschenpfade siehst du in diesen Wäldern nicht. Warum sollte es hier auch Menschenpfade geben, wo es doch eine ewig lange Fahrtzeit keine Dörfer gibt? Manchmal bricht der Wald auf und bildet den Rand für Sumpf und Wiesen. Da stehen dann Birken mittendrin. In Gruppen. Auf allen Lichtungen stehen Birken. Und wo der Wald die weiten Wiesen leben läßt, kannst du sehen, wie alltäglich das flache Land geworden ist. So hingekauert. So ergeben. Dem Himmel ergeben. Weil der so hoch ist und kein Ende kennt. Du könntest denken, der Himmel hätte dem Land gesagt, wie vergänglich es ist. Und wie unsterblich der Himmel.

Im Gang gibt es ein Fenster, das sich einen Spalt weit öffnen läßt. Der alte Mann mit der Ordensspange weiß, wie man so was macht. Im Zug ist es heiß geworden. Die Klimaanlage kommt nicht dagegen an. Ich frage den Mann, ob es ihm was ausmacht, wenn ich den Fahrtwind mit ihm teile, aber es scheint ihm nicht recht zu sein. Er wirft mir keinen Blick zu und sieht weiter aus dem Fenster, und als ich noch mal das Gleiche in einer anderen Sprache frage, geht er in sein Abteil und läßt die Tür sorgsam hinter sich zu rollen.

Es ist gut, den Fahrtwind in meinem verschwitzten Haar zu spüren, aber als ich versuche, das Objektiv meiner Kamera hindurchzustecken, stellt sich der Spalt als zu eng heraus. Der Staub der langen Strecke hat die Fenster braun gemacht, und wenn ich durch das verschmutzte Glas fotografiere, wird die Taiga wie das Bild eines Impressionisten werden.

Die Männer in ihren Schlafanzügen lehnen an den Wänden. Ich nicke ihnen lächelnd zu, aber keiner will zurücklächeln.

Neben dem Fenster hängt ein Fahrplan. In kyrillischer Schrift. Mühsam Erlerntes kommt aus meiner Moskauer Zeit zu mir zurück. Ich reihe Buchstaben aneinander. 79 Stationen wird es auf dieser Strecke geben. Die zweite von hier heißt Birobidzan. Der Name dieses Ortes ist mir nicht fremd. Vor Monaten habe ich ihn in meine Notizen getippt. Ich hole das Papierbündel aus dem Koffer und lege mich auf das schwankende Bett und finde, was ich suche: Birobidzan. Hauptstadt der gleichnamigen Jüdischen Autonomen Republik im Sowjetischen Fernen Osten. Die Flüsse Bira und Bidzan haben ihr den Namen gegeben. Ein ödes, sumpfiges Land, das im Amur-Bogen direkt an der chinesischen Grenze liegt. Nachdem es Stalin nicht gelungen war, jüdische Bürger zu brauchbaren Landarbeitern auf den Kolchosen zu machen, hat er 1934 die jüngeren jüdischen Russen von ihren orthodoxen Familien getrennt und sie in die Sümpfe am Amur verschickt. Um ihnen seinen Plan schmackhaft zu machen, gab er ihnen eine eigene Republik. Aber nur wenige haben sich Stalins Absichten unterworfen. 1974 gab es nur noch 11400 Juden, ganze 7 Prozent der Bevölkerung des Gebietes.

Persönliche Ergänzung: Leo R., Produzent bei *Mosfilm*, ist dort lange gewesen. Im Restaurant hat er davon gesprochen. Abends, in Moskau. Bei Wein und Gurken und Steak und Wodka. Ich habe gesagt, daß ich aus Berlin stamme, und wollte wissen, wo meine neuen Freunde herkommen. Sascha hat gesagt: »Direkt hier aus Moskau.« Wassilij kam aus Omsk. Und Leo hat gelächelt: »Ich bin Hebräer.« Na gut, Hebräer, aber von wo? Doch Leo hat immer nur wiederholt, daß er Hebräer sei, und als Wassilij sagte, Juden hätten in der Sowjetunion keine eigene Nationalität, wenn bei anderen als Nationalität ›Georgien‹ im Ausweis steht oder ›Ukraine‹ dann steht bei denen ›Hebräer‹ da hat Leo gesagt:»Wie die Zigeuner. Keine Nationalität, aber eine Autonome Republik.« Dann hat er sich über die Augen gewischt und gesagt:»In Birobidzan habe ich mal ziemlich lange gelebt.«

Der Zug fährt jetzt recht schnell, und in den Kurven schwankt der Waggon. Du könntest denken, er wird gleich aus den Schienen springen.

Luv läßt sich auf das andere Bett fallen.»Hör mal, ich war bei Aluzahn, weil ich unsere Pässe wiederhaben wollte, aber die sind weggeschlossen. Du mußt dir das mal vorstellen: Die nehmen den Touristen glatt die Pässe weg! Das sollte in den Staaten mal einer versuchen, bei 'ner Luftlinie oder auf der Eisenbahn! Wenn so 'ne Schaffnerin das fragen würde, da gäb's ringsum nur Gelächter. Übrigens, die Schaffnerin nennt sich Matrioschka. Nein, nicht als Name…Als Berufsbezeichnung. Ich sage dir, das ist vielleicht 'ne Nummer! Erst hat sie mir 'ne Handvoll Bonbons in den Schoß geworfen, und dann wollte sie Strumpfhosen kaufen. Ich habe ihr gesagt, daß so was doch keiner trägt bei dieser Hitze, und da wollte sie meine Unterwäsche haben. Richtig verärgert ist sie gewesen, weil ich ihr meine Wäsche nicht verkaufen will, und dann hat sie an meinem Schmuck rumgefingert und hat gesagt, daß sie mir viele Rubel für meinen Schmuck bietet, und sie hat Geld genug, und meinen Schmuck muß sie unbedingt haben…Jetzt sag mir bloß mal, wo nimmt denn so eine Matrioschka das ganze Geld her! Und wenn das keine kapitalistische Einstellung ist von so einer kommunistischen Schaffnerin, dann weiß ich nicht, was überhaupt eine kapitalistische Einstellung sein soll. Na, jedenfalls ist Aluzahn jetzt sehr verärgert, und außerdem hab ich 'ne Frage.«

»An wen?«

»An dich…Diese Aluminiumzähne…Die sind so dick und breit, die passen gar nicht rein in so einen Mund…Wenn schon aus Metall…Warum machen die ihre Zähne nicht so, daß sie reinpassen?«

»Weil es Fertigzähne sind. Vorfabrizierte.«

»Mach Sachen…«

»Ist wahr. Die machen Zähne in Standardgrößen. Aus Aluminium und aus Gold. Vorfabrizierte Jacketkronen sind billiger als Porzellan.«

»Ich dachte immer, so 'ne ärztliche Behandlung kostet nichts in der Sowjetunion.«

»Das schon, aber wenn's um neue Zähne geht, dann hört der Spaß auf. Jeden neuen Zahn muß der Russe selbst bezahlen.«

»Die aus Aluminium auch?«

Ich nicke.

»Verstehe. Aber viel Logik ist in der Sache wohl nicht drin.«

Der Bahnhof von Birobidzan ist ein armseliges Gebäude in der Steppe. Das sieht aus wie von der Welt vergessen. Der Zug bleibt hier nur drei Minuten stehen. Niemand steigt aus. Und wir dürfen nicht nach draußen. Die Tür ist für uns verschlossen. Das fühlt sich an wie eingesperrt.

Auf dem Bahnsteig steht ein Mann mit einem kleinen Jungen. Der Mann ist dürr und hat kaum Haare. Sein Anzug ist aus dickem Stoff gemacht, viel zu schwer für diese Hitze, und Schweiß läuft dem Mann in die Augen. Er hebt eilig seine Koffer auf und will durch unsere Tür hochklettern. Ich schüttle den Kopf. Wir sehen uns durch das enge Fenster an. Der Rahmen macht den Mann zu einem Bild da draußen.

Abends, auf dem Weg nach vorn zum Speisewagen, ziehen die Männer in ihren Pyjamas ihre Bäuche ein oder treten in ihre Abteile zurück, wenn Luv sich im Schaukeln des Waggons an ihnen vorbeitastet.

Das Überwechseln in den nächsten Wagen ist eine sportliche Sache. Ein Hindernisrennen. Ein Sprung ans andere Ufer. Du schiebst eine Tür auf. Dazu brauchst du deine ganze Kraft. Dann versuchst du einen Balanceakt über krumme Trittbretter zwischen einer hohen Ziehharmonika. Das Poltern der Räder dröhnt eine fetzende Musik dazu, und du machst dich an das Aufreißen der zweiten Schiebetür, aber die Trittbretter unter dir schieben sich wild hin und her, und du hast keinen Halt für das Aufreißen der Tür, doch Luv wartet hinter dir, und es geht ja nicht, daß sie mit ansieht, wie du die zweite Schiebetür nicht aufreißen kannst, und da reißt du sie eben auf und gibst Luv die Hand, und sie springt mit zwei großen Sätzen an das andere, ratternde Ufer.

Der Zug schwankt jetzt sehr, und wir werden gegen die Menschen in dem engen Gang geworfen. Wir lächeln und sagen »Prastite…Entschuldigung…«, aber auch hier lächelt keiner zurück. Die Männer sehen uns nicht an und rauchen. Kinder zwängen sich zwischen ihren Beinen hindurch. Kleine Mädchen haben Schleifen im Haar. Schöne. Große. Wie in anderen Ländern sonntags, früher, auf dem Weg zur Kirche.

Das hier nennen sie die ›harte Klasse‹. Weil sie den Unterschied wohl nicht in Zahlen draußen dranschreiben wollen. Unser Waggon ist die teure Art zu reisen, aber sie nennen es nicht ›1. Klasse‹, sondern sagen ›weiche Klasse‹, dazu, und aus der 2. Klasse wird die harte. In den Abteilen hier gibt es vier Pritschen. Auf jeder Seite zwei übereinander. Frauen liegen auf wollenen Decken. Ihre schweren Körper sind nur halb bekleidet. Junge Männer hocken auf den Pritschen unten und spielen Schach. In einem Abteil ißt eine Familie Abendbrot. Gurken. Schwarzes Brot. Radieschen. Wodka. Die Luft ist schwer. Angefüllt mit Schweiß. Auch hier sind alle Fenster hochgeschlossen.

Als wir in den Speisewagen kommen, lächelt eine dicke Kellnerin uns an. Sie ist nicht mehr jung, und ihr Lächeln ist auf der einen Seite hübscher als auf der anderen. Sie gibt uns einen Tisch am entfernten Ende des breiten Wagens, zwei Tische entfernt von den Russen, die an den anderen Tischen sitzen. Zwei Tische Niemandsland.

Die Kellnerin legt eine weiße Decke auf.

»Sieh mal«, sagt Luv. »Sieh mal die Karte. Alles steht in sechs Sprachen da. Lachs, Kaviar, geräucherter Stör, Borschtsch. Und das hier: ›Solianka‹, was das wohl ist? Und dann noch Schweinskotelett. Gulasch. Steak…«

»Freu dich nicht zu früh, Mädchen. Steht der Preis dahintergeschrieben? Mit Bleistift?«

»Bei manchen Sachen ja.«

»Wenn kein Preis dahintersteht, gibt's die Sache nicht.«

Sie lacht mich an. »Bei Kaviar steht der Preis dahinter. Sieben Rubel fünfzig.«

Die Kellnerin stützt ihre Hand schwer auf meine Schulter und stellt Kaviar vor uns hin und weißen Wein und Brot und sieht Luv lange an. »Karascho«, sagt sie dann.

Ich schenke ein Glas für sie bis an den Rand ein. Sie nickt und sagt: »Nastarowje«. Dann sieht sie mich an und sagt: »Prost!« und trinkt das Glas ohne abzusetzen aus.

»Prost«, sage ich. »Sie sprechen Deutsch?«

Die Frau nickt. »Ein wenig. Hab's im Krieg gelernt.« Sie kneift beide Augen ganz fest zu und fährt sich mit der Hand durchs Gesicht. Dann lacht sie und schüttelt den Kopf und geht zu ihrem Arbeitstisch zurück. Sie hat viel mit den anderen Leuten zu tun, weil die Schokolade bei ihr kaufen und Cognac oder Brot, und jedesmal, wenn einer etwas haben will, wühlt sie in dem Stapel Kisten unter ihrem Tisch und braucht lange, bis sie etwas findet. Die Unordnung da drüben ist groß, und mittendrin in dieser Unordnung steht eine Registrierkasse, und die ist auch schön blankgeputzt und sieht so aus, als könnte die Kellnerin sie benutzen, aber sie lehnt sich nur dagegen und holt den Holzrahmen mit den Rechenkugeln heraus und schiebt die Kugeln hin und her.

Wir fahren immer noch nah an der chinesischen Grenze entlang, aber den Amur können wir nicht mehr sehen. Ich denke, wie unbelebt das Grün da draußen vor dem Fenster ist und sage: »Die Landschaft sieht wie Feierabend aus.«

Dann bringt die Kellnerin uns noch eine Flasche Wein, und wir kommen an einem Dorf vorbei. Es steht an einer verkrusteten Straße, und die Holzhäuser lehnen sich schief in ihre Gärten. Die Katen sind alt, verwittert und aus Baumstämmen gemacht. Du solltest denken, daß solche Häuser ewig aufrecht bleiben, aber im Verlauf von hundert Jahren sind sie doch schief geworden. Jedes Haus hat einen Bretterzaun, und zwischen Reihen von Kartoffeln stehen Frauen, schwer gebeugt, und hacken die harte Erde auf.

Außerhalb des Dorfes strecken sich Äcker von der Straße weit weg bis zum Waldrand hin. Auf den Äckern stehen lange Reihen von Kartoffelpflanzen, groß und fett und dunkelgrün. Ebenso fett und grün wie in den Gärten.

»Ja, Erdäpfel«, sagt die Kellnerin. »Sie werden sehn auf diese Fahrt, in ganz Sibirien wachst Erdäpfel…Ganze Bahnstrecke lang…Nur, wo die bleiben möchten, sieht man nicht.« Sie hält mir die Speisekarte entgegen. »Hier…Auf ganzes Menü…Nicht ein einziges Kartoffel…Und in den Geschäften ist das auch nix anders…Leer von Erdäpfel…in Wladiwostok…Überall.«

Wir fragen, warum das so ist, und sie sagt, es liegt am Plan. Am Soll. Das Soll muß erfüllt werden, sagt sie, verstehen Sie wohl…Da gibt es den Genossen Transportleiter, und der muß soundso viele Güterwagen jeden Monat beladen und über die Schienen rollen lassen, weil der Plan befiehlt, daß solche Güterwagen niemals leer fahren oder unbewegt herumstehen dürfen. Und dann gibt es den Genossen Versorgungsleiter, und der muß dafür sorgen, daß der Plan erfüllt wird und die guten Leutchen in Moskau was zu futtern auf den Tisch kriegen. Also…Nun hat der Genosse Transportleiter lauter Güterwagen rumstehen, die in Moskau was abholen müssen, und weil die aber nicht leer dahinrollen dürfen, ruft er eben den Genossen Versorgungsleiter an und sagt, Sergej, sagt er, brauchst du nicht vielleicht was Erdäpfel, und der andere sagt, aber ja, Oleg, schick sie nur her, deine Erdäpfel, und von da an rollt Waggon auf Waggon mit Erdäpfeln nach Moskau, verstehen Sie schon, und alles ist Karascho, weil der Genosse Transportleiter hat sein Soll erfüllt, und der Genosse Versorgungsleiter hat selbstverständlich auch den Plan erfüllt, nur…die Sache hat allerdings einen Haken, und der ist der, daß die guten Leutchen in Moskau wochenlang nur Erdäpfel kriegen, niemals mal was anderes, nur Erdäpfel…und die guten Pioniere in Sibirien sehen solche Erdäpfel höchstens mal in ihren Träumen…

Nachts um elf sitze ich auf dem schmalen Bett und tippe auf meiner kleinen Schreibmaschine. Der Himmel über der Taiga ist noch immer hell wie an einem frühen Sommerabend. Auf der anderen Bank liegt Luv mit einem ganzen Stapel dieser sowjetischen Propagandahefte, die dich zum Gähnen bringen. Draußen im Gang haben sie so ein Gestell mit gedruckten Informationen für die Fremden. In vielen Sprachen stecken die da drin: ›Eine Ansprache Jurij Andropows über den Frieden‹ oder ›Marx-Engels-Lenin: On Socialist Revolution‹ oder ›L'urrs vue par un Etranger‹ und außerdem noch viele andere Sachen, und eine davon ist ›Die Verfassung der Union der Sozialistischen Sowjetrepubliken‹ und die liest sie in dieser Nacht. Manchmal murmelt sie vor sich hin…oh, mein Gott…nun sieh sich einer das mal an…daß ein ganzes Volk sich das gefallen läßt…Und dann setzt sie sich plötzlich auf: »Hör mal zu…«

»Was ist?«

»Hier. Artikel 50 der Verfassung: ›In Übereinstimmung mit den Interessen des Volkes und zur Festigung und Entwicklung der sozialistischen Ordnung wird den Bürgern der UdSSR die Redefreiheit, die Pressefreiheit, Versammlungs- und Kundgebungsfreiheit, die Freiheit zur Durchführung von Straßenumzügen und Demonstrationen garantiert.‹«

»Ja«, sage ich. »Kaum anzunehmen, daß die Kinder in der Schule jemals was von so einer Verfassung zu hören bekommen.«

»Wir wär's mit Artikel 56?« sagt Luv. »Das persönliche Leben der Bürger sowie das Brief-, Telefon- und Telegrammgeheimnis werden durch das Gesetz geschützt.«Sie sieht sich um. »Wo, glaubst du, steckt hier so ein Mikrofon?«

»Im Lautsprecher«, sage ich. »Das ist für so was hier in dem Abteil sicherlich der beste Platz.«

Tag Zwei im Zug, 7. Juli. Donnerstag

Beim Aufwachen sieht es aus, als wäre der Zug keinen Kilometer weiter vorangekommen. Vor dem Fenster rollt das grüne Land vorbei wie letzte Nacht: Wälder, Birkengruppen, dann eine Lichtung, ein Bach, ein Teich. Taiga.

Die Kellnerin im Speisewagen ist am frühen Morgen schlecht gelaunt. Ihre Augen sind verschwollen. »Wodka«, sagt sie. »Ganzes Nacht. Immer Wodka. Viel Wodka.« Dann sieht sie Luv an. »Schönes Frau…Hast nicht verdient.«

Ich gebe ihr zwei Aspirin und sage, sie braucht keine Angst zu haben, sie soll die Dinger ruhig nehmen, weil so ein Deutscher eine Russin nicht vergiftet. »Nicht mehr«, sagt sie und lacht und zerbeißt die Tabletten und spült alles mit einem großen Schluck Tee hinunter. Dann ist der Schmerz vorüber, und sie sagt: »Schönes Frau…Hast doch verdient.«

Zum Frühstück gibt es Tee, schwarzes Brot und Marmelade.

»Wie steht's mit Butter?« frage ich.

»Nix Butter.«

»Gestern abend«, sage ich. »Zum Käse…Da gab's noch welche.«

Die Kellnerin hebt nur die Schultern und geht zu ihrem Arbeitstisch zurück.

»Die Butter hat sie verkauft«, sagt Luv. »Hast du das nicht gesehen? Gestern? Auf jeder Station sind Leute aus dem Dorf gekommen und haben den Speisewagen gestürmt und Sachen von ihr gekauft…Butter…Fleisch…Käse…Schinken…Das hier ist so 'ne Art schwarzer Markt auf Rädern.«

Sie sieht lange aus dem Fenster. Dann sagt sie: »Wie ist das gewesen, damals? Bei dem Film. In Moskau. Hast du dich da fremd gefühlt? Einsam?«

»Fremd schon. Manchmal. Aber einsam nicht. Weil…Finchy war ja in der Nähe. Und Mario Adorf ist dabeigewesen, auch ein alter Freund von mir. Manchmal ist auch Sean aus London rübergekommen. Sean Connery. Wenn auch nur für kurze Zeit. Und dann, in dem langen Winter, ist Claudia bei uns gewesen. Das Bild hättest du sehen sollen...ein schillernder Vogel, dieses elegante Mädchen in einer Stadt, in der es keine Farben gibt. Auf der Straße sind sie stehen geblieben, die Leute, und haben sie angestarrt. Den Namen hatten sie noch nie gehört, Claudia Cardinale, und unsere Namen hatten sie auch noch nie gehört, und wir sind den Leuten fremd vorgekommen, das ist ja klar, aber Claudia haben sie angestarrt.«

»Und sonst?«

»Was meinst du, sonst?«

»Wie hast du damals eigentlich gelebt, in deinem goldenen Käfig da? Hast du 'ne Freundin gehabt, und die hat dir Frühstück gemacht? Morgens, vor der Arbeit?«

»Mit 'ner Freundin«, sage ich, »das hätte wohl eher 'nen Aufstand gegeben bei den Russen...so'n Ausländer wie ich und 'ne russische Freundin...Aber die Sache mit meinem Frühstück, die kannst du getrost als Aufstand bezeichnen. Ehrlich.«

»Wieso? Was war?«

»Weißt du, das fängt damit an, daß ich ja nun mal im kapitalistischen System erzogen worden bin, und in dem System kostet jede Minute Geld, also mußt du immer pünktlich sein, weil es den Produzenten eben viel Geld kostet, wenn ein Schauspieler zu spät kommt und das ganze Team rumsteht und wartet. Beim Drehen ist das ganz genau so. Da probierst du die Szene ein paarmal und wartest, bis alles ausgeleuchtet ist, und wenn die dann kommen und sagen: ›Die Kamera ist fertig, von uns aus kann's losgehen‹ dann preßt du die Hand 'n paar Sekunden lang auf deine Augen und konzentrierst dich, und machst die Rolle, die du spielst, zu einem Stück von dir selber, verstehst du, und dann gehst du vor die Kamera und spielst die Sache eben, und das ganze dauert nicht sehr lange, denn beim Film ist Zeit 'ne ungeheure Menge Geld.«

»Ich weiß. Und weiter?«

»Bei den Russen ist das anders. Die müssen schon mal was von dem irischen Sprichwort gehört haben: ›Als Gott die Zeit machte, hat Er viel davon gemacht.‹ Erstmal kommt so'n russischer Schauspieler ganz selten mal pünktlich ins Atelier, und wenn die Assistenten sagen, daß die Kamera bereit ist, dann siehst du die Russen, wie sie sich 'ne dunkle Ecke suchen und sich konzentrieren gehen, und ich hab ein paarmal auf die Uhr gesehen...Das kann schon mal so zwanzig Minuten dauern.«

»Ist wahr?«

»Wirklich wahr. Und wenn die Kamera dann läuft, ist es ganz genauso. Wenn du ein Schauspieler aus dem Westen bist, dann drehst du eine Szene eben nur dreimal, höchstens viermal, denn das Negativ, das da durch die Kamera läuft, kostet ja Geld, und die Leute, die da hinter der Kamera stehen, kosten ja auch jede Stunde und jeden Tag, und deshalb strengst du dich eben an und kriegst die Sache am liebsten schon beim zweitenmal so gut wie möglich hin.«

»Und die Russen?«

»Die drehen einen Take nach dem anderen und strengen sich kaum richtig an, weil sie sich erst mal warm laufen lassen, und vor der neunten oder zehnten Klappe legen die erst gar nicht richtig los, verstehst du? Da war mal ein Tag, das muß so'n halbes Jahr später gewesen sein, und da hat Finchy angefangen, es genauso zu machen, und ich hab zu ihm gesagt: ›Hör mal zu, das ist jetzt schon der zehnte Take, und ich bin allmählich leer gelaufen, weil meine Konzentration das nicht so lange durchhält‹, und Finchy ist ganz erschrocken gewesen und hat gesagt: ›Mein Gott, ich bin schon viel zu lange hier…Sieh mir mal ins Gesicht…Seh ich schon wie'n Russe aus?‹« Luv lacht.

Ich sehe mir die Wälder vor dem Fenster an und denke, daß Finchy nicht mehr da ist. Und denke, daß die Wälder da draußen so friedvoll scheinen. Aber daß es auch die Wälder mit den Arbeitslosen sind. Menschen geben da draußen ihre Hoffnung auf. Dostojewski hat in solchen Wäldern seine Hoffnung aufgegeben. Es sind die Totenwälder Dostojewskis.

»Wie war das noch?« sage ich zu Luv. Ihr Bild wartet auf mich im Spiegel der Fensterscheibe, und ich sage zu dem Spiegelbild, daß ich vom Thema abgekommen bin. »Eigentlich wollte ich was anderes erzählen.«

»Ja«, sagt sie. »Vom Frühstück.«

»Tatsächlich?«

»Ja. Du wolltest vom Frühstück in Moskau was erzählen.«

»Ach ja. Vom Frühstück. Und von Pünktlichkeit…Also. Es kommt der erste Arbeitstag, und ich stehe vor dem *Sowjetskaja*, Punkt halb acht, und es ist ungeheuer kalt. So eine Kälte, die dir in die Knochen kriecht. Ich hätte natürlich auch in der Halle warten können, aber ich hab mir gesagt, daß der Fahrer mich ja nicht kennt, und da ist es eben besser, ich warte draußen auf der Straße. Um acht Uhr kommt er endlich an. Schweigend, sagt kein Wort. Keine Entschuldigung, nichts. Im Auto sitzt ein Mädchen, und die sagt, daß sie Natascha heißt und meine Dolmetscherin ist, und ab jetzt wird sie mich überallhin begleiten. Na gut, sage ich, Natascha, dann begleiten Sie mich mal erst in ein Kaffeehaus oder in die Kantine da draußen im Studio, denn ich habe noch kein Frühstück gehabt. Warum nicht? Weil ich in meinem Luxus-Appartement zwar zwei Bäder habe und eine Bibliothek, aber keine Küche, und Roomservice gibt's da keinen, und das Frühstückszimmer hat um halb acht noch zu. Wie ich das so sage, da macht die Natascha ein bedrücktes Gesicht. Das ist so ein blasses Mädchen gewesen, unscheinbar. Vielleicht so zweiundzwanzig Jahre alt und auch sehr nett. Freundlich. Aber nicht hübsch. Eben eine richtige Aufpasserin vom KGB. Ein Hofhund. Wenn du als Fremder dahin kommst, dann geben die dir keinen hübschen Hofhund, weil die ja nicht wollen, daß du auf irgendwelche Gedanken kommst, und wenn du deinen unhübschen Hofhund bei dir hast, dann kommt auch keine andere Russin an dich ran, verstehst du? In der Sache liegt Methode. Also, meine Natascha macht ein bedrücktes Gesicht, und wie ich zur *Mosfilm* rauskomme, sagt Mario, daß die Kantine erst um elf Uhr aufmacht. Eine ganze Woche ist das so gegangen. Eine Woche ohne Frühstück. Und da hab ich dann genug gehabt von dieser Sache, und als die um acht das Frühstückszimmer aufgemacht haben, bin ich rein und hab alles bestellt, was da war, Rühreier und Schwarzbrot und starken Kaffee und Kaviar mit Wodka dazu, und ich sage dir, das ist ein Fest geworden! Irgendwann ist der Fahrer gekommen, aber den hab ich weggeschickt, und danach ist der zweite Produktionsassistent angelaufen gekommen und hat gesagt, daß alle warten, und ein bißchen später stand auch noch der erste Assistent vor mir am Frühstückstisch, und ich hab geflucht wie'n Russe und hab gesagt, daß jetzt erst mal gefrühstückt wird und Schluß und fertig! Irgendwann so gegen halb elf bin ich dann im Studio aufgekreuzt, und Mischa Kalatozow hat auf mich gewartet. Das ist ein wunderbarer Mann gewesen, aber inzwischen ist auch er gestorben. Manchmal denke ich, daß sie mir alle wegsterben. Michail Kalatozow, groß wie ein Bär, mit weißen Haaren und weit über siebzig. Der sah aus wie einer von diesen Bojarenfürsten früher. Ein grandioser Regisseur. *Wohin die Kraniche ziehen*...Kannst du dich an den Film erinnern? Eben, der ist wirklich gut gewesen. Also...Mischa wartet auf mich, in seiner Garderobe, und vor sich hat er einen Samowar und 'ne Schachtel Kekse, und dann sagt er: ›Charrrdy, o Charrrdy... was ist das nurrr für ein Land, das seine Künstler aus dem Westen so bechandelt...Kein Frrrühstück...eine ganze Woche lang kein Frrrühstück! Ich bin beschämt...Komm cher, Frrreund Charrrdy, setz dich nieder...chier ist Tee und Kekse...chier ist Frühstück...‹ Also, das ist ja sehr nett, sage ich, wirklich Mischa, und ich danke dir auch sehr, aber heute habe ich schon gefrühstückt, und zwar reichlich, aber er will davon nichts hören, und manchmal denke ich, daß ich mich als 'ne Art von Strafe da hab zu ihm setzen müssen, fürs Zuspätkommen, verstehst du, und die ganzen Kekse aufessen und den Samowar leertrinken. Na, jedenfalls haben wir dann eine Probe gemacht, und um zwölf Uhr sagt der erste Assistent, daß jetzt Pause ist, und wer 'ne Zigarette rauchen will, soll rausgehen an die frische Luft. Das ist 'ne lange Pause geworden, und irgendwann hab ich den Assistenten gefragt, was denn los ist, warum die lange Pause, und da erzählt der mir, daß Mischa in einer Konferenz ist und zwar mit den Produzenten und dem Direktor von Mosfilm, und im übrigen geht das Ganze um mein Frühstück. Ich hab das für einen Witz gehalten, aber Mario hat gesagt, warte nur ab, das ist kein Witz, die Russen kriegen so was fertig...Und dann, so gegen eins, kommt

Mischa raus aus der Konferenz, und da machen sie erst mal Mittagspause. Ich hab natürlich keinen Hunger, nach zweimal Frühstück hast du eben um ein Uhr nicht schon wieder Hunger, aber Mischa sitzt neben mir in der Kantine und meint, daß es Zeit ist, gut zu essen, und dann sagt er: ›Also Charrrdy, ich habe jetzt lange gesprochen, am Telefon, mit dem Minister für Tourismus‹, und ich lache, weil das doch sicher wieder mal so'n Scherz ist von ihm, aber er sagt: ›Nein, kein Scherrrz, Charrrdy, und der Minister ist auch sehrrr beschämt, weil so ein Künstler aus dem Ausland kein Frühstück bekommen kann bei uns, und er sagt, daß er es rrregeln wird mit dem Administrator vom *Sowjetskaja*, und ab jetzt sollst du das so machen: Wenn du aus dem Lokal kommst, abends, und hast deinen Wein getrunken mit Finchy und Sean und mit Marrrio, dann gehst du im *Sowjetskaja* zum Empfang, und da ist eine Frrrau, die spricht Deutsch, und der sagst du…Also morgen frrrüh, sagst du zu ihr…sechs Uhr…Rrrühreier…Tee…Kaviar…Wodka…und alles auf mein Zimmer, und du wirrrst schon sehen, alles ist jetzt wunderrrbarrr.‹ Also gut, ich komm abends aus dem Lokal mit den andern Jungs, und ich schick Natascha schlafen, und im *Sowjetskaja* gibts tatsächlich eine Frau, die deutsch spricht, und zu der sage ich: Morgen früh, halb sieben, Wohnung 5, Kaffee, Rühreier, Brot und Kaviar, und die Frau sieht mich an und sagt: ›Njet‹. Moment mal, sage ich zu ihr, der Minister für Tourismus hat mit dem Administrator telefoniert, und vielleicht wissen Sie das nicht, aber er hat hier angerufen, und da nickt die Frau und sagt: ›Ich weiß, daß der Minister den Genossen Administrator angerufen hat, aber da hat der Administrator gesagt, Genosse Minister, du weißt doch ganz genau, daß meine Frühstücksbrigade nicht anfängt mit der Arbeit vor acht Uhr…‹« Luv lehnt sich auf der roten Polsterbank zurück und schüttelt den Kopf und lacht. Die dicke Kellnerin hat alles mitangehört, »So möcht das schon gewesen sein…« Sie nickt bedächtig. »So ist das schon bei uns…«

Tag Drei im Zug, 8. Juli. Freitag

Es ist ein langer Weg. Du merkst allmählich, daß dieses Land doch riesig ist. Schläfrigkeit macht sich in dir breit. Wir lauschen auf das Poltern der Räder über die Gleise. Die Landschaft draußen will sich nicht verändern. Und auch die Geräusche werden monoton. Manchmal kommt ein Bahnhof. So alle Stunde mal. Wenn wir da länger als drei Minuten bleiben, läßt uns Aluzahn nach draußen in die Freiheit springen. Wir laufen über die Schienen. Und sehen zu den Katen in den Dörfern hin. Ganz selten steigt hier mal ein neuer Fahrgast zu. Die kleinen Bahnhofshäuser sind auch aus Holz. Schon in den ersten Tagen der Transsib hat es die flachen Häuser hier gegeben. Wenn ein Denkmal auf so einem Bahnhof steht, ist es Lenin. Ständig hat er seinen Mantel an. Und die Haltung ist fast immer gleich.

Doch dann steht er einmal anders da. Auf den Zehenspitzen. Größer werdend. Nach vorn gelehnt. Und den Arm hoch ausgestreckt.

Luv stellt sich neben ihn und reckt auch den Arm in die Luft: »Hallo Taxi!« Dann stößt die Lokomotive einen Ton der Warnung aus. Zweimal kurz. Alle Mann an Bord! Die Matrioschka winkt mit ihrem gelben Stab. Wir rennen zurück zum Zug und springen auf und legen uns wieder auf unsere Kojen und lassen uns in die Erkenntnis fallen, daß es nichts zu tun gibt. Gar nichts. Kein Telefon. Keine Verabredung. Keine Verpflichtung. Losgelöst von allem. Und von allen. Unerreichbar.

Johanna Hornef-Blau

Unterwegs mit der Transsibirischen Eisenbahn (1994)

Die Transsib hat uns wieder

Genauso früh, wie wir vor zwei Tagen hier ankamen, fahren wir wieder von Irkutsk ab. Der Bahnhof mit seinen weiten und hohen Wartesälen und den stuckverzierten Schalterräumen ist schon am frühen Morgen überfüllt. Hier, wo die Züge in verschiedene Richtungen abdampfen, wo drei Länder aneinanderstoßen – China, die Mongolei und Rußland – ist die tägliche Passagierflut nichts Besonderes.

Wir treten unsere Weiterfahrt wieder mit der Transsibirischen Eisenbahn an und werden in Waggon Nr. 8 dirigiert.

Für mich ist kein Zweierabteil mehr frei, also weiter nach Wagen Nr. 7, wo ein in Irkutsk freigewordenes Coupé hergerichtet wird. Nach einer Stunde Wartezeit im Korridor darf ich mein Domizil beziehen.

Die rundliche Prowodnitza heißt Anna, ich stelle mich vor, Johanna – spontan umarmt sie mich: Da seien wir ja fast Namensschwestern, wir würden sicher gute Freunde werden!

Ich freue mich, dank Irinas Bemühen um ein Einzelabteil wieder im gemütlichen Coupé mit Tschai und den vorbeiziehenden wiederum eindrucksvollen Landschaftsbildern verwöhnt zu werden.

Nach Irkutsk folgt die Bahn den Gestaden des Baikalsees, der Schienenstrang windet sich um die Südspitze herum. Tiefgrüne Wälder und Berge mit weißen Schneehäubchen in weiterer Entfernung bringen Abwechslung ins Landschaftsbild. Ein Stück blauer Himmel schält sich aus den Wolken, die Sonnenstreifen erzeugen einen extremen Lichtwechsel und lassen eine fast gespenstische Stimmung aufkommen, sobald sie zwischen den Wolkenbänken hindurchleuchten.

Nach dem malerischen Panorama am Baikalsee fahren wir nunmehr durchs Transbaikal-Gebiet, eine Region mit, wie uns gesagt wird, ebenfalls unschätzbaren Reichtümern an Edelmetallen und Kohle.

Auch ihre Geschichte wurde von menschlichen Dramen geprägt. In den Erzgruben mußten die hierher Verbannten unter menschenunwürdigen Bedingungen Schwerstarbeit leisten. Die Verurteilten hatten oft wochenlange Fußmärsche hinter sich. Sie gingen über die lange Straße der Verbannung, die Straße für sogenannte Volksfeinde, die über Menschenknochen geht, heißt es, keiner weiß, wie viele da liegen. Auch Dostojewskij ist auf dieser Straße in die Verbannung gegangen.

Heute gehört Transbaikalien wegen seiner zahlreichen Heilquellen zu den beliebtesten Erholungsgebieten der Sibirer.

Der Transsibirien-Expreß fährt im Durchschnitt mit etwa 80 Stundenkilometern und ermöglicht es dadurch, die vorbeiziehenden Landstriche in Ruhe zu betrachten. Sogar im Liegen hat man eine bequeme Position, um aus dem Abteilfenster zu schauen.

Wir fahren durch eine bergige Landschaft, in den flachen Tälern ziehen sich große Getreidefelder hin, Mähdrescher sind am Werk, Sonnenblumenfelder leuchten dazwischen, wiederum ein See, dann rollt die Rossija eine Zeitlang neben einem Fluß, der jedoch bald einen anderen Weg nimmt und im Gebirge verschwindet.

Mit Anna, der Schaffnerin, verstehe ich mich gut. Sie ist eine herzliche, mütterlich besorgte Dame, aber auch resolut, wenn es die Umstände erfordern. In ihrer Euphorie für Sibirien wirkt sie ansteckend.

Die Menschen in den sibirischen Städten und Ortschaften, sagt sie, schätzten und liebten ihre Heimat und würden ihr Leben und ihre Umgebung nicht eintauschen gegen eines im überfüllten Moskau. Der echte Sibiriak sei aufrichtig heimatverbunden. Sie stamme zwar nicht aus Sibirien und wohne aus beruflichen Gründen in Mytischi, im Moskauer Gebiet, freue sich aber immer, wenn sie auf dem Jaroslawler Bahnhof die Rossija 2 in Richtung Osten besteigen könne. Sie ist mein zweites Zuhause, meint sie und lächelt vergnügt.

Wir überqueren den stürmischen Fluß Selenga, am anderen Ufer geht die Taiga in eine bis zum Horizont sich ausdehnende Grassteppe über, und kommen in Ulan-Ude an, der letzten größeren Stadt vor der Grenze zur Mongolei. Von hier geht eine Zugverbindung über Ulan-Bator durch Steppengelände und die Wüste Gobi nach Peking.

Auf den Bahnsteigen begegnet man überwiegend Mongolen und Chinesen, hier spürt man alle Düfte des vorderen und hinteren Orients.

Russische Bahnhöfe sind vor allem auch als Proviantstationen wichtig. Hier bieten burjätische Frauen in bunten Trachten Lebensmittel an. Eine willkommene Abwechslung für die meisten Zugreisenden.

Neben Lebensmitteln aller Art werden auch hier diverse Beeren aus großen Eimern angeboten und in Zeitungspapiertüten abgefüllt. Außerdem die dunkelroten Kerne der Zedernzapfen, welche gern vom Zugpersonal gekauft werden. Mit den Zähnen aufgeknackt, ist es eine zeitfüllende Beschäftigung während langer Bahnfahrten.

Neue Bekanntschaften

Ulan-Ude, die Hauptstadt der burjätischen autonomen Republik, liegt im Tal der Selenga, dem größten Zufluß zum Baikalsee, am Fuße waldbewachsener Berge. Eine Stadt mit breiten Straßen und Hochhäusern, ein kulturelles Zentrum mit bur- jätischem Opern- und Balletttheater, mit Museen und Hochschulen, ebenso ein industrielles Zentrum mit allerlei holzverarbeitenden Betrieben.

Anna hat das Trittbrett wieder hochgeklappt und die Tür mit dem Steckschloß verriegelt. Dann bringt sie Tschai mit Gebäck, zeigt, wie die Zedernnüsse aufge- knackt werden, und erzählt. Obwohl ich mir viel Mühe gebe, verstehe ich nicht alles, wenn sie mit ihrem Redeschwall loslegt. Ich bitte Tanja, die oft im Korri- dor am geöffneten Fenster steht, zu dolmetschen. Sie reist mit ihrer Mama im Nachbarabteil, ist 17 Jahre alt und kann recht gut Deutsch, sie sind aus Omsk und wollen die Verwandtschaft in Chabarowsk besuchen. Ihr gefällt die lange Zug- fahrt, und sie freut sich immer, mit mir ein wenig zu plaudern. Ihre Mama würde viel schlafen, sagt sie, da werde ihr die Zeit im Abteil langweilig, und sie bewe- ge sich gern im Korridor.

Nun sitzen wir zu dritt in meinem Abteil. Anna erzählt: Seit über zwanzig Jah- ren verrichtet sie den Zugdienst in der Transsib. Insgesamt führen jetzt 18 Züge, von denen jeweils in Abständen von acht Stunden einer in Moskau und einer in Wladiwostok auf die achttägige Reise geschickt werden.

In Wladiwostok bleibt der Zug einen halben Tag und wird bei dieser Rast wieder für die Rückfahrt ausgestattet. Die Schaffnerinnen haben solange Pause, ehe es wieder auf gleicher Strecke zurückgeht. Eine Woche hin, eine zurück, danach sind 14 Tage Freizeit. Kein schlechter Job, gebe ich zu verste- hen, Anna lächelt verschmitzt und erklärt weiter: Die Lokführer werden alle vier Stunden ausgewechselt. In den jeweiligen Bahnhöfen stehen Ruhezimmer für sie bereit. Dann eilt Anna mit ihren Zedernnüssen wieder in ihr Dienstab- teil.

Mit Tanja stehe ich noch eine Weile am geöffneten Korridorfenster, wir betrachten die vorbeiziehende Landschaft. Weite Steppen mit Riedgras, manns- hohen Sträuchern und zwergwüchsigen Weiden dominieren, gelbe und lila Blüm- chen leuchten aus dem Gras. Hirten mit mongolischen Gesichtszügen hüten Zie- gen und Rinderherden, zwei Männer sind dabei, abschüssige Grasflächen mit der Sense zu mähen, sie machen's gemächlich, nach ein paar Gängen jeweils halten sie auf ihre Sensen gestützt ein Schwätzchen. Ein Dorf mit überwiegend Stein- häusern und Autogaragen aus rostigem Wellblech sieht weniger anziehend aus. Nur vereinzelt steht jetzt noch ein Holzhaus. Holzhäuser seien gesund und warm, meint Anna, die wieder hinzukommt. Es sei schade, daß man jetzt mehr in dieser Art baue, wo es doch so viel Holz in Sibirien gäbe.

Klapprige Lastwagen, Motorräder, dicke Abgaswolken hinter sich lassend, Pferdefuhrwagen sind unterwegs. Die Wege sind so schmal, daß man bei Gegenverkehr auf die Weiden ausweichen muß. Über alledem ein klarer blauer Himmel mit vereinzelten dicken weißen Wattewolken.

Petrowskij-Sawot heißt der nächste Haltebahnhof, ein ehemaliger Verbannungsort. Im Bahnhofsgebäude finden sich auf einer Tafel einige Sätze aus Puschkins Text an seine Kampfgefährten. Am Denkmal zu Ehren der Dekabristen liegen frische Blumengebinde – mitreisende Russen aus unserem Zug legen Blumen dazu und lassen sich neben dem Mahnmal photographieren. So werden diese demokratischen Rebellen des 19. Jahrhunderts von ihren Landsleuten noch heute verehrt.

Vom 19. Jahrhundert an wurden politische Häftlinge auch in dieses Gebiet in die Verbannung geschickt. Die Zarenregierung nach Alexander I. bis zur Thronbesteigung Nikolaus I. verbannte alle, die für das Wohl der unteren Schichten eintraten. Sie galten als politische Gegner. Es waren meist Angehörige des vornehmen Adels, die an dem Aufstand vom Dezember 1825 in St. Petersburg beteiligt waren und die Aufhebung der Leibeigenschaft sowie die Einführung einer Verfassung forderten. Manche wurden hingerichtet, die meisten zur Zwangsarbeit nach Sibirien geschickt. Frauen und Bräute dieser Männer durften ihnen in die Verbannung folgen.

Nach Verbüßung ihrer Strafe siedelten sie sich in Irkutsk an. Sie durften nicht nach Hause zurückkehren, und jede politische Tätigkeit wurde ihnen untersagt.

Diese Entwurzelten haben damals das Geistesleben in der Stadt inspiriert, verwandelten mit Kirchen und ihren Häusern das Bild und schufen ein neuartiges kulturelles und gesellschaftliches Leben. Ein Dekabristen-Museum in Irkutsk hält die Erinnerung wach. Der Name Dekabrist leitet sich von Dezember, dem russischen Dekabr, ab.

Die Babuschkas

In den transsibirischen Zügen ergeben sich nette Begegnungen und herzliche Gespräche, soweit die Sprachkenntnisse der Beteiligten es zulassen. Sie vermitteln oft einen Einblick in das Leben dieser Menschen. Sie reisen von West nach Ost und umgekehrt, machen Besuche bei Freunden und Verwandten, fahren in Urlaub, zur Kur oder auch zur fachärztlichen Behandlung.

Da ist eine junge Mutter mit ihrem blaß aussehenden elfjährigen Sohn, der Leukämie hat; sie war mit ihm im Krankenhaus in Nowosibirsk, es ginge ihm jetzt wieder besser, und sie hofft. Ich versuche, so gut es mir gelingt, ihre Hoffnung zu bekräftigen und der Frau Mut zuzusprechen.

Der Spaziergang zu den Mahlzeiten führt wieder durch den Zweite-Klasse-Wagen 6. Eine Babuschka erwidert meinen russischen Gruß mit »Guten Tag«. Sie habe etwas Deutsch gelernt in der ehemaligen DDR, erfahre ich von ihr. Sie kenne Ost-Berlin, Dresden und Leipzig, zweimal sei sie dort gewesen, und jetzt, da es keine Mauer und Grenze mehr gibt, würde sie die Reise gern wiederholen.

Mit ihrer Tochter und zwei Enkelkindern ist sie seit Moskau im Zug, und sie fahren bis Wladiwostok.

In ihrem Viererabteil nehmen sie wie die meisten Reisenden im Transsibirien-Expreß ihre Mahlzeiten ein. Hierfür haben sie einiges mitgebracht und im Vorratskasten unterm Bett verstaut; was sie darüber hinaus benötigen, kaufen sie unterwegs auf den Bahnhöfen. Mit den Kindern bin ich schnell befreundet, sie warten immer schon im Flur, wenn ich vom Mittag oder Abendtisch zurückkomme, da gibt es Törtchen, ansonsten habe ich jederzeit noch einen Vorrat an Kaugummi, den die Kinder ganz besonders gerne mögen.

Ohne die schon legendär gewordenen Babuschkas kann man sich dieses Land gar nicht denken. Sie stellen traditionell eine einflußreiche Autorität dar und sind aus vielen Liedern und Märchen bekannt. Ihnen obliegt zum großen Teil die Erziehung der Enkelkinder, weil die Mütter berufstätig sind, wobei die Kleinen jedoch meist von ihren Omas übertrieben beschützt und verhätschelt werden, oft mehr als ihnen vielleicht guttut. Sie hängen sehr an ihren Babuschkas, soweit ich das bislang feststellen konnte.

Mit unserer Rossija geht es steil bergauf, hier muß sie sich kräftig ins Zeug legen, um den Paß über den Jablonowy-Gebirgszug zu schaffen, der bis zu 1500 Meter ansteigt. Hinter dem Gebirgskamm liegt Tschita, eine der ältesten Städte Rußlands. 1653 stieß der russische Erstentdecker Piotr Beketow, der den Amur erreichen wollte, auf den Fluß Ingoda und schlug hier sein Winterlager auf.

Auch Robinson Crusoe fand einige Zeit später auf seinem Weg zu den Pässen des Jablonowy ›Plotbischt‹, das heutige Tschita. Sein Autor Defoe ließ seinen Helden für die Rückkehr nach England den Weg über Sibirien wählen. Die Stadt liegt in einer malerischen Umrahmung von Bergen und Wäldern. Tschita wird auch Stadt der Sonne und Metropole des Goldgebietes genannt. Eine Anzahl Industriebetriebe repräsentieren verschiedene Wirtschaftszweige, ihre Erzeugnisse finden im In- und Ausland guten Absatz.

Aus dem Zugfenster sieht man den Kanon-See, an seinen Ufern steht das Tschitaer Kraftwerk, ein Wahrzeichen des Transbaikalgebietes.

Kraynskaja, Schilka, Nercinsk, Mogotscha heißen die nächsten Stationen. Kein Bahnhof gleicht dem andern, aber fast alle haben eines gemeinsam, Lenin-Statuen und Frauen als Bahnhofsvorsteherinnen.

In Erofej können wir uns noch einmal die Füße vertreten, ehe der Zug in die Nacht hineinfährt. Auch hier steht Towarischtsch Lenin auf dem Bahnhof mit immer der gleichen Haltung, in immer demselben Mantel.

Irina weist darauf hin, daß wir in dieser Nacht die kältesten Zonen durchfahren; von Uruma bis Tygda, dazwischen liegen noch die Stationen Skoworodino und Magdagatschi.

Danach erreichen wir die Flußniederungen des Amasars und das Amur-Gebiet. Mit ›Spalnoje notschi, i da zaftra‹ verabschieden wir uns, und jeder freut sich auf seine Koje. Die vielen Eindrücke während eines langen Tages und das Rattern der Wagenräder machen müde und schläfrig.

Gegenzüge rollen durch die Nacht, und immer noch zieht die Taiga vorbei.

Es liegt noch Nebel über der Landschaft, als unser Zug bei Tschesnowskaja den Fluß Seja überquert. An seinem linken Ufer ist ein Wasserkraftwerk, am rechten liegt die Stadt Swabodny mit großen Holzverarbeitungsbetrieben und Elektrizitätswerken; Hochspannungsmasten mit vibrierenden Drähten führen nach allen Richtungen.

Es folgt wieder ein Meer von dichten Nadelwäldern aus Lärchen, Fichten, Zedern und Kiefern. Man sieht ziemlich vernachlässigte Dörfer mit altersschwachen, dunkelbraunen oder schwarzen Holzhütten, mit großen Holzstapeln darum herum, baufällige Schuppen für Kühe und Ziegen, eingefriedet mit verfallenden Lattenzäunen, welche oft auf der Erde liegen; alles sieht recht ärmlich und ungepflegt aus. Beim Frühstück erzählt unsere Reiseleiterin: In diesem Gebiet gibt es Gold und Diamantenreviere. Die Bewohner sind nicht arm, sie haben Arbeit und Geld, sie wissen jedoch nicht viel damit anzufangen, wollen nicht anders beziehungsweise besser leben als bisher, ärmlich, rückständig, sie essen nur das, was sie selber erzeugen und kennen nichts anderes.

Im Fernen Osten

Der Himmel lichtet sich, blaue Felder werden sichtbar, bald wird die Sonne voll über der Taiga scheinen.

Der Ferne Osten wird jeden Tag als erste Region Rußlands von der aufgehenden Sonne begrüßt. Seine Gebiete erstrecken sich von der verschneiten Tundra im Norden, im Osten entlang der Pazifikküste bis zu den Reisplantagen im südlichen Küstengebiet. Die Landschaftsformationen und die natürlichen Bedingungen Ostsibiriens sind von ungewöhnlicher Eigenart und Vielseitigkeit: Die Tschukotsker Tundra mit ewigem Eis und Schnee, die Waldsteppen des Amurgebietes, die feuerspeienden Vulkane Kamtschatkas und die ussurische Taiga, wo Pflanzen und Tiere des Nordens und der Subtropen nebeneinander leben und gedeihen.

Fast unvorstellbar ist die Spannweite der geographischen und klimatischen Gegensätze. Arktisches Klima herrscht im Norden, ein Wüstenklima im Süden. In Bjelogorsk können wir aussteigen und uns umsehen. Es ist schon am frühen Vormittag schwülwarm, auf dem Bahnhof herrscht rege Betriebsamkeit. Gleisarbeiter in orangenen Westen kontrollieren das Schienennetz, ein Malatok klopft die Wagenräder ab, die Waggons sind so hochräderig, daß man bequem darunter durchschlüpfen kann. Einheimische machen oft Gebrauch davon, wenn sie sich einen Umweg ersparen wollen. Wie auf allen Haltebahnhöfen wird von den Selbstversorgern tüchtig eingekauft. Auch wir Touristen bereichern unseren Speiseplan mit frischem Beerenobst, Getränken, diversen Kernen und Nüssen.

Unser Zug drosselt sein Tempo, fährt über eine Brücke, es ist nur ein Bach, der sich durchs Wiesental mit weidenden braunen und schwarzen Kühen schlängelt. Dann bestimmen wieder dichte Wälder das Bild. Hier kommen am häufigsten Kiefern, Tannen, Eichen, Fichten und die Daur-Lärche vor, eine schöne Mischung verschiedener Grüntöne; durchs halbgeöffnete Korridorfenster atmet man aromatische Düfte ein.

In Archaiga gibt es einen 25minütigen Aufenthalt. Unsere Prowodnitza Anna gibt jeweils die genaue Haltezeit bekannt und ermahnt immer wieder, pünktlich einzusteigen. Sie wird unruhig, wenn sich ihre Schützlinge aus Wagen 7, die sie alle im Visier hat, vom Bahnhofsgelände entfernen.

Diesmal bin ich diejenige, die sich zu weit hinausgewagt hat. Die Erforschung der Umgebung hat etwas zu lange gedauert, zweimal kurz pfeift die Lok – das Abfahrtssignal. Anna steht mit fuchtelnden Armen auf den Treppenstufen, der Zug ruckt an, ich renne und schaffe es, noch in letzter Minute aufzuspringen, allerdings muß ich die Tüten mit Zedernnüssen und Sonnenblumenkernen, womit ich ihr eine Freude machen wollte, fallen lassen, denn beide Hände sind nötig, um einen sicheren Halt zu bekommen.

Und die liebe Anna steht kampfbereit, faßt mich und zieht mich auf die Plattform. Als sie mich in Sicherheit weiß, waltet sie erst einmal ihres Amtes, klappt die Treppe hoch, verriegelt die Tür, dann aber regnet eine Schimpfkanonade auf mich nieder, zu Recht. Anschließend drückt sie mich doch aufatmend an ihre umfängliche Brust. Eine Weile später singen wir in meinem Coupé ›Moskauer Nächte‹, leise schaukelnd im Takt der rollenden Räder.

Trotz der wachsamen Schaffnerinnen passiert es, daß Passagiere den Zug verpassen. In diesem Falle muß man den nächsten nehmen, allerdings hat man eine lange Wartezeit – und kommt mit fast einem Tag Verspätung ans Ziel.

Colin Thubron

Sibirien. Schlafende Erde – Erwachendes Land (1998)

Gespenster der Vergangenheit

Die Leere wirkt wie ein Sog. Bis vor wenigen Jahren durften Ausländer nur fünf weit auseinanderliegende Städte entlang der Transsibirischen Eisenbahn unter strengen Auflagen besuchen, über Sibirien selbst dagegen gab es nur Geschichten und Gerüchte. Noch heute werden beim Anblick der weißen Weiten Phantasien aller Art wach. Es gibt einen Ort, wo weiße Kraniche auf dem Dauerfrostboden tanzen, wo eine große Stadt unter den Eisschollen begraben liegt, wo Mammute in Gletscherspalten schlafen. Und es gibt Orte (könnte man befürchten), wo die Schrecken des Gulag heimlich fortdauern und wo die Kernwaffenanlagen weiter produzieren…

Bei der Fahrt über den Ural flattern die Zugräder wie alte Männer, denen die Puste ausgeht. Dabei kommt einem das Gebirge ziemlich flach vor, zumal für die Grenze zwischen Europa und Asien: nur eine sanfte Aufwölbung dunkler Kiefernhänge.

Draußen vor meinem Fenster brechen die Palisadenwände der Nadelbäume und Birken gelegentlich auf und geben den Blick auf verschlafene Dörfer und Kleinstädte an veralteten Teichen frei. Die sommerlichen Bahndämme sind mit Blumen bunt lasiert. Zu beiden Seiten klicken die Lichtungen an und aus wie Dias: Holzhäuser und von Lattenzäunen eingefaßte Gemüsebeete und im Gras schlafende Kühe.

Der Abend kommt plötzlich, als ob dies auch die Grenze zwischen Licht und Dunkelheit wäre. Bis Sibirien sind es nur noch wenige Kilometer. Das löst ein Alarmkribbeln aus. Ich rolle aus dem europäischen Rußland hinüber in eine Region, die mir mehr in der Vorstellungswelt als auf dem Erdball angesiedelt zu sein scheint, und noch in diesem letzten Moment fühlt sich alles, was vor mir liegt, die geographischen und zeitlichen Extreme, ein wenig übersteigert an, zu kalt oder zu riesig, um richtig wirklich zu sein. Es baut sich in der Dunkelheit als die äußerste Fremde auf, nicht mehr von dieser Welt. Der Ort, von dem du nicht wiederkehrst.

Die Entscheidung dafür fiel, ohne daß ich es wollte. Es ließ mir einfach keine Ruhe, daß ein ungeheuer großes Gebiet der verbotenen Welt mit einemmal frei zugänglich war. Die Unermeßlichkeit Sibiriens hatte meine sämtlichen Asienreisen überschattet. So kam es, daß die spielerischen Anfänge – der flüchtige Blick in den Atlas – mit der Zeit ernster und gründlicher wurden, bis mir die Wildnis schließlich weniger leer erschien als nicht wahrgenommen oder mit unsichtbarer Tinte beschrieben. Eine schleichende Anziehung ging von ihr aus.

Der aserbaidschanische Händler, der mit mir im Abteil sitzt, guckt nie aus dem Fenster. Sibirien ist langweilig, sagt er, und arm. Er handelt zwischen Moskau und Omsk mit Textilien und tippt ständig auf einem Taschenrechner herum. »Ich würde hier nicht lange bleiben«, sagt er. »Hier geht alles zu Bruch. Ich würde nach China fahren, wenn ich Sie wäre. China ist groß im Kommen.« Er ist feist und stark behaart, irgendwas über dreißig und schon verlebt. Nach dem Aufwachen prüft er sein Gesicht im Rasierspiegel und stöhnt, als hätte er jemand anders erwartet.

Urplötzlich taucht vor unserm Fenster der gespenstische Obelisk auf, den Zar Alexander I. vor fast zwei Jahrhunderten aufstellen ließ. Er steht auf einer niedrigen Böschung, und die Lichter unseres Zuges flackern darüber hin. Hier fängt Sibirien geographisch an. Auf der Westseite vermeldet der Sockel ›Asien‹, auf der Ostseite ›Europa‹. Er huscht an uns vorbei, und schon ist es wieder dunkel. Und natürlich gibt es keine Veränderung. Denn die Grenze zwischen Europa und Asien ist rein imaginär. Physikalisch trennt nichts die Kontinente. Alte Geographen im Westen (auch dies nichts weiter als ein Konstrukt) beschlossen vielleicht eines Tages, hier sei Europa, das Bekannte, und dort drüben das Andere, Asien.

Also warte ich auf die Veränderung, von der ich weiß, daß sie nicht kommen wird. Im Dunkeln scheinen die Eisenbahndurchstiche tiefer zu schneiden und die waldigen Hänge steiler in die Höhe zu schießen. In den schmalen Himmelsausschnitten leuchten Sterne auf. Hin und wieder öffnen sich Täler, gesäumt von Ketten schwacher Lichter, und einmal sehe ich vom Speisewagen aus den weißen Schein einer größeren Stadt über dem Horizont.

Ich schlafe nicht. Die Schnarchtöne des Aserbaidschaners donnern einen Meter neben meinem Kopf. Statt dessen überkommen mich beim Studieren der Landkarten abwechselnd Jubel und Verzagtheit, so daß ich mich immer wieder mit Blicken vergewissern muß, wo ich bin. Von hier aus – den Bergen westlich von Jekaterinburg – erstreckt sich Sibirien 7000 Kilometer nach Osten, und meine Reise greift danach aus, über sieben Zeitzonen und ein Drittel der nördlichen Hemisphäre hinweg. Der Wagen schaukelt und ächzt. Zum letzten Mal wirkt die Zukunft überschaubar und rund, so wie die einfache Welt der Landkarten sie suggeriert. Ich weiß, alles mögliche kann sie verändern: der Zusammenbruch der Verkehrsverbindungen, das Eingreifen der Polizei oder Schikane der Mafia. Aber fürs erste weidet sich mein Auge an dem durchgehenden Riegel der Gebirge im Süden, fährt dann drei der größten Flüsse der Erde ab – den Ob, den Jenissei, die Lena –, die sich von den Grenzen der Mongolei zum Nordpolarmeer wälzen. Jedes ihrer Einzugsgebiete ist größer als ganz Westeuropa. Dann kommt der Baikalsee, das tiefste und älteste aller Binnengewässer; der die Grenze zu China bildende Amur; die Schneefelder von Kolyma, wo die Temperaturen auf unvorstellbare −71 °C absinken... Solche Superlative reihen sich verlockend und erschreckend bis zum Pazifik einer an den andern – und plötzlich erscheinen die Entfernungen menschenunmöglich, und ich frage mich, wo ich die Fahrt werde abbrechen müssen.

Denn dies ist das russische Niemandsland. Lange bevor der Kommunismus die Zukunft in einem urbanen Paradies ansiedelte, war Sibirien eine unzivilisierte Wüste, in die man die Bazillen abschob, die den Staatskörper infizierten: die Kriminellen, die Sektierer, die Oppositionellen. Gleichzeitig galt es paradoxerweise über die Jahrhunderte auch als eine Heimstatt der urtümlichen Unschuld und des Heils und verlegten die Bauern ihr Belowodje hierher, ihr Gelobtes Land. Manchmal schlug daher die Kritik an der Barbarei Sibiriens in das Lob seiner Freiheit um, und dann wurden seine Bewohner als übermenschliche Pioniere verklärt, unverdorben von der Knochenfäule Europas. Heute, wo Moskau der Ansteckung des Westens erliegt, wird Sibirien zu einem Hort der Reinheit und des echten ›Russentums‹. Ich hatte Gerüchte gehört, es werde sich unter Umständen ganz von Westrußland lossagen oder in unabhängige Provinzen zersplittern. Was, hatte ich mich gefragt, war an die Stelle seines zerschlagenen kommunistischen Glaubens getreten?

Über den unteren Teil meiner Landkarte spannt sich die Transsibirische Eisenbahn wie eine Hängematte, in der nur ein ungeheures Nichts liegt. Vielleicht ist es das Schneckentempo des Zuges – er fährt konstante 80 km/h –, das mich einen Moment lang mutlos macht. Die statistischen Zahlen, die ich von meinem rollenden Standort aus projiziere, erschlagen mich schier. Alles kommt mir unerreichbar fern vor. Wenn Sibirien von Rußland abgespalten wäre, bliebe es dennoch das mit Abstand größte Land der Welt. Mit ungefähr 13 Millionen Quadratkilometern ist es größer als die USA (mit Alaska) und Westeuropa zusammen. Wenn die Sonne über dem Ural aufgeht, geht sie über dem Beringmeer unter. Meine Reise, befürchte ich, wird sich darin verlieren.

Das ruhige, ordentliche Jekaterinburg ist eine kalte Dusche. Es hat eine ernste, geradezu strenge Ausstrahlung. Doch die Stadt, gegründet 1723 von Peter dem Großen als Eisenhüttenzentrum und benannt nach der buhlerischen Bauernmagd, die er zu seiner Kaiserin krönte, ist mit zu blutigen Erinnerungen belastet, als daß man dem Frieden trauen möchte. 1918 wurde der letzte Zar mit seiner Familie hier ermordet. Im Zweiten Weltkrieg wurden Hunderte von Fabriken in Westrußland vor den anrückenden Deutschen demontiert und hier wieder aufgebaut, und seine Industrie- und Rüstungsbetriebe wuchsen (und leckten), bis der Zusammenbruch der Sowjetunion für viele das Ende bedeutete.

Ich spazierte beklommen umher. Ich war siebzehn Jahre nicht mehr in Rußland gereist (und noch nie in Sibirien), und jetzt blickte ich mich um, als hätten sich meine Augen verschlechtert, wartete darauf, das wiederzuerleben, woran ich mich erinnerte. Es war sehr still. In die breiten Straßen ergoß sich ein mildes Mittsommerlicht. Es gab öffentliche Gebäude mit den beige-weißen Stuckfassaden von St. Petersburg, und ungarische Gelenkbusse zuckelten von einer Straßenecke zur nächsten.

Ich war wie aufgeputscht. Ich rechnete ständig damit, daß etwas passierte. Eine hartnäckige Unruhe plagte mich, fast ein Schuldgefühl. Es stammte, wie ich wußte, aus einer andern Zeit: aus den Breschnewjahren, als mir in der westlichen Sowjetunion die ganze Zeit der KGB an den Fersen geklebt hatte. Meine Schritte klangen hell und verrieten mich. Jetzt aber wurden sie weder angehalten noch verfolgt. Leute führten ihre Hunde aus – es war Sonntag. Zwei jungenhafte Soldaten fegten in ihrer Kaserne Laub, und ein paar herausgeputzte Pferdekutschen fuhren straßauf und straßab wie im 19. Jahrhundert. Auf dem Zentralprospekt (früher Leninstraße) wirkten die Menschenmassen anonym und mit sich selbst beschäftigt: helläugige Männer in Trainingsanzügen oder Jeans, Frauen in locker sitzenden Kleidern. Niemand blickte mich an. Mir war, als wäre ich unter die Haut der Stadt geschlüpft: in die gleiche unterschiedslose Schmuddelkluft gekleidet wie alle andern – schwarze Hosen, graues Hemd –, die Haare zum proletarischen Igel gestutzt, mit meinem großen Rucksack unter den vielen kleinen Rucksäcken um mich herum durchaus im Rahmen des Normalen. Mit meinem schlechten Russisch hoffte ich, für einen Esten durchzugehen.

(…)

Auf der Pariser Weltausstellung von 1900 konnten die vielen Besucher, die sich in den russischen Pavillon drängten, einen luxuriösen Modellzug der halb fertiggestellten Transsibirischen Eisenbahn besteigen. Jedes Schlafwagenabteil hatte ein marmorverkleidetes Bad mit einer Wanne aus Porzellan, und Wagen, die ansonsten im Louis-seize- oder Empirestil gehalten waren, hatten maurisch oder chinesisch aufgemachte Rauchsalons. Während mehrsprachige Kellner im Speisewagen Kaviar und Borschtsch servierten, rollte draußen vor den Fenstern langsam ein von Bühnenmalern an der Pariser Oper geschaffenes Diorama von Sibirien mit idyllischen Dörfchen und ewigen Wäldern vorbei.

Viele von diesen Herrlichkeiten wurden nie in die Wirklichkeit umgesetzt. Der holzvertäfelte Frisiersalon und das moderne Luftkühlungssystem blieben ein Luxus, der nur in der Pariser Erinnerung fortlebte, und Reisende berichteten mehrfach von dem schlechten Essen und den tolpatschigen Kellnern, und daß die einzige Badewanne im Gepäckwagen zu finden war, wo man sie zur Fleischlagerung zweckentfremdet hatte. Im allgemeinen jedoch waren die De-Luxe-Wagen denkbar edel, und vierzehn Jahre nach dem Beginn des Eisenbahnbaus 1891 rumpelten sie schon bis zum Pazifik. Mit 7500 Kilometern vom Ural bis Wladiwostok legten sie die bei weitem längste Bahnstrecke der Welt zurück.

Diese vielgerühmten Züge mit ihrer erlesenen menschlichen Fracht von Kaufleuten, Diplomaten und Abenteurern wechselten sich mit anderen – wichtigeren – ab, die so gut wie unerwähnt blieben. Ketten von Viehwaggons, gezogen von primitiven, mit Holz heizenden Lokomotiven, krochen über den Ural und über die endlose Steppe. In ihnen fuhren Horden auswandernder Bauern, in drei Lagen gestapelt oder in Waggons mit der Aufschrift ›40 Personen oder 8 Pferde‹ gequetscht. Manche Wagen wurden zu Ställen auf Rädern, wenn ganze Sippen von drei Generationen sich mit Sack und Pack, mit tief im Kot stehenden Kühen und mit Hühnern und wütenden Hunden auf die Suche nach einer neuen Heimat machten. Die wenigen Ausländer, die Zeugen des Schauspiels wurden, schilderten eine bleiche, verlauste Masse, in stinkende Schaffelle gehüllt, und ganze Waggons voll alleinstehender Männer, barfuß und halbwild.

Diese Aussiedlerwelle vor dem Ersten Weltkrieg war der Höhepunkt eines Zugs nach Osten, der dreihundert Jahre vorher als dünnes Rinnsal eingesetzt und Sibirien sein besonderes Gepräge gegeben hatte. Im Gefolge der mit dem »weichen Gold« der Pelze handelnden Kosakenhorden des 16. Jahrhunderts kamen Bauern und Jäger, Vagabunden und religiöse Sektierer, für die es im europäischen Rußland keine Freiheit oder keinen Platz gab. Von offizieller Seite mal ermuntert, mal behindert siedelten sich unternehmungslustige Bauern in dem grenzenlosen Kronland an. Viele waren aus der Leibeigenschaft geflohen, andere waren Verbannte, aber letztendlich war es der Landhunger, der die meisten aus den repressiven, mitunter hungerleidenden zentralen Gebieten im Westen vertrieb, und die Abschaffung der Leibeigenschaft 1861 machte aus dem Rinnsal einen stetigen Strom. Zu Fuß neben ihren Pferdewagen einhergehend, auf denen sich Hausrat und Erinnerungsstücke türmten, quälten sie sich monatelang immer weiter nach Osten vor, und viele starben unterwegs. Erst am Ende des Jahrhunderts erleichterte die Eisenbahn ihnen die Reise und führte zu einer solchen Schwemme armer Bauern, daß die Bevölkerung Sibiriens sich in weniger als zwanzig Jahren auf zehn Millionen verdoppelte.

Damit wurde Sibirien Rußlands Wilder Osten. Optimismus und Nonkonformismus waren seine prägenden Kräfte. Die Macht der adeligen Grundbesitzer und der Kirche verlor sich über die riesigen Entfernungen, und der Einwanderer nahm sich einfach so viel Grund und Boden, wie er brauchte, manchmal mit Unterstützung der Krone, und behauptete ihn als sein Eigentum. Leibeigenschaft war hier gegen das Gesetz. Der einzige Grundbesitzer, der sie einzuführen versuchte, schrieb ein Reisender, wurde sofort ermordet. »Der Himmel ist hoch, und der Zar ist weit«, sagten die Sibirier, und ihre einheimische Oberschicht bestand nicht aus den korrupten Bürokraten, die aus St. Petersburg geschickt wurden (von ihnen als Tintenseelen verachtet), sondern aus ihren eigenen hemdsärmeligen Kaufleuten und Glücksrittern, die aus eigener Kraft reich, mitunter ungeheuer reich geworden waren.

Die Einsamkeit befreite die Sibirier. Wie ihre amerikanischen Kollegen, deren mythische Aura sie teilten, waren sie hartgesottene, egalitär eingestellte Realisten, selbstbewußt und freigebig. Sie waren gewaltige Esser und hemmungslose Trinker, und falls sie zu Geld kamen, konnte es sein, daß sie alles in einer Reihe selbstmörderischer Saufgelage verpraßten, mit Armut oder Totschlag am Ende. Die Gesellschaft war flexibler als im Westen und gefährlicher. Das Land war von jeher ein Abladeplatz für Verbrecher gewesen, und Verbannte waren überall anzutreffen, Mitglieder der städtischen Oberschicht mit zwielichtiger Herkunft ebenso wie Banden entflohener Sträflinge, die Reisende überfielen und erdrosselten.

Am Anfang des 20. Jahrhunderts war dies das aufstrebende Sibirien, das dann später von rascheren Großumsiedlungen und Massendeportationen verwässert wurde. Seine rauhe demokratische Gesellschaft, warnte 1910 der Ministerpräsident Stolypin, könne eines Tages auf den Westen übergreifen und sie alle zermalmen.

Auf der gemächlichen Fahrt ostwärts Richtung Tjumen erinnern mich die billigeren Wagen der Transsib – offene Abteile mit Betten in den Gängen – an die chaotischen Auswanderungen der Vergangenheit. Die Bahn fährt mit einer ungewöhnlich breiten Spurweite, und die Waggons sind hoch und erinnern an lange, rollende Zimmer. Statt zu schwanken, ruckeln sie sanft und einlullend und versetzen die Passagiere in eine dumpfe Apathie. Die Sibirier belegen jeden Fleck mit Beschlag. Ihre Sachen hängen an jeder Strebe und jedem Haken. Sie überhäufen die Abteilstischchen mit Unmengen von Kompott, Dörrfisch und Tee.

Ich liege wie ein früher Auswanderer dicht unter der Decke auf einem Stockbett im Gang und blicke durch das schmierige Fenster. Der Ural bleibt hinter uns zurück, waldige Schatten am Horizont, schemenhaft. Der Regen webt einen Nieselschleier. Und nach und nach umgibt uns das Westsibirische Tiefland mit seiner unendlichen nassen Weite, die seit der letzten Eiszeit zwischen der Arktis und Zentralasien wie im Schlummerzustand liegt. Die frühen Sibirier stellten sich vor, daß Gott bei der Schöpfung vergessen hatte, dieses Einerlei von Erde und Wasser zu scheiden.

(…)

Zum Pazifik

Ein zwölfjähriger Junge wartet mit seiner Mutter am Bahnhof von Ulan-Ude. Er sitzt neben mir in der Halle und fragt: »Wohin fährst du?« Ich blicke in ein

Gesicht neugieriger, leerer Freundlichkeit. Es ist sehr klar und blaß. Die Frau an seiner Seite berührt seine Hand, wie um ihn an etwas zu erinnern.

»Ich fahre nach Skoworodino«, sage ich. »Dann weiter zum Pazifik und nach Magadan.« Das ist mein letztes Ziel.

Die Frau sagt: »Ich war elf Jahre in Magadan.«

»Wieso?« Es ist eine Stadt grausiger Erinnerungen: einst das Tor zum Gulagreich von Kolyma.

»Ich bin als Mädchen dort hingegangen, um für den Komsomol zu arbeiten. Ich hatte es mir romantisch vorgestellt – nur Rentiere und Taiga!« Sie lacht über ihre Dummheit. »Aber die Menschen sind gut dort wegen der harten Bedingungen. Wenn du am Straßenrand im Schnee stehst, wird jemand anhalten und dich mitnehmen. Hier lassen sie dich sterben. So ist das heute überall in Sibirien – die Leute lassen dich einfach sterben.« Ihre Worte bekommen einen melancholischen Ton. Der Junge reagiert darauf mit einem traurigen Lächeln. »Ich war damals eine überzeugte Kommunistin. Meine Eltern auch. Sie nannten meine Schwester Stalina, weil sie am Tag von Stalins Tod zur Welt kam. Stalinka, Stalinuschka! Als dann Chruschtschow an die Macht kam, änderten sie den Namen in Tatjana ab. Als dann Chruschtschow in Ungnade fiel, machten sie wieder Stalina daraus; als dann…Ihr Paß war ein richtiges Kuddelmuddel.«

»Aber Sie sind aus Magadan weggegangen.«

»Ich habe dort meinen Glauben verloren. Ich habe geheiratet und zwei Kinder bekommen, dann sind wir als Lehrer nach Kysyl gezogen.«

Der Junge steht auf und geht los, sich ein Eis kaufen, und sie blickt auf seinen Rücken. »Dann ist er gekommen.«

»Ihr Sohn?« frage ich. Sie kommt mir ein bißchen zu alt vor.

»Ja, ein ungewollter Nachzügler. Er ist ein guter Junge, sehr lieb. Aber er ist nicht normal, wissen Sie.« Sie schaut auf die Stelle, wo er gestanden hat. »Er hat kein Gedächtnis.«

»Sie meinen, er hat Lernschwierigkeiten?«

»Nein, früher war er hochintelligent, seinem Alter zwei Klassen voraus. Als er sieben war, hatte er einen Fahrradunfall, als er einen Berg hinunterfuhr. Er ist auf den Kopf gestürzt. Seitdem kann er sich nichts länger als ein paar Minuten merken.« In ihre Stimme tritt eine leidende Zärtlichkeit. »Ihm entfällt einfach alles.«

»Haben Sie niemand, der Ihnen mit ihm hilft?«

»Er ist Sozialhilfeempfänger. Er bekommt jeden Monat etwas mehr als den staatlichen Mindestsatz.« Ich frage nach seinem Vater, aber sie antwortet nicht. »Kolja kommt zurück.«

Mit einem leicht wehmütigen Ausdruck reicht er auch mir ein Eis, dann fängt er an, mit einer Aufziehmaus zu spielen. Ab und zu blickt er seine Mutter mit der hilflosen Anbetung eines kleinen Kindes an. Während seine Altersgenossen, denke ich mir, sich für Sport oder Sex interessieren, kann er sämtliche Walt-Disney-Tiere imitieren.

Sie sind unterwegs nach St. Petersburg, sagt seine Mutter, in der Hoffnung auf ein neues Leben. »Manche Leute bleiben, wo sie sind, andere sind Zigeuner wie wir. So sind wir. Heutzutage sind alle bloß noch hinter dem Geld her, hinter dem eigenen Glück, etwas anderes gibt es nicht. Aber Gott wird für uns sorgen.« Ihr älterer Sohn lebt im Ausland, sagt sie, ihre Tochter hat sich mit ihr überworfen. Sie zaust Kolja die Haare. »Ich muß für ihn da sein. Er ist meine Zukunft.«

Sie stößt einen leisen Seufzer der Belastung oder der Zufriedenheit aus. Sie wird jetzt immer ein Kind haben.

2000 Kilometer weit hat irgendeine geologische Aktivität die Gebirgsketten jenseits des Baikal in nordwestlicher Richtung aufgefaltet, so daß sie die längliche Form des Sees wiederholen.

Mit ihrer eigentümlichen Trockenheit und Kälte sind sie ein hartes Land des Bergbaus und der Schafweiden geblieben. Im Winter schneit es hier wenig, doch es wird bitter kalt. Als bestangepaßtes Tier war früher ein zottiges Kamel verbreitet, das auch gefrorenes Gras fraß. Ende Oktober berauben Graupelschauer die Bäume in den graubraunen Gebirgsausläufern ihres bunten Laubkleides.

Mein Abteil wurde von einem ukrainischen Schaffner monopolisiert, der hingelümmelt gegenüber von seiner Frau lag und manchmal einen tätowierten Arm ausstreckte, um ihr in die Backe zu zwicken. Die Betten um uns herum belegten schlafende burjatische Mädchen, wie Puppen gestapelt, dezentere Fahrgäste als die Russen. Ich hatte das Gefühl, für sie alle unsichtbar geworden zu sein: ein heruntergekommener Este. Meine Schuhe quietschten mittlerweile, als ob ich darin Mäuse hielte, aber meine schneefesten Hosen und meine Daunenjacke, dachte ich, verhalfen mir zu Anonymität.

Ich kannte diese Züge mittlerweile in- und auswendig: ihre herrischen diensthabenden Provodnizi, ihre klemmenden Fenster, ihren Gestank nach Urin, rohem Fisch, Schweiß. Auch ich weichte jetzt Nudeln in heißem Wasser aus dem Wagenboiler ein, brühte mir billigen Kaffee auf und nagte gesalzenen Omul, während der Zug und die Stunden dahinkrochen. Gegen Abend lag ich zusammengerollt auf einem oberen Bett und las eine Biographie von Koltschak. Dicht über meinem Kopf ließ mich ein dünnes Gekrakel wissen: ›Alja + Aljoscha = Liebe‹. Dann kam die Dunkelheit.

Ich versuchte zu schlafen. Irgendwo hinter Tschita ging die transmandschurische Linie der Chinesischen Ostbahn Richtung Südosten ab. Sie war den von Krieg und Banditen geplagten Chinesen 1896 vom Zarenreich aufgezwungen worden und war die erste Transsib-Verbindung zum Pazifik gewesen. Diese Linie wie auch die Strecke, die wir fuhren, hatte einst der weiße Söldnerführer Grigori Semjonow mit Horden von Kosaken, chinesischen Banditen und japanischen

Freischärlern von gepanzerten Zügen aus terrorisiert, die ›Der Zerstörer‹ und ›Der Schreckliche‹ hießen.

Lange nach Mitternacht hielten wir in Nertschinsk, in dessen Silberbergwerken Dekabristen und polnische Patrioten gestorben waren, und in der Dunkelheit verpaßte ich die Mündung des Onon, in dessen Tal der Geburtsort von Dschingis Khan liegt. Am Oberlauf des Flusses hatte der Eroberer nach einer in ständigem Kampf verbrachten Kindheit und Jugend ein schicksalhaftes Bündnis der Stämme unter seinem Oberbefehl geschmiedet, und in Krisenzeiten war er hierher zurückgekehrt, um auf dem Berg an der Quelle des Flusses zum Himmelsgott zu beten. Ich aber sah nur schwarze Nacht. Das Gespenst Dschingis Khans geht in ganz Zentralasien um; jahrzehntelang bestand ein striktes sowjetisches Verbot, seine Geschichte zu erzählen oder Bilder von ihm zu zeigen, und sein Ruf wirft noch heute einen dunklen Glanz über die vielen weitverstreuten mongolischen und türkischen Völker.

Die ganze Nacht hindurch zockelte der Zug die knapp 1700 Kilometer nach Skoworodino in so einem gemächlichen Bummeltempo, daß ich am Morgen, als sich ein anämisches Frühlicht in unsern Wagen stahl, den Eindruck hatte, wir hätten uns kaum von der Stelle bewegt. Ich blickte aus dem Fenster auf kahle Bäume, die gebrochene Hügelwellen überzogen. Es war eine unschöne, verbrannt aussehende Landschaft im Übergang in den Winter. Die Lärchen waren nur noch bleigraues Filigran und die Birken müde Gespenster. Den ganzen Tag über veränderte sich die Aussicht kaum, und mehr und mehr zog mich die Taiga in ihren Bann. Die schneebedeckte Öde schien ihre ungeheure Weite nur noch zu steigern: ein Fünftel des Waldbestands der ganzen Erde. Oft ist der Waldgürtel in nordsüdlicher Erstreckung 2000 Kilometer breit, und die erstickende Geschlossenheit der Bäume, die alle Entfernungen, jede Perspektive auslöscht, hat schon manchen buchstäblich verrückt gemacht. Auch einem geistig gesunden Wanderer können magnetische Anomalien zum Verhängnis werden, wenn seine Kompaßnadel nutzlos hin und her pendelt. Andere laufen wie wild los, um zu fliehen – das ist der ›Taigawahnsinn‹ –, stoßen aber immer wieder auf ihre eigenen Spuren, bis sie erschöpft zusammenbrechen.

Als wir uns der chinesischen Grenze am nördlichen Bogen des Amur näherten, wurde meine sowjetische Landkarte leer, und offiziell existierte nichts mehr. Doch tatsächlich wußte ich, daß selbst die statische Reinheit der Taiga eine Illusion war. Holzeinschläge vor allem von Nordkoreanern sowie die Umweltverschmutzung und die Feuer um Gas- und Ölfelder herum hatten große Breschen in sie gerissen; die staatlichen Waldarbeitersiedlungen entlang der Strecke, berüchtigt für ihren Raubbau an der Natur, waren in fast so einem heruntergekommenen Zustand wie die Wirtschaft überhaupt. Jetzt gegen Abend wehte der Schnee in grauen, jagenden Wolken über die Wälder, verschleierte sie weitgehend oder ganz. Schon bald ging der eisige Sturm auch über den Zug hinweg, bis wir in blendender Weiße bergan stiegen, und erst Stunden später in der Nacht fiel mir ein, daß wir irgendwo über eine unmerkliche Wasserscheide hinweg die lange Pazifikabfahrt der Bahn begonnen haben mußten.

Ich stieg um Mitternacht in eine schneidende Kälte aus. Auf dem fast leeren Bahnhof sagte mir jemand, auf der andern Seite der Gleise gebe es ein Hotel, und ich überquerte eine baufällige Eisenbrücke und stand im Finstern. Skoworodino war ein unbekannter Punkt auf meiner Landkarte. Kein Mensch fuhr dorthin. Nach meinen letzten Informationen befand ich mich in einem militärischen Sperrgebiet. Ich tappte in pechschwarzer Nacht einen Weg zwischen geschlossenen Fassaden hinunter, auf dem Menschen gingen. Der Hall ihrer Stimmen umgab mich. Ich fragte sie, wo hier das Hotel sei, doch sie gingen kommentarlos weiter, betrunken, und schließlich fand ich es durch Zufall. Ein verschlafener junger Bursche blinzelte wortlos meine Papiere an und gab mir dann ein Bett unter einer Wand voll zerklatschter Mücken. Ich drehte die versiffte Matratze um und schlief.

Am Morgen erkannte ich an den Straßennamen – Sowjetstraße, Komsomolstraße –, daß ich im Stadtkern gelandet war. Skoworodino war ein zwischen den umliegenden Hügeln ausgeuferter Eisenbahnknotenpunkt. Die Temperatur war nur wenig unter –20 °C, aber der Schnee und Staub vor sich herwehende Wind biß mir ins Gesicht wie kalte Säure. Gefrorenes Laub raschelte neben den Gleisen. An Straßenbuden verkauften rotgesichtige Händler mit hohen Wollmützen tiefgefrorene Fische und Hühner direkt vom Tisch. Ein Kriegerdenkmal war mit roten Namen beschriftet: Belagerung von Leningrad, Stalingrad, Einnahme von Berlin…Nichts schien seitdem geschehen zu sein.

Aber ich war des Amurs wegen hergekommen, der über 100 Kilometer weiter südlich die Grenze zu China bildete. Eine dünne Straße auf meiner Landkarte endete an dem verblaßten Namen Albasin, dem Schauplatz von Gefechten zwischen Chinesen und Kosaken, der heute eigentlich nur noch ein Dorf am Ufer des großen Flusses sein konnte. Der Amur! Er war einer jener Ströme wie der Oxus und der Nil, die jeder Geographie enthoben in das Land der Träume fließen.

In Skoworodino gab es keinen Treibstoff, aber jeden zweiten Tag fuhr eine Diesellokomotive auf einem Nebengleis Richtung Grenze, und am späten Nachmittag ratterte ich in einem Zug voll lustloser Soldaten über zugefrorene Flüsse hinweg. Wir brauchten vier Stunden für gut 90 Kilometer. Der Zugführer hielt an einem einsamen Bahnhof an, um Kerzen zu kaufen. Die Soldaten blickten durch mich hindurch, genau wie die Polizisten.

Als wir ankamen, war es Nacht. Ein paar Lastwagen standen wartend bereit, um die Soldaten in die Kaserne und andere in das nahegelegene Walddorf Rewnowo zu bringen, und bald war ich allein. Der Himmel war sternenlos. Ich wartete an der Stelle, wo nach Auskunft eines Soldaten ein Bus nach Albasin kommen sollte. Es fing an, große, spärliche Flocken zu schneien, was eine eigentümliche Gemütlichkeit hatte. Ächzend fuhr der Zug eine Schleife und machte sich auf den Rückweg nach Skoworodino. Als er an mir vorbeischnaufte, lehnte die Provodniza aus der Tür. Ich schrie:»Ist der Bus schon fort?«

Sie rief zurück:»Welcher Bus? Es gibt kein Benzin! Nirgendwo Benzin!«

»Komme ich zu Fuß nach Albasin?«

»Nein! Es sind 18 Kilometer! Und…«, ihre Stimme verhallte zwischen den Bäumen,»…es gibt…Wölfe.«

Ich sah dem zwischen den Kiefern davonrumpelnden Zug nach, bis seine schwachen Lichter verschwunden waren; sogleich kam es mir dunkler und kälter vor. Ich hatte keine Ahnung, was ich tun sollte, nur das nicht ungefährliche Vertrauen, daß sich irgend etwas ergeben würde. Ich wartete noch eine Weile schicksalsergeben auf den Bus, der nicht kommen konnte. Dann stapfte ich die Gleise entlang zum Stationshäuschen. Zwei dunkle Fenster blickten mich an, und ich überlegte, ob ich einbrechen sollte. Diese Posten waren manchmal stillgelegt und verwaist, einsam wie Leuchttürme standen sie da und regelten nichts mehr. Tolstoi war in einem gestorben, als er vor häuslichem Unfrieden floh. Der Schnee verdichtete sich vor meiner Taschenlampe zu einem leuchtenden Vorhang. Ich ging um das Häuschen herum und blieb überrascht stehen. Unter einer Tür schimmerte Licht.

Ich zögerte, dann drückte ich die Tür auf und trat in eine Heißluftglocke. Wolodja, der sich gerade die Hände am Ofen wärmte, strahlte freundlich. Er war der typische Russe, wie er jahrhundertelang verklärt oder verspottet worden war, der bäuerliche Prinz aus dem Bilderbuch: ein großer Junge, so stattlich wie hinterwäldlerisch, heil an Leib und Seele. Eine Stationsvorstehermütze saß zurückgeschoben auf seinen blonden Locken. Er fragte nicht, wer ich sei oder woher ich komme, sondern machte sich in seinem Nest aus Kursbüchern und Telefonen sogleich daran, Leute anzurufen, die mich nach Albasin bringen sollten.»Mischa … kannst du heute abend noch fahren? Kein Benzin … Juri, kannst du einen mitnehmen nach…? Benzin aus…Kolja…nicht da…Petja, Oleg, Wadim – kein Benzin, kein Benzin, kein Benzin…«»Eines Tages wird es wieder Benzin geben«, sagte er,»aber es wird teurer sein als vorher. So ist es mit dem Öl gegangen. Die Mafia manipuliert die Preise.« Er stand auf und klappte seine Fahrpläne zu. »Wir finden morgen jemand.«

»Aber wer ist diese Mafia?« Ich versuchte immer wieder, dieses Gespenst zu fassen zu kriegen. »Sind es alte Kommunisten?«

Wolodja prüfte mich mit seinem offenen, schlichten Blick. »Sie sind überall dort, wo die Macht ist.«

Sein Haus war ganz in der Nähe im Wald. Seine verwitwete Mutter, die ein Wolltuch nach Piratenart um den Kopf geschlungen trug, guckte im Fernsehen Santa Barbara. Die Serie lief seit fünf Jahren dreimal die Woche und beschäftigte sie innerlich sehr viel mehr als Rußlands wirtschaftliche Krise, das politische Chaos oder die vorbeikommenden Züge. Sie wirkte unnatürlich alt. Ihre Familie hatte von jeher bei der Eisenbahn gearbeitet, erinnerte sie sich, ihr Vater als Stellwärter, ihr Mann als Stationsvorsteher, sie als Fahrkartenverkäuferin, und jetzt hielt ihr Sohn diesen einsamen Posten am Ende der Linie. Es tat ihr nicht leid. In ihren Augen hatte sich die Bahn etwas vom Glanz der Pionierzeit bewahrt, war sie nach wie vor die Eroberin der Taiga und die Bringerin der Zivilisation.

Kurt Drawert

Nach Osten ans Ende der Welt (1999)

Länge von Wand zu Wand 195 cm; Bettlänge 175 cm; Bettbreite 62 cm; Gangbreite zwischen den Betten 45 cm; Abstand vom Bett bis zur Abteildecke 190 cm; Türöffnung in der Breite 55 cm; Gepäckablage über der Abteiltür 30 cm hoch, 160 cm breit und 90 cm tief. Das sind sie also, die kleinen, tückischen Fallen für unsere verwöhnten Hochkulturkörper. In der dritten Klasse wollte ich fahren, und die erste ist es geworden, mit Zusatzbeleuchtung über den Ablagenetzen, weicherem Polster und einer Ziervase auf dem Tisch unter dem Fenster, in der ein paar Kunststoffnelken an der Ewigkeit leiden. Nichts mit offenem Liegewagen, Geruch nach Urin und hustendem Nachbarn, wie ich es mir doch eigentlich vorgestellt habe in einem Anfall von devoter Verbeugung vor dem einfachen Leben. Nun gut, ich werde durch die Züge streifen wie ein Voyeur und mir das alles aus der Ferne betrachten. Abstand zu wahren ist ohnehin die bessere Perspektive. Ich stelle den Koffer ins Fach, hänge die Jacke auf einen Bügel und breite die Bücher vor mir aus, die ich alle nicht lesen werde. Doch schon als ich die gelben Gardinen, die die untere Hälfte des Fensters verdecken, aufziehen und an der Seite der Scheiben befestigen will, fehlt mir das ›Tesaband mit Textilgrundlage‹, das mir zu eben diesem Zweck einzustecken mein Reiseführer ans Herz gelegt hatte. Und das ist erst der Anfang einer Liste von Gebrauchsgegenständen, die laut Ausrüstungshinweis alle erforderlich sind, um ungestört unterwegs sein und sich finden zu können, und deren Unentbehrlichkeit mir erst klar werden wird, sobald sie mir fehlen. Ein sympathischer junger Mann, der, wie ich später erfahre, extra von Unterschwemmingen am Neckar angereist kommt, um jetzt hier, in dieser polternden Eisenbahnfalle, den Sinn seiner Studien über die Naturbetrachtung in der frühen Romantik zu begreifen, er hat es richtig gemacht, und ich borge mir gleich einmal einen Streifen für diese etwas peinliche Sache mit dem Stoff und dem Fenster. Selbst einen Besenstil mit Scheibenwischer am Ende der Stange, Plastikeimer und Fensterputzmittel brachte er aus Unterschwemmingen mit, um sich während der Wartezeiten auf einem der Bahnhöfe wieder freie Sicht zu verschaffen, wenn aller Dreck dieser Erde an der Außenfront kleistert und der Blick nur noch schwarz sieht. Ein ganz vorzüglicher und allseits sehr beliebter Artikel, wie sich bald herausstellen wird, von Hand zu Hand gereicht wie ein Wunder und zweifellos die Nummer eins an Geheimtips. Ich lese nach und finde einen Eintrag im Buch, Seite 19, der grob darauf hinweist. Aber auch Toilettenpapier, sehr wichtig, Labello, Oropax, Sagrotan-Erfrischungstücher, auch sehr wichtig, ein

Mittel gegen Reise- und Seekrankheit, eines gegen Husten, Heiserkeit und Blasenentzündung, ein Mittel gegen Verstopfung, eines gegen Durchfall, dann ein Mittel gegen Übelkeit und übersäuerten Magen, ein Schnupfenspray, Augentropfen, Antibiotikum, Schlaftabletten, elastische Binde, Sportsalbe und Insektenstift, ein Reisetauchsieder und ein Reisebügeleisen, eine Thermosflasche, Nähzeug, Fernglas, Zwischenstecker, immer zu bekommen bei Karstadt, wasserfeste Filzstifte, Marker, ein Uhu-Kleber für die russischen Briefmarken und ein Zentimetermaß, das alles habe ich nicht dabei. Lediglich neben Aspirin, Grippetabletten und Wundpflaster kann ich ein Häkchen anbringen. Doch schon bei Duschsandalen, Klappmesser und Speisesenf, Plastiktüten mit Griff, Eiskratzer und Scheibenenteiser zwei Zeilen weiter bleibt es abermals aus. Jetzt erst, wo ich gerade die praktische Vollkommenheit eines kleinen Streifens Tesafilm begreife, der mir tatsächlich die Gardinen vor den Augen wegzukleben hilft, sehe ich ein, wie geradezu fahrlässig leicht bekleidet und unterbemittelt ich durch die Unendlichkeiten der russischen Wälder streife, die so tief sind, sagte mein Lehrer, daß einer Jahre brauchen würde, da noch einmal den Ausgang zu finden. Wußte ich denn nicht, daß dieses Land unbezwingbar sein würde, ein Gigant, der jeden, wenn er kommt, es zu erobern, allein mit seiner Größe besiegt? Habe ich das nicht gelernt und verstanden, um jetzt mit dem Hochmut eines Marathonläufers vor der Kurzstrecke diesen Zug zu besteigen, als wäre er eine Vorortbahn? Soviel Unachtsamkeit im Umgang mit den Materialien vom Reisebüro und soviel Strafe, die darauf folgt? So also laufen sie ab, die Szenarien der Katastrophen im Kopf, um die zu überleben mir immer ein ganz bestimmtes Produkt eben nicht zur Verfügung sein wird. Und wenn es nur eine Büroklammer ist, eine Stecknadel oder der Griff einer Bürste, ich werde ihr Fehlen beklagen in einem Moment, in dem eine Büroklammer oder eine Stecknadel oder der Griff einer Bürste ausgereicht hätte, mir das Leben zu retten, wer weiß.

Meine deutschen Reisegefährten, alle in dem einen Wagen der ersten Klasse und immer ein Auge auf die Koffer und Taschen gerichtet, die schon geöffnet auf den Bettkästen liegen, treten nervös aus ihren Türen heraus und erwarten die Abfahrt. Sie rufen sich freundliche Worte zu und geben sich gegenseitig Kraft, alles gut zu bestehen. Immerhin sind noch alle mit allem beisammen, und was wollte man mehr. Eine zweite Reiseleiterin aus Moskau ist zu der Gruppe hinzugekommen und wird sie einige Tage begleiten. Sie stellt sich auch mir vor, ohne zu wissen, daß ich alleinreisend bin und mir gegebenenfalls Hilfe zwar wünschen, nicht aber erwarten darf. Ich erfahre, daß sie Olga heißt, auf dieser Strecke seit Jahren fast monatlich unterwegs ist und am nächsten Abend, an dem wir die Grenze zu Asien passieren, im Speisewagen etwas vortragen wird, den Zug und seine Geschichte betreffend. Sie wird etwas über sechzig sein, oder sie ist etwas über fünfzig und hatte ein schwieriges Leben. Das Alter hat ihr jedenfalls keine neue Schönheit geschenkt, und in der übertriebenen Freundlichkeit, mit der sie ihren ersten Auftritt erledigt, wird die Anstrengung spürbar, die ihr ihre Rolle bereitet. Das Sprechband, mit dem sie jetzt jeden belagert und unter Beschlag nimmt, ob man denn bei guter Laune und Gesundheit sei, die Betten eingerichtet und die Papiere geordnet habe, verrät ihre Sicht, die der eines Aufsehers einer Rotte von Kindern sehr ähnelt. Eine Szene, die unmißverständlich klarstellt, daß ihr Erscheinen die totale Verwaltung der nächsten Tage bedeutet und daß jeder ein von ihr zu Verwaltender sein wird, vom ersten Weckruf am Morgen bis in die Träume der Nacht. Und spätestens dann, wenn sich jemand ihrem Einfluß zu entziehen versucht, um damit seiner Selbständigkeit einen Ausdruck zu geben, wird sich der herzliche Ton in sein Gegenteil wenden und tief sein wie der von Befehlen. Es darf mich also nicht wundern, wenn sie mich eher argwöhnisch ansieht und mir später einmal sagen wird, daß ich auf sie wie ein Fremdkörper wirke, auch wenn ich fast lautlos und voller Zurückhaltung bleibe, oder gerade deswegen. Nicht aber, daß sie mich dann auch in Ruhe lassen wird, wo sie erfährt, daß ich ihre Unterhaltung nicht mitgebucht habe. Im Gegenteil wird sie alles tun, um sich mir in den Blick zu drängen, als wäre es die größte aller Unmöglichkeiten, sie nicht wahrzunehmen. Ich bin ihr eine Herausforderung, meine Interesselosigkeit an ihrer Person kränkt sie, und es ist schon die Kränkung einer angemaßten Befugnis dem anderen gegenüber, der ihr für diese Zeit anvertraut, das heißt ausgeliefert ist. Das war, und das ist er, der Charakter der Macht, wie er zum Wesen der Systeme des Ostens gehörte und wie ich ihn in jeder Nuance, in jeder Gesichtsbewegung wiedererkenne. Olgas Klagen über den eingetretenen moralischen Verfall ihres Landes, wie ich sie wieder und wieder hören werde, es sind die Klagen einer verlorenen Machtkompetenz, wie klein in ihrem Radius sie immer auch gewesen sein mag. Und natürlich kann die Ordnung des Sozialismus, die diese Kompetenzen verteilte, dann für Menschen wie sie auch nur das Paradies gewesen sein, aus dem man nun vertrieben wurde, ohne zu wissen, wohin. Wenn Olga an meiner Abteiltür anklopfen wird, nachdem sie ihren Seelenkrieg gegen mich wegen Mangel an Erfolgen eingestellt hat, um mir zum Abschied eine selbstgebastelte Kette zu schenken, plötzlich der eigenen kräftigen Stimme eher hilflos ausgeliefert, als sie selbstbewußt einsetzend, und die Augen so klein, als würden sie tränenlos weinen, wird sie mir leid tun. Denn nicht nur der Mensch, sondern auch seine Liebe bleibt das Geheimnis seiner Freiheit.

Aber jetzt fahren wir, und während sich alles auf dem Gang abspielt, als wäre von dort eine besondere Erscheinung in der Natur zu verfolgen, schließe ich mich ein und erlebe das Glück, vor aller Welt im Verborgenen zu sein. Die Wände sind der warme Stoff eines Mantels, den mir eine Mutter, die ich nicht kenne, über die Schultern gelegt hat. Es ist, als hätte ich immer, bis zu dieser

Minute, gefroren, und als wäre ich immer, bis zu dieser Minute, in einer Fremde gewesen, von der ich nicht einmal wußte, bei welchem Namen sie genannt werden kann. So also komme ich für diesen einen kurzen, ewigen Moment nach Hause, und es ist doch nur eine Heimat der Abgewandtheit, ein innerer, in den Tiefen eines je uneinlösbaren Verlangens abgesenkter Ort, der existiert, nicht aber betreten werden kann, denn er ist ohne Materie, ohne Sprache und ohne ein Bild. Und er erscheint, weil ich Kilometer für Kilometer die Geschichte meines Körpers verlasse, oder es mir einbilde, sie zu verlassen, da das schon der Sinn dieses Glücks ist. Noch niemals zuvor konnte ich in einer Ferne die Nähe zu meiner Herkunft verlieren, und ich habe es versucht, Umzug für Umzug und Reise für Reise, um selbst noch in einer australischen Strandbucht dem Eindruck zu erliegen, nicht tatsächlich weg und den Blicken entkommen zu sein, die, auf mich gerichtet, meine Umkehr erwarten. Doch vielleicht entgeht man dem Taifun gerade dann nicht, wenn man ihn flieht, anstatt sein Zentrum zu suchen, dort, wo er ohnmächtig ist, im blinden Fleck seines Auges. Warum wußte ich nicht, daß es diese und keine andere Richtung sein muß, zurück und nicht vorwärts, aber als eine Durchquerung, warum wußte ich es nicht. Die Landschaft hinter dem Fenster ist ein träge ziehender Schatten geworden, der keine Umrisse zuläßt, die reine Gestalt einer Nacht. Hier und dort kleine Lichter, die vielleicht Täuschungen sind oder Hütten, wie sie vereinzelt und weltverloren in der Nähe der Gleise auf ihren Zusammenfall warten und deren Bewohnbarkeit mir nicht vorstellbar ist. Ihnen, die vor ihre Türen treten, sobald die Schienen zu klingen beginnen, wird der Zug eine Vorstellung sein, und lange werden sie ihm nachsehen wollen, wie er hingeht und hinter einem Hügel zwischen Himmel und Erde verschwindet, als wäre er der eigene vergangene Tag.

Als ich zweimal die freien Wagenübergänge ohne Sturz und Knochenbrüche passiert habe und in den Speisewagen komme, sitzt meine Touristenmannschaft schon lange zusammen und hört auf Olgas dröhnende Stimme, mit der sie russische Legenden vorträgt. Sie unterbricht kurz und schaut mich über den Rand ihrer Brille vorwurfsvoll an. Dann bemerkt sie kühl, daß man mich schon vor zwei Stunden erwartet habe, als sie den Verlauf unserer Reise und deren Strecke erklärte, aber daß ich mich nun, so als hätte ich eine Freimaurerloge ohne absolvierte Prüfung betreten, mit dieser Erzählung abfinden müsse, die mir natürlich nur noch ein Rätsel sein könne. Aber was habe ich mit ihren Vorträgen und was mit dem Stundenplan dieser mir fremden Gesellschaft zu tun? Und weshalb ist die Reise unsere und nicht mehr meine? Gewiß, das antworte ich nicht, sondern gebe nur ein kurzes Bedauern zum besten und setze mich auf den einzigen noch leeren Platz neben zwei älteren Herren und jener Reiseleiterin, die ich schon im Flugzeug nach Moskau gesehen und kennengelernt habe. Ich könne mich auch an sie wenden, wenn ich etwas wissen und brauchen sollte, gibt mir die freundliche Dame mit dem leisen Unterton des Konspirativen über den Tisch geflüstert zu verstehen. Es wirkt, als wäre sie eben ein Wagnis eingegangen, das sie zugleich aber nötig hatte, um sich Olga gegenüber einmal mehr zu behaupten. Die indessen fährt fort, ihre Novelle zu lesen, in der gerade ein Ritter durch die Last seiner Rüstung in der Wolga ertrinkt. Was sonst, als daß der Zug durch zehn Zeitzonen fährt, nach zwölfjähriger Bauzeit im Jahre 1903 das erste Mal vollständig in Betrieb genommen wurde und in acht Tagen Fahrtzeit 380 Städte, Dörfer und Siedlungen passiert, wird sie schon gesagt haben. Selbst die Kellnerin bleibt scheu vor der Frau im Rausch ihres Vortrags und kommt nur mit einem Zögern auf mich zu, um mir eine Specksuppe zu bringen, die in ein halbiertes und ausgehöhltes Brot abgefüllt ist. Dazu ein kleiner Teller Salat und ein würziges, schmackhaftes Bier. Daß der Wagen karg sein würde, habe ich erwartet, aber es fehlt mir auch nichts, weder eine Tischdecke noch ein Glas anstelle des Bechers. Die Reduzierung des Anspruchs ist ein sehr leichter Vorgang, viel unkomplizierter, als ein Gewohnheitsrecht zu behaupten und einzuklagen, wie es zum Urlaubersport im allgemeinen gehört. So kommen sie nach Italien und wollen keine Pizza, sondern ausgerechnet hier und heute eine Bockwurst, oder sie sind auf Besuch bei ihrer argentinischen Tante und ertragen den Tango nicht, der von einer Jukebox gespielt wird, um sich gerade jetzt nichts lieber als einen Titel der Herzbuben zu wünschen, grauenhaft. Und wer weiß, welches Trauerspiel mir schon entgangen sein wird, als die Gäste sich das erste Mal hingesetzt und das Angebot auf der Speisekarte gelesen haben werden, die aus einem nur zur Hälfte beschrifteten Blatt Papier in Klarsichtfolie besteht. Doch nein, diese Reisenden, wo sie sich nicht gänzlich verirrt haben im Hochglanz eines Prospektes wie das dauernörgelnde Ehepaar zwei Tische weiter, dem ausnahmslos alles der reine Skandal ist, sind tatsächlich anders. Eine Art Fieber hat sie ergriffen, für das sie schon lange vorgesehen waren und in dessen seelischer Hitze das genaue Gegenteil passiert: die entschiedene Verherrlichung aber auch noch des größten sichtbaren Übels. Das Essen, das alles andere als gut ist, wird ihnen zum Feinsten, das sie jemals vorgesetzt bekamen, die verwaisten Fabriken entlang der Eisenbahnstrecke sind romantische Burgen, und die harten Gesten der Menschen nur ein anderer Ausdruck für Herzlichkeit, wie man sie sonst nirgends mehr findet. Schlechtes, wie in einem Rückspiegel gesehen, gibt es hingegen nur noch in Deutschland, in dem geradezu alles mies ist, was sich hier, auf das feuchte Holz einer Kiste gelehnt, durchaus genießen läßt.

Olga hat jetzt den Weg ihres Textes bewältigt und schaut in die Runde, um zu ermessen, wie beeindruckt sie ist. Keiner, der nicht klatscht oder sie mit begleitenden Worten des wahren Erstauntseins beschenkt. Ein Applaus, der von den einen für die Darbietung, von den anderen für deren herbeigewünschtes Ende gegeben wird. Auch ich lege den Suppenlöffel zur Seite und klatsche. Doch anstatt von ihrem sehr offensichtlichen Erfolg schon befriedigt zu sein, kündigt Olga nun eine Zugabe an, die auch jene begrüßen, die sich eher bedrängt als beglückt fühlen dürfen. Ich betrachte die zwei Männer mir gegenüber, die etwas merkwürdig Einsames haben, schnell entschlossen, ein Paar zu ergeben, wie alle anderen auch paarweise kommen, sitzen und gehen. Sie verabreden sich zu allem, was der Ablauf eines Tages im Angebot hat, und ich schätze, sie stellen sich auch zur selben Zeit den Wecker und gehen zur selben Stunde ins Bett. Warum fällt es so schwer, alleine zu laufen? Der eine der beiden, die mich mindestens ebenso mustern wie ich sie, heißt Harry, der auch ein leidenschaftlicher Bergsteiger ist und seiner groben, starken Gestalt nach von einem anderen Bergsteiger durchaus einmal als ein Yeti verkannt worden sein kann, als sie beide zeitgleich und ohne voneinander zu wissen im Himalaja auf Tour gewesen sind. Der andere ist ein ruhiger, zierlicher Mann, der seine Briefträgerrente für diese Reise gespart hat und der noch nie in seinem Leben über Bayern hinausgekommen ist, unfaßbar für Harry, der sofort und der Reihe nach alle achtunddreißig Urlaube aufzählt, die er außerhalb Deutschlands verbrachte. Und dann steht er auf, dieser kleine, hilflose Mensch, den ich nie ein Wort reden, sondern immer nur allem zustimmend nicken gesehen habe, trommelt mit einem Messer auf die Platte des Tisches, um sich Gehör zu verschaffen, streift sich eine Locke aus der weiten, von Falten durchfurchten Stirn, bereit, in diesem ihn so bewegenden Moment selbst noch der referierenden Olga das Wort abzuschneiden, und beginnt eine sich dehnende und dehnende Rede: »Liebe Freunde, es ist mir ein tiefes, dringendes Bedürfnis, jetzt, in dieser so wunderschönen, märchenhaften Stunde, wo wir, kaum faßbar für mich, schon auf einem anderen Kontinent unterwegs sind, euch allen, im besonderen aber der lieben Hedwig und der lieben Olga, die uns auf eine so einmalig schöne Weise begleiten, Hedwig, die immer ein Ohr für alle unsere Schwierigkeiten auf dieser von Schwierigkeiten begleiteten Reise, Olga, die soviel Neues und Wissenswertes und Schönes zu erzählen hat, zu danken, zu danken und nochmals zu danken. Dafür, daß ihr mich so herzlich und warm bei euch aufgenommen habt und mir gestattet, mit euch gemeinsam diese einmalige Fahrt, wie sie mir je unvergeßlich sein wird und an deren viele kleine und große Erlebnisse ich noch denken werde...« »Es ist ja gut, Werner«, sagt Harry, der leicht feuchte Augen bekommt und vielleicht fürchtet, tatsächlich noch in einen Ausbruch von Tränen zu geraten, wenn Werners Rede in diesem ergreifenden Ton noch lange so fortfährt. »Laß ihn doch sprechen«, wendet die Frau links von ihm ein, sichtlich ergriffen von der Größe dieses Gefühls und davon, wie es sich ungeschützt preisgibt. »...ich noch denken werde«, sagt Werner weiter, »wenn alles um mich her und wie es geschah in meinem Leben schon vergessen sein wird. Ich habe meine Heimat niemals verlassen und auch nie das Bedürfnis danach gehabt. Nur ein fernes Ziel ist mir immer im Kopf gewesen: Einmal mit der Eisenbahn durch Rußland zu fahren. Und das, liebe Freunde, es geht für mich jetzt wie ein Traum, der wahr geworden ist, in Erfüllung, und dafür...« Nein, er kommt nicht weiter, und ein leises Schluchzen übernimmt das Ende des Satzes. Aber er setzt sich auch nicht, sondern schaut voller Rührung jeden der Reihe nach an, und dann öffnet er seine Arme und drückt sie alle mit einer Geste tiefer Verbrüderung fest an seine Brust. Keiner, der jetzt nicht überwältigt wäre und imstande zu sprechen. Dafür findet Werner die Worte wieder und bittet, gewissermaßen als ein Andenken, das er stets bewahren und in Ehren halten werde, jeder möge ihm doch seinen Namen und wenn möglich auch die Adresse mit einem Textilstift, den er für diesen Zweck schon eingesteckt und bereitgelegt hatte, auf sein Hemd schreiben. Und damit zieht er es auch schon aus seiner Hose und streift es über den Kopf, um es gleich über den Tisch weiterzureichen. Die Frau mit der weichen, freundlichen Stimme, die sofort protestierte, als ihm das Wort entzogen zu werden drohte, nimmt es als erste entgegen, so sehr behutsam, sich dabei von ihrem Stuhl erhebend und mit einer leichten Verneigung des Kopfes zum Dank, als hielte sie nichts Geringeres als Werners Herz in den Händen. Und dann räumt sie die Tischplatte leer, breitet den in Teilen schweißnassen Stoff vor sich aus und schreibt an der schönsten und sichtbarsten Stelle ihren Namen darauf, darunter ihre Anschrift mit Telefonnummer und darunter Datum und Moskauer Uhrzeit, wie sie nur noch im Zug und auf den Bahnhöfen gilt. Selbst das dauernörgelnde Ehepaar mit den je gleichen Trainingsanzügen und einem T-Shirt, von dem sie erzählen, daß es das selber erfundene Wappen der Familie im Aufdruck zeigt, eine Palme mit fünf weit zur Brustmitte hin ausschwingenden Blättern in einem goldenen Dreieck, auch sie unterschreiben, was nicht wenig besagt. Denn sie sind mit Werner, der wie ein Schießhund darauf achtet, daß niemand die Sensationen der Reise mit übler Nachrede schmälert, naturgemäß schon lange in Streit. Ob die Farbe des Stiftes denn auch waschfest sein würde, wollen sie wissen und schauen, ob sie ein markiertes Gütesiegel aufgeklebt finden. Daraus entwickelt sich schließlich das Problem, das zu lösen jetzt alle heftig beteiligt sind, ab wieviel Waschungen ohne sichtbaren Farbverlust von waschfest die Rede sein kann, denn eines, sagt Olga, stehe ja nun einwandfrei fest, »für die Ewigkeit ist das alles nicht, was da einer mit der Hand in den Stoff gibt«. »Für die Ewigkeit, für die Ewigkeit«, protestiert Harry und bekommt für die Sekunde keine Luft. »Was ist schon für die Ewigkeit. Und außerdem, liebe Olga, reden wir hier über ein Qualitätsprodukt, wie es bei uns...«, und jetzt bremst er ab und versagt den letzten Worten den Ton, wohl wissend, daß er nun auf das gefährliche Gleis der politischen Rede zu kommen droht. Und daß die, einmal in Bewegung geraten, sofort eine Beschleunigung haben würde, um am Ende noch im Namen der Toten des Krieges zu sprechen, das weiß nicht nur der Harry. Doch zu spät. Die für eine Bemerkung mit politischer Anspielung hochgradig sensibilisierte Olga schmettert eine Antwort entgegen, die von einem Veteranen ihrer nun müde gewordenen Partei nicht hätte besser formuliert werden können: Daß sie erstens nicht ganz blöd sei und natürlich schon verstanden habe, was Harry da eben bis zur Überdeutlichkeit für alle und jeden verschwieg, und daß auch der Tag kommen werde, an dem ein russischer Stift in der Haltbarkeitsdauer seiner Farbe auf dem Grund eines Stoffes der Ewigkeit näher sein wird als ein deutsches oder ein, und das Wort dehnt sie so in die Länge, bis auch dem letzten noch klar ist, was sie alles noch sagen will, europäisches Produkt. »Jetzt liegen wir im Dreck vor eurem Geld, das stimmt, und dafür schäme nicht nur ich mich! Diese Schande, diese Schande…«, sagt sie, aber schon mehr zu sich selbst, zieht ein Taschentuch aus ihrem Rockbund und wischt sich die Tränen vom unteren Rand ihrer Lesebrille ab, ehe sie noch auf die Wangen treten und sichtbar sein würden. Der Herr aus Wurzen versucht einzulenken, daß der Harry es so, wie Olga es verstehe, nun bestimmt nicht gemeint haben wird. »Andererseits, und ganz ehrlich jetzt, sind die Textilstifte bei uns wirklich nicht schlecht. Unserer Katja…« »Das ist unsere Tochter«, ergänzt seine Frau. »…unserer Katja haben wir eine Birne auf den Schlafanzug für den Kindergarten gemalt, und sie sieht noch heute…und wie oft hast du ihn gewaschen, Margit?« – »Hundertmal sicher«, sagt Margit mit einem Lachen des Überlebthabens, wie es nur Mütter finden, deren Kinder aus dem Schlimmsten heraus sind. Eine Stimme vom letzten Tisch nahe den Kisten, die etwa den dritten Teil des Speisewagens füllen und bis an die Decke reichen, gibt zu bedenken, daß es hier nun wirklich nicht mehr nur um die Sache von Farbtupfern auf einem Schlafanzug geht. »Das muß man schon alles globaler sehen, in Zusammenhängen. Ich meine, hier, die Russen, das sind ja auch nur Menschen. Ich meine, sie haben doch viele andere schöne Dinge. Gut, bei uns sind es eben die Filzstifte. Aber sie haben zum Beispiel die Tretjakow Galerie oder so.« Ein russischer Soldat, der bis eben still gebackenen Fisch gegessen hatte, winkt jetzt allen mit seinem Wodkaglas zu und hält eine kleine Tischrede, die kaum einer versteht. Er habe, übersetzt Hedwig für uns drei in ihrer Nähe, einen Onkel, der Tretjakow heißt und in Irkutsk wohnt, wohin er jetzt auf dem Weg sei, um dessen goldene Hochzeit zu feiern. Wir aber, so habe Olga ihm schon geantwortet, würden nicht zu Onkel Tretjakow wollen, sondern weiter und weiter, worauf er sich auch gleich wieder uns ab- und seinem Fisch zugewandt hatte. »Und wer einmal in meine Heimat nach Schönbrunnenhausen kommen sollte«, sagt Werner, der noch immer an seiner Tischkante steht und auf die Rückkehr des Hemdes wartet, »der wird mir immer ein willkommener Gast sein und ein Bett und ein gutes Glas Wein vorfinden«, worauf alle noch einmal klatschen und der Werner nachsetzt: »Und jetzt gebe ich hier und auf der Stelle eine Saalrunde Wodka«, was die Ovationen nun auf ihren Höhepunkt treibt und sie in ein dreifaches »Hoch lebe Werner!« münden lassen. Von nun an wird es sehr schnell gehen, und sie werden Lieder anstimmen, die alle, wie harmlos auch immer, den Geschmack von verbrannter Erde haben. Vermutlich gibt es keine Nation dieser Welt, die derart verloren ihre Volkslieder singt.

Auf dem Weg in meine Kabine muß ich über einen Schweinekörper steigen, der im Vorraum zur nächsten Wagenklasse liegt. Die Zugluft, die von den Seiten der Tür dringt und ihn kalt überströmt, hält ihn auf einer tiefen Temperatur. Effektiver kann man mit den natürlichen Ressourcen nicht umgehen, und ich empfinde es weder als eine Zumutung, daß ich jetzt auf diese Kreatur treten soll, um in den Übergang zu gelangen, noch habe ich einen Ekel dabei. Es kommt mir so selbstverständlich vor und so klar in seiner praktischen Logik, daß ich es fast nicht mehr als etwas Außergewöhnliches erlebe. Aber vielleicht bin ich jetzt auch nur von dem Wodka besoffen, der mir schon in den Kopf steigt, wenn ich etwas länger das Etikett auf der Flasche anschaue. Die Russen trinken ihn aus Wassergläsern in langen, kräftigen Zügen, so als wäre er Zitronenlimonade, und ich begreife zwar, daß sie ihn nötig haben zur Bewältigung eines für jeden von uns unerträglichen Alltags, aber nicht, daß sie ihn relativ gut auch vertragen. Völlig unbezahlbar und zeitlich gar nicht einzurichten wäre, müßten sie sich die benötigten Promille mit Wein antrinken, wie es in mediterranen Regionen der Fall ist. Fest nur steht eines, daß der Wodka ein wesentlicher Garant des Volksfriedens ist, auch wenn er hier und dort den einzelnen zerstört und ihn jämmerlich in den nächsten Graben stürzen läßt. Denn das Wodkaproletariat bietet tatsächlich den schrecklichsten Anblick, wenn es mit seinen Plastiktüten über die Bordsteine torkelt und von den armen, früh gealterten Frauen auf dem endlosen Heimweg über eine Landstraße gestützt werden muß. Dagegen ist das Weinproletariat im Klima des Südens Bourgeoisie.

Mark Bauch

Transsibirisch Reisen (2001)

bahnhöfe
voll
gepackt

ratternde räder
leben als reise
alles im augenblick

vorbei an
grünen wiesen
holzhäusern
datschen
jurten

nomadisches leben

still lächelt
buddha
zum gruß

weite
sibirisch
mongolische steppe

alle grenzen
überwindend

kein moskau
kein peking
nur
wind
weite
ratternde räder

leben als reise

Über die Autoren

Mark Bauch

Reiseschriftsteller und Lyriker, wurde 1971 in Göttingen geboren. Einer Ausbildung zum Krankenpfleger folgte ein Studium der Germanistik und Asienwissenschaften. Seit den frühen 90er Jahren reist Mark Bauch, am liebsten nach Indien, Großbritannien, in die USA und nach Australien. Unterwegs entstehen nicht nur Gedichte, sondern auch Reiseberichte.

Erik Bergengren

Journalist, lebte von 1900 bis 1977. Bergengren reiste 1936 mit der Transsib durch Rußland und die japanisch besetzte Mandschurei nach Tokyo. Bekannt wurde er als Verfasser der 1960 veröffentlichten offiziellen Alfred-Nobel-Biographie.

Kurt Drawert

Autor und Übersetzer, wurde 1956 in Henningsdorf geboren. Nach einem Literatur-Studium in Leipzig lebt er heute in Darmstadt. Er schreibt Prosa, Gedichte, Hörspiele, Literaturkritiken und Essays über seine Reisen durch Ostdeutschland oder eben seine Reise ›Nach Osten ans Ende der Welt‹, wo er seine Transsib-Fahrt von Moskau bis Nauschki im Jahr 1999 beschreibt.

Kurt Faber

Globetrotter und Schriftsteller, wurde am 6. Dezember 1883 im Elsaß geboren, verstorben ist er 1929 in Kanada. Er brach eine Lehre als Buchhändler ab und heuerte zur See an. USA, Kanada, Südamerika, Australien, darunter drei Jahre auf einem Walfischfänger, waren seine Lehrjahre. Ab 1912 wieder in Deutschland, arbeitete er in einem Leipziger Verlagshaus und veröffentlichte seine Reiseberichte unter anderem in seinem ersten Buch ›Unter Eskimos und Walfischfängern‹. In den zwanziger Jahren folgten große Reisen nach Südamerika (›Tage und Nächte in Urwald und Sierra‹), Indien (›Mit dem Rucksack nach Indien‹) und rund um die Welt. Die Rücktour dieser Weltreise führte ihn 1928 auch nach Sibirien. Die nächste Reise nach Kanada wurde seine letzte, der frühe Wintereinbruch in der kanadischen Wildnis wurde dem einsamen Weltenwanderer zum Verhängnis. Am 26. Februar 1929 fand man seine sterblichen Überreste an einem Blockhaus am Hay River. Seine Reisebeschreibungen gab in der Folgezeit sein Bruder Walter Faber heraus, der die durchaus vorhandene Sympathie Kurt Fabers für den Nationalsozialismus deutlich stärker akzentuierte.

Peter Fleming

Reiseschriftsteller, lebte von 1907 bis 1974. Als Reiseschriftsteller (›Brasilianisches Abenteuer‹, ›Die Belagerung von Peking‹, ›Tataren-Nachrichten. Ein Spaziergang von Peking nach Kaschmir‹) blieb er allerdings im Schatten seines Bruders Ian Fleming. ›Mit sich allein‹ reiste er 1933 mit dem Zug durch Sibirien nach China, das auch den Hauptgegenstand des Buches ›Mit mir allein. Eine Reise nach China‹ bildet. Da Peter Fleming erwiesenermaßen auf seinen Reisen auch für den britischen Geheimdienst tätig war, sollen viele Anregungen für die umfangreiche Reisetätigkeit von Ian Flemings bekanntestem Helden James Bond vom Bruder Peter stammen. Sein Transsib-Abenteuer hat James Bond wohl noch vor sich.

Sir John F. Fraser

Auslandskorrespondent und Reiseschriftsteller, wurde 1868 in Edinburgh geboren und verstarb 1936 in London. Erste Bekanntheit erlangte er 1898 durch sein Buch ›Mit dem Rad um die Welt‹, in dem er seine knapp 20 000 Fahrradmeilen durch 17 Länder schilderte. 1901 gab er der Bahn den Vorzug und reiste zweimal quer durch Rußland. Von St. Petersburg fuhr er über Moskau, von wo er am 23. August in Richtung Sibirien aufbrach. Die Bahnreise ging mit Aufenthalten in Omsk, Tomsk und Irkutsk bis nach Sretensk. Von dort aus befuhr er auf einem Dampfer den Amur bis Chabarovsk. Mit der Ussurij-Bahn ging es weiter nach Vladivostok. Auf der Rücktour riskierte Fraser ohne entsprechende Genehmigungen eine Reise auf der noch nicht durchgehend fertiggestellten Ostchinesischen Eisenbahn durch die Mandschurei und traf am 9. November wieder in Moskau ein.

Fraser war einer der bekanntesten britischen Auslandskorrespondenten seiner Zeit und wurde 1917 in den Adelsstand erhoben. Er ist Autor vieler Reisebücher über den Balkan, Rußland, China und Südamerika; ins Deutsche wurde bisher lediglich sein Buch über den Panamakanal übersetzt.

Otto Goebel

Professor für Volkswirtschaft, verfaßte 1913 das erste deutschsprachige ›Transsib-Handbuch‹. Goebel, der später an der Hochschule Hannover lehrte, hatte bereits ein Buch über Sibiriens Wirtschaft publiziert und beschrieb nun die praktischen Reisefragen. Neben Kurzporträts von Moskau und St. Petersburg beinhaltet das Buch illustrierte Beschreibungen der Streckenabschnitte Moskau – Čeljabinsk, Čeljabinsk – mandschurische Grenze sowie der Strecken nach Vladivostok und Port Arthur. Er wendete sich damit vorrangig an die ›Ostasienfahrer‹, für die Rußland und Sibirien zwar nur ›Durchgangsländer‹ sind, die aber »doch ein wenig von Land und Leuten, die Tag für Tag den rollenden Zug begleiten und wenigstens einen flüchtigen Einblick in russische Verhältnisse« erfahren wollten.

Sven Hedin

Geologe, wurde am 19. Februar 1865 in Stockholm geboren und verstarb am 26. November 1952 in Stockholm. Er studierte Geologie, Mineralogie und Zoologie in Stockholm und Berlin und promovierte 1892 in Halle/Saale. Es folgten mehrjährige Studienreisen nach Zentralasien. Seine Vorträge und Bücher darüber ließen ihn bekannt werden. 1902 bekam er als letzter Schwede einen Adelstitel verliehen und wurde Mitglied der Akademie der Wissenschaften. Es folgten weitere Reisen nach Zentralasien, in den Himalaja und nach China. Von seiner Weltreise im Jahre 1923 kehrte er über China und Rußland nach Europa zurück. »Da die russische Frage gerade jetzt von besonderem Interesse ist«, zog er die Veröffentlichung über seinen letzten Reiseabschnitt vor und veröffentlichte seine Schilderung der ›Blitzfahrt durch die Mongolei, Sibirien und das europäische Rußland‹, das »nichts anderes sein (will), als ein Tagebuch, in dem ein Reisender Tag für Tag erzählt, was er erlebt hat.«

Hedin vertrat sehr ausgeprägte rechtskonservative Ansichten. Nach seinen offenen Bekenntnissen zum deutschen Nationalsozialismus distanzierte man sich in Schweden von ihm, während er im faschistischen Deutschland immer beliebter wurde. Er wurde von Adolf Hitler und anderen Mitgliedern der NS-Führungsriege persönlich empfangen und hielt während der Berliner Olympiade 1936 die Rede ›Sport als Erzieher‹. 1943 bekam Hedin in München die Ehrendoktorwürde. In einer kläglichen Reflexion versuchte er sich dann im 1949 erschienenen Buch ›Ohne Auftrag in Berlin‹ als schwedischer Geheimagent im Nazi-Berlin zu rechtfertigen.

Johanna Hornef-Blau

Reiseschriftstellerin. Ihre Reiseleidenschaft führte sie rund um den Globus und regte sie bislang zu fünf Büchern an, wobei die Titel wie ›Weltenbummel um den Globus‹ und ›Unentwegt zu neuen Ufern‹ zweifelsohne Programm sind. So erfüllte sie sich im August 1994 auch ihren ›phantasierten Traum einer Erlebnisreise auf Schienen, auf dieser längsten und legendärsten Eisenbahnstrecke der Welt‹ und fuhr mit der Transsib von Moskau nach Vladivostok. Weitere Veröffentlichungen: ›Unentwegt zu neuen Ufern. Lebenssuche auf tiefen Wassern‹, ›Unter nordischem Himmel. Durch die Nordsee zum Polarkreis‹, ›Tagebuch einer Weltreise. Westwärts im Wind der Ozeane.‹

Ryszard Kapuściński

Journalist und Autor, wurde 1932 in der damals ostpolnischen Kleinstadt Pinsk (heute Weißrußland) geboren. 1945 kam seine Familie nach Warschau, wo er studierte und auch heute noch lebt, wenn er nicht auf Reisen ist. 1956 reiste er zum ersten Mal als Reporter ins Ausland.

Seit 1958 bereist Ryszard Kapuściński als Korrespondent verschiedener polnischer Zeitungen Afrika, Asien, den Mittleren Osten und Lateinamerika – die sogenannte ›Dritte Welt‹ wurde sein Thema. Kapuściński bezeichnet sich selbst als Nomaden: »Meine Neugierde treibt mich immer wieder in die Welt hinaus. Es gibt keinen Ort der Welt, wo ich sagen möchte: ›Hier will ich für immer bleiben‹.«

In ›Imperium‹ hat der Autor seine ›Sowjetischen Streifzüge‹ seit 1939 versammelt. Nach Stalins Tod bereiste er die ganze Sowjetunion und beobachtete auch den Zerfall des Riesenreiches seit 1989.

In verschiedene Sprachen übersetzte Bücher, wie ›Die Erde ist ein gewalttätiges Paradies‹, ›Die Welt im Notizbuch‹, ›Afrikanisches Fieber‹, ›Wieder ein Tag Leben. Innenansichten eines Bürgerkrieges‹, machten Kapuściński auch über die Grenzen seiner polnischen Heimat hinaus bekannt.

Hardy (Eberhardt) Krüger

Schauspieler und Autor, wurde am 12. April 1928 in Berlin geboren. Zunächst kam er über Statistenrollen auf einer Wanderbühne an die großen Theater Deutschlands, worauf auch bald die ersten Filmrollen folgten. Er drehte nicht nur in Deutschland, sondern auch in Frankreich, England, Hollywood und sogar einmal in Moskau. Hier entstand der Polarfilm ›Das rote Zelt‹.

Ab 1970 begann Hardy Krüger zu schreiben und als ›Weltenbummler‹ in Büchern und Fernsehreihen den Deutschen ferne Welten näher zu bringen. Im Juli 1984 reiste er mit der Transsib von Chabarovsk nach Moskau, was sich zwar nicht in einem Film, aber doch zumindest in einem Buch niederschlug.

Günter Linde

Journalist, wurde 1925 geboren und begann seine Laufbahn während des Zweiten Weltkrieges beim deutschsprachigen Dienst der BBC. Nach dem Krieg siedelte er in die DDR über. Mit der Gründung kam er in die Redaktion der ›Wochenpost‹, der er bis zu seinem Tode 1988 als Redakteur und Autor verbunden blieb.

Siegfried Meissgeier, Journalist, wurde in Thüringen geboren. Er kam von der Geraer Bezirkszeitung 1957 zur ›Wochenpost‹ und wechselte zehn Jahre später zum DDR-Fernsehen. Mit dem ›journalistischen Auftrag, mit der Kraft der Tatsachen ein wahrhaftiges Bild von der gesellschaftlichen Wirklichkeit dieses Landes (zu) zeichnen‹, reisten Linde und Meissgeier 1958 über 25 000 Kilometer durch Sibirien.

Vittorio Lojacono

Italienischer Journalist, versuchte 1969, getarnt als Transsib-Tourist, während des zweitägigen Stops in Chabarovsk an die russisch-chinesischen Grenze zu gelangen und den eskalierenden Grenzkonflikt der beiden kommunistischen Großmächte zu recherchieren. Mit der Transsib fuhr von Nachodka nach Chabarovsk und dann weiter nach Moskau.

Mildred W. Marshall

Lehrerin, wurde am 27. Dezember 1908 geboren. Ihre Vorfahren kamen aus der Schweiz in die USA. Sie lebte in verschiedenen Orten Oregons und war ihr Leben lang als Lehrerin und in Schulverwaltungen tätig. 1937 reiste sie mit ihrer Freundin Katherine E. Kline in 100 Tagen und für 1000 Dollar rund um die Welt: über den Atlantik zunächst nach Norwegen, Schweden und dann weiter nach Rußland. Nach Leningrad und Moskau folgten neun Tage auf der Transsibirischen Eisenbahn bis nach Korea, um dann über Japan und Haiwaii wieder in die Vereinigten Staaten zurückzukehren. Ihre Erinnerungen an diese Reise veröffentlichte sie 1985.

Claudia Mathea

Malerin, wurde am 17. Januar 1969 in Prenzlau geboren und studierte Kunst und Germanistik in Dresden und Greifswald. Seit 1997 lebt sie in Wandlitz bei Berlin, wo sie neben ihrem Atelier eine Kunstschule leitet. Die Bandbreite ihres Schaffens reicht vom klassischen Aquarell bis zu Bühnenbildern sowie Wand- und Fassadenmalerei.

Meissgeier, Siegfried: s. Linde

Hans-Otto Meissner

Jurist und Diplomat, wurde 1909 in Straßburg geboren. Meissner arbeitete lange Jahre im diplomatischen Dienst, entschied sich dann jedoch für das Schriftstellerdasein. Er veröffentlichte über 50 Bücher, unter anderem beschrieb er auch seine Diplomatie-Stationen ›In stürmischer Zeit‹ an den deutschen Botschaften in London, Tokio, Moskau und Mailand. Als bekennender Eisenbahnfan bereiste er alle großen Bahnstrecken dieser Welt und faßte seine Erlebnisse zwischen dem Schanghai-Express 1936 und dem südafrikanischen Blue-Train 1979 in der ›Eisenbahn-Safari‹ zusammen. Im selben Jahr bereiste er auch die Transsibirische Eisenbahn. Start war in Hannover, das Ziel in Nachodka die Fähre nach Japan.

Fridtjof Nansen

Zoologe und Forscher, wurde am 10. Oktober 1861 in der Nähe von Kristiana geboren, verstorben ist er im Jahr 1930. Er begann ein Zoologiestudium und fuhr 1882 erstmals mit einem Robbenfänger in die Arktis, die ihn seit seiner Kindheit faszinierte. Seine erste eigene Expedition sechs Jahre später beschrieb er in ›Auf Schneeschuhen durch Grönland‹. Die bedeutendste Forschungsreise war die

Polarexpedition mit dem speziell konstruierten packeistauglichen Forschungsschiff ›Fram‹, welches drei Winter im Packeis verbringen sollte. Obwohl er den Pol nicht erreichte, nahm die Auswertung der Forschungsergebnisse Jahre in Anspruch. Nansen lernte Amundsen kennen, unterstützte ihn, doch dessen Pläne für die Nordpolexpedition ließen sich nicht realisieren.

Im Jahr 1913 bereiste Nansen auf Einladung der russischen Regierung Sibirien. Er fuhr zunächst mit dem Schiff durch das Nördliche Eismeer bis zur Enisej-Mündung und den Enisej flußaufwärts bis Krasnojarsk. Hier bestieg er am 29. September die Transsib und fuhr über Irkutsk und Harbin nach Vladivostok. Auf dem Rückweg über Chabarovsk inspizierte er die noch im Bau befindliche Amurbahn und legte die Strecke teilweise per Bahn oder Draisine und ansonsten per Schiff oder per Auto zurück. Danach folgte die Zugfahrt über Čeljabinsk, Perm und Vologda direkt nach St. Petersburg. Sibirien machte auf Nansen einen ›überwältigenden Eindruck‹, und nicht von ungefähr nannte er sein Buch ›Sibirien ein Zukunftsland‹. Nach dem Ersten Weltkrieg war Nansen der norwegische Gesandte beim Völkerbund. Er setzt sich vor allem für Flüchtlinge und Kriegsgefangene sowie für die Hungerhilfe für Rußland und mehr Unterstützung für das vom Völkermord bedrohte Armenien ein. Sein humanitäres Wirken wurde 1922 mit dem Friedensnobelpreis gewürdigt. Fridtjof Nansen starb am 13. Mai 1930. Der vier Tage später folgende norwegische Nationalfeiertag wurde Staatstrauertag.

Eric Newby
Redakteur und Autor, wurde 1919 in London geboren und lebt in Surrey/Großbritannien. Zunächst verbrachte er auf dem letzten großen Frachtsegler seine ›Lehrjahre vor dem Mast‹. Im Zweiten Weltkrieg geriet er in Italien in Kriegsgefangenschaft, aus der er mit Hilfe seiner späteren Frau Wanda fliehen konnte. Er arbeitete im Textilhandel und veröffentlichte daneben bereits Bücher. Einige Jahre leitete er das Reise-Ressort der Londoner Zeitung ›Observer‹. Große Reisen und ihre Beschreibung waren zum Hauptberuf geworden. So reiste er 1977 auch gemeinsam mit seiner Frau Wanda, dem deutschen Fotografen Otto und dem Intourist-Dolmetscher Mischa mit dem ›großen roten Zug‹, was er dann im gleichnamigen Buch mit dem Satz: »Die Transsib ist *die* große Bahnreise. Alles andere sind Peanuts« beschrieb. Aus der langen Liste seiner Reisebücher (›Slowly down the Ganges‹, ›A Short Walk in the Hindu Kush‹, ›The Life of a Traveller‹ u.a.) sind bislang der Bildband ›Lehrjahre vor dem Mast‹ und ›Ein Spaziergang im Hindukusch‹ auf Deutsch erschienen.

Hugo Portisch
Journalist und Diplomat, wurde am 19. Februar 1927 im heute slovakischen Bratislava geboren. Nach seiner Ausbildung in Österreich und in den USA arbei-

tete er zunächst im diplomatischen Dienst, bevor er 1955 in die Redaktion des Wiener ›Kurier‹ wechselte und in der Folgezeit als Journalist auch beim Rundfunk und beim ORF arbeitete. Er gehört heute zu den bekanntesten Publizisten seines Landes und veröffentliche neben mehreren Länderbüchern in der Reihe ›So sah ich… ‹ eine Vielzahl von Büchern und Fernsehdokumentationen zu zeitgeschichtlichen Themen. Die Sowjetunion und Sibirien besuchte und ›sah‹ er vor allem in der zweiten Hälfte er 60er Jahre.

Slavomir Rawitsch

Offizier, wurde um 1920 in Pinsk (heute Weißrußland) in einem russisch-polnischen Elternhaus geboren. Der Verhaftung durch das NKWD (›Volkskommissariat für Innere Angelegenheiten‹, russischer Geheimdienst) im August 1939 folgte die Deportation nach Sibirien in ein Arbeitslager in Südjakutien und somit eine alles andere als freiwillige Reise im Viehwaggon auf der Transsib von einem Moskauer Vorort bis Irkutsk. Im April 1941 gelang ihm und einigen anderen die Flucht aus dem Lager. Sie schlugen sich in den nächsten zwölf Monaten durch die Mongolei und über den Himalaja bis nach Indien durch.

Dr. Wolfgang Seidl

Pressereferent, geboren am 26. Dezember 1933 in Berlin, studierte Philosophie und war 25 Jahre lang für das Wirtschaftsministerium und die bayerische Staatskanzlei tätig. In deren Auftrag reiste er 1984 mit der Eisenbahn in das ›rote Reich des gelben Drachen‹. Er fuhr mit der Transsib von Moskau bis Peking und bereiste danach viele chinesische Provinzen. Zwei Jahre zuvor war bereits ein Bericht über eine Israelreise mit dem Titel ›Heillos Heilig Land. Eine Israelreise durchs Heute, ins Damals und zurück‹ von ihm erschienen. Wolfgang Seidl lebt am Starnberger See.

Marcus L. Taft

Amerikanischer Reiseschriftsteller, fuhr im Mai 1909 aus China kommend von Harbin zunächst durch die Mandschurei. Taft reiste dann durch Sibirien mit der Transsibirischen Eisenbahn am Ural vorbei bis an die Volga. Von Samara aus ging es auf einem Flußschiff weiter bis nach Kazan. Von dort aus nutzte Taft wieder die Bahn, um nach Moskau und schließlich nach St. Petersburg zu gelangen.

Karl Tanera

Reiseschriftsteller, wurde 1849 geboren, er verstarb 1904. Nach einer Offizierslaufbahn machte er sich als Vortragsreisender und Autor einen Namen. Mit dem Ausbruch des Russisch-Japanischen Krieges verdingte er sich als Kriegsberichterstatter bei der ›Schlesischen Zeitung‹, um eine lange geplante Rußlandreise nicht verschieben zu müssen. Er reiste im April 1904 über Moskau bis in die Mandschurei. Eine Kriegsberichterstattung war aber aufgrund der russischen Zensur nicht möglich, so daß er Impressionen für eine Veröffentlichung nach seiner Rückkehr sammelte. Die Rückreise führte ihn ab Samara nach Astrachan und über den Kaukasus bis nach Odessa. Das Buch über Rußland wurde sein letztes Buch.

Paul Theroux
Autor, wurde 1922 in Massachusetts (USA) geboren und gilt heute neben dem letztjährigen Literatur-Nobelpreisträger Vidia S. Naipaul als bedeutendster zeitgenössischer Reiseschriftsteller. Neben Romanen wie ›Orlando oder die Liebe zur Fotografie‹ gehört auch ›Abenteuer Eisenbahn‹ zu seinen bedeutendsten Werken. Diese Reise begann mit dem legendären Orient-Express und führte den Globetrotter unter anderem über den Iran, Indien, Thailand, Malaysia, Vietnam und Japan nach Yokohama. Von dort aus brachte ihn die Fähre in das russische Nachodka; mit der Transsib schloß Theroux seine Schienen-Tour um die halbe Welt ab.

Colin Thubron
Autor, wurde 1939 in London geboren. Er ist seit den siebziger Jahren als Reiseschriftsteller und Romanautor bekannt. Die meisten Bücher des Briten wurden auch ins Deutsche übersetzt. Während seine Reisen und Bücher in den siebziger Jahren in den Nahen Osten führten, bildeten in den achtziger und neunziger Jahren neben Mittelasien Rußland (›Unter den Russen‹) und China (›Hinter der Mauer‹) den Schwerpunkt seines Interesses.

Richard Tröger
Ingenieur, wurde am 31. März 1879 in Meldorf in Schleswig-Holstein geboren und verstarb am 6. Mai 1965. Nach dem Studium in Berlin begann er als Ingenieur bei der AEG, wo er unter Walther Rathenau arbeitete. Später nahm er eine Professur für Elektrotechnik an. Unzählige Geschäftsreisen führten ihn für die AEG rund um den gesamten Erdball. So reiste er im Oktober 1929 nach Japan und fuhr mit der Transsibirischen Eisenbahn quer durch Rußland. Als Vater von sieben Kindern führte er – wie bei seinen meisten anderen Reisen auch – für seine Familie Tagebuch. Diese Lektüre faszinierte seinen Enkel, den Dokumentarfilmregisseur Frank Müller, noch siebzig Jahre später so sehr, daß er sich dem Projekt des ersten IMAX-Filmes über die Transsib widmete, der Anfang 2004 weltweit Premiere haben soll.

O.T. Tuck
Marineoffizier und Diplomat, wurde 1876 geboren. Taft hatte für die Briten mehrere Jahre als Dolmetscher und Marine-Attaché in Japan gearbeitet. Als er zu

Beginn des Jahres 1909 in die Heimat zurückbeordert wurde, reiste er von Tokio nach Vladivostok und von dort mit der Transsibirischen Eisenbahn über Moskau nach St. Petersburg und weiter über Skandinavien sowie Deutschland und die Niederlande nach London.

Sigrid Undset
Autorin, wurde am 20. Mai 1882 in Dänemark geboren und starb am 10. Juni 1949 im Lillehammer. Im Alter von zwei Jahren zog sie mit ihrer Familie nach Oslo. Dort konnte sie später ihren ursprünglichen Berufswunsch Malerin nicht verwirklichen. Dafür erlangten ihre schriftstellerischen Ansätze schnell Anerkennung. Christlich geprägt, setzte sie sich vor allem für mehr Selbstbestimmung der Frau in Ehe und Gesellschaft ein. Für ihre Roman-Trilogie ›Kristin Lavrans Tochter‹ erhielt sie 1928 den Nobelpreis für Literatur.

Nach der Besetzung Norwegens durch die Nazis verließ sie das Land und floh über Schweden, Rußland und Japan in die Vereinigten Staaten. Ihre Gedanken und Erlebnisse auf dieser Flucht reflektierte sie in ihrem Buch ›Wieder in die Zukunft‹, wo sie auch ihre Fahrt mit der Transsibirischen Bahn von Moskau bis Wladiwostok beschrieb. Nach dem Kriegsende kehrte sie in ihre Heimat zurück. Ihr letztes Buch über Katharina von Siena erschien erst nach ihrem Tode.

Eugen Zabel
Journalist und Dramaturg, wurde am 23. Dezember 1851 in Königsberg geboren und verstarb 1925 in Berlin. Zabel war als Journalist, Schriftsteller, Dramaturg, Übersetzer und Vortragsreisender tätig. Er besuchte viele Länder, alle Weltausstellungen in den Jahren um die Jahrhundertwende und schrieb neben Reisebeschreibungen unter anderem auch ein Lehrbuch über Theaterdramaturgie. Sein besonderes Interesse galt aber Rußland, das er mehrfach bereiste. Er schrieb einen Roman über Katharina die Große, umfangreiche Essays über den Dichter Tolstoj und den Maler Vereščagin und war der Verfasser zweier Kunstreiseführer über Moskau und St. Petersburg. Nach der Eröffnung des Regelzugverkehrs auf der Transsib am 14. Juli 1903 war er einer der ersten Reisenden auf der neuen Strecke. Er fuhr über Königsberg und St. Petersburg nach Moskau. Über Čeljabinsk, Irkutsk und Harbin erreichte er die Pazifikküste bei Port Arthur. Zum 100. Jubiläum bereitet die Edition Erdmann für 2003 eine Neuherausgabe des Buches ›Auf der Sibirischen Bahn nach China‹ vor. (ISBN 3-522-60046-0)

„Seit 16 Jahren sind Reisen in die Regionen des Ostens unsere Leidenschaft. Ob mit der Transsibirischen Eisenbahn, auf Flusskreuzfahrten, unseren Sonderzugreisen *Zarengold* oder auf den Routen entlang der Seidenstraße – mit Lernidee erleben Sie die ganze Vielfalt des Ostens. Ganz gleich, ob Sie lieber allein oder in der Gruppe reisen: wir betreuen Sie jederzeit kompetent und individuell. Unsere umfangreichen Ausflugsprogramme ergänzen dabei Ihre Entdeckungsreisen durch das Reiseland.

Informieren Sie sich über unsere ungewöhnlichen Reiseangebote. Denn wir möchten, dass Ihr Urlaub zum Erlebnis wird!"

Hans Engberding, Inhaber von Lernidee Erlebnisreisen und Autor des *Transsib-Handbuchs* (Trescher Verlag, 2001)

www.lernidee-reisen.de

Den Osten erleben!

Erlebnisreisen und mehr – vom Spezialisten für den Osten.

Nehmen Sie gleich das Original. Seit sechzehn Jahren vertrauen uns Menschen, die im Osten das Besondere suchen.

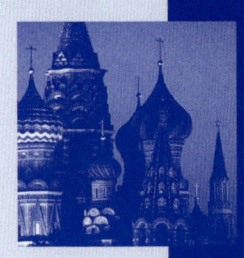

Lernidee Erlebnisreisen GmbH · Dudenstraße 78 · 10965 Berlin
Tel.: (030) 786 000-0 · Fax: (030) 786 55-96 · E-Mail: team@lernidee-reisen.de

www.lernidee-reisen.de

JA, ich möchte mehr erfahren. Bitte senden Sie mir Informationen über

- Reisen mit der Transsibirischen Eisenbahn
- Flusskreuzfahrten in Russland
- Städtereisen in Russland
- Reisen nach Zentralasien
- das Lernidee Erlebnisreisen Gesamtprogramm

Name

Straße

PLZ, Ort

Telefon

E-Mail

Antwort

Lernidee Erlebnisreisen
Dudenstraße 78

10965 Berlin

Editorische Notiz

Die in diesem Lesebuch enthaltenen Texte stammen aus unterschiedlichen Zeiten und sind teilweise aus verschiedenen Sprachen übersetzt worden. Dies bringt es mit sich, daß gerade Ortsnamen in verschiedenen Schreibweisen auftauchen. Die Schreibweise der jeweiligen Autoren wurde weitgehend beibehalten; in den Erläuterungen sind die verschiedenen Varianten aufgeführt. Ortsnamen in unterschiedlichen Schreibweisen sowie Orte, die im Lauf der Zeit – teilweise mehrfach – umbenannt wurden, sind in den Erläuterungen aufgelistet. Personen der Zeitgeschichte, Anspielungen auf historische Ereignisse und Fremdwörter werden dort ebenfalls erklärt.

Orthographie, Interpunktion und Hervorhebungen wurden weitgehend originalgetreu übernommen. Einzelne Texte wurden leicht gekürzt.

Die Jahreszahlen der Texte geben das Jahr der Reise an, nicht das Jahr der Veröffentlichung.

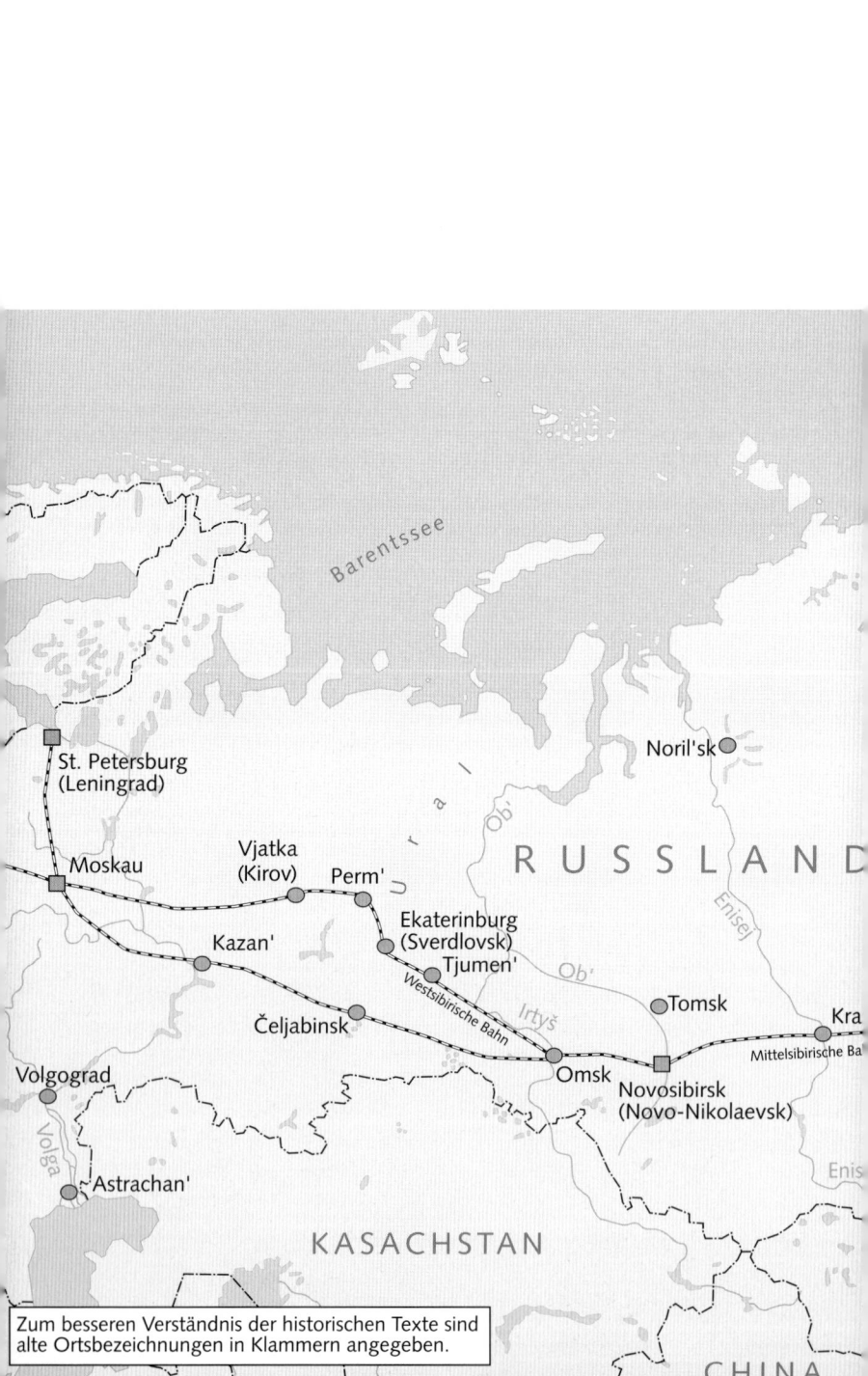

Zum besseren Verständnis der historischen Texte sind
alte Ortsbezeichnungen in Klammern angegeben.

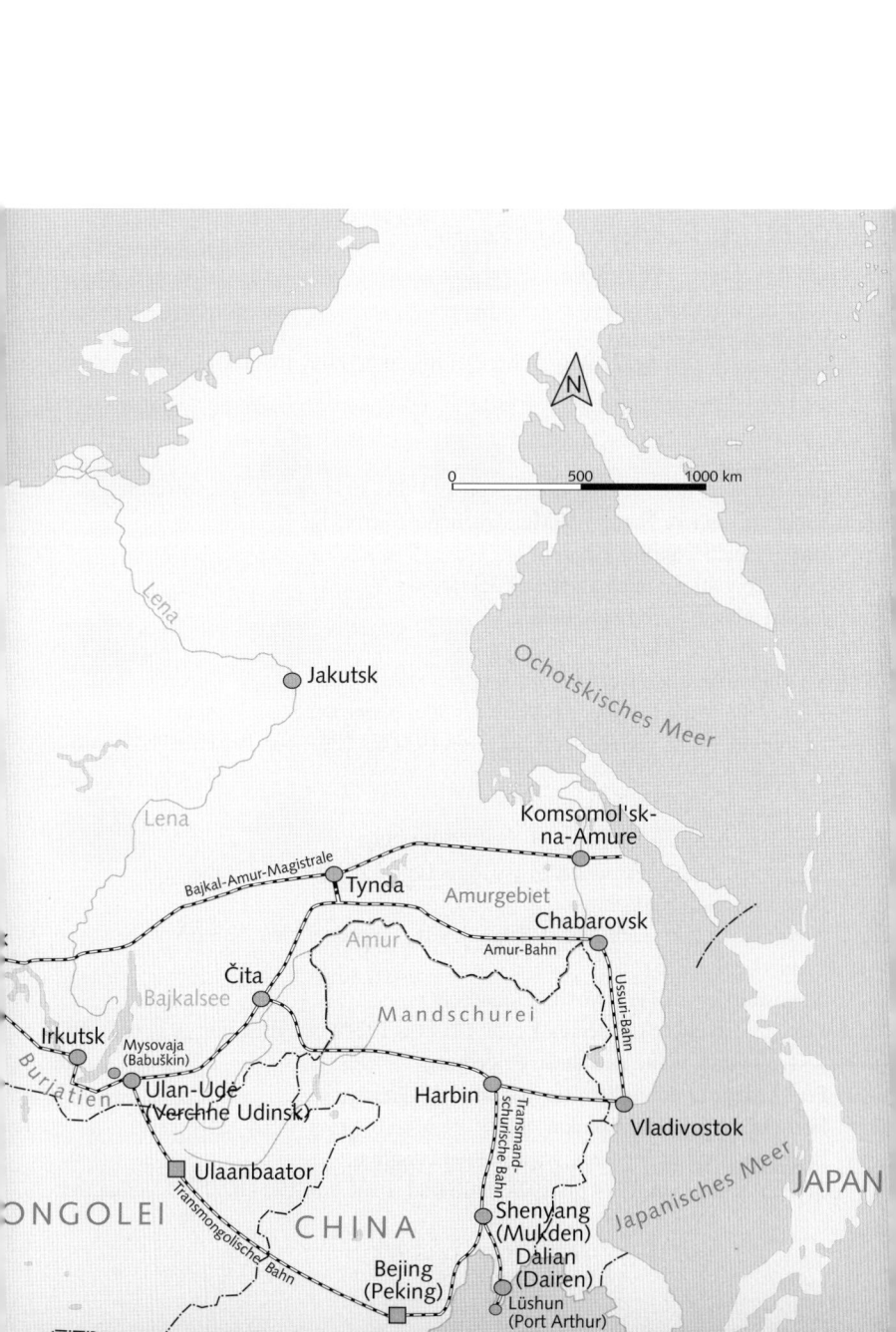

Erläuterungen

Ortsnamen

Babuškin: heute Mysovaja
Čeljabinsk: auch Cheljabinsk, Tscheljabinsk
Chabarovsk: auch Chabarowsk, Chaberowsk
Charbin: eigentlich Harbin, auch Kharbin
Chefoo: auch Tschifu, heute Yantai
Čita: auch Tschita
Dairen: s. Dalien
Dalien: auch Datong, Tatung, früher Dal'nij, auch Dalni oder Dalny, ursprünglich
 Talienwan, später Dairen
Dal'nij: s. Dalien
Datong: s. Dalien
Ekaterinburg: auch Jekaterinburg, von 1924 bis 1991 Sverdlovsk (Swerdlowsk)
Fengtien: frühere Name von Mukden, heute Shenyang
Harbin: auch Charbin, Kharbin
Jablonnoigebirge: auch Stanowoi, Jablonowy
Jekaterinburg: auch Ekaterinburg
Hailar: auch Khailar
Kharbin: eigentlich Harbin
Kirov: von Mitte der 30er bis Mitte der 90er Name der Stadt Vjatka
Leningrad: Name von St. Petersburg von 1924 bis 1991, von 1914 bis 1924 Petro-
 grad
Manzhouli: auch Manchuria
Mukden: ursprünglich Fengtien, heute Shenyang
Mysovaja: auch Myssowaja, Mijssowaja (von 1922 bis 1998 Babuškin)
Nercinsk: auch Nertschinsk
Novonikolaevsk: auch Nowo Nikolajewsk, ursprünglicher Name von Novosi-
 birsk (bis 1926)
Novosibirsk: vor 1926 Novo-Nikolaevsk
Petrograd: früher St. Petersburg, von 1914 bis 1924 Petrograd, von 1924 bis 1991
 Leningrad, heute wieder St. Petersburg
Port Arthur: ursprünglich Rioyun, heute Lüshun
Port Bajkal: auch Port Baikal
Shenyang: früher Mukden, urspründlich Fengtien
St. Petersburg: von 1914 bis 1924 Petrograd sowie von 1924 bis 1991 Leningrad

Sverdlovsk: auch Swerdlowsk, von 1924 bis 1991 Name von Ekaterinburg
Talienwan: s. Dalien
Tatung: s. Dalien
Tscheljabinsk: auch Cheljabinsk, eigentlich Čelyabinsk
Tschifu: auch Chefoo, heute Yantai
Tschita: eigentlich Čita
Ulaanbaatar: auch Ulan Bator
Ulan-Udé: früher Verchneudinsk
Verchneudinsk: auch Werchne Udinsk, Wertschne Udinsk, Name von Ulan-Udé
  bis 1934
Vladivostok: auch Wladiwostok
Vjatka: auch Wjatka, Vyatka, von Mitte der 30er bis Mitte der 90er Kirov
Werchne Udinsk: auch Verchneudinsk, Name von Ulan-Udé bis 1934
Wladiwostok: eigentlich Vladivostok
Yantai: früher Tschifu (Chefoo)

Begriffe

Adirondacks: Gebirge in den USA an der Grenze zu Kanada, beliebtes Ausflugs-
  gebiet.
Altai: Gebirge in Westsibirien.
Arschin: Altes russisches Längenmaß, 1 Arschin entspricht 71 Zentimeter, 1500
  Arschin bilden 1 Werst.
Astrakhan: Region am Kaspischen Meer. Die Hüte, auf sich Fraser bezieht, sind
  die traditionellen großen schwarzen Hüte aus Schafshaut oder Pelz.
Baedeker: 1827 gegründeter Reisebuchverlag, ›Baedeker‹ war zeitweise ein Syn-
  onym für ›Reiseführer‹.
Bakschisch: Vergütung zwischen Trinkgeld und Bestechung.
Bechstein: Flügel und Klaviere der Firma Bechstein, bekannt wegen ihrer guten
  Qualität.
Boršč (Borschtsch): Suppe mit Kohl und roten Beeten.
Bresthaft: Veraltet für kränklich, gebrechlich.
Brooklyn: Stadtbezirk von New York.
Burjaten: Volksstamm südlich des Baikalsees.
Burschuiländer: ›Bourgeoise‹ (westliche, kapitalistische) Länder.
Cernozem: Schwarzerdeboden.
Compagnie Internationale des Wagons-Lits: Eisenbahngesellschaft, die sowohl
  in Europa und Asien Luxuszüge wie den Orient-Expreß als auch auf der Trans-
  sibirischen Eisenbahnzüge betrieb.

Datsche: Wochenendhaus auf dem Land, Kleingarten.

Dekabristen: Teilnehmer des gescheiterten Aufstandes vom 26. Dezember 1825 (dekabr = Dezember) in St. Petersburg. Offiziere und Intellektuelle verweigerten nach dem plötzlichen Tod des Zaren Alexander I. dem Thronfolger die Gefolgschaft.

Der stille Don: Bekanntester Roman des russischen Schriftstellers Michail Scholochow, russischer Schriftsteller (1905 – 1984).

Desjätine: altes russisches Feldmaß, 1 Desjätine entspricht 109,25 Hektar.

Doktor Schiwago: Bekanntester Roman von Boris Pasternak (1890 – 1960).

Duga: Eigentlich Bogen, auch Krummholz im Troika-Pferdegeschirr.

Entsatz: Befreiung eingeschlossener Truppen durch Angriff von außen.

Fram: Name des Forschungsschiffes des Polarforschers Fridtjof Nansen.

Fransoozki kleb: Chleb ist das russische Wort für Brot, gemeint ist also ›französisches Brot‹.

Fünfjahresplan: Staatsplan zur volkswirtschaftlichen Entwicklung in der Sowjetunion.

Fufaika: Gesteppte Wattejacke.

Fuß: In Großbritannien und den USA gebräuchliches Längenmaß, 1 Fuß entspricht 0,3048 Meter.

Goerzapparat: Fotoapparat der Berliner Firma Goerz.

Goldenes Horn: Hafenbucht von Vladivostok.

Gozinta: Kinderspiel, mit einer Schnur an einem Holztrichter befestigter Ball.

Gulag: Hauptverwaltung der Arbeitslager in der ehemaligen Sowjetunion.

Intourist: Sowjetisches Reisebüro für Auslandstourismus und ausländische Touristen in der ehemaligen UdSSR, heute in mehreren Nachfolgefirmen privatisiert

Iswestija: Wörtlich ›Neuigkeit‹, sowjetische Tageszeitung.

Kalmücken: Westmongolisches Volk lamaistisch-buddhistischer Glaubensrichtung.

KGB: Komitee für Staatssicherheit.

Kipjatok: Kochendes Wasser zur Teebereitung.

Kirgisen: Mittelasiatisches Volk. Die Republik Kirgisien wurde 1991 gegründet.

Kolchos: Landwirtschaftliche Kollektivwirtschaft in der ehemaligen UdSSR.

Komandirowka: Dienstreise.

Komsomol: Kommunistischer Jugendverband der ehemaligen UdSSR.

Konstipation: Verstopfung.

Kumis: Getränk aus vergorener Stutenmilch.

Jackson Hollow: Ort in Süd-Illinois/USA.

Langnasen: Bezeichnung für Ausländer in China.

Little Ease: So wurde ein Verlies im Tower genannt, das so niedrig ist, daß man nicht darin stehen kann.

Mädesüß: Rosengewächs mit gelblich-weißen Blüten.

Mannlichergewehr: Repetiergewehr, das seit 1864 bei Mannlicher in Österreich produziert wird.

Matuschka: Mütterchen.

Meile: Längenmaß, 1 Meile entspricht 1,609 Kilometern.

Mjagkij: ›Weiche‹ Klasse, entspricht der 1. Klasse.

Muschik: Bauer, Mannsbild.

Nachtasyl: Drama von Maxim Gorki (1868–1936), im Original ›Am Boden‹.

Nephrit: Grünlicher, jadeähnlicher Edelstein.

Nurse: Krankenschwester, Amme.

Ochrana: Wörtlich ›Bewachung‹, auch zaristische Geheimpolizei.

Ordre du moufti: Befehl von oben.

Panje-Pferde: Mittelgroße, in Mitteleuropa verbreitete Pferde.

Pianino: Klavier.

Piroschki: Mit Fleisch, Kohl oder Pilzen gefülltes Gebäck.

Pravda: Wörtlich ›Wahrheit‹, ehemals Tageszeitung der KPdSU.

Prowodnik, Prowodnitza: Waggonschaffner(in).

Pud: Frühere russische Gewichtseinheit, 1 Pud entspricht 16,38 Kilogramm.

Reaumur: Frühere Maßeinheit zur Temperaturmessung.

Pullmanwagen: Nach einem Eisenbahnunternehmer in den USA benannte Eisenbahnwaggons und Schlafwagen, die durch Ziehharmonikaübergänge miteinander verbunden sind.

Rossija: Rußland, Name des Expreßzuges, der Rossija 1 fährt von von Vladivostok nach Moskau, der Rossija 2 von Moskau nach Vladivostok.

Rubaschka: Oberhemd.

Russisch-Japanischer Krieg: 1904–1905, endete mit der russischen Niederlage bei Tsushima.

Samowar: Russischer Teekocher.

Sawod: Fabrik, Werk.

Schapka: Fellmütze.

Script-Dollar: Geld der amerikanischen Besatzungstruppen in Deutschland von 1945 bis 1947.

Soljanka: Russische Suppe aus Stör mit Pilzen, Kohl und anderem Gemüse.

Spalnij Wagon: Schlafwagen.

S.S.-Republik: Sozialistische Sowjetrepublik.

Tarantasse: Niedrige russische Pferdewagen, wurden als Reisewagen verwendet.

Trappisten: Katholischer Mönchsorden.

Tretjakow-Galerie: Nach ihrem Gründer, dem Mäzen Pavel Tretjakow (1832–1898), benannte Gemäldegalerie in Moskau.

Trocadero: Ort auf der Pariser Weltausstellung im Jahr 1900, wo mittels eines Originalzuges für Reisen mit der Transsibirische Eisenbahn geworben wurde.

Tscheka: Abkürzung für Sonderkommission, die 1917 als Staatssicherheitsdienst gegründet und später in NKWD, dann in KGB und FSB umbenannt wurde.

Tschekisten: Mitarbeiter der Tscheka, Geheimdienstler.

Tscherwone(t)z, Tscherwontzen: Bis 1918 in Rußland geprägte Goldmünzen, 10-Rubel-Stück.

Twordij: ›Harte‹ Klasse, entspricht der 2. Klasse.

Verträge von Aihun (1858), Beijing (1860), Kuldja (1881), Lissabon (1887): Verträge über Abtretungen verschiedener Gebiete (unter anderem Ussuri-Gebiete, Ostsibirien) von China an Rußland.

Virginia: Bundesstaat im Süden der USA.

Vitim: Vulkanfeld östlich des Baikalsees.

Wagon-Restoran: Speisewagen.

Walenki: Filzstiefel.

Werst: Altes russisches Längenmaß, 1 Werst entspricht 1,0668 Kilometer.

Zoll: Längenmaß, 1 Zoll entspricht 2,54 Zentimeter

Personen

Alexander III. (Alexander Alexandrovic, 1845–1894): Sohn Alexanders II., russischer Zar ab 1881.

Alexejew, Evgenij (1843–1918): Admiral, Oberkommandierender der russischen Truppen im Fernen Osten während des Russisch-Japanischen Krieges

Bakunin, Michail (1814–1876): Russischer Revolutionär und Anarchist.

Bashow, Pavel (1879–1950): Uraler Märchendichter, bekanntestes Werk: ›Die steinerne Blume‹.

Chabarow, Erofej (circa 1610–circa 1670): Russischer Eroberer des Amurgebietes.

Chiang Kai-shek (1887–1975): Stellvertreter Sun-Yat-Sens bei den Kuomintang (›revolutionäre Nationalpartei‹), die 1949 den Bürgerkrieg gegen die Kommunisten endgültig verloren. Chiang Kai-shek gründete den nationalchinesischen Staat Taiwan, den er bis zu seinem Tode diktatorisch führte.

Cilkov, auch Chilkow, Khilkoff, Fürst Michajl Ivanovic (1834–1909): Russischer Eisenbahnminister von 1895 bis 1905.

Chruschtschow, Nikita Sergievich (1894–1971): Russischer Politiker, 1953 erster ZK-Sekretär, von 1958 bis 1958 Ministerpräsident, Partei- und Regierungschef bis 1964.

Demidows: Russische Unternehmerdynastie, die durch Bergbau und Eisenproduktion im 18. Jahrhundert reich wurde. Bei der Erzsuche fanden die Demidows das Gold der Skythen und machten es Zar Peter I. zum Geschenk.

Dostojewski, Fedor (1821–1881): Russischer Schriftsteller, bekannteste Romane ›Schuld und Sühne‹, ›Die Brüder Karamasov‹.

Gilmour, James (1843–1891): Schottischer Missionar, zunächst in der Burjatischen Mongolei, später in China und Gobi, erforschte insbesondere die Nomadenkulturen.

Gmelin, Johann (1709–1755): Deutscher Sibirienforscher.

Huxley, Aldous (1894–1963): Englischer Schriftsteller, bekannt vor allem durch seinen Roman ›Schöne neue Welt‹, 1932.

Jonson, Ben (1572–1637): Englischer Dramatiker.

Kang-Hsi (1662–1722): Chinesischer Kaiser, schrieb das ›Große Wörterbuch‹, eine Enzyklopädie mit mehr als 5000 Bänden.

Koltschak, Alexander (1873–1920): Russischer Admiral, Premier der oppositionellen provisorischen Regierung in Omsk während des Bürgerkrieges nach der Oktoberrevolution.

Lewitan, Isaak (1860–1900): Russischer Landschaftsmaler.

Mao Tse-tung (1893–1976): Vorsitzender der KP Chinas, von 1954 bis 1959 Präsident der Volksrepublik China, Initiator der Kulturrevolution 1965 bis 1966, stilisierte sich selbst zum ›Großen Steuermann‹ und versuchte sich auch als Dichter.

Malinowski, Bronislaw (1884–1942): Anthropologe aus Krakau, beschäftigte sich mit verschiedenen Kulturen weltweit und bereiste unter anderem Afrika und die Inseln im Westpazifik.

Moltke, Helmut Graf von (1800–1891): Preußischer Generalfeldmarschall unter Friedrich III., Militärstratege.

Molotow (Skrjabin), Vjacheslav (1890–1986): Von 1953 bis 1956 sowjetischer Außenminister unter Stalin.

Morrison, Dr. Robert (1782–1834): Erster protestantischer Missionar in China, lebte von 1807 bis 1824 in Canton und Macao.

Murajew Amurskij, Nikolai (1811–1881): Generalgouverneur Ostsibiriens, der auch erste Vorschläge für den Bau einer Eisenbahn durch Sibirien unterbreitete.

Nikolaus II. (1868–1918): Russischer Zar von 1894 bis 1917, legte 1891 in Vladivostok den Grundstein für die Transsibirische Eisenbahn. Er wurde 1918 mit seiner Familie in Ekaterinburg erschossen.

Nordenskjöld, Otto (1869–1928): Schwedischer Geograph und Polarforscher, der 1879 mit dem kleinen Dampfschiff ›Wega‹ Sibirien im Norden umschiffte.

Okladnikow, Alexej (1908–1985): Russischer Archäologe und Ethnograph.

Oppenheim, Edward Philipps (1866–1946): Britischer Autor, Verfasser von Spionageromanen.

Peter I. (Peter der Große, 1672–1725): Russischer Zar ab 1682, Kaiser seit 1721, orientierte sich stark an westlichen Ländern und leitete diverse Reformen ein; unter seiner Regentschaft stieg Rußland zur europäischen Großmacht auf.

Remarque, Erich Maria (1898–1970): Deutscher Schriftsteller, bekanntester Roman: ›Im Westen nichts Neues‹.

Schierbrand, Wolf von (1851–1920): Neben dem Titel ›Stärken und Schwächen Rußlands‹ veröffentlichte von Schierbrand soziologische und politische Titel zum Russisch-Japanischen Krieg, zur Situation in Österreich-Ungarn und in Deutschland.

Semjonow, Grigorij (1890–1946): Weißgardistischer Söldnerführer während des Bürgerkrieges in Transbaikalien.

Stolypin, Petr (1862–1911): Russischer Premier und Reformer ab 1906.

Tolstoi, Lev (1828–1910): Russischer Schriftsteller, bekannteste Romane: ›Anna Karenina‹, ›Krieg und Frieden‹.

Tschang Tso-Lin (1873–1928): Chinesischer Marschall, erkämpfte bis 1918 die Kontrolle über die gesamte Mandschurei und riß 1926 die Regierungsgewalt an sich, 1928 von den Truppen Chiang Kai-sheks vertrieben.

Turgenjew, Ivan (1818–1883): Russischer Schriftsteller, bekanntester Roman: ›Väter und Söhne‹.

Ungern-Sternberg, Roman Freodorovic (1885–1922): Bildete 1917 mit General Semjonov das erste weißgardistische Regiment, wegen seiner Grausamkeit gegenüber den Bolschewiken wurde er auch der ›verrückte‹ oder der ›blutige‹ Baron genannt.

Witte, Sergej Juljewitsch (1849–1915): Verkehrsminister, dann Finanzminister unter Alexander III. und Nikolaus II., gründete 1892 das Komitee der Sibirischen Eisenbahn und trieb den Bau der Transsibirischen Eisenbahn maßgeblich voran.

Xenophon: Griechischer Schriftsteller (circa 430 v. Chr.–355 v. Chr.), verfaßte hauptsächlich historische und politische Schriften.

Z.E.G.: Zentral-Einkaufs-Gesellschaft: Einkaufsorganisation, die in Deutschland während des Ersten Weltkrieges für die Einfuhr von Grundnahrungmitteln zuständig war.

Quellenverzeichnis

Mark Bauch: Transsibirisch Reisen, 2001. Mit freundlicher Genehmigung des Autors.

Erik Bergengren: Gelbe Gesichter. Sibirische Nächte und japanische Tage, H. Hugendubel Verlag, München 1938, S. 14 – 30.

Kurt Drawert: aus: Rückseiten der Herrlichkeit. es 2211, © Suhrkamp Verlag, Frankfurt am Main 2001. Auszug aus: Nach Osten ans Ende der Welt. Eine Eisenbahnreise (Reisen im Rückwärtsgang), zitiert nach: Kurt Drawert/Blaise Cendrars: Reisen im Rückwärtsgang. Zwei Dichter unterwegs mit der Transsibirischen Eisenbahn, Arche Verlag, Zürich 2001, S. 38 – 54.

Kurt Faber: Weltwanderers letzte Fahrten und Abenteuer, Robert Lutz Nachfolger Otto Schramm, 7. und 8. Auflage, Stuttgart 1930, S. 165 – 186.

Peter Fleming: Mit mir allein. Eine Reise nach China, Copyright der deutschen Übersetzung © 1936 by Rowohlt Verlag, Berlin, S. 36 – 60.

John Foster Fraser: Das wahre Sibirien, aus dem Englischen übertragen von Karin Will. The Real Siberia, Cassell and Company, London 1904, S. 69 – 82.

Dr. Otto Goebel: Über Sibirien nach Ostasien, Hendschels Luginsland, Heft 43, Hendschels Telegraph, Frankfurt am Main 1914, S. 149 – 165.

Sven Hedin: Von Peking nach Moskau, F. A. Brockhaus Verlag, Leipzig 1925, S. 175 – 198.

Johanna Hornef-Blau: Unterwegs mit der Transsibirischen Eisenbahn. Von Moskau bis Wladiwostok, © 1994 edition fischer, R. G. Fischer Verlag, Frankfurt/Main, S. 58 – 68.

Ryszard Kapuściński: Imperium. Sowjetische Streifzüge, 1993, © Eichborn AG, Frankfurt am Main, August 1993.

Hardy Krüger: Sibirienfahrt. Tagebuch einer Reise, Blanvalet, München 1985, S. 26 – 60, © Hardy Krüger.

Vittorio Lojacono: Straße der Gefahr, in: Enzo Pifferi: Transsibirien, © der deutschsprachigen Ausgabe Fachpresse Goldach, Zürich, zitiert nach: Weltbild Verlag, Augsburg 1996, S. 13 – 16.

Mildred Widmer Marshall: Zwei Schullehrerinnen aus Oregon reisen um die Welt, aus dem amerikanischen Englisch übertragen von Bodo Thöns. Two Oregon Schoolma'ams around the world 1937 via Trans-Siberian Railroad, Widdy Publishing, Woodburn 1985, S. 86 – 102, © Mildred Widmer Marshall 1985.

Siegfried Meissgeier und Günter Linde: Sibirien ohne Geheimnis, F.A. Brockhaus Verlag, Leipzig 1960, S. 63 – 73, S. 157 – 166.

Hans-Otto Meissner: Sibirien-Expreß in: Eisenbahn-Safari. Auf Schienen durch fünf Kontinente, München, Bertelsmann Verlag, 1980, S. 207 – 227.

Fridtjof Nansen: Sibirien ein Zukunftsland, F. A. Brockhaus Verlag, Leipzig 1914, S. 243 – 265.

Eric Newby: Auf der großen roten Bahn, aus dem Englischen übertragen von Karin Will. The Big Red Train Ride. A Ride on the Trans-Siberian Railway, St. Martins Press, New York 1978, S. 115 – 126, © Eric Newby.

Hugo Portisch: So sah ich Sibirien, © 1967 Verlag Kremayr & Scheriau, Wien, S. 256 – 263, 266 – 276.

Slavomir Rawitsch: Flucht durch Steppe und Wüste, aus dem Englischen von Toni Lips, Büchergilde Gutenberg, Frankfurt am Main 1959, S. 33 – 56.

Wolfgang Seidl: Ins rote Reich des gelben Drachen. © 1985 by Universitas in der F. A. Herbig Verlagsbuchhandlung GmbH, München, S. 83 – 86, 89 – 96 und 112 – 113.

Karl Tanera: Zur Kriegszeit auf der sibirischen Bahn und durch Rußland, Berlin, Verlag Trowitzsch & Sohn, 1905, S. 86 – 101.

Marcus L. Taft: Fremdes Sibirien. Entlang der Transsibirischen Eisenbahn, aus dem amerikanischen Englisch übertragen von Karin Will. Strange Siberia. Along the Trans-Siberian Railway. A Journey from the Great Wall of China to the skyscrapers of Manhattan, Eaton & Mains, New York 1911, S. 62 – 71 und 86 – 94.

Paul Theroux: Abenteuer Eisenbahn. Auf Schienen um die halbe Welt, © Paul Theroux 1975, aus dem Englischen von Werner Peterich. Hoffmann und Campe, Hamburg 1977, S. 390 – 403.

Richard Tröger: Tagebuch über eine Rußland-Japan-Reise, Privatarchiv, 1929. Die Veröffentlichung erfolgt mit freundlicher Genehmigung der Familie Müller.

Colin Thubron: Sibirien. Schlafende Erde – erwachendes Land, aus dem Englischen von Hans-Ulrich Möhring. © 1999 Colin Thubron. Klett-Cotta, Stuttgart 2001, S. 9 – 13, 28 – 31 und 251 – 258.

O.T. Tuck: Tagebucheinträge, aus dem Englischen übertragen von Julia Thöns. In: Robert Strauss, Tamsin Turnbull: The Trans-Siberian Rail Guide, Bradt Publications, Großbritannien 1987, S. 62 – 65.

Sigrid Undset: Wieder in die Zukunft, Verlag Oprecht Zürich/New York, 1944, S. 90 – 109 und S. 111 – 119.

Eugen Zabel: Auf der Sibirischen Bahn nach China, Allgemeiner Verein für Deutsche Literatur, Berlin, 2. Aufl. 1904, S. 9 – 11 und 29 – 42.

Trescher Verlag

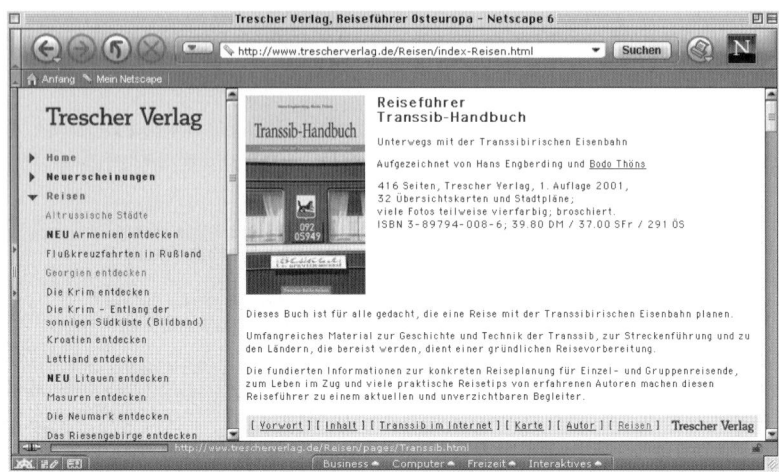

Den Trescher Verlag finden Sie auch im Internet
unter **www.trescherverlag.de** mit ausführlichen
Informationen über **alle** unsere Bücher,
die Sie schnell und bequem **online bestellen** können.

Der Osteuropaspezialist

Armenien entdecken
3000 Jahre Kultur zwischen West
und Ost.
19.95 € ISBN 3-89794-004-3

Flußkreuzfahrten in Rußland
Unterwegs auf Wolga, Don, Jenissej
und Lena.
14.95 € ISBN 3-928409-52-2

Georgien entdecken
Unterwegs zwischen Kaukasus
und Schwarzem Meer.
18.95 € ISBN 3-928409-85-9

Die Krim entdecken
Unterwegs auf der Sonneninsel
im Schwarzen Meer.
14.95 € ISBN 3-928409-33-6

Litauen entdecken
Europas neuer Mittelpunkt
im Baltikum.
14.95 € ISBN 3-89794-001-9

**Die polnische Ostseeküste
entdecken**
Unterwegs zwischen Oder
und Frischem Haff.
13.95 € ISBN 3-928409-40-9

**Das Riesengebirge
entdecken**
Rübezahls Land an der
tschechisch-polnischen Grenze.
13.95 € ISBN 3-928409-69-7

Sibirien entdecken
Städte und Landschaften zwischen
Ural und Pazifik.
18.95 € ISBN 3-928409-83-2

Die Ukraine entdecken
Zwischen den Karpaten und dem
Schwarzen Meer.
19.95 € ISBN 3-928409-68-9

Usbekistan entdecken
Auf der Seidenstraße nach
Samarkand, Buchara und Chiwa.
17.95 € ISBN 3-928409-90-5

Dagmar Köck, Norbert Rütsche, Gwendolyn Sasse,
Stephan Hille, Jan Schimanski

Die Krim entdecken
Unterwegs auf der Sonneninsel im Schwarzen Meer

Trescher-Reihe Reisen

Judith Peltz

Usbekistan entdecken
Auf der Seidenstraße nach Samarkand, Buchara und Chiwa

Trescher-Reihe Reisen

Die ideale Ergänzung zum Transsib-Lesebuch

Der bewährte Reiseführer zur Transsib von Hans Engberding und Bodo Thöns

Dieses Buch ist für alle gedacht, die eine Reise mit der Transsibirischen Eisenbahn planen. Umfangreiches Material zur Geschichte und Technik der Transsib, zur Streckenführung und zu den Ländern, die bereist werden, dient einer gründlichen Reisevorbereitung. Die fundierten Informationen zur konkreten Reiseplanung für Einzel- und Gruppenreisende, zum Leben im Zug und viele praktische Reisetips von erfahrenen Autoren machen diesen Reiseführer zu einem aktuellen und unverzichtbaren Begleiter.

456 Seiten, Euro 19.95, ISBN 3-89794-008-6

Trescher Verlag